国家社科基金一般项目

"合浦汉墓的资料整理与研究"（19BKG016）

结项成果

本书出版得到广西民族大学民族学一流学科建设经费资助

合浦汉墓研究

富霞 著

科学出版社

北京

内 容 简 介

  合浦是汉代岭南的政治、经济、文化中心之一，也是汉代海上丝绸之路的重要港口，本书通过对合浦汉墓的系统整理和研究，初步建立本地区科学分期标准，并结合相关的城址，探讨其与墓葬的聚落共存关系，为阐述汉代中外文化交流、进一步复原合浦乃至岭南的汉代社会奠定了研究基础。本书是系统整理的合浦汉墓研究成果，对挖掘"一带一路"深厚的历史和文化底蕴、为申报世界文化遗产提供资料支撑，具有历史和现实意义。

  本书适合对汉代考古、广西地区历史与文化、海上丝绸之路感兴趣的专家学者和社会人士阅读、参考。

图书在版编目（CIP）数据

合浦汉墓研究 / 富霞著. —北京：科学出版社，2023.3
ISBN 978-7-03-074138-7

Ⅰ. ①合… Ⅱ. ①富… Ⅲ. ①汉墓—研究—合浦县 Ⅳ. ① K878.84

中国版本图书馆 CIP 数据核字（2022）第 236819 号

责任编辑：郑佐一 / 责任校对：王晓茜
责任印制：肖　兴 / 封面设计：金舵手世纪

科 学 出 版 社 出版
北京东黄城根北街16号
邮政编码：100717
http://www.sciencep.com

北京汇瑞嘉合文化发展有限公司　印刷
科学出版社发行　各地新华书店经销

*

2023年3月第 一 版　开本：787×1092　1/16
2023年3月第一次印刷　印张：23 1/4
字数：520 000

定价：138.00 元
（如有印装质量问题，我社负责调换）

序
一篇论文一本书，喜于沧海得南珠

在岭南战国秦汉考古学研究中，最受关注的无疑是广州，而合浦也不乏亮点，2016年即是在合浦召开了"汉代海上丝绸之路与汉文化学术研讨会"。富霞在博士学位论文基础上修改的《合浦汉墓研究》即将出版，这也是她国家社会科学基金项目"合浦汉墓的资料研究与整理"的结项成果，相信对合浦汉墓及相关问题的深化研究会有所推动。

合浦濒临北部湾，怀抱南流江冲积平原，襟山带水，战国以降渐至冠带辐凑，西汉元鼎六年（前111年）置郡。合浦地下埋藏的古墓估算有上万座，1950年代以来在县城周边发掘汉墓逾千座，出版发表的发掘简报、报告、专刊和相关研究著述已经不少，关于埋葬制度、墓葬分期、随葬器物、墓主身份，以及墓葬所反映的社会经济、海外贸易等方面的研究成果蔚然大观。尽管如此，合浦汉代遗存研究仍然有很多空间，包括合浦郡治是否发生过迁移等一些基本问题还没有解决，无论如何，墓葬研究仍然是合浦汉代遗存研究的基础工作。

在历史时期考古学研究中，以墓葬作为研究对象的博士论文多是依托自然地理、历史地理或人文地理单元，或者依照行政区划，有时是涵括特定族群活动区域内的遗存发现，覆盖的空间范围一般比较大，我的博士论文就是在林沄先生指导下完成的《中国东北地区汉墓研究》。这部书稿的研究对象则是合浦县城周边汉墓，由于材料集中在一片小区域，文化因素的同质性比较强，基本不需要考虑文化因素构成的区域差异（指考古学文化分区意义上的宏观墓葬分区，不是墓地结构分析意义上的划分墓区），因此便于分析，墓葬形制和随葬器物的类型演变、分期编年、区域特征等线索也就比较容易把握，便于把事情"说透"，进而可以为岭南其他地区的汉墓研究提供一个比较基点。这当然需要前提，即该小区域的墓葬材料足以支撑起一篇博士论文或研究专著。小区域汉墓发掘报告的情形庶几类同，如《洛阳烧沟汉墓》、《广州汉墓》等。

富霞在广西文物考古研究所（现为广西文物保护与考古研究所）工作期间，长期在合浦发掘，参与执笔了寮尾墓地、草鞋村遗址等发掘报告，撰写过合浦出土汉代青铜器等研究论文，熟悉材料，也有较好研究基础，所以选择《合浦汉墓及相关问题研究》作为博士学位论文，2015年通过答辩，答辩委员会主席为韩国河先生，其后在博士论文基础上申请到国家社会科学基金。与博士论文比较，这部书稿主要是根据文昌塔汉墓的发掘报告丰富了西汉前中期的研究内容，增加了关于合浦汉墓研究现实意义的阐述，并收录了合浦县博物馆、广东省博物馆等单位存放的未刊文物清单及部分文物照片；并按照国家社会科学基金结项成果的要求，进一步完善了关于墓葬形制、随葬器物、分期编年、区域特征，以及墓主身份及族属、经济生活等问题的讨论。

书稿计七章，通读过后，感觉材料翔实，结构比较完整，论证比较严密，表述比较清晰且有分寸，文字图表亦简洁规范，符合历史时期考古学墓葬研究和国家社会科学基金结项成果的通常范式，可谓中规中矩。我觉得这部书稿值得肯定的主要是以下方面。

首先是在合浦汉墓研究的体系化和深度、广度上具有开创性，由此奠定了合浦汉墓继续深化研究的基础。比如在墓葬形制研究方面，与既往多依墓葬构筑材料和棺椁形制划分墓葬形制不同，书稿提出砖木合构墓"早期墓室内仅封门、铺地砖或部分侧室墓壁用砖的墓葬，由于其主室形制及埋葬方式与木椁墓一致，可见棺椁，这类墓葬可归入木椁墓；晚期墓室多已整体或部分砌成砖圹，顶部用木料封盖，仅见单棺无外椁的墓葬，应归入砖室墓大类"，这种划分正确反映了不同阶段砖木合构墓的性质，对于认识其他地区砖木合构墓的演变规律也有启发。书稿中与周边汉墓的对比研究、与附近城址时空关系的综合分析、对合浦汉墓研究现实意义的阐述等议题也较具宏观视野。

其次是完善了关于合浦汉墓年代序列和演变过程的认识。书稿在类型学研究的基础上建立起合浦汉墓的分期体系，并据此调整了一些墓葬的年代，辨识出一批东吴墓葬。蒋廷瑜先生曾指出，"应先有合浦港，然后才有合浦郡县的设置。……合浦在设郡县之前理应得到了一定程度的开发，为郡、县设置奠定了基础"（《汉代合浦及其海上交通的几个问题》），书稿对西汉早期墓葬的认识关乎南越国史研究，更关乎合浦设置郡县的前期基础，有必要继续关注。东汉末年与三国时期墓葬在许多地区都不易区分，类似洛阳涧西曹魏墓出土刻铭"正始八年"铁帐构、安徽马鞍山东吴朱然墓出土墨书墓主姓名官职木谒的发现可遇不可求，书稿对于东汉晚期墓向三国墓演变问题的讨论解决了合浦东汉六朝墓葬序列的一个节点问题，称得上突破，若是在现有的东汉晚期墓与三国墓出土陶器演变图外再附上墓葬形制比较图，就更加一目了然了。

再次，由于类型学研究体系和汉墓编年体系基本建立，书稿可以比较有把握地分析合浦汉墓与广西其他地区汉墓乃至岭南地区汉墓、越南北部汉墓的文化关系，归纳合浦汉墓的区域特征，对于汉代合浦社会文化、族群背景和海外贸易等相关问题的讨论也就比较深入。书稿对于墓主中有楚人后裔尤其是海外"蕃客"的推测很有意思，黄展岳先生早前指出南越国用执刲名号赐封楚国后人（《"朱庐执刲"印与"劳邑执刲"印——兼论南越国自镵官印》），富霞也发表过《广西合浦汉墓主人族属及域外文化因素探讨》等论文；若果真有海外胡蕃死葬合浦，合浦汉代海上丝绸之路的历史图景显然会更为生动，也随而带来一连串联想。

书稿不足之处在所难免，不算苛求的话主要有两点。第一点，合浦汉墓分布在县城的东、南、北三面，面积约68平方千米，有些地点分布较集中，书稿缺乏墓区划分和墓地结构分析的内容，包括缺乏对墓地自然环境、墓向等基本信息的分析介绍。第二点是我看得比较仔细的分期研究。书稿参照广州汉墓进行分期，不过近些年关于广州汉墓的分期存在商榷意见，有学者提出广州汉墓西汉前期墓葬的年代应该后移，广州汉墓"西汉前期第一段"的年代争议，与岭南"米"字纹陶的下限、出土铁器遗存的上限等年代学问题在内涵上有所交集。此外，岭南地区除了有些原推定在战国时期的墓葬可能晚至南越国阶段外，也有少数原来推定在南越国时期的墓葬可能更晚，或者对其所属的南越国时段有不同意见。在进行合浦汉墓分期研究之前，书稿宜对岭南地区战国秦汉遗存年代学框架的若干不同认识有所权衡，因为这是参照广州汉墓进行分期的前提。

书稿将合浦汉墓划分为连续五期，不过没有说明各期段的参考纪年范围，表述比较笼统，而《广州汉墓》则交待得比较明确，如西汉前期墓葬的年代上限"从秦派五军经略岭南的期间起（前219年），下限到汉武帝削平南越赵氏王国割据政权的元鼎六年（前111）止，前后延续一〇八年"，并划分为南越国前期、后期两段。汉代合浦的社会发展进程当然有别于番禺，不过根据墓葬特征，结合宏观历史背景和具体史料，对合浦汉墓的参考纪年范围还可以作些更细致的讨论。此外，书稿在学术史回顾中指出一些发掘报告注意到东汉早、晚期之间存在过渡阶段，"笼统提及'东汉中期'，但由于材料过少，阶段的特征仍无法明晰"，这当然是实际情况，但仍然有必要对已经暴露的线索作些辨析。

汉代合浦已经与南海郡番禺（今广州）、桂林郡布山（今贵港）并列为工商业都会（蒋廷瑜《汉代錾刻花纹铜器研究》），合浦汉墓数量大，地域特征突出，如錾刻花纹铜器、铜房屋、铜井仓灶模型明器组合具有浓厚的地域色调，而且是本地制造的（熊昭明《合浦汉墓出土的铜井仓灶》）。合浦又是《汉书·地理志》明确记载的海外贸易始发港，出土大量与海上丝绸之路有关的各类珠饰、胡人俑及青绿釉波斯陶壶、铜钹等舶来品，钵生莲花器更被视为佛教从海路传入的重要物证，汉代合浦也由此成为海上丝绸之路中国段上的节点城市。针对如此重要的考古材料，这部书稿虽然已经解决了很多问题，但仍然有意犹未尽的感觉，借此机会赘言几句。

在历史时期考古学研究中，"使用考古学材料研究历史问题"与"从考古学逻辑出发研究历史问题"是两个有差别的概念。汉代合浦郡大体相当于旧称的广东南路地区（合浦1950年代至1960年代曾经有两段时期隶属于广东），范围"西起钦州，东达新兴、阳江，包括雷州半岛和海南岛"（蒋廷瑜《汉代合浦及其海上交通的几个问题》），汉代合浦县"大致相当于今广西北海市、钦州市的全部和防城港市、玉林市的大部及广东省廉江县等地，面积为现合浦县的10倍以上"（熊昭明《汉代合浦港考古与海上丝绸之路》），居于岭南汉代行政版图、文化板块和族群分布的特殊区位。有鉴于此，我认为今后的研究视角不妨有所调整，研究视野也可以扩大，多考虑些"左邻右舍"和"来龙去脉"，以期在岭南汉代文化的整体格局中揭示合浦汉墓的历史价值。

我觉得合浦汉代遗存研究的一个很重要的切入视角是初郡政策的考古学表现。

《史记·平准书》记"汉连兵三岁，诛羌，灭南越，番禺至蜀南者置初郡十七，且以其故俗治，毋赋税"，汉武帝在南越、西南夷地区采取的适应当地社会环境的初郡政策，在考古学上自然会有所体现。合浦汉墓的演变过程在某种意义上就是合浦从初郡到内郡的发展过程，西汉时期屡见的"徙合浦"逐渐被东汉"徙九真"、"徙日南"所代替，即是两汉时期合浦社会经济逐渐得以开发的写照（蒋廷瑜《再论汉代罪犯流徙合浦的问题》）。书稿注意到中原地区东汉中晚期流行的家族葬在合浦有迹可循，如母猪岭的黄姓家族墓地，新近发掘的望牛岭庸氏家族墓地则不晚于西汉晚期。望牛岭同一封土堆下由15座墓葬组成的家族墓地在岭南乃至全国是首次发现，这种特殊形态的家族墓地或许可以在初郡视角、在中原与边疆互动关系的视角中加以解读。

　　所谓"左邻右舍"，就是与周邻地区的文化关系。岭南地区秦汉时期的社会文化发展存在着地域不平衡，汉代郡县设置后逐渐形成包括南海、苍梧、郁林郡在内的东北板块和包括合浦、交趾、九真、日南郡在内的的西南板块，合浦郡是这两大社会文化板块的连接、过渡地带。合浦与交趾地区环绕北部湾，前后两伏波征伐交趾均经行合浦，望牛岭M1出有朱书"九真府"陶提筒，风门岭土坑墓出有"西于"铭文铜锜，越南北部汉墓普遍存在的岭南文化因素，以及贵港等地出土的具有越南境内汉墓风格的器物主要是通过合浦流布。韦伟燕近时勾勒出从公元前2世纪至公元3世纪带流提梁壶从南亚的巴基斯坦、印度经泰国、越南南部、越南北部传入合浦（岭脚村M4、三国墓）、梧州的路线（《越南汉墓出土兽首流提梁陶壶来源考》），再次证明了合浦在中外文化交流中发挥的节点作用。书稿对合浦汉墓与周边地区包括越南北部汉墓的文化关系已有探讨，结合历史背景和新材料，还可以继续深入下去。

　　所谓"来龙去脉"，是指从考古学上考察合浦西汉设置郡县的历史基础和东汉以后的社会发展。商周时期合浦地区的考古遗存"以云雷纹陶器、夔纹陶器、米字纹陶器为主要特征，部分地点伴随有釉陶器、青铜器出现"，与粤中及东南沿海地区存在文化交流（邱立诚《合浦——历史的选择》）；近年来也有学者根据文化因素与江浙地区的相似性，提出双坟墩和大浪古城属于战国遗存，我和富霞合著的《合浦南越国遗存及相关问题研究》讨论了南越国遗存，对战国遗存的辨识更需要引起重视。又，合浦一带西汉为西瓯、骆越杂居之地，东汉仍然多见"合浦蛮里"、"合浦蛮夷"、"合浦、交趾乌浒蛮"，二征起事时"九真、日南、合浦蛮里皆应之"《后汉书·南蛮传》。东吴黄武五年（226年）交广分治，东吴合浦北部都尉、西晋合浦属国、刘宋越州（今浦北县越州故城）等行政建置显然与当地复杂的族群背景有关，而这一地区的政治中心也逐渐转移至越州。长时段考察合浦商周战国、南越国、汉郡县及更晚阶段的遗存，有助于更深刻认识合浦汉墓的地域特征和文化特质。

　　我多次去过合浦，每次目睹合浦汉墓的座座封土堆，都不禁联想到集安高句丽的累累古冢。犹记得2014年参观内蒙古通辽的哈民忙哈墓地，在返回长春途中与《南方文物》主编周广明先生闲聊，他讲到中山大学有地利之便，理应就合浦汉墓写篇博士论文。富霞充分吸收前辈学者的研究成果，写出了博士论文，又在此基础上完成了国家社会科学基金项目，值得称赞。合浦盛产南珠，遂有"合浦珠还"的东汉典故，想起元好问"一首新诗一纸书，喜于沧海得遗珠"的诗句，化用在此，以"一篇论文一本书，喜于沧海得南珠"为题成序，以示对富霞这些年辛苦努力的祝贺。

中山大学历史人类学研究中心

郑君雷

2023年3月

内 容 摘 要

合浦县位于广西壮族自治区南端、北部湾畔。汉元鼎六年（前111年），武帝始置合浦郡，下辖合浦等五县。作为郡治和县治，在合浦当地留下了规模宏大的古墓群。合浦汉墓群还是目前国内保存较好的墓葬群之一，估算地下埋藏的古墓多达10000座左右。1996年合浦汉墓被公布为第四批全国重点文物保护单位，2021年入选中国"百年百大考古发现"。1957年迄今，发掘了古墓1200余座，其中绝大多数为汉墓，出土器物两万余件，发表和出版了一批报告和相关论著。

本书研究对象为现合浦行政区域内两汉时期的墓葬，全书共分七章，第一章简要介绍合浦汉墓历年考古发掘与研究，并略作评述；第二章结合最新的发掘资料，采用统一、科学的划分标准，把合浦汉墓形制重新划分为土墩墓、土坑墓、木椁墓和砖室墓四大类，各型举例分析，并进一步讨论合葬墓的形式；第三、四章将出土器物按质地分为陶器、铜器、铁器、金银器、玉石器、玻璃器和其他器物及饰品，运用类型学方法分析器物演变发展规律；第五章为分期与年代，参照广州汉墓分期标准，结合形制和出土器物，将合浦汉墓分为五期，分析总结各期特征及演变规律；第六章将合浦汉墓与周边汉墓进行对比研究，归纳合浦汉墓的区域性特征；第七章对相关问题进行讨论，包括分析墓主的身份地位及族属、从墓葬材料剖析汉代合浦居民的社会经济、探讨汉墓与相关城址的时空关系、东汉晚期墓向三国墓过渡的一般特征，等等。

合浦是汉代岭南的政治、经济、文化中心之一，也是汉代海上丝绸之路的重要港口，通过对合浦汉墓的系统整理和研究，初步建立本地区科学分期标准，并结合相关的城址，探讨其与墓葬的聚落共存关系，为阐述汉代中外文化交流、进一步复原合浦乃至岭南的汉代社会奠定了研究基础。作为首次系统整理的合浦汉墓研究成果，对挖掘"一带一路"深厚的历史和文化底蕴、为申报世界文化遗产提供资料支撑，均具重要的历史和现实意义。

ABSTRACT

Hepu County is located on the southern coast of Guangxi Zhuang Autonomous Region, bordering the Gulf of Tonkin. In the sixth year of the Yuanding period of the Han Dynasty (111 BC), Emperor Wu established Hepu Commandery which included five counties. As the previous administrative center, Hepu remains a substantial complex of ancient tombs and Hepu tomb cemetery represents one of the best-preserved tomb groups ever discovered in China. It is estimated that almost 10, 000 tombs still buried underground. In 1996, Hepu Han tomb group was listed in the fourth batch of *National Key Historical Relics Preservation Units*. And it was also selected as one of *the China's top 100 archaeological findings in past 100 years* in 2021. Since 1957, over 1, 200 tombs, the majority of which date to the Han Dynasty, have been excavated, yielding more than 20, 000 artifacts. A large amount of reports and treatises pertaining to the subject have also been published afterwards.

This book mainly focuses on the study of the Han dynasties' tombs in the current administrative region of Hepu. There are seven chapters. The first chapter gives a chronological overview of the research and excavations that have been carried out in Hepu over the years. Based on recent archaeological findings and a unified and scientific chronological framework, the second chapter reclassifies Hepu Han tombs into four categories: mounted tombs, pit burials, wooden coffin tombs and brick-chamber tombs. In addition to exemplifying each type of tomb shapes, this chapter also makes further discussion on the joint burials. Chapters three and four divide the unearthed artifacts into pottery, bronze, iron, gold and silver ware, jade, glass and other artifacts or ornaments according to their texture, and conduct analysis of the evolution and development of the artifacts by using typological methods. Chapter five discusses the chronology. By following the standard chronology of the Guangzhou Han tombs and integrating the tomb structures and excavated artifacts, the Hepu Han tombs are divided into five periods. This chapter summarizes the characteristics and evolution patterns of each period. The sixth chapter demonstrates a comparative study between the Hepu Han tombs and the surrounding Han tombs to reveal the regional futures of the Hepu Han tombs. The seventh chapter discusses related issues, including the general characteristics of the tombs' transition from the late Eastern Han Dynasty to the Three Kingdoms period, the status and ethnicity of the tomb owners, the social and economic conditions of Hepu residents in the Han Dynasty based on the tomb materials and the temporal and spatial relationship between the relevant urban sites and tombs.

During the Han Dynasty, Hepu served as one of Lingnan's political, economic, and cultural hubs as well as a key port on the Maritime Silk Road. Through a summary of existing research findings and a systematic study on them, This book has established preliminary and scientifically-based periodization scheme of the Hepu region and explored the coexistence of the burial sites with their settlements to lay the groundwork for future research on the development of Chinese and foreign cultural exchanges and the reconstruction of the society in Hepu and even Lingnan region during the Han Dynasty. As the first monograph to systematically research the Hepu Han tombs, it is of tremendous historical and practical value enriching the historical and cultural legacy of the Belt and Road initiative and to giving support for the declaration of world cultural heritage.

Keywords: Hepu Han Tombs, Tomb Structures, Unearthed Artifacts, Periodization

目　　录

插图目录

插 表 目 录

绪　　论

合浦位于广西壮族自治区南端，濒临北部湾。东经108°51′～109°46′，北纬21°27′～21°55′，为亚热带海洋性季风气候。下辖15个乡镇。东北与博白县、东南与广东省廉江市相邻，西与钦州市交界，北与浦北县、灵山县接壤，南界东西两段临海，中段毗邻其所属的北海市。临北部湾的海岸被北海市分隔为东西两段，总长356千米。全县有包括南流江等大小河流93条，其中南流江在县东北部的曲樟乡流入，在党江注入北部湾，县境干流长约100千米。县境北部为丘陵，南部为台地和滨海平原，中部为南流江冲积平原①。

今合浦县城一带先秦时期为百越之地，秦始皇统一岭南后，置南海、桂林、象郡，合浦属象郡。汉初为南越国地，元鼎六年（前111年）汉武帝平定此前割据岭南的南越国，在原地分置九郡：苍梧（治所在今广西梧州市）、郁林（治所在今广西贵港市）、合浦、南海（治所在今广州市）、交阯、九真、日南（上述三郡位于今越南中北部，最南的日南郡治所西卷县，即今广治省东河市）、儋耳、珠崖（上述两郡位于海南岛）。合浦郡，属交州，"县五：徐闻、高凉、合浦、临允、朱卢"②。据谭其骧先生主编的地图集标示③，徐闻治所在今徐闻县一带，合浦治所在今浦北县南部，高凉和临允治所分别在今广东阳春至新兴一带。"朱卢"其研究认为在"博白或玉林"④。从现阶段考古发现来看，合浦县治所应在今县城附近。

王莽时改合浦郡为桓合郡，改合浦县为桓亭县⑤。东汉承袭西汉的建制，朱崖、儋耳已罢。合浦郡仍辖五县，县名有所变更，"临允"更为"临元"，"朱卢"更为"朱崖"。汉代合浦地域大致相当于今广西北海市、钦州市的全部和防城港市、玉林市的大部以及广东省廉江市等地。

合浦为东汉合浦郡郡治，几无异议，至于是否为西汉的郡治所在地，有两种意见。其一认为西汉在徐闻，东汉迁至合浦。清《大清一统志》载廉州府"汉为合浦郡

① 合浦县志编纂委员会. 合浦县志［M］. 南宁：广西人民出版社，1994：73

② （汉）班固. 汉书：卷二十八下·地理志［M］. 北京：中华书局，1962：1630

③ 谭其骧. 中国历史地图集：第二册［M］. 北京：中国地图出版社，1982：35-36

④ 谭其骧. 自汉至唐海南岛历史政治地理——附论梁隋间高凉洗夫人功业及隋唐高凉冯氏地方势力［J］. 历史研究，1988（5）：6

⑤ （汉）班固. 汉书：卷二十八下·地理志［M］. 北京：中华书局，1962：1630

之合浦县，郡治徐闻，后汉为合浦郡治"①。道光年间修的《廉州府志》也有"后汉为合浦郡地，时移郡治合浦"的表述②；另一种观点认为，合浦在汉代一直为合浦郡治所，徐闻为其属县。雷坚引《水经注》、《通典》和《舆地纪胜》的有关记载，认为并无徙治之说③。笔者倾向于第一种意见。其一，《后汉书》中明确记载："凡县名先书者，郡治所也"④，故合浦位于徐闻之前，"合浦、徐闻、高凉、临元、朱崖"⑤。《汉书》虽不明确首县为郡治，但据查至少岭南其余各郡的首县，均为郡治，合浦郡大体也不例外。其二，《水经注》载"郁水又东径高要县，牢水注之。水南出交州合浦郡，治合浦县，汉武帝元鼎六年平越所置也"⑥，雷坚引其记载认为无迁治，但《水经注》是以记载河道水系为主的综合性地理著作，对于建制沿革方面记载简略。其三，徐闻和合浦作为海上丝绸之路始发港，两地均发现不少汉墓。从合浦已发掘的众多汉墓来看，西汉早、中期墓葬数量较少，主要集中在文昌塔墓区，与郡治的地位似不相符，西汉晚期至东汉墓葬数量则远较雷州半岛和徐闻多，且规模普遍较大，随葬器物丰富，体现出西汉晚期起合浦的繁荣发展，郡治从徐闻迁至此地的可能性极大。

合浦濒临北部湾，又有内河与腹地沟通，地理位置优越。随着中原及周邻人口迁入以及先进技术的传入，该地区得以迅速开发，一跃成为汉代岭南地区的政治、经济和文化中心之一，还是汉代"海上丝绸之路"的始发港之一。对汉代海上丝绸之路，《汉书·地理志》有载："自日南障塞、徐闻、合浦船行可五月，有都元国；又船行可四月，有邑卢没国；又船行可二十余日，有谌离国；步行可十余日，有夫甘都卢国。自夫甘都卢国船行可二月余，有黄支国，民俗略与珠崖相类。其州广大，户口多，多异物，自武帝以来皆献见。有译长，属黄门，与应募者俱入海市明珠、璧流离、奇石异物，赍黄金杂缯而往。所至国皆禀食为耦，蛮夷贾船，转送致之。亦利交易，剽杀人。又苦逢风波溺死，不者数年来还，大珠至围二寸以下。平帝元始中，王莽辅政，欲耀威德，厚遗黄支王，令遣使献生犀牛。自黄支船行可八月，到皮宗；船行可八（景祐、殿本都作'二'）月，到日南、象林界云。黄支之南，有已程不国，汉之译使自此还矣。"⑦

合浦现存封土堆的汉墓约1056座，据历年来各墓区考古勘探与发掘的情况估算，

① （清）穆彰阿，潘锡恩等纂修. 大清一统志：卷二十六［M］. 商务印书馆，1958：827
② （清）阮元修，陈昌齐纂. 广东通志：卷三 郡县沿革表一［M］. 清道光二年刻本：381
③ 雷坚. 广西建置沿革考录［M］. 南宁：广西人民出版社，1996：99-100
④ （南朝宋）范晔. 后汉书：志第十九·郡国一［M］. 北京：中华书局，1965：3385
⑤ （南朝宋）范晔. 后汉书：志第二十三·郡国五［M］. 北京：中华书局，1965：3531
⑥ （北魏）郦道元. 水经注：卷三十六［M］. 北京：中华书局，2009：265
⑦ （汉）班固. 汉书：卷二十八·地理志［M］. 北京：中华书局，1962：1671

地下汉墓多达上万座，是目前国内保存较好的大型墓葬群之一[①]。1957年以来，文物考古部门发掘的汉墓已达1200余座，出土陶器、铜器、铁器、金银器、玉石器等两万余件，此外还发现不少与"海上丝绸之路"有关的水晶、绿柱石、蚀刻石髓珠、玻璃、琥珀、波斯陶壶等珍贵文物，为复原合浦汉代社会及中西文化交流提供了重要的实物资料。

本书选取今合浦县行政区域内，年代在汉代纪年范围内，以汉式文化特征为主的墓葬作为研究对象，在全面掌握基础资料的基础上，对合浦汉墓形制和随葬器物进行考古类型学研究，制定相对科学的形制分类标准，对墓葬形制进行统一划分；并将出土器物按质地分为陶器、铜器、金银器、铁器、玻璃器、玉石器和珠饰等，分析各类器物的演变轨迹。综合墓葬形制和随葬器物的类型学划分，对合浦汉墓进行年代分期研究，建立区域性编年框架。同时运用文化因素分析法和历史文献法，从墓葬材料出发，力图探讨墓主族属、复原汉代合浦社会生活、分析墓葬与城址的时空关系等相关学术问题。

---

① 广西壮族自治区文物工作队，合浦县博物馆. 合浦风门岭汉墓——2003～2005年发掘报告[M]. 北京：科学出版社，2006：1

第一章　合浦汉墓发掘及研究概况

第一节　合浦汉墓历年发掘概况

合浦汉墓群呈环状分布在县城的东、南、北三面，其中廉北、堂排、冲口、廉东、廉南、平田、禁山、杨家山、寮尾、罗屋等村庄较为密集。墓群东西长12.5千米，南北平均宽度5.5千米，总面积约68平方千米，1996年被公布为全国重点文物保护单位（图1-1）。

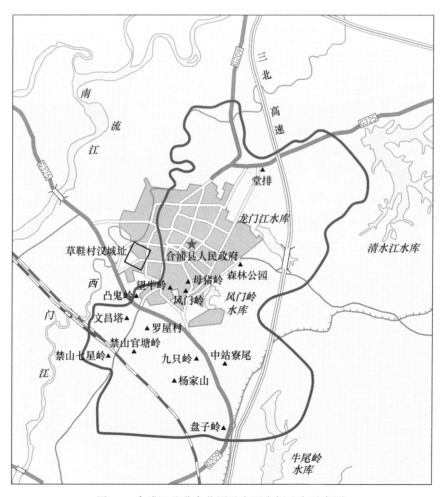

图1-1　合浦汉墓分布范围及主要发掘地点示意图

合浦汉墓的发掘始于20世纪50年代，自80年代起，随着城市基本建设的大量开展，墓葬发掘数量也逐渐增多，据统计，迄今已达1200余座。已发掘墓葬以汉墓居多，也有少量为三国墓、晋墓和南朝墓。

1957年4月，广东考古人员（合浦时属广东）在杨家岭和廉东钟屋各清理砖室墓1座，两墓由斜坡墓道和墓室组成，其中杨家岭墓出土陶罐、陶壶、银戒指、铁匕首；廉东钟屋墓出土陶盉、陶屋、棺钉、五铢和半两铜钱等[1]。

1971年，广西文物考古工作小组在县城东南郊望牛岭发掘一座西汉晚期大型木椁墓，墓葬结构复杂，由墓道、甬道和墓室组成，其中甬道两侧带耳室。出土随葬品丰富，共245件，以铜器居多，还有漆器、陶器、铁器、玉石器、玻璃器和金器等。根据墓中出土的铜凤灯、金饼、珠饰品等大量精美的器物以及有"九真府"铭文的陶提筒等推测，墓主人可能是位于现越南境内的九真郡高级官员[2]。

1972年3月，广西文物考古工作小组在廉州炮竹厂第一仓库发掘1座砖室墓，该墓由墓道、前室、中室和后室四部分组成，其中前室为横券顶，中室为穹隆顶，后室为直券顶，中室两侧各带一侧室，墓底呈阶梯状，出土陶长颈壶、樽、熏炉、灯模型、仓、屋、铜刷把、铜耳、印章等，年代为东汉后期[3]。

1975年秋，中山大学历史系考古专业师生和广西区文化局举办的考古训练班在环城公社堂排至埇口间发掘4座西汉晚期墓葬，形制均为带墓道的长方形竖穴木椁墓，其中1座为夫妻合葬墓。这批墓葬随葬大批兵器和农具，体现了汉代对巩固边陲和发展农业生产的重视；墓内保存完好的稻谷为广西首次发现；出土的胡人俑和大量的玻璃、玛瑙、琥珀等材质饰品，为研究合浦对外文化交流提供了新的资料，也为合浦西汉晚期墓葬提供了分期标准[4]。

1984年9月，广西区博物馆会同合浦县博物馆在城南凸鬼岭清理2座西汉晚期墓。两墓均为夫妻异穴合葬墓，女性墓葬较墓男性埋葬时间晚，墓穴小，随葬品少，对于研究西汉晚期合浦地区合葬习俗有重要的意义[5]。

1985年3～4月，广西壮族自治区文物工作队会同合浦县博物馆在廉州炮竹厂发掘1座西汉晚期墓葬，为长方形竖穴木椁墓，封土径47～56米、残高4.6米。斜坡形墓道，

① 杨豪. 广东合浦发现东汉砖墓［J］. 考古通讯. 1958（6）：52

② 广西壮族自治区文物考古写作小组［J］. 广西合浦西汉木椁墓. 考古，1972（5）：20-30

③ 广西壮族自治区文物工作队，合浦县博物馆. 合浦县风门岭一号东汉墓［M］. 合浦风门岭汉墓——2003～2005年发掘报告. 广西壮族自治区文物工作队，合浦县博物馆. 北京：科学出版社，2006：139-148

④ 广西壮族自治区文物工作队. 广西合浦县堂排汉墓发掘简报［M］. 文物资料丛刊：4. 北京：文物出版社，1981：46-56

⑤ 广西壮族自治区博物馆，合浦县博物馆. 广西合浦县凸鬼岭清理两座汉墓［J］. 考古，1986（9）：792-799

椁室四周填以白膏泥封护。墓道底端有长1.5、宽2.26、深1.4米的殉葬坑，内存铁斧一件。随葬品以铜器和陶器居多①。

1985年5～7月，区文物工作队在城南风门岭和望牛岭发掘13座墓葬，出土器物300余件。其中风门岭发掘土坑墓3座、砖室墓5座；望牛岭发掘土坑墓4座、砖室墓1座。土坑墓中4座为同茔异穴合葬墓，土坑墓随葬器物较丰富，以陶、铜器为主，另有滑石器和铁器，其中风门岭出土1件铜镌壶肩部刻有"西于"二字。砖室墓多被盗扰，所余器物不多②。

1986年4月，合浦县博物馆在风门岭第二麻纺厂发掘10余座古墓，其中M10保存较完整。该墓为穹隆顶合券顶砖室墓，由墓道、前室和两后室组成，西后室安放尸体，东后室置陶器和铜器，少量器物放在前室，装饰品出自西后室。出土的金银器、珠饰品和成套的葬玉器制作精美，报告中年代定为东汉早期③。但有学者认为，墓葬年代应为东汉晚期④。

1987年3月至1988年5月，广西文物工作队等单位在县城东南的文昌塔发掘汉墓175座，有土坑墓和砖室墓两类。其中土坑墓数量较多，墓穴均为长方形，部分无墓道，带墓道的有斜坡式、台阶式和斜坡加台阶三种形制。砖室墓形制复杂，平面呈长方形、"凸"字形和"十"字形等。出土器物主要为陶器和铜器。墓群年代为西汉初至东汉时期⑤。

1991年7～8月，广西文物工作队在县城南2千米处的母猪岭发掘6座东汉时期砖室墓，墓葬规模小，但可清晰分辨出早晚两期。其中M6为砖圹墓，余为直券顶墓。出土随葬品以陶器为主，另有水晶、玛瑙、琥珀和玻璃珠等珠饰品和铜器、金银器和石器。从随葬器物形制来看，M1和M6属东汉早期，部分器物有明显的西汉晚期风格；余出土器物较粗糙，应属东汉晚期⑥。

1990～1996年，合浦县博物馆先后在母猪岭抢救性发掘10座墓葬，其中5座发表报告，包括木椁墓3座、砖圹墓和直券顶砖室墓各1座。其中木椁墓为西汉晚期，砖圹和砖室墓为东汉晚期。出土器物以陶器为主，铜器次之，铁器较少。另保存完整的M4、

① 蓝日勇. 合浦县廉州炮竹厂西汉晚期墓［M］. 中国考古学年鉴. 北京：文物出版社，1986：190

② 黄启善. 合浦县风门岭、望牛岭汉墓［M］. 中国考古学年鉴. 北京：文物出版社，1986：190-191

③ 合浦县博物馆. 广西合浦县丰门岭10号汉墓发掘简报［J］. 考古，1995（3）：226-283

④ 广西壮族自治区文物工作队，合浦县博物馆. 合浦风门岭汉墓——2003～2005年发掘报告［M］. 北京：科学出版社，2006：117-118

⑤ 广西文物保护与考古研究所. 广西合浦文昌塔汉墓［M］. 北京：文物出版社，2017

⑥ 广西文物工作队，合浦县博物馆. 广西合浦县母猪岭东汉墓［J］. 考古，1998（5）：36-44

M5和M6出土大量玻璃珠及少量琥珀、水晶、玛瑙、玉器、绿松石和银指环等[①]。

1995年5月，广西文物工作队在北海与合浦接壤的中站盘子岭发掘38座砖室墓，其中1座为合葬墓。墓葬形制以直券顶墓居多，余为砖木合构墓、穹隆顶合券顶墓和双穹隆顶墓。除2座保存较完整外，余均盗扰严重，随葬品不多。依墓葬形制和出土器物判断，这批墓葬分属东汉早、晚两期[②]。

1996年12月，广西文物工作队在禁山七星岭发掘11座东汉晚期墓葬，仅1座为无墓道的单室墓；余带斜坡墓道，墓室前端有甬道，多带侧室，部分后室前有祭台。其中3座为穹隆顶合券顶墓，余为直券顶墓。墓葬破坏较严重，随葬品组合不全，出土有陶器、铜器、滑石器和铁器等[③]。

1999年4～5月，广西文物工作队会同合浦县博物馆在凸鬼岭发掘汉墓17座，有土坑墓、砖木合构墓和砖室墓三类。随葬器物以陶器居多，其中M6和M11出土较多滑石器。墓葬分属西汉晚期、东汉早期和东汉晚期，极大地丰富了合浦汉墓的分期资料[④]。

2001年7月，区文物工作队在九只岭发掘墓葬6座，其中5座为东汉墓。地表残存圆形封土堆，残高1～3米。墓葬有砖室墓和砖木合构墓两类，砖木合构墓形制较独特，其中M5为竖穴木椁墓，但封门用砖；M6A为穹隆顶合砖圹墓。出土器物除陶器、铜器等，还出土金花球、玻璃、琥珀、玛瑙等与海上丝绸之路有关的饰品。这次发掘不仅填补了合浦汉墓一些形制研究上的空白，更为建立可靠的东汉前、后两期断代标尺提供了可信的材料[⑤]。

2003年11月，区文物工作队在罗屋村发掘6座砖室墓，该墓地盗扰严重，随葬品多已无存，从墓葬形制及残存器物来看，年代应为东汉晚期或三国时期。此次发掘的M3墓葬开口两侧发现两列柱洞，排列整齐，两两相对，应是墓上建筑的遗存。M6位于墓区西边，在墓群之外，规模较小，平面呈长方形，单平砖盖顶，墓室长1.75、宽0.3、高0.2米，仅随葬小陶罐1件，墓主应是未成年人[⑥]。

2003年底至2005年初，广西文物工作队和合浦县博物馆在风门岭发掘8座汉墓，

① 广西合浦县博物馆. 广西合浦县母猪岭汉墓的发掘［J］. 考古，2007（2）：19-38

② 广西壮族自治区文物工作队. 广西北海市盘子岭东汉墓［J］. 考古，1998（11）：48-59

③ 广西壮族自治区文物工作队. 广西合浦县禁山七星岭东汉墓葬［J］. 考古，2004（4）：37-45

④ 广西壮族自治区文物工作队，合浦县博物馆. 合浦县凸鬼岭汉墓发掘简报［M］. 广西考古文集. 广西壮族自治区博物馆编. 北京：文物出版社，2004：265-285

⑤ 广西壮族自治区文物工作队，合浦县博物馆. 广西合浦县九只岭东汉墓［J］. 考古，2003（10）：57-77

⑥ 广西壮族自治区文物工作队，合浦县博物馆. 广西合浦县罗屋村墓葬发掘报告［M］. 广西考古文集：第二辑. 广西壮族自治区文物工作队编. 北京：科学出版社，2006：313-323

出土陶器、铜器、滑石器、金银器、铁器、珠饰品等一大批珍贵文物，年代跨西汉中期、西汉晚期、东汉早期和东汉晚期四期，编年清晰，其中M27年代早至西汉中期，填补了合浦汉墓早期缺环。报告还分析了各期典型器物及其组合演变规律，并总结风门岭墓区的发展特征[①]。

2005年8~9月，广西文物考古研究所会同合浦县博物馆在文昌塔发掘8座汉墓，其中6座为西汉晚期，余2座分属东汉早、晚期，墓葬形制和随葬器物较以往发现的更具地域特点，为该墓区分期及深入了解合浦汉墓的区域特征均提供了重要资料[②]。

2005~2009年，广西文物考古研究所在禁山、风门岭、炮竹厂、凸鬼岭、杨家山等地陆续抢救性发掘56座古墓，依构筑材质分为木椁墓、砖木合构墓、砖室墓三类，砖室墓有直券顶、横直券顶、"⊥"字形砖室合葬墓、穹隆顶合券顶、双穹隆顶砖室墓五类。木椁墓保存情况稍好，出土随葬品也较多，砖木合构墓和砖室墓多遭盗扰，随葬品所剩不多，部分墓葬甚至被盗掠一空。随葬品以陶器为主，另有铜器、铁器、银器、玉石器，及玻璃、玛瑙、琥珀、水晶等珠饰品[③]。

2008~2009年，广西文物考古研究所在寮尾墓地发掘32座墓葬，其中8座属东汉晚期墓，余均为三国墓。墓葬形制多样，有砖圹墓、直券顶墓、穹隆顶合券顶墓、横直券顶合穹隆顶墓、横直券顶墓和双穹隆顶墓。出土的青绿釉陶壶、铜钹、胡人俑、焊珠金饰片、钠钙玻璃、蚀刻玛瑙珠等与海上丝绸之路密切相关。此次发掘对了解"合浦汉墓群"的文化内涵，以及东汉晚期墓葬向三国墓的分期演变、年代发展序列提供了清晰分期标准[④]。

2009~2013年，为配合合浦县各项基建项目，广西文物保护与考古研究所等单位在杨家山、禁山官塘岭、汽齿厂、第二炮竹厂、廉州乳品厂、精神病院、电厂、迎宾大道、罗屋村、沿海铁路合浦段、中站李屋村、森林公园、南方机械厂、中站庞屋队、火车站等15处地点陆续发掘古墓157座。墓葬年代跨西汉中期至晋。其中汉墓形制有土坑墓、木椁墓和砖室墓三类，以砖室墓为主。此次发掘发现了较为明确的土坑墓，并对土坑墓及木椁墓的使用下限有了新的确认。出土的一大批器物为研究合浦西汉至晋代墓葬提供了丰富的实物资料[⑤]。

---

① 广西壮族自治区文物工作队，合浦县博物馆. 合浦风门岭汉墓——2003~2005年发掘报告[M]. 北京：科学出版社，2006

② 广西文物考古研究所，合浦县博物馆. 2005年合浦县文昌塔汉墓发掘报告[M]. 广西考古文集：第三辑. 广西文物考古研究所编. 北京：文物出版社，2007：101-131

③ 广西文物保护与考古研究所. 2005~2009年度广西合浦县汉晋墓发掘报告（待刊）

④ 广西文物考古研究所，合浦县博物馆，广西师范大学文旅学院. 广西合浦县寮尾东汉至三国墓发掘报告[J]. 考古学报，2012（4）：489-545

⑤ 广西文物保护与考古研究所. 2009~2013年度合浦汉晋墓发掘报告[M]. 北京：文物出版社，2016

2012年6～9月，广西文物保护与考古研究所等单位对位于县城东北石湾镇大浪村，编号D2的土墩墓进行发掘。D2墩体为一墩多墓结构，内共发现3座长方形熟土坑墓。随葬器物有陶瓿、杯和瓮。该墩年代为秦至西汉早期。而2003年曾试掘的D1，年代略晚，为西汉中期[①]。有学者认为D2年代为战国中期，是大浪古城所属墓地[②]，该结论需更多考古资料证实。

2016年11月，广西文物保护与考古研究所在文昌塔墓地发掘3座木椁墓，编号M18A、M18B、M18C，为单墓道带三室的合葬墓。墓底均有两纵向条枕木沟，中间以土垣分隔，墓道与中间的主墓室相连。出土器物共33件，陶器有罐、壶、鼎、灶、井、仓、盆、瓮，铜器有碗、杯、壶、樽、灯、鼎、镶壶、盆、釜、铜镜等，以及玻璃珠1串[③]。

2016年至今，合浦汉墓多有发掘，望牛岭等墓地的发掘仍在进行，但迄今尚无这一阶段的正式报告发表。除此之外，合浦县博物馆、广西壮族自治区博物馆、广西文物保护与考古研究所、广东省博物馆四家单位还收藏部分未整理发表的汉墓资料，本书作为附表收录（附表一～附表四）。

为保证墓葬形制和出土器物数量统计以及型式研究的科学性和准确性，本书主要选取发掘报告及少量未发表的重要墓葬材料，共316座，进行类型学研究（表-1）。报告中少量年代存疑或内容略简、墓葬形制和出土器物类型不详的墓葬，不列入统计范围。未发表的内部资料，由于没有经过系统整理，引用时仅选少量年代较明确的墓葬，如东汉早期黄泥岗M1和西汉晚期的北插江盐堆M1等。此外，部分年代存疑、晚至三国时期的墓葬资料，暂按报告发表的年代收录，放在后文"相关问题研究"等章节中讨论纠正。

表1-1　研究资料明细表

序号	发掘时间	发掘地点	墓葬数量	资料出处
1	1971年4月	望牛岭	木椁墓1	广西壮族自治区文物考古写作小组.广西合浦西汉木椁墓［J］.考古，1972（5）
2	1975年秋	堂排	木椁墓4	广西壮族自治区文物工作队.广西合浦县堂排汉墓发掘简报［J］.文物资料丛刊：4.北京：文物出版社，1981：46-56
3	1984年9月	凸鬼岭	木椁墓2	广西壮族自治区博物馆，合浦县博物馆.广西合浦县凸鬼岭清理两座汉墓［J］.考古，1986（9）

①　广西文物保护与考古研究所.广西合浦县双坟墩土墩墓发掘简报［J］.考古，2016（4）：33-44

②　李岩.广西合浦双坟墩土墩墓年代及相关问题浅析［J］.三代考古，2021（00）：550-559

③　广西文物保护与考古研究所内部资料

序号	发掘时间	发掘地点	墓葬数量	资料出处
4	1986年4月	风门岭	砖室墓1	合浦县博物馆. 广西合浦县丰门岭10号汉墓发掘简报［J］. 考古, 1995（3）
5	1987～1988年	文昌塔	土坑墓130（报告未细分土坑、木椁墓）、砖室墓45	广西文物保护与考古研究所. 广西合浦文昌塔汉墓［M］. 北京：文物出版社, 2017
6	1990年6月	黄泥岗	砖室墓1	合浦县博物馆馆藏资料
7	1991年7～8月	母猪岭	砖室墓6	广西文物工作队, 合浦县博物馆. 广西合浦县母猪岭东汉墓［J］. 考古, 1998（5）
8	1990～1996年	母猪岭	木椁墓3 砖室墓2	广西合浦县博物馆. 广西合浦县母猪岭汉墓的发掘［J］. 考古, 2007（2）
9	1995年5月	盘子岭	砖室墓2	广西壮族自治区文物工作队. 广西北海市盘子岭东汉墓［J］. 考古, 1998（11）
10	1999年4～5月	凸鬼岭	木椁墓8 砖室墓9	广西壮族自治区文物工作队, 合浦县博物馆. 合浦县凸鬼岭汉墓发掘简报［M］. 广西考古文集. 广西壮族自治区博物馆编. 北京：文物出版社, 2004：265-285
11	2001年7月	九只岭	砖室墓4	广西壮族自治区文物工作队, 合浦县博物馆. 广西合浦县九只岭东汉墓［J］. 考古, 2003（10）
12	2003年11月	罗屋村	砖室墓1	广西壮族自治区文物工作队, 合浦县博物馆. 广西合浦罗屋村墓葬发掘报告［M］. 广西考古文集：第二辑. 广西壮族自治区文物工作队编. 北京：科学出版社, 2006：313-323
13	2003～2005年	风门岭	木椁墓3 砖室墓5	广西壮族自治区文物工作队, 合浦县博物馆. 合浦风门岭汉墓——2003～2005年发掘报告［M］. 北京：科学出版社, 2006
14	2005年8～9月	文昌塔	木椁墓6 砖室墓2	广西文物考古研究所, 合浦县博物馆. 2005年合浦县文昌塔汉墓发掘报告［M］. 广西考古文集：第三辑. 广西文物考古研究所编. 北京：文物出版社, 2007：101-131
15	2005～2009年	杨家山 风门岭 凸鬼岭	木椁墓4 砖室墓4	广西文物保护与考古研究所. 2005～2009年度广西合浦县汉晋墓发掘报告（待刊）
16	2008～2009年	寮尾	砖室墓8	广西文物考古研究所, 合浦县博物馆, 广西师范大学文旅学院. 广西合浦寮尾东汉至三国墓发掘报告［J］. 考古学报, 2012（4）

续表

序号	发掘时间	发掘地点	墓葬数量	资料出处
17	2009~2013年	风门岭 凸鬼岭 杨家山 禁山 庞屋村	土坑墓2 木椁墓16 砖室墓44	广西文物保护与考古研究所. 2009~2013年度合浦汉晋墓发掘报告［M］. 北京：文物出版社，2016
18	2012年	石湾镇 大浪村	土墩墓2	广西文物保护与考古研究所. 广西合浦县双坟墩土墩墓发掘简报［J］. 考古，2016（4）
19	2016年	文昌塔	木椁墓1	广西文物保护与考古研究所内部资料

第二节　以往研究

随着合浦汉墓发掘数量的不断增多，草鞋村遗址、大浪古城遗址等汉城址的相继发现，以及"海上丝绸之路"研究的升温，关注合浦汉墓的学者越来越多，相关研究可分为以下六个方面阐述。

一、墓葬分期与年代基础研究

广西考古工作者在历年工作的基础上，加强资料整理，发表了一批发掘报告，共计发掘报告15篇、简报1篇、年鉴通信2篇、专刊3部，为研究合浦汉墓的形制、分期、年代及各类器物演变发展提供了丰富的基础资料。《合浦风门岭汉墓——2003~2005年发掘报告》将发掘的8座汉墓分为西汉中期、西汉晚期、东汉早期和东汉晚期四期，详细分析了各期墓葬形制、典型器物及其组合演变规律，在此基础上总结风门岭墓区的发展特征。该分期标准是以风门岭墓区历年发掘材料为基础，与《广州汉墓》对比研究所得出，材料翔实、准确度较高，对其他墓区的分期研究有着重要的指导作用；2001年九只岭发掘的5座东汉墓，不仅填补了合浦汉墓形制上的一些空白，且遗物分期清晰，建立了可靠的东汉早、晚两期断代标尺。2008~2009年发掘的寮尾墓地为东汉晚期墓向三国墓的发展演变提供了分期标准；2009~2013年合浦一批汉晋墓的发掘，以及草鞋村遗址南朝墓的发现，为明确合浦"汉墓群"的年代下限提供了判定依据；近年出版的《广西合浦文昌塔汉墓》将发掘的175座墓葬分为西汉早期、西汉中期、西汉晚期、东汉早期和东汉晚期，这是合浦迄今分期延续最完整的一处墓地，尤其是64座西汉早期墓葬，弥补了早期墓葬的缺环。但报告中属早期的部分宽坑墓或应归入西汉中期。此外，由于发掘年代已久，报告中许多墓葬信息缺失，现场发掘照片未发表，砖室墓券顶形状无一描述，也未做出基本判断；一些非常重要的文物没有列入报告；与之前发表的许多报告相类似，未使用"木椁墓"这一学术界普遍认同的形制概念，均表述为土坑墓。

部分报告由于资料略简，分期标准不一，发掘者的认识不同，结论也不尽相同，在墓葬分期上出现一些认识偏差。这些偏差部分已纠正，如风门岭M10的年代为东汉晚期，而非报告的东汉早期[①]；禁山七星岭的部分墓葬年代已进入三国时期，报告均为东汉晚期[②]等。此外，五期划分法也存在需不断完善的空间，东汉晚期上限以东汉建初元年为界，下限到东汉末年（220年），年代跨度达140多年。一些发掘报告注意到早、晚期之间的过渡阶段，笼统提及东汉中期，但由于发掘材料过少，仍无法明晰划分出三个阶段。上述报告分期多立足于各发掘墓区，针对整个合浦汉墓的统一分期，目前尚未确立。

二、出土器物研究

随着合浦汉墓发掘数量的不断增多，有关出土器物的专题研究也越来越多，除报告所涉及的类型学研究外，铜器、玻璃器、各类珠饰等也多有专门论述。

陶器作为合浦汉墓出土数量最大宗的器类，在发掘报告中有较为详尽的描述，但专门性论著不多，在广西或岭南地区出土陶器研究中多有涉及。谢广维对1999年凸鬼岭M4出土的马座陶灯进行辨识，认为其形象应为熊形[③]，另在其《试析合浦东汉三国墓中的莲花形器》一文对合浦东汉晚期至三国时期砖室墓中出土的莲花形器进行研究，通过文献记载及其形制的分析对比，提出此类器物应为构筑于墓顶的藻井模型。藻井在合浦的出现，除可能受到中原宫殿建筑及丧葬观念的影响之外，也不排除通过海上丝绸之路由西方直接传入合浦的可能[④]。黄珊等结合考古发现和科技分析对寮尾M13B出土的青绿釉陶壶进行综合研究，认为该器物是来自西亚伊拉克南部和伊朗西南部地区的舶来品，作为随身日常用品通过海路来到合浦，其主人可能来自西亚[⑤]。李世佳对广西汉墓出土的陶井明器进行类型学划分，并与中原地区以及相邻的广东、湖南两地所出同类器进行对比研究，论证得出广西汉代陶井与中原及湖南地区汉墓所出不同，其形制和纹饰均颇具岭南特色，与广东汉代陶井明器有许多相似之处[⑥]。朱海

① 广西壮族自治区文物工作队，合浦县博物馆. 合浦风门岭汉墓——2003～2005年发掘报告[M]. 北京：科学出版社，2006：117-118

② 熊昭明. 广西汉代考古的回顾与展望[M]. 广西考古文集：第二辑. 广西壮族自治区文物工作队编. 北京：科学出版社，2006：60-71

③ 谢广维. 合浦汉代文化博物馆藏马座陶灯辨识[M]. 广西考古文集：第五辑. 广西文物保护与考古研究所编. 北京：科学出版社，2013：346-350

④ 谢广维. 试析合浦东汉三国墓中的莲花形器[J]. 考古与文物，2021（6）：99-106

⑤ 黄珊，熊昭明，赵春燕. 广西合浦县寮尾东汉墓出土青绿釉陶壶研究[J]. 考古，2013（8）：94-95

⑥ 李世佳. 广西汉墓出土陶井明器初探[J]. 农业考古，2014（4）：171-179

仁以广州汉墓资料为基础，结合番禺、徐闻、韶关、贵港、合浦、梧州及桂北等地汉墓出土的鼎、盒、壶、钫为代表的仿铜陶礼器，考察其发生演变过程。仿铜陶礼器作为岭南汉墓的随葬品经历了西汉早期的繁盛和西汉中后期、东汉前期的弱化演变，到东汉晚期已全面淡化。其发展演变过程是中原礼制文化在岭南的推行历史，从侧面反映了周秦礼制的逐步淡化和大一统汉文化的逐步形成[①]。曹劲对岭南地区考古发现的建筑遗迹资料进行整理研究，初步建立了史前至两汉期间岭南早期建筑起源和发展的框架，其中对岭南出土的汉代陶屋类型、结构与装饰以及发展与演变的内在机制等进行分析[②]。亦有硕博论文涉及合浦出土模型明器研究，如《岭南汉墓出土陶屋的初步分析》[③]《汉代岭南地区建筑明器研究》[④]等。

对铜器的研究主要集中于类型、錾刻花纹技艺、模型明器、文物修复等方面。富霞对合浦出土汉代青铜器进行系统梳理，初步分析各类器物演变发展规律，总结其发展的总体特征，并和海南、徐闻、越南北部等地出土的同类器进行比较，分析各地区文化之间的联系性[⑤]。吴小平在《汉代铜壶的类型学研究》中涉及合浦汉墓出土铜圆壶、长颈壶、提梁壶等器物，文章对各类壶的形态演变及年代进行了分析[⑥]。蒋廷瑜从种类、制作工艺、时代和制作中心三方面对汉代出土的錾刻花纹铜器进行分析论述，选取器物多出自合浦望牛岭、北插江盐堆、母猪岭、堂排、七星岭、风门岭、文昌塔和黄泥岗等地。该类铜器繁盛期为西汉晚期至东汉早期，在岭南地区出现较早，流行时间长，发现数量大，种类繁多，广西的合浦、贵港、梧州三地应是其制作中心和主要产地，拥有者应为当时的官僚贵族[⑦]。熊昭明将合浦汉墓出土的完整铜井、仓、灶组合与北方地区同期出现的铜井、灶等进行形制对比，研究得出两者之间并无直接关系，合浦所出明显仿自当地的陶器，为本地制作，推测为临时"订制"。出土铜井、仓、灶的墓葬，墓主人身份地位都较高。广西梧州等地发现的该类器物很可能为合浦输入。这类铜制模型明器的出现是汉代厚葬之风的体现，也是海上丝绸之路促进当地经济发展和社会繁荣的重要见证[⑧]，另其《广西合浦汉墓出土铜钹略考》一文对寮尾

①　朱海仁. 岭南汉墓出土仿铜陶礼器的考察［M］. 华南考古：1. 北京：文物出版社，2004：113-121

②　曹劲. 先秦两汉岭南建筑研究［M］. 北京：科学出版社，2009

③　逯鹏. 岭南汉墓出土陶屋的初步分析［D］. 硕士学位论文，厦门大学，2008

④　冯远. 汉代岭南地区建筑明器研究［D］. 博士学位论文，中山大学，2011

⑤　富霞. 广西合浦出土汉代青铜器的初步研究［M］. 广西考古文集：第四辑. 广西文物考古研究所编. 北京：科学出版社，2010：372-402

⑥　吴小平. 汉代铜壶的类型学研究［J］. 考古学报，2007（1）：29-60

⑦　蒋廷瑜. 汉代錾刻花纹铜器研究［J］. 考古学报，2002（8）：277-302

⑧　熊昭明. 合浦汉墓出土的铜井仓灶［M］. 岭南印记：粤港澳考古成果展国际学术研讨会论文集. 香港历史博物馆编. 2014：26-33

M13B出土的铜钹定名、纹饰和来源作了探讨，指出该件器物具有强烈的中亚文化色彩，极有可能是从安息一带通过海上丝绸之路输入合浦的[①]。

当前合浦汉墓出土文物研究最热门的属与"海上丝绸之路"相关的各类珠饰，考古学与自然科技相结合的综合研究，使得这类器物的研究愈加深入。20世纪80年代以来，黄启善[②]、干福熹[③]、王俊新[④]、王伟昭[⑤]等学者在研究古代玻璃时均涉及合浦出土的器物，多分析其形制、纹饰、成分特征和来源等。最具代表性和系统性的研究为熊昭明和李青会合著的《广西出土汉代玻璃器的考古学与科技学研究》一书，作者以广西出土的汉代玻璃器为研究对象，进行考古学和科技综合研究，书中所涉及器物大部分为合浦出土，通过对各类玻璃器的分类及演变研究，结合科技手段检测结果，分析其制作技术，并与周边地区、东南亚和南亚出土的相近时期玻璃器进行比较。研究表明，合浦汉墓出土的玻璃器除本地制造外，还有部分来自东南亚、印度和罗马等地。检测还新发现一批与汉代"海上丝绸之路"有关的重要物证[⑥]。其他材质珠饰也有不少专门研究，董俊卿等人采用便携式拉曼光谱仪对合浦出土的新莽至东汉晚期的宝石珠饰进行无损分析，新发现一批绿柱石族矿物制作的珠饰，研究认为这批绿柱石宝石珠饰是由南亚经海上丝绸之路输入的舶来品[⑦]。王亚伟等对合浦九只岭汉墓出土的8枚紫色珠饰进行材质、制作工艺和原料来源科学分析，判断这批珠饰采用旋磨工艺和皮囊球磨工艺两种打磨工艺，采用双钻石钻具对钻的钻孔工艺，应是由南亚或南亚经东南亚通过海上丝绸之路输入到合浦[⑧]。陈洪波收集南海沿岸汉墓所出金花球等饰品进行制作工艺、年代及来源研究，认为合浦金珠饰品体现出域外风格，其在南海一带流行的年代主要是在东汉时期，当与海上丝绸之路有密切关系，也有在合浦当地制作的可能

① 熊昭明. 广西合浦汉墓出土铜钹略考［M］. 汉代西域考古与汉文化. 中国社会科学院考古研究所，新疆文物考古研究所编. 北京：科学出版社，2014：327-331

② 黄启善. 广西古代玻璃制品的发现及其研究［J］. 考古，1988（3）：264-276；黄启善. 广西发现汉代的玻璃器［J］. 文物，1992（4）：46-48

③ 干福熹. 古代丝绸之路和中国古代玻璃［J］. 自然杂志，2006（5）：253-260

④ 王俊新，李平，张巽等. 广西合浦堂排西汉古玻璃的铅同位素示踪研究［J］. 核技术，1994（8）：499-502

⑤ 王伟昭，熊昭明，李青会等. 广西合浦县出土汉代玻璃器的检测和研究［J］. 丝绸之路上的古代玻璃研究［M］. 上海：复旦大学出版社，2007：205-215

⑥ 熊昭明，李青会. 广西出土汉代玻璃器的考古学与科技学研究［M］. 北京：文物出版社，2010

⑦ 董俊卿，李青会，刘松等. 合浦汉墓出土绿柱石宝石珠饰的科学分析［J］. 文物保护与考古科学，2019（4）：30-38

⑧ 王亚伟，董俊卿，李青会等. 广西合浦九只岭汉墓出土石榴子石珠饰的科学分析［J］. 光谱学与光谱分析，2018（01）：104-110

性①。还有一些学者对合浦汉墓出土的有关海上丝绸之路文物进行综合研究，熊昭明对合浦汉墓出土的玻璃、玛瑙、琥珀、水晶、珍珠、石榴子石、绿柱石、黄金饰品等进行系统研究②。

此外，合浦汉墓出土的灯具、玉器、印章等也有文章专门研究或涉及。熊昭明对广西出土的汉代铜凤灯、行灯，铜、陶豆形灯等灯具进行分类研究，并追溯其源流。合浦是灯具的主要出土地之一，其是在中原汉文化、楚文化等的影响下产生、发展起来的，在接受内地传入的同时，岭南越人又创造了具有本地特色的灯具文化③。熊昭明、谢日万对广西出土的先秦两汉玉器进行全面梳理，研究涉及合浦望牛岭、堂排、风门岭、黄泥岗等墓地出土的玉璧、带钩、玉碗，以及猪形握、琀、眼盖、耳塞、鼻塞、肛门塞等葬玉类器物。研究指出广西出土的汉代玉器原料应为外地输入，其形制受中原文化影响最大，其次为楚或广东、云南等地④。

三、埋葬习俗研究

合浦汉墓丧葬制度和习俗的研究，主要涉及合葬墓、埋葬习俗和外藏椁三方面。

合葬是我国古代普遍实行的一种丧葬制度，汉代是夫妻合葬墓的重要发展和转型时期⑤。在合浦堂排、凸鬼岭、望牛岭、风门岭等墓区均有合葬墓发现。蒋廷瑜指出同坟异穴夫妻合葬墓在岭南地区西汉早期已经出现，西汉中期开始流行，盛行于西汉晚期。其形式同它所处的自然环境和长期采用木椁有关，是同坟同穴合葬墓的一种变体，代表了一定地区比较特殊的埋葬形式。东汉起岭南地区开始盛行砖室墓，由于砖室比木椁坚固耐久，同坟异穴夫妻合葬墓也自然消失⑥。事实上东汉时期同坟异穴合葬墓并未消失，近年发掘的东汉晚期墓寮尾M13、九只岭M6等均属于这种类型。林强指出岭南地区的合葬墓有自己的特点，与北方中原地区有明显差异。岭南地区的汉代夫妻合葬墓分为同坟异穴和同坟同穴两大类型，其发展是同时存在的，无先后之分，东汉时期同坟异穴合葬墓有明显减少⑦。

---

① 陈洪波. 汉代海上丝绸之路出土金珠饰品的考古研究［J］. 广西师范大学学报（哲学社会科学版），2012（2）：133-139

② Xiong Zhaoming. *The Hepu Han Tombs and The Maritime Silk Road of the Han Dynasty*. Antiquity, 2014, Vol. 88: 1229-1243

③ 熊昭明. 广西汉代出土灯具研究［J］. 广西民族研究，2002（2）：100-105

④ 熊昭明，谢日万. 广西出土的先秦两汉玉器［M］. 广西考古文集：第三辑. 广西文物考古研究所编. 北京：文物出版社，2007：541-551

⑤ 刘尊志. 徐州汉代夫妻合葬墓初论［J］. 南方文物，2009（4）：107

⑥ 蒋廷瑜. 汉代同坟异穴夫妻合葬墓浅议［J］. 南方文物，1993（1）：82-88

⑦ 林强. 岭南汉代夫妻合葬墓有关问题的探讨［J］. 广西民族研究，2002（1）：103-107

合浦汉代亦盛行厚葬之风。林强将广西汉代的厚葬墓分为西汉和东汉两个时期，西汉时期有大型棺椁墓葬和中型墓葬两种厚葬方式，上层统治阶级、贵族皆采用这两种方式。而东汉时期未发现大型木椁墓，砖室墓随葬品也明显减少，说明埋葬习俗在该时期发生了很大变化，厚葬风气已逐渐改变。厚葬习俗产生的主要原因是精神信仰、儒家思想和经济发展三个因素[①]。应该注意的是，厚葬不仅需考虑其墓葬规模和随葬器物多寡，还和墓主的社会地位和经济能力有直接关系，汉代厚葬应是整个社会之风，不仅体现在少数大中型墓葬上，众多小型墓葬也有所体现。

还有一些学者在研究中注意到合浦汉墓独特的葬俗。郑君雷将岭南秦汉墓葬常见的柱洞按性质和功用分为"封门排柱"、"椁盖顶柱"、"椁板壁柱"、"棺架立柱"、"甬道门柱"、"棺椁围柱"和"墓上表木和墓上建筑"七类，分别进行论述。文中涉及的文昌塔M6和M8，在墓道近墓室处所见柱洞应为甬道门柱，而文昌塔M5和罗屋村M3墓口所见柱洞似乎与筑墓时所搭建的临时建筑有关，也可能只是在地表的墓口周围栽柱立柱[②]；其还对岭南战国秦汉所见的架棺葬俗做了细致分析，指出合浦母猪岭M4应属该类葬俗，上层为棺室，下层为器物室[③]。岭南地区"架棺"葬俗的分布和方式的差别，或可提供考古学文化分区和族属研究的参照点，也为探讨岭南汉越融合轨迹提供重要材料。

另外，合浦望牛岭M1、堂排M2B、堂排M4和风门岭M26等墓葬墓道底端或一侧有外藏椁。汉代外藏椁发源于商代后期墓内的壁龛、墓内外的殉人和车马坑，形成于春秋晚期至战国，至西汉发展到鼎盛阶段，逐步形成了诸侯王、列侯等高级贵族墓葬形制的基本模式。到西汉末年至东汉，这种葬制日趋消亡[④]。有关合浦汉墓外藏椁的形式，谢广维将广西汉墓所见"外藏椁"之制进行分析，对其发展演变关系及所反映出的墓主身份地位等问题做探讨，其中包括合浦望牛岭M1、堂排M2B和凸鬼岭M4等墓葬。文章指出广西外藏椁最早见于西汉早期，至西汉中晚期，"外藏椁"以耳室及墓道底部陪葬坑的形式基本固定下来；东汉初期走向衰弱，之后消亡。使用这一制度者多为诸侯王、列侯及郡守一级的地方官吏[⑤]。熊昭明等认为广西汉墓外藏椁形制发展到西汉中晚期，有回廊式、耳室形和墓道底部椁坑形三种，其后两种在合浦汉墓中有不少发现，1999凸鬼岭M6、堂排M4和望牛岭M1为耳室形，风门岭M26属墓道底部椁坑形。东汉时期这两种形式消失。这类墓葬的主人应为郡守一级的官吏或贵族阶层，其身份可能为南下的汉人。而广州汉墓由于发展较早，自成体系，未见合浦所见

① 林强. 广西汉代厚葬习俗研究 [J]. 广西民族研究，2000（2）：106-111

② 郑君雷. 岭南战国秦汉墓的"柱洞" [J]. 四川文物，2010（4）：53-62

③ 郑君雷. 岭南战国秦汉墓的"架棺"葬俗 [J]. 考古，2012（3）：74-84

④ 李如森. 汉代"外藏椁"的起源与演变 [J]. 考古，1997（12）：59-65

⑤ 谢广维. 广西汉代"外藏椁"初探 [M]. 广西考古文集：第二辑. 广西壮族自治区文物工作队编. 北京：科学出版社，2006：506-517

的两种外藏椁形式①。

四、墓主族属研究

对于墓主身份和族属的推断，部分学者从出土印章、墓葬形制、文化因素分析等角度出发加以探析。黄展岳将海南出土的"朱庐执刲"银印和合浦出土的"劳邑执刲"琥珀印与相关的印谱和论著进行对比，研究指出这两枚印章与楚官印和汉官印无关。将其与南越国出土官印比较得出，两方执刲印与南越国后期自镌官印基本相符。"执刲"原是楚国的一种爵位名，秦汉之际仍短期沿用，推测两印或是南越国用楚官执刲名号赐封人居南越的楚国后人②。蒋廷瑜则对堂排M1出土的"劳邑执刲"琥珀印章提出了新见解，认为"劳"是一个部族名，劳邑的位置在今玉林市境内，此印是南越国封赐给劳邑部落首领的官爵印③。郑君雷也对这两枚琥珀印的年代和性质作了分析，指出合浦堂排出土的"劳邑执刲"琥珀印墓主当是南越国封拜的越人部族首领，入汉后仍为地方豪强。文章同时还对望牛岭M1的墓主身份做了推测，从出土的"庸母？印"琥珀印判断，其墓主身份除九真郡太守外，还有流徙罪人之可能，"庸母印"或应读为"母庸印"，墓主或为西汉晚期流徙合浦的母庸家族人仕④。蒋廷瑜通过梳理汉代文献记载的"徙合浦"事件，指出合浦汉墓中除一些是当时郡县官吏的墓葬以外，也应有流徙者的墓葬。这些人多终老合浦，不得返回⑤。富霞等通过对广西合浦、桂平等地发现土墩墓的性质、族属和源流进行分析，并和江浙地区土墩墓及器物进行对比研究，初步认为广西发现土墩墓的墓主人为越人或其后裔。兼及梳理迁徙路线上的福建、广东及越南北部发现的土墩墓或其线索，为"越人南迁"提供考古学证据⑥，富霞还运用考古学文化因素分析法，结合相关历史文献，剖析墓葬所体现的多元文化因素。研究认为，合浦汉墓的墓主人除越人、汉人和楚人外，还可能有域外人种。所体现的域外文化因素，当与汉代海上丝绸之路密不可分⑦。

① 熊昭明，谢广维. 广西西汉中晚期墓葬的外藏椁［M］. 汉代文明国际学术研讨会论文集. 北京市大葆台西汉墓博物馆编. 北京：北京燕山出版社，2009：284-289

② 黄展岳. "朱庐执刲"印与"劳邑执刲"印——兼论南越国自镌官印［J］. 考古，1993（11）：1024-1028

③ 蒋廷瑜. "劳邑执刲"琥珀印考［J］. 中国历史文物，2004（4）：16-21

④ 郑君雷. 汉印与岭南汉代史迹［M］. 岭南印记：粤港澳考古成果展国际学术研讨会论文集. 香港历史博物馆编. 2014：96-105

⑤ 蒋廷瑜. 略论汉"徙合浦"［J］. 社会科学家，1998（1）：87-90

⑥ 富霞，熊昭明. 从广西发现的土墩墓看越人南迁［J］. 考古，2016（8）：97-102

⑦ 富霞. 广西合浦汉墓主人族属及域外文化因素探讨［J］. 中国国家博物馆馆刊，2018（4）：26-34

五、墓葬反映的社会文化研究

从合浦汉墓出土的大量与生活、生产相关的器物，可对汉代该地区社会生活试作复原。学者在研究广西和岭南地区农业、手工业、商业等生计模式中均有涉及合浦地区，蒋廷瑜结合考古发现的铁质农具、肥料、种子、农副产品以及与农业相关的陶仓等模型明器，阐述了汉代广西的农业发展状况①。冼剑民认为由于秦汉时期中原汉人的迁徙带来了先进的生产技术，铁农具的使用、牛耕的推广和农田水利的兴修，使岭南地区农业生产发生了质的改变。岭南的农业除水稻种植外还有畜牧业、水果栽培、桑蚕业等也同时并举。合浦由于是重要的贸易港口，必然是先进文化的传播地，墓葬出土的铁质农具、陶牛、陶猪以及残存的稻谷、荔枝、龙眼等均表明汉代该地区农业已有一定的发展②。

除农业外，商业、冶铜和冶铁业也有少量研究，冼剑民指出汉初宽松的经济政策为岭南商业发展提供了有利条件，武帝时期开拓了海外市场，沿线的合浦、徐闻等港口城市相继发展起来。赖有从东南亚各地流进的香料、珠玑、犀角、象牙和各种土产珍奇，岭南和内地发生了频繁经济贸易和密切交往，丝绸之路的开辟使以"朝贡贸易"为主的对外贸易发展起来③。吕名中对秦汉时期岭南的经济发展及特色做了探讨，由于出产丰富的土特产品，岭南成为汉代一个独特的经济区，和内地有密切的经济往来，而随着海上丝绸之路的开通，合浦、徐闻等地也成为南方海外交通和贸易的门户，墓葬出土的舶来品为海外贸易提供了实证④。

还有一些学者结合考古学资料和历史文献资料对包括合浦在内的岭南地区融入"多元一体"汉文化体系的历史进程进行阐述。郑君雷指出岭南汉文化的形成是建立在汉越民族融合和文化融合的基础上，其优势地位是在西汉中晚期确立，该时期广州、合浦等地汉墓与中原和岭北汉墓的发展轨迹已经趋同，鲜见越式因素，但岭南汉墓的地方特点仍然突出，可视为汉文化的一个地方类型⑤。高崇文认为秦汉时期广西考古学文化面貌发生较大变化，本地越文化受到楚文化、秦文化、汉文化的影响，其历史背景与岭北越人的南迁、秦征岭南、汉武帝平定南越有直接关系。汉武帝统一岭南

① 蒋廷瑜. 广西汉代农业考古概述［J］. 农业考古，1982（2）：61-68

② 冼剑民. 秦汉时期的岭南农业［J］. 中国农史，1988（3）：10-20

③ 冼剑民. 汉代岭南的商业萌芽［J］. 岭南文史，1988（1）：88-98

④ 吕平中. 秦汉时期的岭南经济［J］. 中南民族学院学报（哲学社会科学版），1990（2）：32-43

⑤ 郑君雷. 俗化南夷——岭南秦汉时代汉文化形成的一个思考［J］. 华夏考古，2008（3）：121-127

后，北部湾地区成为当时面向海外的战略要地①。

六、综合研究

一些综合性论著中也涉及合浦汉墓研究，杨式挺对合浦汉墓群及其出土文物的特点做了概述，并指出其与徐闻等地汉墓的异同之处②。熊昭明在对广西汉代考古进行总结回顾中，并提出今后的研究趋势③，由其执笔的《中国考古学·秦汉卷》中《岭南地区汉墓》部分，将合浦汉墓置于广西乃至岭南地区的大框架中进行综合论述，内容包括墓葬分期、地域特征、与邻近地区的联系等④。新近出版的《合浦汉墓》一书，系统梳理了合浦两汉时期墓葬，采用统一、科学的划分标准，将墓葬形制重新划分为土墩墓、土坑墓、木椁墓和砖室墓四大类；将出土器物按质地分为八大类，探讨主要器物的演变发展。该书以学术性为主，兼顾可读性，追求"雅俗共赏"⑤。熊昭明还从海上丝绸之路贸易路线、贸易品、港口和城址的聚落考古等角度，进行全面研究⑥。郑君雷等对合浦南越国时期遗存进行专门研究，将合浦置于南越国大背景下开展研究，展示当地南越国时期的社会风貌⑦。李青会等学者以海上丝绸之路沿线的港口遗址、出土器物，特别是汉代合浦港出土的玻璃、宝（玉）石、金、银等质地珠饰为重点对象，通过多学科交叉研究、中外器物的比较研究、遗址实地调查，从器物制作技术和风格的传播与吸收、矿产资源开发和流通、工匠和人群的迁徙、贸易路线、贸易与社会发展等方面，探讨了合浦港与海丝沿线地区的贸易、文化和技术交流，以及合浦作为汉代海上丝绸之路始发港之一的重要地位和历史作用⑧。一些硕士、博士论文和博士后出站

---

① 高崇文. 试论广西地区先秦至汉代考古学文化变迁——兼论汉代合浦的历史地位［J］. 四川文物，2017（1）：47-51

② 杨式挺. 略论合浦汉墓及其出土文物的特点［M］. 海上丝绸之路研究：中国·北海合浦海上丝绸之路始发港理论研讨会论文集. 吴传钧，吕余生编. 北京：科学出版社，2006：20-33

③ 熊昭明. 广西汉代考古的回顾与展望［M］. 广西考古文集：第二辑. 广西壮族自治区文物工作队编. 北京：科学出版社，2006：60-71

④ 中国社会科学院考古研究所. 中国考古学. 秦汉卷［M］. 北京：中国社会科学出版社，2010：482-491

⑤ 熊昭明，富霞. 合浦汉墓［M］. 南宁：广西科学技术出版社，2019

⑥ 熊昭明. 汉代合浦港考古与海上丝绸之路［M］. 北京：文物出版社，2015；合浦发现的汉代城址及港城关系［J］. 中国港口，2017（S1）；汉代合浦港的考古学研究［M］. 北京：文物出版社，2018

⑦ 郑君雷，富霞. 合浦南越国遗存及相关问题研究［M］. 南宁：广西科学技术出版社，2020

⑧ 李青会，左骏，刘琦等. 文化交流视野下的汉代合浦港［M］. 南宁：广西科学技术出版社，2019

报告也选择合浦汉墓或岭南汉墓作为研究对象，如《广西合浦两汉六朝墓葬研究》①
《合浦汉墓研究》②《中国南方地区两汉墓葬研究》③《岭南地区西汉中小型墓葬研
究》④等。

　　综上所述，学者以往的研究较为丰硕，为合浦汉墓的研究奠定了良好的学术基
础，但多为发掘报告，研究也多集中在与"海上丝绸之路"密切相关的珠饰及复原汉
代海上丝绸之路方面，或是将合浦纳入广西和岭南大背景下进行综合研究，缺乏专门
针对合浦汉墓的学术梳理和综合研究，未能建立起全面的区域分期标准，且所用资料
有限，未能囊括近年发现及部分未公开发表的重要资料。

①　蒙长旺. 广西合浦两汉六朝墓葬研究［D］. 硕士学位论文，中山大学，2013
②　谭玉华. 合浦汉墓研究［D］. 博士后出站报告，中山大学，2013
③　余静. 中国南方地区两汉墓葬研究［D］. 博士学位论文，吉林大学，2009
④　居方方. 岭南地区西汉中小型墓葬研究［D］. 硕士学位论文，郑州大学，2010

第二章 墓葬形制

随着合浦考古发掘汉墓数量的日益增多，对汉墓形制进行细化研究已具备一定的条件。墓葬形制研究包括地上和地下两部分，其中封土和墓上建筑属地上部分，墓室属地下部分。

经勘查，合浦现存封土堆的汉墓约1056座[1]，外观呈馒头形或椭圆形土堆[2]。部分墓葬的封土堆，发掘时经过解剖，如寮尾M13，封土堆残高1.6米，可分为明显的三层，灰黄色土夹一层红土，每层厚度相当，均是经简单拍打，并未见夯筑痕迹。其余经解剖的封土堆，也大都为分层构筑，与此相类。1971年发掘的望牛岭木椁墓，封土下还发现有一层经夯打呈龟背形的土盖住墓口，厚0.4～0.5米。此外，值得注意的是，少量墓葬周围发现有排列整齐的柱洞，应与墓上建筑有关，如寮尾M13A周围有柱洞18个，其中10个密集分布于墓道的一侧，其余8个也不甚对称；M13B墓室及墓道周围分布大小不一的柱洞共30个，基本对称，报告指出应是修筑墓葬时临时建筑的遗存[3]。另，墓葬开口处也可见柱洞，文昌塔M5墓室开口两侧有半开放式洞槽，一侧4个，一侧对应仅见2个[4]；罗屋村M3在墓口两边发现两排共9个柱洞，两排柱洞之间的距离略比墓室宽，基本呈对称关系。柱洞均为圆形，圜底[5]；寮尾M13B墓室北壁有半圆柱洞5个，南壁有6个，尖底。这三座墓的墓口柱洞似乎与墓上的简易建筑有关，也可能只是在地表的墓口周围栽桩立柱，当是表示纪念或作为标识，性质与墓上植树和墓前树立石柱略同，这类柱洞也可能为"墓上表木"[6]。

形制研究的主要内容仍是丰富多样的墓室结构。现阶段报告多依墓葬构筑材料

---

① 广西壮族自治区文物工作队，合浦县博物馆. 合浦风门岭汉墓——2003～2005年发掘报告［M］. 北京：科学出版社，2006：100

② 金鸡岭墓区有1座墓葬的封土堆，现存形状为前方后圆，有待考证。

③ 广西文物考古研究所，合浦县博物馆，广西师范大学文旅学院. 广西合浦寮尾东汉至三国墓发掘报告［J］. 考古学报，2012（4）：497-503

④ 广西文物考古研究所，合浦县博物馆. 2005年合浦县文昌塔汉墓发掘报告［M］. 广西考古文集：第三辑. 广西文物考古研究所编. 北京：文物出版社，2007：103

⑤ 广西壮族自治区文物工作队，合浦县博物馆. 广西合浦县罗屋村墓葬发掘报告［M］. 广西考古文集：第二辑. 广西壮族自治区文物工作队编. 北京：科学出版社，2006：314

⑥ 郑君雷. 岭南战国秦汉墓的"柱洞"［J］. 四川文物，2010（4）：60-61

和棺椁形制不同将墓葬划分为土坑墓、木椁墓、砖木合构墓和砖室墓四大类，但存在将一些有椁木痕迹的木椁墓列入土坑墓、土坑墓和木椁墓不区分等问题，砖木合构墓的定义也不甚准确，在椁室所用材料上与木椁墓、砖室墓重合，产生混淆。鉴于此，结合最新发掘资料，对墓葬形制进行较为明确的分类，将部分发掘报告中有椁的土坑墓归为木椁墓。砖木合构墓由于年代早晚差异，其形制也相差较大，早期墓室内仅封门、铺地砖或部分侧室墓壁用砖的墓葬，由于其主室形制及埋葬方式与木椁墓一致，可见棺椁，这类墓葬可归入木椁墓；晚期墓室多已整体或部分砌成砖圹，顶部用木料封盖，仅见单棺无外椁的墓葬，归入砖室墓大类。

第一节　土　墩　墓

　　仅发现1处，位于合浦县城东北约12千米的石湾镇大浪村红花坎村民小组，南距大浪古城约800米，是广西发现的首例明确的土墩墓。现存的两墩处在红土台地，外观呈馒头状，平面为椭圆形，大致呈东西排列，相距41米，编号D1、D2。其中D2南北径21、东西径35、中部残高1.6米，为一墩多墓结构，墩内共发现墓葬3座，分布于墩体中部和东南部（图2-1）。墩体处地层可分五层：第①层为表土层；第②层为近现代扰乱层，墓葬开口该层下；第③、④层为垫土层，④层下发现建筑遗迹；第⑤层为早期建筑废弃后堆积；第⑤层以下为生土层。其营造过程为在早期建筑废弃后，选择该处较为平坦并略高的区域，铺设垫土层，形成一个比周围高且平坦的土台，在台中、南部开挖坑穴形成墓穴。但因墩体上部破坏严重，且有晚期墓葬，墓穴原始深度、墩体上部和原有封土形制均不明。

　　D2内发现的3座墓葬平面呈窄长方形，均为熟土坑墓，长2.15～1.7、宽0.57～0.7、残深0.06～0.16米。其中M2出土陶瓿1件（图2-2-1），余两座均为瓮、杯组合（图2-2-2）。D2年代为秦至西汉早期。D1在2004年曾进行过试掘，发现有陶瓿、钵、碗、杯、网坠和铜斧，疑为墓葬的器物组合。D1年代较D2晚，或至西汉中期[①]。

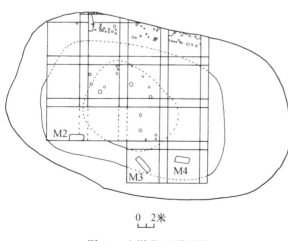

0　2米

图2-1　土墩墓D2平面图

---

　　① 广西文物保护与考古研究所. 广西合浦县双坟墩土墩墓发掘简报［J］. 考古，2016（4）：33-44

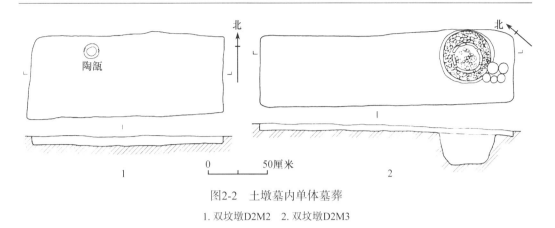

图2-2　土墩墓内单体墓葬

1. 双坟墩D2M2　　2. 双坟墩D2M3

第二节　土　坑　墓

部分报告中将木椁墓和土坑墓统一称为土坑墓，未加以区分。现将墓室为土坑竖穴、不见椁室的墓葬归为土坑墓，有椁室的归为木椁墓。

该类墓葬墓室呈长方形，墓底平，无枕木沟，墓底一侧置棺，无椁。主要集中发现于1987～1988年发掘的文昌塔墓区，风门岭第二炮竹厂也有少量发现。依据墓室长宽比例，可分为二型。

A型：窄坑墓。墓室长度与宽度比大于2∶1。均发现于文昌塔墓区。依墓葬结构可分三式。

Ⅰ式：窄长方形墓坑，无墓道。

文昌塔M23，墓向313°。墓室长2.7、宽1、残深1.6米。墓内填土为黄褐色砂黏土，夹有卵石。出土器物12件，其中陶器6件、铜器3件、铁器3件。器物主要位于墓室两端[1]（图2-3-1）。

文昌塔M114，墓底南北两壁有三对称的方坑槽。墓向106°，墓室长2.85、宽0.85、残深0.26米。墓室填土为灰黄色砂黏土。器物位于墓室之东端，出土陶小杯和罐各1件[2]（图2-3-2）。

Ⅱ式：平面形制同Ⅰ式，墓室底部有二层台，分熟土和生土两种，部分墓室下部有斜收。

文昌塔M40，墓圹四周有熟土二层台。墓向86°。墓室长3.6、宽1.6、残深2.4米。墓室填土为灰黑色。墓圹四周筑高约0.84米的熟土二层台，两侧台宽约0.4、两端台宽

① 广西文物保护与考古研究所. 广西合浦文昌塔汉墓［M］. 北京：文物出版社，2017：5-6

② 广西文物保护与考古研究所. 广西合浦文昌塔汉墓［M］. 北京：文物出版社，2017：9

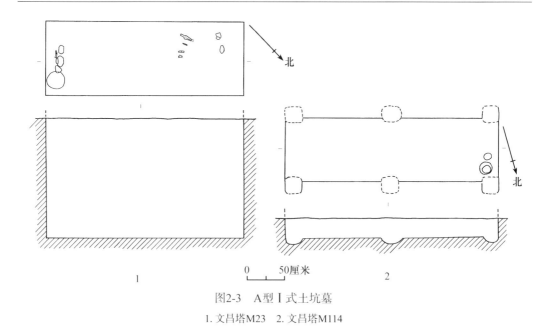

图2-3　A型Ⅰ式土坑墓

1. 文昌塔M23　2. 文昌塔M114

约0.1米。器物位于墓室之东端,出土陶罐和瓿各1件^①(图2-4-1)。

　　文昌塔M38,墓室四周有生土二层台。墓向290°,墓口长3.5、宽1.4米,墓底长3.1、宽1、残深1.3米。墓室填土黄褐色砂黏土,杂有细石。二层台宽0.2、高1米。器物位于墓室之一端,出土陶釜3件^②(图2-4-2)。

　　Ⅲ式:墓室前端带斜坡墓道。

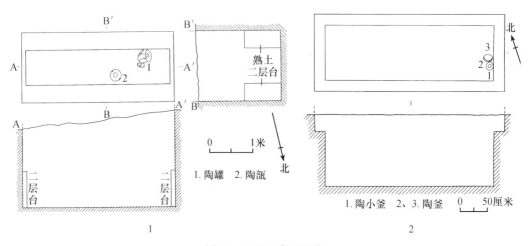

图2-4　A型Ⅱ式土坑墓

1. 文昌塔M40　2. 文昌塔M38

①　广西文物保护与考古研究所. 广西合浦文昌塔汉墓［M］. 北京:文物出版社,2017:6-7

②　广西文物保护与考古研究所. 广西合浦文昌塔汉墓［M］. 北京:文物出版社,2017:11-12

文昌塔M92，墓向110°。斜坡墓道位于前端正中，上端口残长1.8、下端口残长2米，墓室长4、宽1.6、残深1.4米。墓室填土为黄褐色砂黏土。出土陶器6件[1]（图2-5）。

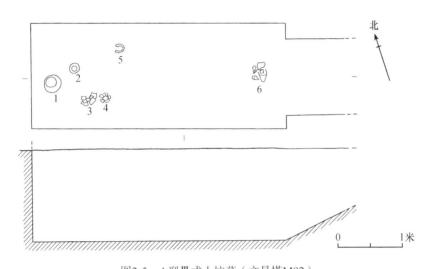

图2-5　A型Ⅲ式土坑墓（文昌塔M92）

1. 陶瓮　2、3. 陶罐　4. 陶小瓶　5. 陶匏壶　6. 陶釜

B型：宽坑土坑墓。墓室长宽比小于或等于2∶1，依结构可分为三式。

Ⅰ式：长方形宽土坑，无墓道。

文昌塔M50，墓向110°，墓室长2.90、宽1.44、残深1米。墓室填土为黄褐色砂黏土，出土陶鼎、铜镜和铜环首刀各1件[2]（图2-6-1）。

部分墓底带枕木沟，文昌塔M16，墓底有两道横向枕木沟。墓向126°，墓室长3.6、宽2.3、残深1.25米，墓坑底有约2厘米细沙铺垫。器物主要位于墓室中部略靠一端，共出土6件陶器[3]（图2-6-2）。

另有少量墓室一端带壁龛。如文昌塔M57，墓向280°，墓室长2.8、宽1.45、残深1.7米。墓室填土上为灰黑色表土，下为黄褐色原坑砂黏土回填。在东端距墓底0.82米高处有一宽0.8、高0.65、深0.4米的壁龛，龛内随葬陶器2件[4]（图2-6-3）。

Ⅱ式：墓底有熟土或生土二层台。

文昌塔M47，墓圹四周筑有熟土二层台。墓室长4、宽2、残深0.95米。墓室填土为灰黑色。二层台宽0.19~0.5、高约0.49米。墓底有两条横列枕木沟，宽约0.35、深约0.1

①　广西文物保护与考古研究所. 广西合浦文昌塔汉墓［M］. 北京：文物出版社，2017：14-15
②　广西文物保护与考古研究所. 广西合浦文昌塔汉墓［M］. 北京：文物出版社，2017：19-20
③　广西文物保护与考古研究所. 广西合浦文昌塔汉墓［M］. 北京：文物出版社，2017：16
④　广西文物保护与考古研究所. 广西合浦文昌塔汉墓［M］. 北京：文物出版社，2017：20

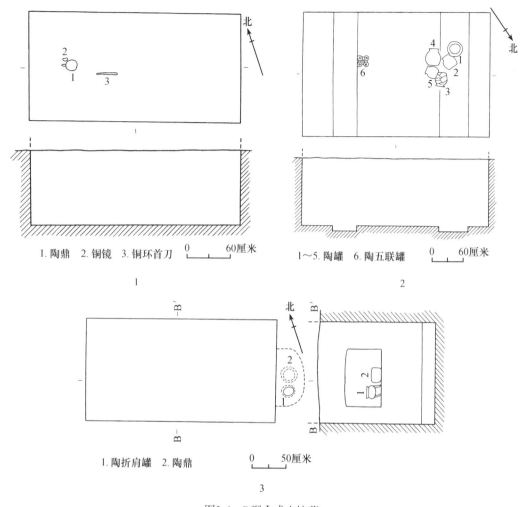

图2-6　B型Ⅰ式土坑墓

1. 文昌塔M50　2. 文昌塔M16　3. 文昌塔M57

米。出土陶釜1件，位于墓室一端[①]（图2-7-1）。

　　文昌塔M78，墓圹四周有生土二层台。墓室上口长3、宽1.8米，墓底长2.6、宽1.4、残深1.8米。墓室填土为灰黄色砂黏土。二层台宽0.2、高1.2米。器物位于墓室之西端，其中陶器4件，铜器1件[②]（图2-7-2）。

　　Ⅲ式：墓室前端带斜坡墓道。

　　文昌塔M10，墓向120°，墓坑长5、宽2.98、残深0.3米，墓道残长0.22、宽2米，墓

————————

　　①　广西文物保护与考古研究所. 广西合浦文昌塔汉墓［M］. 北京：文物出版社，2017：17-19

　　②　广西文物保护与考古研究所. 广西合浦文昌塔汉墓［M］. 北京：文物出版社，2017：22-24

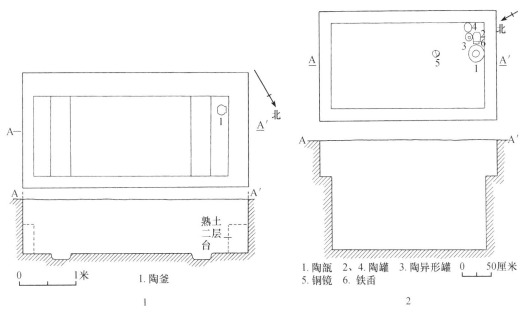

图2-7 B型Ⅱ式土坑墓

1. 文昌塔M47 2. 文昌塔M78

道口高于墓室0.28米。出土器物11件，其中陶器9件、铜器2件[1]（图2-8-1）。

二炮厂M8，墓道长8.3、宽1.7米，距墓室0.25米处底部平，近墓室口处中部平放半块条砖。墓室长5.12、宽2.9、深3米，前端低于墓道底端0.1米。墓底中间略高于四周0.1米。棺位于墓室中部偏南侧，长2、宽0.9米。棺一侧和墓室前端共有3个椭圆形坑，用以渗水[2]（图2-8-2）。

第三节 木 椁 墓

木椁墓在合浦发现数量较多，形制同土坑墓相似，但墓室内有椁，墓底多有枕木沟，葬具多为单棺单椁，偶见双棺单椁。依带墓道与否，可分两型。

A型：无墓道。规模较小。长方形墓室，墓底平。墓底多有两纵向枕木沟，少数有横向枕木沟，个别有横向和纵向枕木沟，或是墓壁前后有放置枕木的凹槽。

廉乳厂M2，墓底有两横向枕木沟。墓室长3.8、宽1.8、深2.2米，两端均不抵墓

① 广西文物保护与考古研究所. 广西合浦文昌塔汉墓［M］. 北京：文物出版社，2017：77-79

② 广西文物保护与考古研究所. 2009～2013年度合浦汉晋墓发掘报告［M］. 北京：文物出版社，2016：83-85

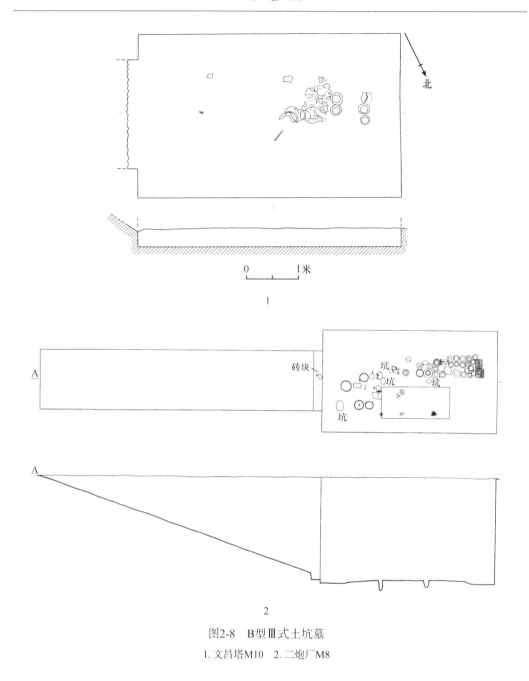

图2-8 B型Ⅲ式土坑墓

1. 文昌塔M10 2. 二炮厂M8

壁，枕木沟宽0.25、深0.12、相距2.44米。棺位于墓室中部靠东侧，长2、宽0.7米[①]（图2-9-1）。

汽齿厂M3，墓室前后两壁近底处，有伸入壁内的拱形凹槽，用以安放枕木。墓室长3.2、宽2、深1米。墓底平，墓底前后壁中部各有两深入壁内的拱形凹槽，用以置枕

① 广西文物保护与考古研究所. 2009～2013年度合浦汉晋墓发掘报告［M］. 北京：文物出版社，2016：10-13

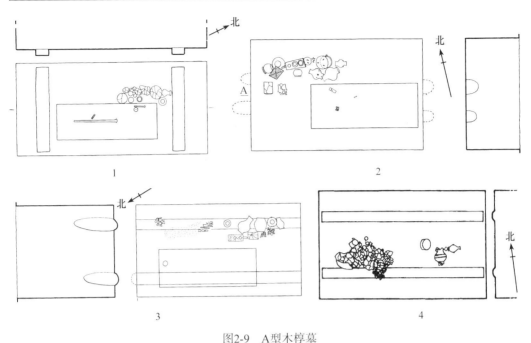

图2-9 A型木椁墓

1. 廉乳厂M2 2. 汽齿厂M3 3. 汽齿厂M2 4. 1999凸鬼岭M5

木，槽宽0.2～0.26、深0.18～0.34、高0.2～0.26米。棺位于墓室后端偏南侧，长2、宽0.8米[1]（图2-9-2）。

汽齿厂M2，墓底有两纵向枕木沟。墓室长3.7、宽2、深2.2米。底部枕木沟前端抵壁，后端深入后壁内，宽0.26、深0.1、相距0.94米。棺位于墓室后端靠右侧，长2.2、宽0.82米[2]（图2-9-3）。

1999凸鬼岭M5，两纵向枕木沟前后端均不抵壁。M5封土底部直径10、高1.5米。墓室长4.4、宽2.5、深0.8米。枕木沟宽0.24、深0.07米[3]（图2-9-4）。

B型：带墓道，墓道多为斜坡式，偶见阶梯式。部分大、中型墓葬椁四周和顶部均有白膏泥封护，部分墓底铺膏泥、木炭和细沙防潮，墓室填土多见夯筑痕迹。依墓室结构，分四式。

Ⅰ式：单室墓。此式墓葬数量居多。由墓道和长方形墓室两部分组成，墓道除斜坡式外，偶见阶梯式。

① 广西文物保护与考古研究所. 2009～2013年度合浦汉晋墓发掘报告［M］. 北京：文物出版社，2016：10-14

② 广西文物保护与考古研究所. 2009～2013年度合浦汉晋墓发掘报告［M］. 北京：文物出版社，2016：10-11

③ 广西壮族自治区文物工作队、合浦县博物馆. 合浦县凸鬼岭汉墓发掘简报［M］. 广西考古文集. 广西壮族自治区博物馆编. 北京：文物出版社，2004：266

风门岭M27，填土距开口深度1.25米以上分层夯实，每层厚度约0.2米；以下四周现椁室的壁板灰痕，宽约0.03米。墓道长8.7、宽约1.84米，下端距墓室0.4米处急陡，与墓室相接处形成一高0.3米的台阶；墓室四壁长度不甚规整，长5.62～5.68米，宽4.12～4.24米，深2.6米。墓底两侧各有一道纵长枕木沟，长5.3、宽0.34、深0.18米，前后未抵墓壁。据棺椁板灰痕可知椁室长4.66、宽3.24、高1.35米，棺位于墓室右后侧。随葬品主要集中墓室后端的一侧，小件器物置于棺内[①]（图2-10-1）。

此式墓葬少量墓底有生土或熟土二层台，如二炮厂M4，墓室底部两侧及后端有生土二层台，两侧二层台宽0.14、高0.7米；后端宽0.34、高0.7米[②]。堂排M1墓底周围则为熟土二层台[③]。

此外，该式墓葬中少量大、中型墓葬墓道见外藏椁形制，如风门岭M26，墓道长12、宽2.64米，底端顺坡势设外藏椁，外藏椁长3.9、宽1.3、上深2、下深0.88米，两边留有狭窄的通道；底部有枕木沟，内置铜牛2件，陶瓮1件，应象征厨厩[④]（图2-10-2）。1999年发掘的凸鬼岭M4，墓道与墓室之间有一长方形坑，长2.2、宽1.5米，低于墓室0.34米，坑底局部铺错缝地砖，未见遗物[⑤]。其形制同风门岭M26相似，也应为外藏椁之意。还有少数墓葬在墓道一侧辟耳室以示外藏椁，堂排M2B墓道一侧带耳室，未放置器物，似为中途停挖，但其原意应也为外藏椁[⑥]。1999年发掘的凸鬼岭M6，在墓道与主室相接处一侧辟耳室，内置陶灶、釜、罐等，为象征庖厨的外藏椁[⑦]。

Ⅱ式：三室墓。仅见1座。2016年发掘的文昌塔M18，墓向为115°，平面呈"凸"字形，三墓室并排分布，墓底均有两纵向条枕木沟，中间以土垣分隔，墓道与中间的主墓室相连。墓道长5.8、宽1.2、最深处高1.3米。中间主墓室编号M18A，长4.8、宽2.7、残深1.8米；出土器物共33件，陶器有罐、壶、鼎、灶、井、仓、盆、瓮，铜器有

①　广西壮族自治区文物工作队，合浦县博物馆. 合浦风门岭汉墓——2003～2005年发掘报告［M］. 北京：科学出版社，2006：7

②　广西文物保护与考古研究所. 2009～2013年度合浦汉晋墓发掘报告［M］. 北京：文物出版社，2016：15-16.

③　广西壮族自治区文物工作队. 广西合浦县堂排汉墓发掘简报［M］. 文物资料丛刊：4，北京：文物出版社，1981：46

④　广西壮族自治区文物工作队，合浦县博物馆. 合浦风门岭汉墓——2003～2005年发掘报告［M］. 北京：科学出版社，2006：47-48

⑤　广西壮族自治区文物工作队，合浦县博物馆. 合浦县凸鬼岭汉墓发掘简报［M］. 广西考古文集. 广西壮族自治区博物馆编. 北京：文物出版社，2004：268-270

⑥　广西壮族自治区文物工作队. 广西合浦县堂排汉墓发掘简报［M］. 文物资料丛刊：4. 北京：文物出版社，1981：46-47

⑦　广西壮族自治区文物工作队，合浦县博物馆. 合浦县凸鬼岭汉墓发掘简报［M］. 广西考古文集. 广西壮族自治区博物馆编. 北京：文物出版社，2004：267-269

图2-10 B型木椁墓

1、2. B型Ⅰ式（凤门岭M27、M26） 3. B型Ⅱ式（2016文昌塔M18）
4. B型Ⅲ式（望牛岭M1） 5. B型Ⅳ式（九只岭M5）

碗、杯、壶、樽、灯、鼎、镶壶、盆、釜、镜等，以及玻璃珠1串。M18B位于M18A的南侧，打破M18A，墓室长3.75、宽2.5、残深1.5米；出土器物8件，有陶罐、陶壶、铜壶等。M18C位于M18A的北侧，亦打破M18A；墓室长3.4、宽1.5、残深1.37米；出土器物11件，有陶罐、壶和樽等[①]（图2-10-3）。

Ⅲ式：带甬道单室墓。由墓道、甬道和长方形墓室三部分组成。

望牛岭M1，由墓道、甬道和墓室组成，甬道两侧各带1耳室。主室填土用原坑红色沙土和木炭相间夯填，南北两耳室填土亦经夯打。全长25.8、最宽14米。其中墓道长15、宽3米，底端高出甬道底部0.4米。甬道长3、宽4、深8.3米，底部呈龟背形，中间隆起处高于主室底部0.5米。主室长7.8、宽5.1、深8.8米，底部有两纵向枕木沟。南耳室宽2.2、深4.7米；北耳室宽2.8、深5.4米，底部低于甬道0.2米。耳室底部均有两条枕木沟，宽0.2、深0.15米。两耳室实为外藏椁之用，南耳室置贮藏东西的陶器和少量铜器，为"厨"；北耳室置车马器，为"厩"。主室椁室长6.2、宽3.5、高2.3米，椁板下依次铺白细沙、木炭和黄膏泥。主室前部和棺具两旁置大量铜器和漆器[②]（图2-10-4）。

Ⅳ式：分室墓。墓室分前后两室，仅封门用砖砌成。

九只岭M5，封土堆残宽32、高1.2米。墓道宽1.94、长17.5米。墓室前长1.5、宽2.56、深3.84米；后长5.3、宽2.9米，底部低于前端0.06米。椁室长6.08、宽2.1米，由顶盖、内外封门、左右后壁板与底板相互扣合，依坑形构筑成前后两级。前用封门砖代替木板，在封门砖向里1.64米处又用三层间隔0.3米的隔板再封一道，封门砖两侧是厚2.2米的黑膏泥，用于加强棺室的密封。棺长2.42、宽1.12米[③]（图2-10-5）。

第四节　砖　室　墓

砖室墓在合浦发现数量最多，墓室由条砖砌成，墓底多铺"人"字形条砖，亦有少量为大方砖。此类形制多样，依墓室砌筑方式，可分为砖圹墓、直券顶砖室墓、横直券顶砖室墓、横直券顶合穹隆顶砖室墓和穹隆顶合券顶砖室墓五型。

A型：墓室内部分用砖修砌。墓室部分或整体用条砖结砌墓壁，不起券，顶部用木料封盖；部分仅墓底铺砖。依墓室形制，可分四式。

Ⅰ式：无墓道。形制简单。

文昌塔M122，仅底部平砖错缝铺砌。墓向203°，墓室长3.65、宽1.52、残深0.64

---

① 广西文物保护与考古研究所内部资料

② 广西壮族自治区文物考古写作小组. 广西合浦西汉木椁墓［J］. 考古，1972（5）：20-21

③ 广西壮族自治区文物工作队，合浦县博物馆. 广西合浦县九只岭东汉墓［J］. 考古，2003（10）：58-60

米。填土为黄褐色砂黏土。四壁较直，无砖。出土器物3件，均为陶罐①（图2-11-1）。

2005年发掘的文昌塔M1，墓壁用单砖错缝结砌，底铺"人"字形砖。墓室长3.44、宽1.12、深0.72米（图2-11-2）。②

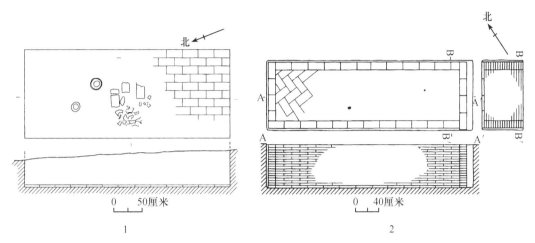

图2-11　A型Ⅰ式砖室墓

1. 文昌塔M122　2. 2005文昌塔M1

Ⅱ式：带斜坡墓道。墓室为单室，墓壁用条砖结砌，墓底亦铺砖，顶部以木板盖顶。

1991母猪岭M6墓室长3.9、宽1.5米，墓室用双砖结砌，两壁高度与封门持平，封门亦用双砖错缝结砌，墓底以单砖顺列错缝平铺。墓室前端与封门间有宽0.25、深0.1米的沟槽，可能为排水设施。墓顶应是用木板横铺而成的平顶③（图2-12-1）。

寮尾M13B由墓道和墓室两部分组成，总长21.86米。墓道长14.76、宽1.8米，墓道填土经夯筑，墓道底端有车辙痕。墓室长7.1、宽4.25米。两侧墓壁下部为一层丁砖，以上顺丁砖组合结砌。墓室北壁有半圆柱洞5个，南壁有6个，大小、深度各异，均往下向墓室内倾斜。墓底有两纵向枕木沟，宽约0.2、深0.13米。墓底铺侧砖，呈"人"字形。顶部与封门均用木料，在砖壁上方可见连续分布的朽木痕迹。棺木位于墓室后部偏北侧，长2.6、宽0.7米④（图2-12-2）。

Ⅲ式：带斜坡墓道，墓室分前后室。墓室内部分结构用砖。

①　广西文物保护与考古研究所. 2009～2013年度合浦汉晋墓发掘报告［M］. 北京：文物出版社，2016：226-227

②　广西文物考古研究所，合浦县博物馆. 2005年合浦县文昌塔汉墓发掘报告［M］. 广西考古文集：第三辑. 广西文物考古研究所编. 北京：文物出版社，2007：109

③　广西文物工作队，合浦县博物馆. 广西合浦县母猪岭东汉墓［J］. 考古，1998（5）：37

④　广西文物考古研究所，合浦县博物馆，广西师范大学文旅学院. 广西合浦县寮尾东汉至三国墓发掘报告［J］. 考古学报，2012（4）：503

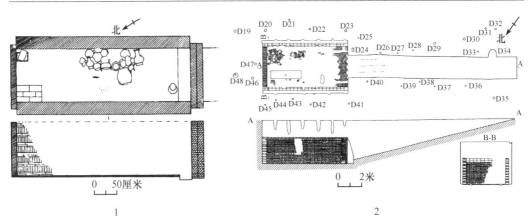

图2-12　A型Ⅱ式砖室墓
1. 1991母猪岭M6　2. 寮尾M13B

黄泥岗M1前室为砖圹，前后室之间有一凹槽，墓底平铺"人"字形地砖。全长24米，其中斜坡式墓道长16.5、宽2.71米，坡度16°；前室长2.18、宽4.28米。前室两侧有象征耳室的砖圹，内宽0.51、进深0.47米；后室长5.32、宽3.01米，距开口深2.61米。后室四周有枕木沟，前后枕木沟宽约0.36、左右枕木沟宽约0.18米。椁室内长4.64、内宽2.59米；棺内长2.18、内宽0.86米[①]（图2-13）。

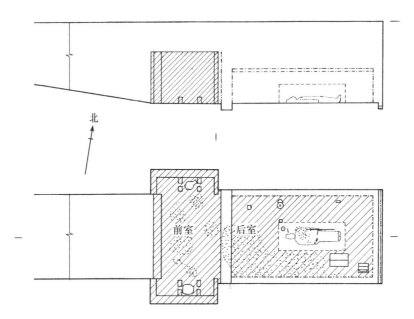

图2-13　A型Ⅲ式砖室墓（黄泥岗M1）

Ⅳ型：分室墓，墓室由砖圹和券顶或穹隆顶组合而成。

杨家山工业大道M4，墓室前后室为砖圹，用木料盖顶，前室两侧各带一侧室，侧

---

① 合浦县博物馆馆藏资料（黄泥岗M1于1990年11月在环城乡发掘）

室起券顶。封土堆残高1.6、径33米。由墓道、前室和后双室组成，墓道宽2.5、底端深
2.5米。前室纵长3.3、横宽4.3米，底部四周有渗水凹槽，槽宽0.24～0.44、深0.08米。
后室纵长5.66、横宽6.6米，底部比前室高出0.16米，两壁宽1.6、后壁宽1.16米。两壁呈
阶梯状，近墓室内两侧和后壁均留有朽木痕迹。后室中间有隔墙，将后室平分为二，
隔墙底部有两拱券，以示两室相通，两室尾端各带一壁龛。北后室与前室之间另有一
堵砖墙封隔，墙体结砌不规整，是在厚约0.14米的淤土上起砌的，用砖颜色、规格多
样，烧成火候较低，与封门顶部砖一致。北后室墓主应下葬较晚，下葬后在其墓室口
加砌墙体，并再次封门。墓底均铺多层铺地砖[①]（图2-14-1）。

九只岭M6A墓室为砖圹和穹隆顶结合。前室为穹隆顶，后室为砖圹，内置棺木，
为墓室主体。M6A现存封土堆直径50、残高2.5米，由墓道、前室和后室三部分组
成。墓道长约10、宽1.76米，近墓底0.6米处平。前室不规则，后宽前窄，长2.4、宽
2.8～3.24米，一边有转角，与封门间有一沟槽，宽0.38米。前室墓壁以双隅错缝结砌，
穹隆顶已塌，仅存底部砌成弧形的起券砖，铺“人”字形地砖。后室长5.48、宽3.22
米，与前室间以0.3米高的双隅砖墙隔开，底部低于前室0.16米，墓壁砖圹为二顺一丁
双隅错缝结砌。墓底以平砖顺列错缝铺砌，两侧有纵向沟槽，宽0.16、深0.2米，无朽
木痕迹，伸入后壁，应用以渗水[②]（图2-14-2）。

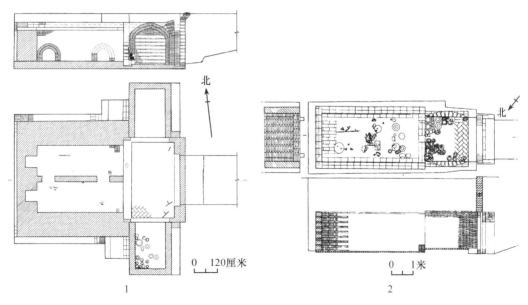

图2-14 A型Ⅳ式砖室墓

1.杨家山M4 2.九只岭M6A

---

① 广西文物保护与考古研究所. 2005～2009年度广西合浦县汉晋墓发掘报告（待刊）

② 广西壮族自治区文物工作队，合浦县博物馆. 广西合浦县九只岭东汉墓［J］. 考古，2003
（10）：60-61

B型：直券顶砖室墓。依有无墓道分二亚型。

Ba型：无墓道。此型墓葬数量甚少。

风门岭M21，墓底中部以一排单砖平铺相隔，象征前后分室。墓室长4、底宽1.08米，底铺"人"字形砖。前室长1.70、后室长1.94米。墓壁单砖错缝结砌，下部笔直，上部向外略弧伸出起券。墓口上部两侧见起券砖，用以加固①（图2-15）。

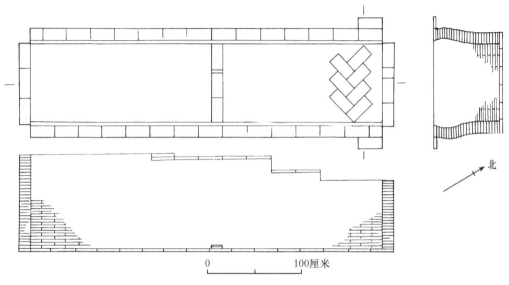

0　　　　　　　　100厘米

图2-15　Ba型砖室墓（风门岭M21）

Bb型：带斜坡墓道，数量居多。依墓室形制分三式。

Ⅰ式：单室墓，底部不分级，券顶平直。部分带侧室，侧室数量为1～3个。

风门岭M24B，墓葬全长10.6米，由墓道和墓室两部分组成，其中斜坡墓道长6.25、宽1.2米。墓室长4.35、宽1.65米，尾端带梯形壁龛，上宽0.4、下宽0.55、深0.25米。封门位于墓道与墓室间，单砖错缝平砌。墓壁下部为二顺一丁结砌，以上双砖错缝，墓底铺"人"字形砖。双层券顶，中轴线上有一砖凸起②（图2-16-1）。

1999凸鬼岭M18，墓室前端带一侧室。斜坡墓道残长1.6、宽1.28米。封门位于墓道内，双砖错缝结砌。墓室长4.56、宽1.28米，墓壁为双砖结砌。侧室长1.44、宽0.8、高0.78米，单砖起券。墓底铺"人"字形砖③（图2-16-2）。

寮尾M14墓室带三侧室，均为穹隆顶。现存封土堆高4.3、直径69米。墓葬总长

① 广西壮族自治区文物工作队，合浦县博物馆. 合浦风门岭汉墓——2003～2005年发掘报告［M］. 北京：科学出版社，2006：100-101

② 广西壮族自治区文物工作队，合浦县博物馆. 合浦风门岭汉墓——2003～2005年发掘报告［M］. 北京：科学出版社，2006：85-88

③ 广西壮族自治区文物工作队，合浦县博物馆. 合浦县凸鬼岭汉墓发掘简报［M］. 广西考古文集. 广西壮族自治区博物馆编. 北京：文物出版社，2004：272-274

29.86米，其中墓道长20.5、宽2.32米。墓道填土经夯打，见密集夯窝，直径约0.05、每层厚约0.2米。封门双砖错缝平砌，上有"人"字形额墙。封门和墓室间有宽0.48、深0.16米的隔水槽，底部铺砖。墓室长9.36、宽3.46米，墓壁下部为丁砖，上双砖错缝，券顶三层结砌。墓底有两纵向沟槽，宽0.18～0.26、深0.22米，沟槽两侧及底部均砌砖，未见朽木痕迹，应用以渗水。侧室与主室有券门相通，其中西侧两侧室相连，前侧室深3.44、宽3.16米；后侧室深2.72、宽2.12米；东侧侧室深2.92、宽2.88米。墓底平

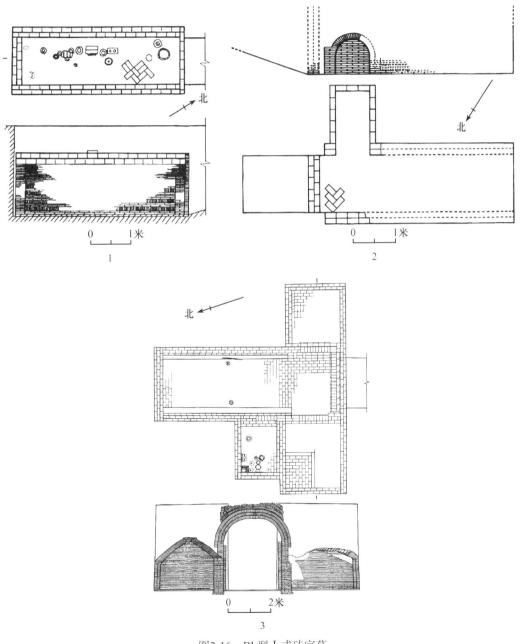

图2-16　Bb型Ⅰ式砖室墓

1. 风门岭M24B　2. 1999凸鬼岭M18　3. 寮尾M14

砖错缝铺砌，墓室前端及侧室铺单层，后端为三层①（图2-16-3）。

Ⅱ式：分室墓。部分带侧室。依墓底分级和券顶构筑形制，可分为三种情况。

第一种，墓底分级，券顶前高后低。

精神病院M3，由墓道、前室和后室三部分组成，总长12.5米。墓道长6、前宽1.45、后宽1.65米。封门砖位于墓室前端，二顺一丁结砌。前室长3.45、宽2.65、深2.05米。后室长3.05、宽2.15米，底部高于前室0.12米，尾端带一壁龛，深0.4、宽0.6、高0.65米。墓壁下部为二顺一丁结砌，上为双砖错缝，双层起券。墓底铺"人"字形砖②（图2-17-1）。

二炮厂M10，后室前端带两大小相近的侧室，墓道长9.7、宽1.72米，近墓室处平。封门位于墓道和墓室间，单砖错缝结砌。封门与墓口之间有一渗水凹槽。前室长2.94、宽3.4米，后室长5.16、宽2.11、底部高于前室0.2米。西侧室深2.22、宽1.08米；东侧室深2.36、宽1.22米，均为单层起券，券高1米。后室尾端带一壁龛，壁龛内随葬1件陶屋。墓室壁下部为二顺一丁，以上平砖错缝。墓底铺"人"字形砖③（图2-17-2）。

第二种，墓底分级，券顶平直。

1991母猪岭M1，墓道长8.3、下宽1.28、深3.4米。封门单砖错缝叠砌，残高1.15米。墓底分级以示前后室，前室长1.32、后室长1.85、宽1.22米，后室底部高出前室0.15米。前后室之间有一条宽0.55、低于前室底0.05米的沟槽，可能为排水设施。墓室后壁以双层砖错缝叠砌，两壁下部为二顺一丁，以上为错缝结砌，双层券顶。前室底部用一层横砖错缝平铺，后室为纵砖④（图2-17-3）。

第三种，墓底不分级，券顶前高后低以示分为前后室。

寮尾M8，由墓道、前室和后室三部分组成，总长12.71米。其中墓道长7.24、宽1.3米。封门位于墓室内，双砖错缝顺砌。前室长2.48、宽1.92米，墓壁单砖错缝顺砌，券顶高于后室0.13米。后室长2.78、宽1.66米，两壁下部为二顺一丁，以上为双砖错缝顺砌。后壁尾端带拱形壁龛，深0.34、宽0.68米，单层券。墓底铺"人"字形砖⑤（图2-17-4）。

---

① 广西文物考古研究所，合浦县博物馆，广西师范大学文旅学院. 广西合浦县寮尾东汉至三国墓发掘报告［J］. 考古学报，2012（4）：490-492

② 广西文物保护与考古研究所. 2009～2013年度合浦汉晋墓发掘报告［M］. 北京：文物出版社，2016：87

③ 广西文物保护与考古研究所. 2009～2013年度合浦汉晋墓发掘报告［M］. 北京：文物出版社，2016：91

④ 广西文物工作队，合浦县博物馆. 广西合浦县母猪岭东汉墓［J］. 考古，1998（5）：36-37

⑤ 广西文物考古研究所，合浦县博物馆，广西师范大学文旅学院. 广西合浦县寮尾东汉至三国墓发掘报告［J］. 考古学报，2012（4）：493-495

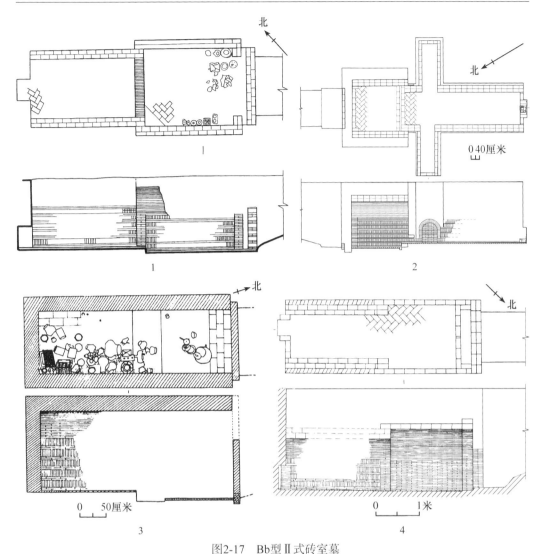

图2-17　Bb型Ⅱ式砖室墓

1. 精神病院M3　　2. 二炮厂M10　　3. 1991母猪岭M1　　4. 寮尾M8

Ⅲ式：分室带甬道墓。墓室前端带短小的甬道，部分带1～2个侧室。

风门岭M22，由甬道、前室和后室三部分组成，全长6.1米。其中甬道长1、宽2米，两侧附耳室，宽0.7、券高1、深0.25米。封门位于甬道与墓道间，为二顺一丁砖砌，宽0.25米。封门上有额墙，为错缝平砌，高出券门顶0.22米。前室长1.75、宽2.5米；后室长3.1、宽2米。后壁中部设一方形壁龛，宽、高、深均为0.3米。前后室墓壁均下部为二顺一丁，以上双隅错缝结砌。前室前端与甬道底部持平，后端高于前端0.2米。墓底铺"人"字形砖[①]（图2-18-1）。

廉乳厂M9，由墓道、甬道、前室和后室四部分组成，总长16米。墓道长7.68、前

① 广西壮族自治区文物工作队，合浦县博物馆. 合浦风门岭汉墓——2003～2005年发掘报告[M]. 北京：科学出版社，2006：101-102

端宽1.6、后端宽2.08米。封门位于墓道内，底部为一层半丁砖，以上单砖错缝结砌。甬道长1.44、宽2.72、深3.04米。前室长2.56、宽3.32米，后端底部高于前端0.18米。前室两侧各带一小侧室，东侧室深1.24、宽1.48、高1.38米，双层起券；西侧室深1.64、宽1.48米。后室长4.32、宽2.72米。墓壁下部为顺丁砖组合，以上为双砖错缝结砌。墓底铺"人"字形砖①（图2-18-2）。

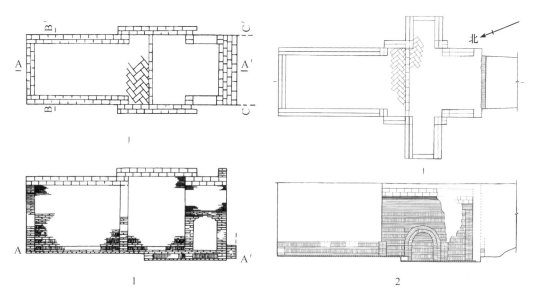

图2-18　Bb型Ⅲ式砖室墓
1. 凤门岭M22　2. 廉乳厂M9

C型：横直券顶砖室墓。墓室由直券顶和横券顶组成。依有无甬道，分二式。

Ⅰ式：不带甬道。

二炮厂M5，由墓道、前室和后室三部分组成，总长12.28米。墓道长6、宽1.44米，前端南侧有5个圆形脚窝，北侧有1个，脚窝径0.08～0.16、深0.04～0.08米。封门位于墓道内，单砖错缝结砌，残高0.66米。前室为横券顶，纵深1.92、宽横宽3.06、深2.76米。后室为直券顶，长4.36、宽1.85米，底部分两级，前端高于前室0.13米，低于后端0.13米。后室中部带一侧室，宽1.54、深1.61、高0.96米。墓室为双层券顶，墓壁下部为二顺一丁，上部为双砖错缝结砌。墓底铺"人"字形砖②（图2-19-1）。

Ⅱ式：带甬道。

寮尾M17，现存封土堆高约1.5米，由墓道、甬道、前室和后室四部分组成，总长16.72米，其中墓道长9.45、前端宽1.5、后端宽1.6米，坡度19度。封门位于墓道底端，

① 广西文物保护与考古研究所. 2009～2013年度合浦汉晋墓发掘报告［M］. 北京：文物出版社，2016：91

② 广西文物保护与考古研究所. 2009～2013年度合浦汉晋墓发掘报告［M］. 北京：文物出版社，2016：91

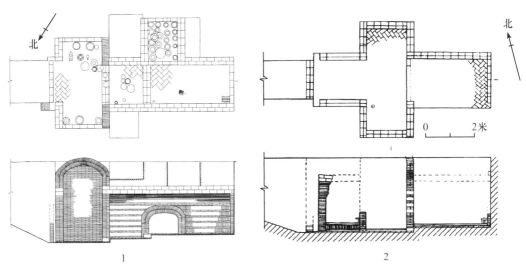

图2-19　C型砖室墓

1. Ⅰ式（二炮厂M5）　2. Ⅱ式（寮尾M17）

二顺一丁结砌，残高0.3米。甬道长1.9、宽2.2米。前室为横券顶，纵深2.2、横宽4.65米。后室为直券顶，长3.17、宽2.27米，底部高于前室和甬道0.2米，墓壁下部为二顺一丁，上部为双砖错缝顺砌，双层券顶。墓底铺"人"字形地砖[①]（图2-19-2）。

D型：穹隆顶合券顶墓。墓室由直券顶和穹隆顶组成。依有无甬道，分二式。

Ⅰ式：不带甬道。

公务员小区二期M17，由墓道、前室和后室三部分组成，残长10.4米。墓道残长2、宽1.8米。封门位于墓室内，下部二顺一丁结砌。前室为穹隆顶，长3、宽3、深3.35米，墓口有双砖砖柱，穹顶平置两块砖封盖。后室为直券顶，长4.9、宽2.4米，底部高于前室0.15米。墓壁双砖错缝结砌，底铺"人"字形砖[②]（图2-20-1）。

风门岭M10为双后室，前室穹隆顶底部呈梯形，长2.06、前段宽3.5、后段宽3.7、高3.2米。东西两后室并列，均为直券顶，长3.1米，东后室宽1.3、高1.7米；西后室宽1.32、高1.65米。前室底部和东后室持平，底铺"人"字形单层砖。西后室在"人"字形地砖上再加平铺一层竖砖，西后室底高于前室和东后室底部0.05米。墓壁和封门为双砖错缝平砌。西后室放置木棺，东后室放置随葬器物[③]（图2-20-2）。

Ⅱ式：带甬道。见机械厂M1一座。

M1由墓道、甬道、前室和后室四部分组成，墓道长4.16、宽1.24米。封门位于墓

① 广西文物考古研究所，合浦县博物馆，广西师范大学文旅学院. 广西合浦县寮尾东汉至三国墓发掘报告［J］. 考古学报，2012（4）：498-499

② 广西文物保护与考古研究所. 2009～2013年度合浦汉晋墓发掘报告［M］. 北京：文物出版社，2016：95

③ 合浦县博物馆. 广西合浦县丰门岭10号汉墓发掘简报［J］. 考古，1995（3）：226-227

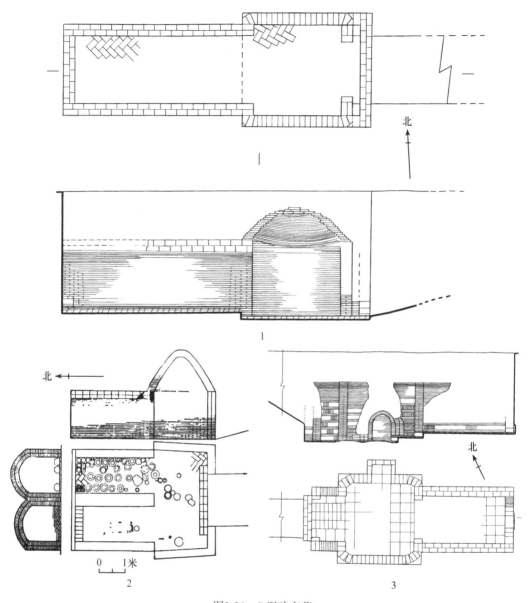

图2-20　D型砖室墓

1. Ⅰ式（公务员小区二期M17）　2. Ⅰ式（风门岭M10）　3. Ⅱ式（机械厂M1）

室内，底部为双砖错缝结砌，以上为二顺一丁排列。甬道长1.16、宽2.08、深2.96米，底部低于墓道底端0.56米。前室为穹隆顶，长2.84、宽2.92米，北侧带一小侧室，深0.84、宽0.94、高1.04米，单层起券。后室为直券顶，长3.12、宽2.12米，底部高于前室0.16米，尾端带一壁龛。墓壁下部为二顺一丁结砌，以上为双砖错缝。墓底除甬道部分铺条砖，余均铺方砖[①]（图2-20-3）。

---

① 广西文物保护与考古研究所. 2009～2013年度合浦汉晋墓发掘报告［M］. 北京：文物出版社，2016：95

E型：横直券顶合穹隆顶砖室墓。墓室由直券顶、横券顶和穹隆顶三部分组成。依墓室结构分二亚型。

Ea型：前室为穹隆顶，中室为横券顶，后室为双直券顶。寮尾M13A属此型。

M13A由墓道、前室、中室和两个后室五部分组成。现存封土堆高1.6、径约47米，墓穴周围有柱洞。总长22.15米，其中墓道长12.25、宽1.65米。墓道与前室相接处有一宽0.25、深0.09米的沟槽。前室穹隆顶长3.3、宽3.3米。中室横券顶纵深2.85、横宽4.45米，双层券顶。中室北壁M13B方向、距墓底高2.2米处有一土洞，近北后室前有一祭台，长2.65、宽0.85米，高出中室底部0.13米。中室、后室之间有一条宽0.3、低于中室0.15米的沟槽，底部铺"人"字形砖，用于渗水。前室和中室两壁下部均为丁顺砖组合，上部为双砖错缝顺砌。南北后室并列，北后室长3.25、宽1.95、高1.9米，双层券顶，后壁尾端带壁龛。南后室长1.92、宽1.25、高1.4米，单层券顶。前室、中室、南后室底部铺"人"字形地砖，北后室铺地砖为两层。北后室局部见板灰痕，应用于安放棺木，南后室则用来放置随葬器物[①]（图2-21-1）。

Eb型：前室为横券顶，中室穹隆顶带两侧室，后室为单直券顶。

仅见风门岭M1一座。M1墓室全长9.12米，其中前室横券长1.75、横宽4.58米；中室穹隆顶长宽约3米，两侧室1.5、进深1.8、高1.4米，三层券顶；后室直券长3.32、宽2.18米，尾端带壁龛。墓室铺"人"字形地砖，三室之间呈阶梯状，中室低于后室

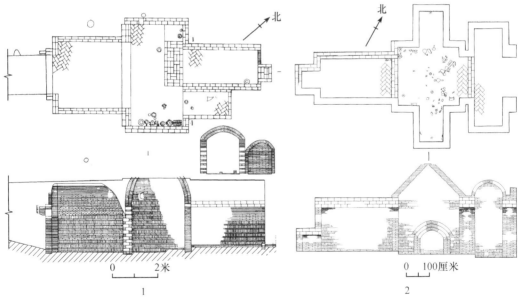

图2-21 E型砖室墓
1. Ea型（寮尾M13A） 2. Eb型（风门岭M1）

① 广西文物考古研究所，合浦县博物馆，广西师范大学文旅学院. 广西合浦县寮尾东汉至三国墓发掘报告［J］. 考古学报，2012（4）：497-498

0.18米，高于前室0.15米①（图2-21-2）。

此外，合浦还发现一座形制特殊的砖室墓，2003年罗屋村发掘6座墓葬，其中5座分布相对集中，墓向大体一致，仅M6一座散布于较远处。该墓为长方形竖穴砖室墓，无墓道，墓室较小，长1.75、宽仅0.28、高0.28米，墓壁为单砖错缝结砌，底部横铺一排墓砖，顶部已缺，推测应是平砖封盖。随葬品也仅见小陶罐1件，年代当为东汉晚期。报告认为，可能为二次迁葬或未成年人墓②。

第五节　合葬墓形式

合浦发现的汉墓中有部分为夫妻合葬墓，"妇从其夫葬为合葬，凡夫妇以合葬为常"③。中原地区于西汉中期夫妻合葬形式由并穴合葬发展为同穴合葬，而与中原地区不同，两汉时期合浦则以异穴合葬为主，偶见同穴。

一、同穴合葬

此类合葬形式在合浦较少，有木椁墓和砖室墓。

（一）同室

两棺置于同一墓室内，棺常并列置于椁内靠后端。如1999凸鬼岭M19和二炮厂M12两座木椁墓，椁内可见一大一小双棺并列放置。凸鬼岭M19椁长约4.72、宽2.28米，两棺置于椁室东南角，北棺略小④；二炮厂M12两棺并列置于椁室后端，左侧棺较大，长2.2、宽0.86米，出土铁剑、铁削、铁钉、串饰、铜镜和铜钱，应为男性墓；右侧棺略小，长2.16、宽0.62米，出土铜钱、铁环首刀、铜刷把和铜镜，应为女性墓⑤（图2-22-1）。砖室墓如1996年发掘的母猪岭M6，该墓为砖圹墓，由墓道和墓室两部

---

① 广西壮族自治区文物工作队，合浦县博物馆. 合浦风门岭汉墓——2003～2005年发掘报告［M］. 北京：科学出版社，2006：139-141

② 广西壮族自治区文物工作队，合浦县博物馆. 广西合浦县罗屋村墓葬发掘报告［M］. 广西考古文集：第二辑. 广西壮族自治区文物工作队编. 北京：科学出版社，2006：313-323

③ 杨树达. 汉代婚丧礼俗考［M］. 上海：上海古籍出版社，2000：138

④ 广西壮族自治区文物工作队，合浦县博物馆. 合浦县凸鬼岭汉墓发掘简报［M］. 广西考古文集. 广西壮族自治区博物馆编. 北京：文物出版社，2004：267-268

⑤ 广西文物保护与考古研究所. 2009～2013年度合浦汉晋墓发掘报告［M］. 北京：文物出版社，2016：12

分组成。综合器物摆放和棺木留下的痕迹，判定为合葬墓。墓室呈长方形，在墓底中部略靠前处有两组平砖，应象征两棺位置。其中铜带钩、铁剑、铜削、印章等摆放在墓室东侧；银指环、玛瑙、玻璃、水晶等饰件摆放在墓室西侧，2件铜镜也分置两侧[①]（图2-22-2）。

（二）异室

2016年文昌塔发掘的木椁墓M18带三室，墓室间有深土矮隔墙。每室内各置1棺，中间墓室较大，两侧较窄（图2-22-3）。

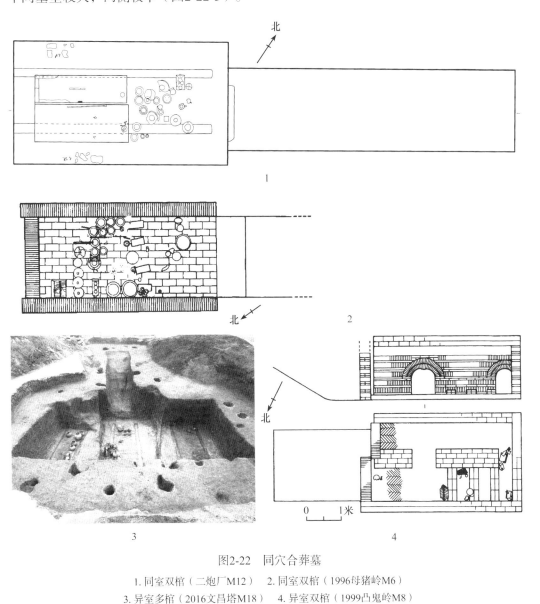

图2-22　同穴合葬墓

1.同室双棺（二炮厂M12）　2.同室双棺（1996母猪岭M6）
3.异室多棺（2016文昌塔M18）　4.异室双棺（1999凸鬼岭M8）

① 广西合浦县博物馆. 广西合浦县母猪岭汉墓的发掘［J］. 考古，2007（2）：22-23

1999凸鬼岭砖室墓M8，为南北双后室，北大南小，两室之间有隔墙，有两券门相通。两室各有封门，从封门形制判断，北室晚于南室。北室可见三组高出墓底的单砖，应用以承棺，北室残存陶屋、仓、提筒、盂。由于盗扰严重，南室无器物残存[①]（图2-22-4）。

二、异穴合葬

异穴合葬墓形式较为多样，有以下三类。

（一）两墓紧邻，下葬有先后

此类形式的墓葬数量居多，均为同一封土下独立的两墓室。部分木椁墓底部有矮隔墙，如风门岭M23和汽齿厂M6，风门岭M23墓道长宽方向不一，间距2～3.4米不等；墓室上部相连为一，纵长约8米，横宽11.5米。填土分界明显，右侧A墓入葬早于B墓。在距开口深度2.2米以下两墓填土之间有隔板的痕迹，底部有生土矮墙不很规整，前端低矮，后端高窄，宽0.2～0.7米，高度从几厘米到2米多不等[②]（图2-23-1）；1984凸鬼岭M202，两墓间无生土隔墙，但仍有比较明显的分界线，从墓口下掘至1.1米后，可见椁板腐烂后的黑色土带，把墓室分为东、西两穴，东室A墓为男性；西室B墓为女性[③]（图2-23-2）。

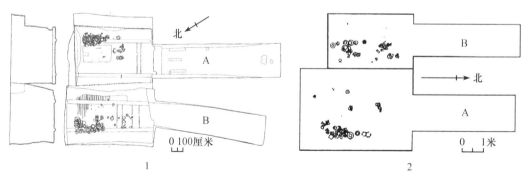

图2-23　异穴合葬木椁墓

1. 风门岭M23　2. 1984凸鬼岭M202

①　广西壮族自治区文物工作队，合浦县博物馆. 合浦县凸鬼岭汉墓发掘简报［M］. 广西考古文集. 广西壮族自治区博物馆编. 北京：文物出版社，2004：273-275

②　广西壮族自治区文物工作队，合浦县博物馆. 合浦风门岭汉墓——2003～2005年发掘报告［M］. 北京：科学出版社，2006：18

③　广西壮族自治区博物馆，合浦县博物馆. 广西合浦县凸鬼岭清理两座汉墓［J］. 考古，1986（9）：792-793

（二）两墓间隔一定距离，部分中间有短过道

1984凸鬼岭木椁墓M201，两墓隔墙处有短过道相通。A、B两墓间隔0.7米。其中A墓由斜坡墓道和墓室两部分组成，B墓无墓道。报告指出A墓靠B墓一侧有宽0.8米的耳室，但被B墓所打破。而从报告可知两墓填土基本相同，无明显区别，且两墓墓底同耳室底部持平，均深2.1米，打破关系不明显[①]。笔者认为报告所谓的"耳室"，应为两墓间的短过道（图2-24-1）。

砖室墓异穴合葬形式同木椁墓相近，如九只岭M6，两墓相隔5米[②]；二炮厂M14两墓墓室相隔3.3米[③]（图2-24-2）；部分两墓室隔墙处有短过道相通。如风门岭M24，在A墓前室与B墓墓道间的生土隔墙上方有一槽状短过道相连。过道长1.45、宽0.6、深0.3

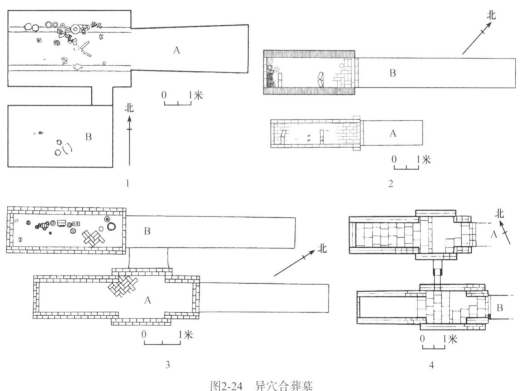

图2-24　异穴合葬墓

1. 1984凸鬼岭M201　2. 二炮厂M14　3. 风门岭M24　4. 九只岭M4

①　广西壮族自治区博物馆，合浦县博物馆. 广西合浦县凸鬼岭清理两座汉墓［J］. 考古，1986（9）：792-793

②　广西壮族自治区文物工作队，合浦县博物馆. 广西合浦县九只岭东汉墓［J］. 考古，2003（10）：59

③　广西文物保护与考古研究所. 2005～2009年度广西合浦县汉晋墓发掘报告（待刊）

米[①]（图2-24-3）；九只岭M4，为券顶砖室墓，墓底有方形砖砌短过道相通。过道宽0.26、高0.12米[②]（图2-24-4）。寮尾M13一墓相邻墓壁留洞或也以示相通。A、B两墓基本呈平行排列，两墓间为生土隔墙，墓室相距3.5米。A墓中室北壁邻B墓方向，在距墓底高2.2米处留一土洞，以示相通。洞深0.25、宽0.23、高0.28米[③]。

①　广西壮族自治区文物工作队，合浦县博物馆. 合浦风门岭汉墓——2003～2005年发掘报告 [M]. 北京：科学出版社，2006：85-87

②　广西壮族自治区文物工作队，合浦县博物馆. 广西合浦县九只岭东汉墓 [J]. 考古，2003（10）：57-58

③　广西文物考古研究所，合浦县博物馆，广西师范大学文旅学院. 广西合浦县寮尾东汉至三国墓发掘报告 [J]. 考古学报，2012（4）：489-503

第三章 出土器物研究（上）

合浦汉墓出土器物种类丰富，数量庞大，以陶器居多，铜器次之，另有铁器、金银器、玉石器及玻璃、水晶、玛瑙、琥珀、石榴子石、蚀刻石髓珠、绿松石、绿柱石等珠饰品，还有少量骨器、竹器、漆器等。陶器、金器、玉石器、珠饰品等因质地坚硬，大多保存完整，而铜器、铁器、银器由于埋藏环境潮湿，土壤呈酸性，保存状况较差，骨器和漆器，多已腐朽，漆器多仅残存漆皮或口沿镶嵌部分。由于馆藏未刊资料部分年代不详，以下类型划分以公开发表报告资料为主。

第一节 陶 器

合浦汉墓出土陶器主要为灰白胎硬陶，胎质细腻，余为灰色、青灰胎硬陶，以及红色、淡红色泥质陶、软陶、夹砂陶等，以及少量高温釉陶。器表多施有一层陶衣或青色、青绿色薄釉。器类丰富多样，有鼎、盒、壶、钫、瓿、长颈壶、镳壶、匏壶、温壶、瓮、罐、双耳罐、四耳罐、联罐、盆、盘、甑、釜、魁、匜、碗、钵、耳杯、案、熏炉、灯、纺轮、器座、井、仓、灶、屋、溷、厕、囷、动物俑和人俑等，可分为仿铜陶礼器、生活用器、模型明器几大类。

一、陶 器

（一）仿铜陶礼器

主要有鼎、盒、壶、钫四类器物。

鼎 依口部形制，分三型。

A型：敞口，折领，三柱足。依足腹部形制可分二式。

Ⅰ式：深鼓腹，上腹收束。文昌塔M57：2，夹砂软陶，器身为黑褐色，胎为红褐色。圆唇，圜底，三柱较高。素面。口径17.2、高22厘米[1]（图3-1-1）。

---

① 广西文物保护与考古研究所. 广西合浦文昌塔汉墓［M］. 北京：文物出版社，2017：

Ⅱ式：浅弧腹。文昌塔M50：1，夹砂软陶，黑褐色。圆唇，圜底，底有三圆柱形足，三足较集中。素面。口径16.4、高14厘米①（图3-1-2）。

B型：子母口内敛，三斜足外撇。依腹部形制分四式。

Ⅰ式：深鼓腹。折肩。三粗矮扁足。文昌塔M154：1，泥质硬陶，青灰色。圜底，两侧有方形附耳。上腹旋出凹弦纹，下腹及底部饰有粗绳纹。口径14.8、高17.2厘米②（图3-1-3）。

Ⅱ式：浅弧腹。折肩。文昌塔M96：1，泥质硬陶，青灰色。肩两侧有方形耳。圜底近平。圆盖，盖上等饰三扁形纽。口径12.8、通高15厘米③（图3-1-4）。

Ⅲ式：浅腹。文昌塔M130：1，泥质软陶，灰色。圜底。有隆起圆盖，盖已残损。口径14.4、通高16厘米④（图3-1-5）。

Ⅳ式：扁圆腹。二炮厂M8：47，盖面圆隆。盖顶中央有乳丁纽，柿蒂纹纽座凸起，纽外饰一组弦纹，纹间等布三圆环，环上附小乳丁。长方形附耳，中镂孔，孔两侧饰叶脉纹。斜足横截面呈三角形。口径15、腹径20.2、通高19.4厘米⑤（图3-1-6）。

C型：三蹄足。依腹部形制分四式。

Ⅰ式：深鼓腹。文昌塔M129：11，泥质硬陶，灰色。施青黄釉，多脱落。圜底。有隆起圆盖，盖面有等距三环形纽，盖顶有四叶纹乳突。盖面饰弦纹。口径18.8、通高22.5厘米⑥（图3-1-7）。

Ⅱ式：深腹。1984凸鬼岭M202A：17，盖面呈半球形，有三小纽，顶部饰柿蒂纹，外圈刻划水波纹和篦点纹。圜底，长方形附耳。腹中部有一周凸棱。口径19、通高22厘米⑦（图3-1-8）。

Ⅲ式：圆腹略扁。1991母猪岭M1：12，盖面圆隆，中央有乳丁纽，柿蒂纹纽座，外圈等布三环形纽，纽顶为一乳突。平底，肩部有方形立耳。腹部饰一周凸棱。口径

---

① 广西文物保护与考古研究所. 广西合浦文昌塔汉墓［M］. 北京：文物出版社，2017：56-57

② 广西文物保护与考古研究所. 广西合浦文昌塔汉墓［M］. 北京：文物出版社，2017：56-57

③ 广西文物保护与考古研究所. 广西合浦文昌塔汉墓［M］. 北京：文物出版社，2017：56-57

④ 广西文物保护与考古研究所. 广西合浦文昌塔汉墓［M］. 北京：文物出版社，2017：130-131

⑤ 广西文物保护与考古研究所. 广西合浦文昌塔汉墓［M］. 北京：文物出版社，2017：131

⑥ 广西壮族自治区博物馆，合浦县博物馆. 广西合浦县凸鬼岭清理两座汉墓［J］. 考古，1986（9）：795-796

⑦ 广西壮族自治区博物馆，合浦县博物馆. 广西合浦县凸鬼岭清理两座汉墓［J］. 考古，1986（9）：795-796

17.2、底径15.5、高21厘米①（图3-1-9）。

Ⅳ式：扁折腹。寮尾M13B：86，盖面圆隆，顶为一乳丁，外饰两组弦纹，内圈弦纹处等布三纽衔环。长方形附耳，耳中间有镂孔，平底。腹部饰一道弦纹。口径16.4、腹径22.4、通高22.8厘米②（图3-1-10）。

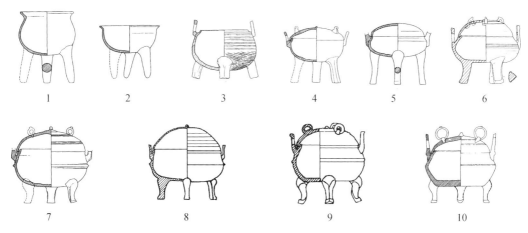

图3-1　陶鼎

1. A型Ⅰ式（文昌塔M57：2）　2. A型Ⅱ式（文昌塔M50：1）　3. B型Ⅰ式（文昌塔M154：1）
4. B型Ⅱ式（文昌塔M96：1）　5. B型Ⅲ式（文昌塔M130：1）　6. B型Ⅳ式（二炮厂M8：47）
7. C型Ⅰ式（文昌塔M129：11）　8. C型Ⅱ式（1984凸鬼岭M202A：17）　9. C型Ⅲ式（1991母猪岭M1：12）
10. C型Ⅳ式（寮尾M13B：86）

盒　依足部和器身形制分四型，各型依腹部形制分式。

A型：形体小。平底或平底略内凹。

Ⅰ式：弧腹斜收。文昌塔M49：3，泥质软陶，灰白色。敛口，圆唇，折肩。圆盖，中有圆形纽。盖面饰弦纹、斜线篦纹。口径10.8、通高7厘米③（图3-2-1）。

Ⅱ式：直腹下折收。文昌塔M164：2，泥质软陶，红褐色。素面。敛口，折肩，平底微凹。口径9.9、底径6.6、通高5.5厘米④（图3-2-2）。

B型：矮圈足。

Ⅰ式：浅弧腹，口部较敛。文昌塔M96：4，泥质硬陶，青灰色。器表施褐釉。

————————

①　广西文物工作队，合浦县博物馆．广西合浦县母猪岭东汉墓［J］．考古，1998（5）：40-41

②　广西文物考古研究所，合浦县博物馆，广西师范大学文旅学院．广西合浦寮尾东汉三国墓发掘报告［J］．考古学报，2012（4）：506-507

③　广西文物保护与考古研究所．广西合浦文昌塔汉墓［M］．北京：文物出版社，2017：46-48

④　广西文物保护与考古研究所．广西合浦文昌塔汉墓［M］．北京：文物出版社，2017：46-48

敛口，圆唇，斜收腹，平底。腹饰弦纹。覆盘式盖，捉手呈圈足状。口径12.6、底径12.2、通高11厘米[①]（图3-2-3）。

Ⅱ式：腹部较Ⅰ式深，圈足较矮。红色软陶。盖顶中央有一乳状纽，边圈处有一周凸棱，棱外等距三乳丁，盖面刻划多圈细弦纹。寮尾M13B：15，口径11.6、腹径13.6、通高11.3厘米[②]（图3-2-4）。

C型：高圈足，分两节。

Ⅰ式：斜腹下折收。文昌塔M27：5，泥质硬陶，灰色。带盖，盖面隆起饰数道弦纹，盖顶中有两孔。盒身饰弦纹、戳印竖线状篦纹。口径16、足径10.8、高12厘米[③]（图3-2-5）。

Ⅱ式：圆鼓腹。风门岭M23B：50，盖面隆起，顶部平圆，捉手作圈足状凸起。盖面与圈足饰弦纹。腹径20.8、通高19.6厘米[④]（图3-2-6）。

D型：器如扁圆球形，广圈足。形体较大。寮尾M13B：22，盖顶平，中央有圆纽扣环，四叶纹纽座，边缘凸起，周围等布三卧羊，盖身上部饰三角形刻划纹，下部饰

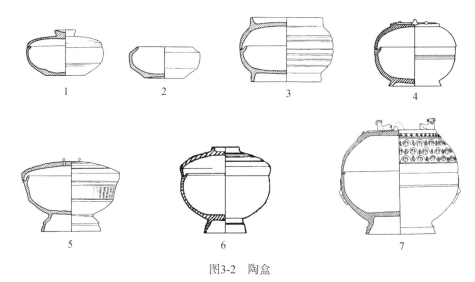

图3-2　陶盒

1. A型Ⅰ式（文昌塔M49：3）　　2. A型Ⅱ式（文昌塔M164：2）　　3. B型Ⅰ式（文昌塔M96：4）

4. B型Ⅱ式（寮尾M13B：15）　　5. C型Ⅰ式（文昌塔M27：5）　　6. C型Ⅱ式（风门岭M23B：50）

7. D型（寮尾M13B：22）

---

① 广西文物保护与考古研究所. 广西合浦文昌塔汉墓［M］. 北京：文物出版社，2017：46-48

② 广西文物考古研究所，合浦县博物馆，广西师范大学文旅学院. 广西合浦寮尾东汉三国墓发掘报告［J］. 考古学报，2012（4）：506-507

③ 广西文物保护与考古研究所. 广西合浦文昌塔汉墓［M］. 北京：文物出版社，2017：116

④ 广西壮族自治区文物工作队，合浦县博物馆. 合浦风门岭汉墓——2003～2005年发掘报告［M］. 北京：科学出版社，2006：21-23

羽纹。腹部有一对铺首衔环。口径26.4、腹径27.6、通高26.6厘米[1]（图3-2-7）。

壶 束颈，溜肩。上腹多有对称半环耳。少量平底，多圈足外撇，多分二节，上部多有对称穿孔。器身多处饰弦纹。依形制分七型，下依腹部形制分式。

A型：粗颈，微鼓腹，器型略显修长。圈足。文昌塔M011：6，夹砂软陶，灰黄色。夹较多石英砂粒，质软易碎。素面。矮盘口，圈足已残。口径11.5、残高28.5厘米[2]（图3-3-1）。

B型：盘口略高，粗颈，喇叭形高圈足。文昌塔M99：3，泥质软陶，灰色。火候低，质软。素面。肩有双耳，扁圆腹，足稍残。有扁圆盖，盖面边缘等距饰三乳突。口径10.5、残高22厘米[3]（图3-3-2）。

C型：短粗颈，略收束。矮圈足。

Ⅰ式：腹部下鼓，垂腹。文昌塔M96：3，泥质硬陶，青灰色。素面。肩饰对称三棱桥耳。圈足。上有扁圆盖，有纽，已残。口径10、足径15.4、通高21.6厘米[4]（图3-3-3）。

Ⅱ式：鼓腹。文昌塔M147：3，泥质软陶，灰黄色。子母口，肩部有双桥耳。肩、腹处施弦纹。矮圈足，圈足两侧有两个小孔。口径8、足径18.9、高23.2厘米[5]（图3-3-4）。

D型：颈部收束明显，圈足广而高。

Ⅰ式：扁圆鼓腹。文昌塔M113：6，泥质软陶，灰红色。火候低，质软。素面。肩部饰对称桥形耳和三周凹弦纹，底足交连处两侧各有一穿孔。口径9.6、足径13、高25.2厘米[6]（图3-3-5）。

Ⅱ式：鼓腹。文昌塔M18：2，泥质硬陶，灰色。肩部有两只对称桥耳。肩、腹处

① 广西文物考古研究所，合浦县博物馆，广西师范大学文旅学院. 广西合浦寮尾东汉三国墓发掘报告［J］. 考古学报，2012（4）：506-507

② 广西文物保护与考古研究所. 广西合浦文昌塔汉墓［M］. 北京：文物出版社，2017：50-52

③ 广西文物保护与考古研究所. 广西合浦文昌塔汉墓［M］. 北京：文物出版社，2017：50-52

④ 广西文物保护与考古研究所. 广西合浦文昌塔汉墓［M］. 北京：文物出版社，2017：50-52

⑤ 广西文物保护与考古研究所. 广西合浦文昌塔汉墓［M］. 北京：文物出版社，2017：50-52

⑥ 广西文物保护与考古研究所. 广西合浦文昌塔汉墓［M］. 北京：文物出版社，2017：50-52

分别饰以弦纹。圈足两侧有两个小孔。口径14、足径17.2、高39.2厘米①（图3-3-6）。

Ⅲ式：扁圆腹。九只岭M5∶40，盘口较深。口径15、足径15.6、高39.3厘米②（图3-3-7）。

Ⅳ式：扁圆腹下坠。短颈，圈足宽矮。寮尾M13A∶4，口径10.4、足径16.4、高25.4厘米③（图3-3-8）。

E型：颈部近折收。

Ⅰ式：扁鼓腹略下坠。1991母猪岭M1∶25，口径8.9、足径9.8、高21.1厘米④（图3-2-9）。

Ⅱ式：扁圆腹下坠，肩部较Ⅰ式溜。九只岭M6B∶23，口径14.4、足径15、高34.2厘米⑤（图3-3-10）。

Ⅲ式：扁腹下坠。颈部细长，收束明显。九只岭M6B∶21，盘口较浅，口径9.4、足径12、高24.4厘米⑥（图3-3-11）。

F型：侈口，领颈无明显分界，粗颈。文昌塔M80∶17，夹砂软陶，灰色。表有褐陶衣。扁圆腹下坠，圈足较低，圈足两侧有两个小孔。口径12.4、足径12.8、高23.5厘米⑦（图3-3-12）。

G型：直颈，平底。颈有双耳。文昌塔M144∶12，泥质软陶，灰色。直口，折腹，颈部和上腹饰弦纹。口径10、底径11.5、高16厘米⑧（图3-3-13）。

钫　依口部形制分二型。

A型：直口。文昌塔M151∶2，泥质软陶，红褐色。器表施灰色陶衣。质松软。方

① 广西文物保护与考古研究所. 广西合浦文昌塔汉墓［M］. 北京：文物出版社，2017：119-120

② 广西壮族自治区文物工作队，合浦县博物馆. 广西合浦县九只岭东汉墓［J］. 考古，2003（10）：62-63

③ 广西文物考古研究所，合浦县博物馆，广西师范大学文旅学院. 广西合浦寮尾东汉三国墓发掘报告［J］. 考古学报，2012（4）：506-507

④ 广西文物工作队，合浦县博物馆. 广西合浦县母猪岭东汉墓［J］. 考古，1998（5）：40-41

⑤ 广西壮族自治区文物工作队，合浦县博物馆. 广西合浦县九只岭东汉墓［J］. 考古，2003（10）：62-63

⑥ 广西壮族自治区文物工作队，合浦县博物馆. 广西合浦县九只岭东汉墓［J］. 考古，2003（10）：62-65

⑦ 广西文物保护与考古研究所. 广西合浦文昌塔汉墓［M］. 北京：文物出版社，2017：347-348

⑧ 广西文物保护与考古研究所. 广西合浦文昌塔汉墓［M］. 北京：文物出版社，2017：117-119

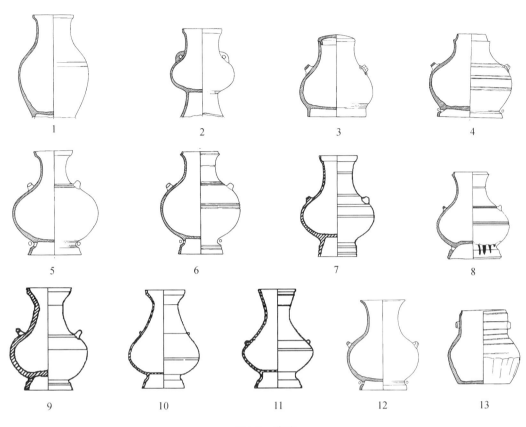

图3-3　陶壶

1. A型（文昌塔M011：6）　　2. B型（文昌塔M99：3）　　3. C型Ⅰ式（文昌塔M96：3）

4. C型Ⅱ式（文昌塔M147：3）　　5. D型Ⅰ式（文昌塔M113：6）　　6. D型Ⅱ式（文昌塔M18：2）

7. D型Ⅲ式（九只岭M5：40）　　8. D型Ⅳ式（寮尾M13A：4）　　9. E型Ⅰ式（1991母猪岭M1：25）

10. E型Ⅱ式（九只岭M6B：23）　　11. E型Ⅲ式（九只岭M6B：21）　　12. F型（文昌塔M80：17）

13. G型（文昌塔M144：12）

形溜肩，鼓腹，方形圈足。上腹两侧有对称双棱桥耳。口径9、底边长13.5、高37.5厘米[1]（图3-4-1）。

B型：敞口，平唇。风门岭M23A：40，鼓腹，方足外撇。上腹两侧有半环纽，与纽对应的足上有圆穿孔。口径11.6、底边长12、高40厘米[2]（图3-4-2）。

（二）生活用器

匏壶　依器型分二型。

① 广西文物保护与考古研究所. 广西合浦文昌塔汉墓［M］. 北京：文物出版社，2017：128-129

② 广西壮族自治区文物工作队，合浦县博物馆. 合浦风门岭汉墓——2003～2005年发掘报告［M］. 北京：科学出版社，2006：23-24

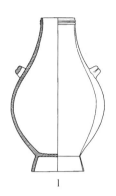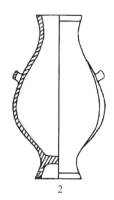

图3-4　陶钫

1. A型（文昌塔M151：2）　　2. B型（风门岭M23A：40）

A型：全器矮肥，上节不明显。敛口，平底内凹。文昌塔M92：5，泥质硬陶，青灰色。素面。斜肩，扁鼓腹。腹两侧饰对称双棱桥耳。口径7.2、底径14、高13.2厘米[①]（图3-5-1）。

B型：小口，形如匏。圈足。肩部有两半圆形耳。依肩腹部形制分三式。

Ⅰ式：溜肩，鼓腹。上节细长。文昌塔M149：22，泥质硬陶，灰色。施青黄釉。肩饰两只对称桥形耳。足部两侧有一孔。肩部饰有弦纹、戳印箅纹。口径2、足径9.6、高22.4厘米[②]（图3-5-2）。

Ⅱ式：丰肩，圆鼓腹。堂排M2A：15，口径3、高27厘米[③]（图3-5-3）。

Ⅲ式：溜肩，扁圆腹。九只岭M5：47，颈部粗大。器身饰弦纹，圈足间有两个圆孔。口径2.6、足径5.2、高9.1厘米[④]（图3-5-4）。

温壶　依器型分二型，以肩腹特征分式。

A型：平底。器身似罐，兽首状流，有一扁形壶把。

Ⅰ式：丰肩，鼓腹。文昌塔M29：3，夹砂软陶，褐红色。质软，易碎。素面。直口。口径9.6、底径11.2、高11.5厘米（图3-6-1）[⑤]。

Ⅱ式：溜肩，扁圆腹。文昌塔M02：15，夹砂软陶，青灰色。敞口，平唇，底微凹。腹一侧有狗头形流，左侧有宽短手柄。肩部饰数道细弦纹。口径12、底径8.7、高

① 广西文物保护与考古研究所. 广西合浦文昌塔汉墓［M］. 北京：文物出版社，2017：53

② 广西文物保护与考古研究所. 广西合浦文昌塔汉墓［M］. 北京：文物出版社，2017：126

③ 广西壮族自治区文物工作队. 广西合浦县堂排汉墓发掘简报［M］. 文物资料丛刊：4. 北京：文物出版社，1981：48

④ 广西壮族自治区文物工作队，合浦县博物馆. 广西合浦县九只岭东汉墓［J］. 考古，2003（10）：64-65

⑤ 广西文物保护与考古研究所. 广西合浦文昌塔汉墓［M］. 北京：文物出版社，2017：53-

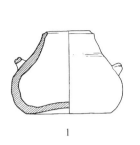 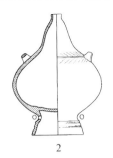 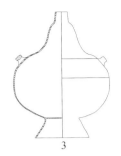 

1　　　　　　2　　　　　　3　　　　　　4

图3-5　陶匏壶

1. A型（文昌塔M92：5）　2. B型Ⅰ式（文昌塔M149：22）
3. B型Ⅱ式（堂排M2A：15）　4. B型Ⅲ式（九只岭M5：47）

10.2厘米[①]（图3-6-2）。

B型：器呈球形，圈足。顶中央呈乳状凸起，近顶处有两半环耳。圈足处有孔与耳对应。近顶部乳突处有一圆筒形的短流，向上斜突出。

Ⅰ式：圆鼓腹。文昌塔M144：19，泥质软陶，红褐色。器顶及肩部饰有弦纹。底径13.8、高16.7厘米[②]（图3-6-3）

Ⅱ式：扁圆腹，圈足较高。精神病院M3：5，顶部饰一周弦纹，耳际和腹部各饰一组弦纹。腹径15.2、足径11、通高13.3厘米[③]（图3-6-4）。

 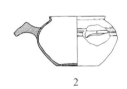  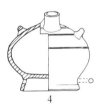

1　　　　　　2　　　　　　3　　　　　　4

图3-6　陶温壶

1. A型Ⅰ式（文昌塔M29：3）　2. A型Ⅰ式（文昌塔M02：15）
3. B型Ⅰ式（文昌塔M144：19）　4. B型Ⅱ式（精神病院M3：5）

长颈壶　小口，长颈，圈足。依颈、腹部形制分四式。

Ⅰ式：圆鼓腹，颈部粗直。文昌塔M15：17，泥质硬陶，灰色。施青黄釉，多已

①　广西文物保护与考古研究所. 广西合浦文昌塔汉墓［M］. 北京：文物出版社，2017：126-127

②　广西文物保护与考古研究所. 广西合浦文昌塔汉墓［M］. 北京：文物出版社，2017：126-127

③　广西文物保护与考古研究所. 2009～2013年度合浦汉晋墓发掘报告［M］. 北京：文物出版社，2016：113-114

脱落。口径6.1、足径12.3、高28.9厘米[①]（图3-7-1）。

Ⅱ式：扁圆腹，颈中部略收束。寮尾M13B：73，颈部等饰四周弦纹，肩腹部各饰一组弦纹，间以倒三角纹和羽纹。口径5.4、足径10、高25.4厘米[②]（图3-7-2）。

Ⅲ式：扁腹。圈足较高。廉乳厂M9：扰11，颈部饰弦纹、复线菱格纹、倒复线三角纹。肩部饰圆圈纹，弦纹。腹部饰羽纹。口径3.8、足径11.5、高24.5厘米[③]（图3-7-3）。

Ⅳ式：扁腹下坠。颈部斜直，高圈足。风门岭M24A：13，颈、肩相接处有一周凸棱。腹部饰两组弦纹。口径3.2、足径8.8、高21.8厘米[④]（图3-7-4）。

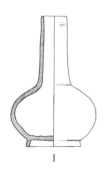 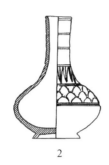 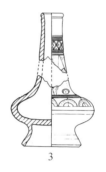 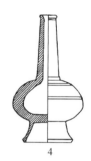

图3-7　陶长颈壶
1. Ⅰ式（文昌塔M15：17）　2. Ⅱ式（寮尾M13B：73）
3. Ⅲ式（廉乳厂M9：扰11）　4. Ⅳ式（风门岭M24A：13）

镶壶　束颈，溜肩，肩腹间出把。依把形制分二型。

A型：龙首形把。1991母猪岭M1：17，敞口，斜平唇，圆鼓腹，平底，三蹄足。肩部饰一周弦纹。口径7.5、腹径14.6、高18.3厘米[⑤]（图3-8-1）。

B型：柱状把。三足外撇，较高。依腹部形制分二式。

Ⅰ式：扁圆腹略下坠。二炮厂M8：24，平底。颈、肩腹各饰一组弦纹，纹间出把，把斜直，截面呈不规则七边形。带盖，盖面微隆，顶有半环纽。口径10.2、腹径

---

① 广西文物保护与考古研究所. 广西合浦文昌塔汉墓［M］. 北京：文物出版社，2017：189-190

② 广西文物考古研究所，合浦县博物馆，广西师范大学文旅学院. 广西合浦寮尾东汉三国墓发掘报告［J］. 考古学报，2012（4）：507-508

③ 广西文物保护与考古研究所. 2009～2013年度合浦汉晋墓发掘报告［M］. 北京：文物出版社，2016：114-115

④ 广西壮族自治区文物工作队，合浦县博物馆. 合浦风门岭汉墓——2003～2005年发掘报告［M］. 北京：科学出版社，2006：90-92

⑤ 广西文物工作队，合浦县博物馆. 广西合浦县母猪岭东汉墓［J］. 考古，1998（5）：40-41

15、通高21.8厘米①（图3-8-2）。

Ⅱ式：扁折腹。九只岭M2：3，圜底。把扁平中空，向上斜起，截面呈五边形，腹部有一周凸棱。腹径16.4、高19厘米②（图3-8-3）。

图3-8 陶鐎壶

1.A型（1991母猪岭M1：17） 2.B型Ⅰ式（二炮厂M8：24） 3.B型Ⅱ式（九只岭M2：3）

瓮 依器型分五型，各型依口沿和肩腹形制下分式。

A型：敛口。

Ⅰ式：圆鼓腹，最大腹径居中。双坟墩D2M3：6，口径20.8、底径24.8、高34厘米③（图3-9-1）。

Ⅱ式：扁鼓腹，下腹斜直内收。最大腹径略靠上。双坟墩D2M4：7，口径17.2、底径21.6、高34.4厘米④（图3-9-2）。

B型：敞口，有短颈。肩部较鼓，最大腹径靠上。

Ⅰ式：卷唇。双坟墩D1：3，颈部斜直，肩部较鼓，通体饰方格纹。口径16.4、底径16.6、高34.3厘米⑤（图3-9-3）。

Ⅱ式：圆唇外折。文昌塔M113：11，泥质硬陶，灰白色。器表施褐釉，但多已剥落，收腹，平底。通体饰方格纹，间有曲线形戳印纹，腹部饰有两道弦纹。口径22、底径23、高32.6厘米⑥（图3-9-4）。

① 广西文物保护与考古研究所. 2009～2013年度合浦汉晋墓发掘报告［M］. 北京：文物出版社，2016：115-116

② 广西壮族自治区文物工作队，合浦县博物馆. 广西合浦县九只岭东汉墓［J］. 考古，2003（10）：64-65

③ 广西文物保护与考古研究所. 广西合浦县双坟墩土墩墓发掘简报［J］. 考古，2016（4）：33-44

④ 广西文物保护与考古研究所. 广西合浦县双坟墩土墩墓发掘简报［J］. 考古，2016（4）：33-44

⑤ 广西文物保护与考古研究所. 广西合浦县双坟墩土墩墓发掘简报［J］. 考古，2016（4）：33-44

⑥ 广西文物保护与考古研究所. 广西合浦文昌塔汉墓［M］. 北京：文物出版社，2017：34-35

Ⅲ式：平唇。文昌塔M126：28，泥质软陶，灰白色。短颈，长腹，下收腹，平底。器身间饰四组弦纹、细方格纹、圆形戳印纹。器内外壁均凹凸不平。口径19、底径20、高30.3厘米[①]（图3-9-5）。

C型：椭圆腹。最大腹径居中或略靠上。

Ⅰ式：圆唇外折。文昌塔M129：6，泥质硬陶，灰色。器表施青黄釉，多脱落。敞口，短颈，平底。器身间饰两组弦纹、细方格纹、菱形戳印纹。器内外壁均凹凸不平。口径21.2、底径22、高32厘米[②]（图3-9-6）。

Ⅱ式：圆唇。2005文昌塔M4：6，肩、腹部拍印方格纹，上覆菱形戳印纹一道。口径19.2、底径21.6、高29.2厘米[③]（图3-9-7）。

D型：长圆腹，器身瘦高。最大腹径居中。

Ⅰ式：沿下折。文昌塔M09：33，泥质硬陶，灰色。敞口，短颈，平底。器内外壁略有凹凸不平。器身饰两组凹弦纹、细方格纹、方形戳印纹。口径25、底径26、高42.4厘米[④]（图3-9-8）。

Ⅱ式：沿下折，肩部较Ⅰ式斜直。风门岭M23B：41，饰方格纹加菱形戳印。口径23.6、底径24.8、高45.6厘米[⑤]（图3-9-9）。

Ⅲ式：尖唇。颈部短。风门岭M28：16，腹上下各饰一周弦纹，肩、腹部饰方格纹加菱形戳印。口径32、底径32.8、高51.2厘米[⑥]（图3-9-10）。

E型：大敞口，尖唇。器型矮小。

Ⅰ式：鼓腹。精神病院M3：6，肩和上腹饰方格纹加方形戳印。口径26、底径26.3、高32.6厘米[⑦]（图3-9-11）。

Ⅱ式：腹扁圆。二炮厂M5：2，器身饰方格纹加六边形戳印。口径23、底径23.8、

---

① 广西文物保护与考古研究所. 广西合浦文昌塔汉墓［M］. 北京：文物出版社，2017：88-89

② 广西文物保护与考古研究所. 广西合浦文昌塔汉墓［M］. 北京：文物出版社，2017：88-89

③ 广西文物考古研究所，合浦县博物馆. 2005年合浦县文昌塔汉墓发掘报告［M］. 广西考古文集：第三辑. 广西文物考古研究所编. 北京：文物出版社，2007：110-111

④ 广西文物保护与考古研究所. 广西合浦文昌塔汉墓［M］. 北京：文物出版社，2017：88-90

⑤ 广西壮族自治区文物工作队，合浦县博物馆. 合浦风门岭汉墓——2003~2005年发掘报告［M］. 北京：科学出版社，2006：20-21

⑥ 广西壮族自治区文物工作队，合浦县博物馆. 合浦风门岭汉墓——2003~2005年发掘报告［M］. 北京：科学出版社，2006：108-109

⑦ 广西文物保护与考古研究所. 2009~2013年度合浦汉晋墓发掘报告［M］. 北京：文物出版社，2016：116-117

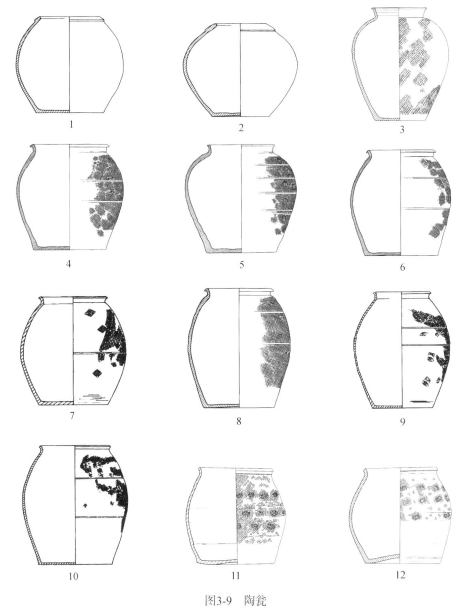

图3-9　陶瓮

1. A型Ⅰ式（双坟墩D2M3：6）　　2. A型Ⅱ式（双坟墩D2M4：7）　　3. B型Ⅰ式（双坟墩D1：3）
4. B型Ⅱ式（文昌塔M113：11）　　5. B型Ⅲ式（文昌塔M126：28）　　6. C型Ⅰ式（文昌塔M129：6）
7. C型Ⅱ式（2005文昌塔M4：6）　8. D型Ⅰ式（文昌塔M09：33）　　9. D型Ⅱ式（风门岭M23B：41）
10. D型Ⅲ式（风门岭M28：16）　　11. E型Ⅰ式（精神病院M3：6）　　12. E型Ⅱ式（二炮厂M5：2）

高28.7厘米[①]（图3-9-12）。

罐　以灰白胎硬陶为主，器表多施青黄釉。依整体器型可分九型，各型下依口沿

---

①　广西文物保护与考古研究所. 2009～2013年度合浦汉晋墓发掘报告［M］. 北京：文物出版社，2016：116-117

和腹部形制分式。

A型：敞口，束颈。

Ⅰ式：丰肩，方唇外折。上腹鼓，最大腹径靠上。文昌塔M154：10，泥质硬陶，灰色。器表施褐釉。窄沿，平底。体饰方格纹，腹中部有一周凹弦纹。口径11.6、底径9.6、高16.1厘米[1]（图3-10-1）。

Ⅱ式：器身铰Ⅰ式矮，大平底。文昌塔M126：7，泥质软陶，灰白色。器身饰凹弦纹、方格纹。口径12.4、底径13、高15厘米[2]（图3-10-2）。

Ⅲ式：溜肩，腹部扁鼓，最大腹径靠上。文昌塔M76：14，泥质软陶，红褐色。饰方格纹。口径12、底径9、高12.6厘米[3]（图3-10-3）。

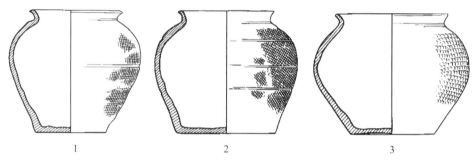

图3-10　A型陶罐

1. Ⅰ式（文昌塔M154：10）　2. Ⅱ式（文昌塔M126：7）　3. Ⅲ式（文昌塔M76：14）

B型：敞口，鼓肩，上腹圆鼓，下腹弧收。

Ⅰ式：最大腹径居上。短颈。文昌塔M103：4，泥质硬陶，青灰色，器表可见砂粒。尖唇，平底，口小。体饰方格纹，腹有四道弦纹，间有圆形戳印纹。口径11.6、底径15.6、高21.6厘米[4]（图3-11-1）。

Ⅱ式：圆鼓腹，肩部鼓。二炮厂M4：4，肩、腹部饰弦纹。口径14.8、底径15.8、高20.7厘米[5]（图3-11-2）。

① 广西文物保护与考古研究所. 广西合浦文昌塔汉墓［M］. 北京：文物出版社，2017：34-35

② 广西文物保护与考古研究所. 广西合浦文昌塔汉墓［M］. 北京：文物出版社，2017：91-92

③ 广西文物保护与考古研究所. 广西合浦文昌塔汉墓［M］. 北京：文物出版社，2017：1711-172

④ 广西文物保护与考古研究所. 广西合浦文昌塔汉墓［M］. 北京：文物出版社，2017：37-38

⑤ 广西文物保护与考古研究所. 2009～2013年度合浦汉晋墓发掘报告［M］. 北京：文物出版社，2016：37-38

Ⅲ式：下腹斜收。1999凸鬼岭M4：32，平唇外折，腹中部饰两周弦纹。口径15.6、底径18.2、高21.6厘米[①]（图3-11-3）。

Ⅳ式：溜肩，鼓腹。二炮厂M5：43，圆唇。肩、腹部饰弦纹。口径13.3、底径16.9、高18.7厘米[②]（图3-11-4）。

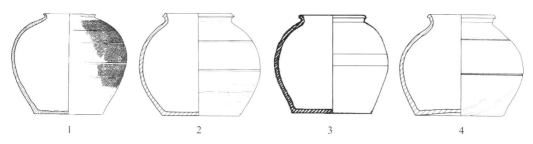

图3-11 B型陶罐

1. Ⅰ式（文昌塔M103：4）　2. Ⅱ式（二炮厂M4：4）　3. Ⅲ式（1999凸鬼岭M4：32）　4. Ⅳ式（二炮厂M5：43）

C型：弧腹，最大腹径居中。

Ⅰ式：肩腹部较鼓。文昌塔M34：1，泥质软陶，灰黄色。窄沿，平底。器身饰弦纹、方格纹、圆形戳印纹。口径13.6、底径11.6、高18.5厘米[③]（图3-12-1）。

Ⅱ式：溜肩。腹部长圆。文昌塔M01：23，泥质硬陶，灰色。施青黄釉，多脱落。敞口，窄沿，平底。器身饰凹弦纹、方格纹、圆形戳印纹。口径15、底径14.3、高17.5厘米[④]（图3-12-2）。

Ⅲ式：沿外折。文昌塔M82：14，泥质硬陶，灰色。有短颈，平底。腹饰凹弦纹、方格纹、方形戳印、方形尖锥戳印纹。口径14.6、底径14.1、高18.5厘米[⑤]（图3-12-3）。

D型：鼓腹，器型较矮。依口沿形制分四亚型。

Da型：敞口，圆唇或尖唇，束颈。

Ⅰ式：肩部鼓，鼓腹。文昌塔M02：26，泥质硬陶，灰白色。施青黄釉，无光

① 广西壮族自治区文物工作队，合浦县博物馆. 合浦县凸鬼岭汉墓发掘简报［M］. 广西考古文集. 广西壮族自治区博物馆编. 北京：文物出版社，2004：275-276

② 广西文物保护与考古研究所. 2009～2013年度合浦汉晋墓发掘报告［M］. 北京：文物出版社，2016：121-123

③ 广西文物保护与考古研究所. 广西合浦文昌塔汉墓［M］. 北京：文物出版社，2017：37-39

④ 广西文物保护与考古研究所. 广西合浦文昌塔汉墓［M］. 北京：文物出版社，2017：171-172

⑤ 广西文物保护与考古研究所. 广西合浦文昌塔汉墓［M］. 北京：文物出版社，2017：171-172

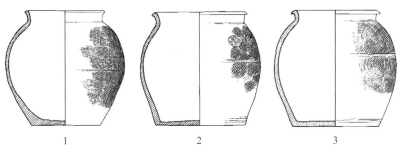

图3-12　C型陶罐

1. Ⅰ式（文昌塔M34：1）　2. Ⅱ式（文昌塔M01：23）　3. Ⅲ式（文昌塔M82：14）

泽。敞口，下收腹，平底。器身饰方格纹、弦纹。口径14.8、底径15.4、高14.4厘米[①]（图3-13-1）。

　　Ⅱ式：溜肩，扁圆腹。文昌塔M156：12，泥质硬陶，灰色。施青黄釉，多已脱落。敞口，下收腹，底微凹。器身饰方格纹。口径10.6、底径12、高12.1厘米[②]（图3-13-2）。

　　Ⅲ式：扁圆腹下坠，最大腹径靠下。1996母猪岭M6：13，侈口，圆唇。腹部饰一周宽带纹。口径13.6、底径13.6、高14厘米[③]（图3-13-3）。

　　Ⅳ式：扁圆腹近折。风门岭M24B：13，圆唇，饰方格纹底加菱形戳印。口径11.2、底径12.4、高12.8厘米[④]（图3-13-4）。

　　Db型：平唇外翻，短直颈。

　　Ⅰ式：肩部略鼓，圆鼓腹。文昌塔M16：5，泥质软陶，灰黄色。器表施褐陶衣，但多脱落。平底。体饰方格纹及三周凹弦纹。口径16.2、底径16.8、高19厘米[⑤]（图3-13-5）。

　　Ⅱ式：溜肩，圆鼓腹。文昌塔M191：4，泥质硬陶，灰青色。器表施褐釉，多剥落。平底。器身饰绳纹，纹饰较模糊，腹饰两道凹弦纹。口径14.7、底径15、高18厘

①　广西文物保护与考古研究所. 广西合浦文昌塔汉墓［M］. 北京：文物出版社，2017：100-101

②　广西文物保护与考古研究所. 广西合浦文昌塔汉墓［M］. 北京：文物出版社，2017：246-247

③　广西合浦县博物馆. 广西合浦县母猪岭汉墓的发掘［J］. 考古，2007（2）：23-24

④　广西壮族自治区文物工作队，合浦县博物馆. 合浦风门岭汉墓——2003～2005年发掘报告［M］. 北京：科学出版社，2006：88-90

⑤　广西文物保护与考古研究所. 广西合浦文昌塔汉墓［M］. 北京：文物出版社，2017：37-38

米^①（图3-13-6）。

Ⅲ式：扁圆腹。文昌塔M30：1，泥质硬陶，灰色。局部残存薄釉痕。敞口。下收腹，底平。口径11.7、底径9.4、高10.2厘米^②（图3-13-7）。

Dc型：敞口，沿外折。

Ⅰ式：肩部较鼓，弧腹。文昌塔M10：4，泥质硬陶，灰色。施青黄釉，局部脱落。平底。器身饰弦纹、方格纹、圆形戳印纹。口径14.6、底径14.6、高15.4厘米^③（图3-13-8）。

Ⅱ式：扁圆腹。文昌塔M117：6，泥质硬陶，浅灰色。施青黄釉，大多脱落。平底微凹。器身饰弦纹、方格纹、圆形戳印纹。口径12.4、底径12.2、高13.1厘米^④（图3-13-9）。

Ⅲ式：溜肩，文昌塔M101：7，泥质硬陶，灰色。施青黄釉。短颈，平底。器身饰方格纹、凹弦纹、方形戳印纹。口径11、底径11.3、高10.4厘米^⑤（图3-13-10）。

Ⅳ式：扁腹下坠，最大腹径靠下。文昌塔M82：9，泥质硬陶，灰色。施青黄釉。平底。腹饰方格纹。口径14.6、底径15.2、高12.7厘米^⑥（图3-13-11）。

Dd型：口微敞，直颈或略斜颈。

Ⅰ式：尖唇，沿外折。上腹鼓，下腹斜收。风门岭M23B：55，口径10.4、底径13.6、高16.4厘米^⑦（图3-13-12）。

Ⅱ式：扁圆腹略下坠。汽齿厂M9：16，圆唇，沿外折。肩、腹部各饰一周弦纹。口径9.8、底径13、高13.95厘米^⑧（图3-13-13）。

---

① 广西文物保护与考古研究所. 广西合浦文昌塔汉墓［M］. 北京：文物出版社，2017：94-95

② 广西文物保护与考古研究所. 广西合浦文昌塔汉墓［M］. 北京：文物出版社，2017：332-333

③ 广西文物保护与考古研究所. 广西合浦文昌塔汉墓［M］. 北京：文物出版社，2017：96-97

④ 广西文物保护与考古研究所. 广西合浦文昌塔汉墓［M］. 北京：文物出版社，2017：174-175

⑤ 广西文物保护与考古研究所. 广西合浦文昌塔汉墓［M］. 北京：文物出版社，2017：246-247

⑥ 广西文物保护与考古研究所. 广西合浦文昌塔汉墓［M］. 北京：文物出版社，2017：334-335

⑦ 广西壮族自治区文物工作队，合浦县博物馆. 合浦风门岭汉墓——2003～2005年发掘报告［M］. 北京：科学出版社，2006：21-22

⑧ 广西文物保护与考古研究所. 2009～2013年度合浦汉晋墓发掘报告［M］. 北京：文物出版社，2016：37-38

Ⅲ式：鼓腹，大平底。二炮厂M5：47，圆唇，沿外折，平底略内凹。上腹饰方格纹加菱形戳印。口径8.3、底径13、高13.1厘米[①]（图3-13-14）。

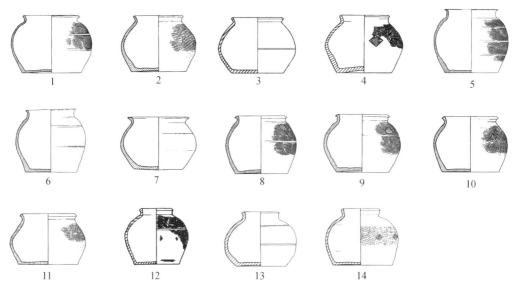

图3-13　D型陶罐

1. Da型Ⅰ式（文昌塔M02：26）　2. Da型Ⅱ式（文昌塔M156：12）　3. Da型Ⅲ式（1996母猪岭M6：13）
4. Da型Ⅳ式（风门岭M24B：13）　5. Db型Ⅰ式（文昌塔M16：5）　6. Db型Ⅱ式（文昌塔M191：4）
7. Db型Ⅲ式（文昌塔M30：1）　8. Dc型Ⅰ式（文昌塔M10：4）　9. Dc型Ⅱ式（文昌塔M117：6）
10. Dc型Ⅲ式（文昌塔M101：7）　11. Dc型Ⅳ式（文昌塔M82：9）　12. Dd型Ⅰ式（风门岭M23B：55）
13. Dd型Ⅱ式（汽齿厂M9：16）　14. Dd型Ⅲ式（二炮厂M5：47）

E型：大口，口径大于底径。最大腹径靠上。

Ⅰ式：敞口，圆唇。文昌塔M151：4，泥质软陶，灰黄色。上腹扁鼓，下腹斜收，平底。口径18、底径15.6、高17.4厘米[②]（图3-14-1）。

Ⅱ式：直口，圆唇。上腹鼓，下腹弧收。文昌塔M122：2，泥质软陶，灰黄色。微鼓腹，平底。饰复线菱形纹。底径12、高13.6厘米[③]（图3-14-2）。

F型：直口或略敛口，扁鼓腹。

Ⅰ式：丰肩，最大腹径靠上。文昌塔M144：11，口径11.6、底径11.8、高10.8厘

————————

①　广西文物保护与考古研究所. 2009～2013年度合浦汉晋墓发掘报告［M］. 北京：文物出版社，2016：122-123

②　广西文物保护与考古研究所. 广西合浦文昌塔汉墓［M］. 北京：文物出版社，2017：93-94

③　广西文物保护与考古研究所. 广西合浦文昌塔汉墓［M］. 北京：文物出版社，2017：252-253

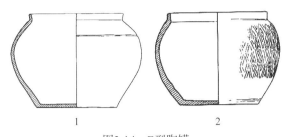

图3-14　E型陶罐

1. E型Ⅰ式（文昌塔M151：4）　2. E型Ⅱ式（文昌塔M122：2）

米①（图3-15-1）。

Ⅱ式：直领较高，扁鼓腹。二炮厂M10：扰12，淡红色软陶。平底略内凹。腹部饰一周弦纹。口径7.2、底径9.8、高9.2厘米②（图3-15-2）。

Ⅲ式：口微敛，扁腹。文昌塔M01：15，泥质软陶，红褐色。外表施褐釉，多已脱落。圆唇，器型较扁，平底略内凹。腹部有一道凹弦纹。口径4.6、底径4.4、高4.7厘米③（图3-15-3）。

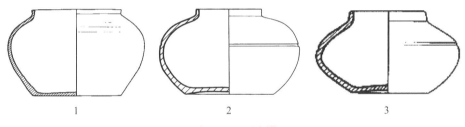

图3-15　F型陶罐

1. F型Ⅰ式（文昌塔M144：11）　2. F型Ⅱ式（二炮厂M10：扰12）　3. F型Ⅲ式（文昌塔M01：15）

G型：高领，盘口。唇平或斜，溜肩，束颈，平底。

Ⅰ式：圆鼓腹，最大腹径居中。二炮厂M30A：扰3，肩、腹部饰弦纹。口径15.3、底径17.5、高23.9厘米④（图3-16-1）。

Ⅱ式：鼓腹较Ⅰ式扁，下腹斜直。1996母猪岭M6：18，肩、腹部一周宽带纹。口

---

① 广西文物保护与考古研究所. 广西合浦文昌塔汉墓［M］. 北京：文物出版社，2017：93-94

② 广西文物保护与考古研究所. 2009～2013年度合浦汉晋墓发掘报告［M］. 北京：文物出版社，2016：123-124

③ 广西文物保护与考古研究所. 广西合浦文昌塔汉墓［M］. 北京：文物出版社，2017：177-178

④ 广西文物保护与考古研究所. 2009～2013年度合浦汉晋墓发掘报告［M］. 北京：文物出版社，2016：20-32

径10.6、腹径20.2、高16.7厘米[①]（图3-16-2）。

Ⅲ式：扁腹下坠。九只岭M5：3，口沿、肩、腹饰弦纹。口径12.4、底径15.6、高14.4厘米[②]（图3-16-3）。

Ⅳ式：扁折腹下坠。1999凸鬼岭M20：3，口沿外、肩、腹部各饰一周弦纹。口径13、底径14、高15.3厘米[③]（图3-16-4）。

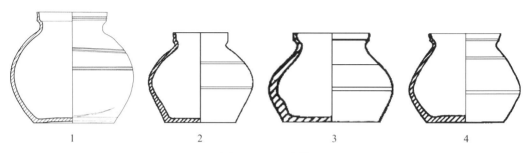

图3-16　G型陶罐

1. Ⅰ式（二炮厂M30A：扰3）　2. Ⅱ式（1996母猪岭M6：18）

3. Ⅲ式（九只岭M5：3）　4. Ⅳ式（1999凸鬼岭M20：3）

H型：大敞口，圆唇，沿下折。

Ⅰ式：肩部略鼓。文昌塔M1：10，侈口，尖唇，短颈。腹部饰方格纹加菱形戳印纹。口径18、底径19.3、高21.6厘米[④]（图3-17-1）。

Ⅱ式：肩部溜。最大腹径靠上，下腹斜收，大平底。二炮厂M8：31，平底内凹。肩、腹部有成组的方形戳印。口径17.4、底径18.5、高21.8厘米[⑤]（图3-17-2）。

I型：小口，长束颈，溜肩，大平底。

Ⅰ式：扁圆腹。颈部较长。1999凸鬼岭M6：1（报告为"壶"），盘口，平唇。口径12.8、底径17.5、高23.9厘米[⑥]（图3-17-3）。

① 广西合浦县博物馆. 广西合浦县母猪岭汉墓的发掘［J］. 考古，2007（2）：24

② 广西壮族自治区文物工作队，合浦县博物馆. 广西合浦县九只岭东汉墓［J］. 考古，2003（10）：64-65

③ 广西壮族自治区文物工作队，合浦县博物馆. 合浦县凸鬼岭汉墓发掘简报［M］. 广西考古文集. 广西壮族自治区博物馆编. 北京：文物出版社，2004：277-278

④ 广西文物保护与考古研究所. 广西合浦文昌塔汉墓［M］. 北京：文物出版社，2017：336-337

⑤ 广西文物保护与考古研究所. 2009~2013年度合浦汉晋墓发掘报告［M］. 北京：文物出版社，2016：124-125

⑥ 广西壮族自治区文物工作队，合浦县博物馆. 合浦县凸鬼岭汉墓发掘简报［M］. 广西考古文集. 广西壮族自治区博物馆编. 北京：文物出版社，2004：274-276

Ⅱ式：1件。鼓腹略下坠。颈部较Ⅰ式短。寮尾M16：27，敞口，尖唇，沿外折。口径8、底径14.2、高20厘米[①]（图3-17-4）。

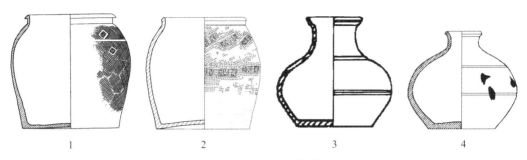

图3-17　H型、I型陶罐

1. H型Ⅰ式（文昌塔M1：10）　2. H型Ⅱ式（二炮厂M8：31）
3. I型Ⅰ式（1999凸鬼岭M6：1）　4. I型Ⅱ式（寮尾M16：27）

异形罐　文昌塔M192：3，泥质硬陶，灰色。施青黄釉，局部脱落。直口，鼓腹，圈足。肩施弦纹，圈足两侧有两个小孔。口径6.2、底径6.3、高6厘米[②]（图3-18-1）；二炮厂M6：50，腹部呈球形，圜底。暗红色胎，夹细沙，软陶。敞口，圆唇，束颈，溜肩，球形腹，圜底。颈部饰三周弦纹，肩部饰一组弦纹，弦纹下饰一组连续的三角纹。上腹等布四纹饰，其中一残缺。可见莲花、菊花等花瓣纹。口径12、最大腹径23.6、通高24.3厘米[③]（图3-18-2）。

四耳瓮　小口略内敛，大平底。肩腹间附四横向半环耳。依腹部形制分三式。

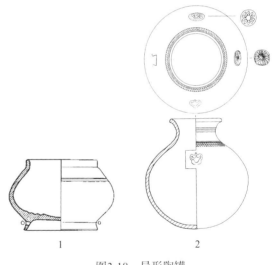

图3-18　异形陶罐

1. 文昌塔M192：3　2. 二炮厂M6：50

Ⅰ式：直口，圆唇。丰肩，圆鼓腹，最大腹径略靠上。文昌塔M09：36，泥质硬陶，灰色。施褐色陶衣。体饰弦纹、方格纹、圆形戳印纹。肩上刻有一字，应为"胥"

①　广西文物考古研究所，合浦县博物馆，广西师范大学文旅学院. 广西合浦寮尾东汉三国墓发掘报告［J］. 考古学报，2012（4）：509-510

②　广西文物保护与考古研究所. 广西合浦文昌塔汉墓［M］. 北京：文物出版社，2017：253

③　广西文物保护与考古研究所. 2009～2013年度合浦汉晋墓发掘报告［M］. 北京：文物出版社，2016：126

字（报告描述为似"骨"字符号）。口径17、底径26、高36.6厘米[1]（图3-19-1）。

Ⅱ式：敛口，丰肩。圆鼓腹，最大腹径居中。2005文昌塔M8：31，器身饰方格纹底加圆形戳印，间以三周弦纹。肩部刻有"胥"字。口径14.8、底径23.2、高34.4厘米[2]（图3-19-2）。

Ⅲ式：直口，溜肩。鼓腹，最大腹径靠下。九只岭M2：9，肩、腹部饰方格纹。口径16.5、底径30.8、高40.2厘米[3]（图3-19-3）。

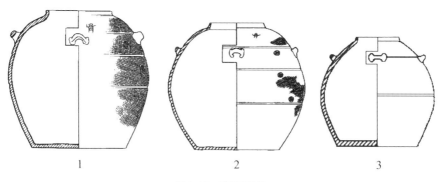

图3-19　陶四耳瓮

1. Ⅰ式（文昌塔M09：36）　2. Ⅱ式（2005文昌塔M8：31）　3. Ⅲ式（九只岭M2：9）

双耳罐　肩部多有两对称半环耳，少量为两侧粘贴乳突状、纽扣状或卷云状假耳。依器身形制分二型。

A型：平底。依肩腹部形制分三亚型。

Aa型：上腹鼓，最大腹径居上。

Ⅰ式：敛口，方唇，丰肩。文昌塔M93：6，泥质硬陶，灰白色。器表施青黄釉，多剥落。平底微凹。体饰两组弦纹及斜线篦纹。带盖，盖面饰弦纹和篦纹。口径7、底径7、高8.4厘米[4]（图3-20-1）。

Ⅱ式：直口，器型较Ⅰ式高。文昌塔M66：2，泥质软陶，红褐色，局部灰色。底

① 广西文物保护与考古研究所. 广西合浦文昌塔汉墓［M］. 北京：文物出版社，2017：88-90

② 广西文物考古研究所，合浦县博物馆. 2005年合浦县文昌塔汉墓发掘报告［M］. 广西考古文集：第三辑. 广西文物考古研究所编. 北京：文物出版社，2007：110-111

③ 广西壮族自治区文物工作队，合浦县博物馆. 广西合浦县九只岭东汉墓［J］. 考古，2003（10）：63-66

④ 广西文物保护与考古研究所. 广西合浦文昌塔汉墓［M］. 北京：文物出版社，2017：41-42

微凹。有盖，盖顶有纽。口径8.2、底径10、高12.8厘米①（图3-20-2）。

Ⅲ式：上腹圆鼓，下腹弧收。丰肩。文昌塔M8：20，直口，平唇。肩部饰三周弦纹。口径8.8、底径8.4、高12.4厘米②（图3-20-3）。

Ab型：扁圆腹。最大腹径居中。

Ⅰ式：敛口，圆唇。文昌塔M5：12，泥质硬陶，灰色。施青黄釉，多剥落。肩附两桥耳。器身饰弦纹、方格纹、圆形戳印纹。圆盖，盖顶有桥形耳。口径9、底径11.9、高16.4厘米③（图3-20-4）。

Ⅱ式：腹部较Ⅰ式扁。文昌塔M09：22，泥质硬陶，灰色。施青黄釉，多剥落。器身饰弦纹、方格纹。圆盖，盖顶有凹形立耳。盖面饰以弦纹相间的斜线篦纹。口径8、底径6.6、高13.5厘米④（图3-20-5）。

Ⅲ式：扁圆腹下坠。溜肩。文昌塔M017：13，泥质硬陶，灰色。施青黄釉。敞口，底微凹。肩部饰一周双线弦纹。口径8.4、底径11、高11.6厘米⑤（图3-20-6）。

Ⅳ式：下腹斜直。文昌塔M135：1，泥质硬陶，灰色。施青黄釉，下收腹，底微凹。肩部饰两道弦纹。口径8.8、底径10、高11.6厘米⑥（图3-20-7）。

Ac型：侈口，高领，束颈。肩部为象征的假耳。

Ⅰ式：丰肩，圆鼓腹，最大腹径靠上。文昌塔M115：6，夹砂软陶，青灰色。底微凹，肩附两桥耳。耳际有三道凹弦纹。肩部有刻画符号。口径10.8、底径9.8、高11.5厘米⑦（图3-20-8）。

Ⅱ式：圆腹，最大腹径略靠上。文昌塔M36：8，泥质软陶，红褐色。肩两侧粘贴假耳。腹饰弦纹、方格纹。口径13.5、底径12、高14.9厘米⑧（图3-20-9）。

Ⅲ式：扁圆腹，最大腹径居中。文昌塔M76：18，泥质软陶，红褐色。施灰褐色

① 广西文物保护与考古研究所. 广西合浦文昌塔汉墓［M］. 北京：文物出版社，2017：103-105

② 广西文物考古研究所，合浦县博物馆. 2005年合浦县文昌塔汉墓发掘报告［M］. 广西考古文集：第三辑. 广西文物考古研究所编. 北京：文物出版社，2007：115

③ 广西文物保护与考古研究所. 广西合浦文昌塔汉墓［M］. 北京：文物出版社，2017：105-106

④ 广西文物保护与考古研究所. 广西合浦文昌塔汉墓［M］. 北京：文物出版社，2017；105-106

⑤ 广西文物保护与考古研究所. 广西合浦文昌塔汉墓［M］. 北京：文物出版社，2017：339

⑥ 广西文物保护与考古研究所. 广西合浦文昌塔汉墓［M］. 北京：文物出版社，2017：339

⑦ 广西文物保护与考古研究所. 广西合浦文昌塔汉墓［M］. 北京：文物出版社，2017：106

⑧ 广西文物保护与考古研究所. 广西合浦文昌塔汉墓［M］. 北京：文物出版社，2017：107-109

陶衣。肩两侧粘贴对称圆饼形假耳。饰方格纹、弦纹。口径10.8、底径9、高10厘米①
（图3-20-10）。

　　Ⅳ式：敞口，下收腹，大平底。文昌塔M145：5，泥质软陶，棕褐色。肩两侧粘贴对称圆乳突假耳。肩饰一道弦纹，器身饰方格纹。口径11.5、底径13.1、高11.5厘米②
（图3-20-11）。

　　B型：矮圈足外撇。依腹部形制分五式。

　　Ⅰ式：敛口，扁圆腹。文昌塔M195：2（报告为"匏壶"），泥质硬陶，青灰色。肩部外折形成一圈平台。上腹有两桥形耳。腹饰以三组弦纹间隔的水波纹带。口径6.8、足径9、高10.5厘米③（图3-20-12）。

　　Ⅱ式：圆鼓腹。风门岭M26：79，直口，平唇。盖隆起，中有凹形立纽，盖下有凸唇扣入器口。口径3.4、足径5.5、通高8.3厘米④（图3-20-13）。

　　Ⅲ式：扁圆腹。1999凸鬼岭M4：8，直口，平唇。口径5.3、底径9.2、高9厘米⑤
（图3-20-14）。

　　Ⅳ式：扁圆腹下坠。寮尾M14：扰1，敛口。圆唇。带盖，盖面微隆，顶部有扁纽，中穿小孔。圈足处有孔与耳相对。耳际饰一周弦纹。口径5.8、足径7、通高10.2厘米⑥（图3-20-15）。

　　Ⅴ式：扁腹。口略敛。寮尾M16：35，带盖。平唇，肩部较Ⅰ式斜直，圈足处有穿孔。耳际饰一周弦纹。口径7.2、足径9.4、通高11.4厘米⑦（图3-20-16）。

　　四耳罐　口敛或直，溜肩，平底。肩腹间附四横向半环耳。依腹部形制分四式。

　　Ⅰ式：圆鼓腹，最大腹径居中。1996母猪岭M4：18，敛口。耳际和腹部各饰一组弦纹。带盖，盖面隆起，顶有凹形立纽。口径8.6、底径12.8、通高18.4厘米⑧（图3-21-1）。

――――――――――

　　① 广西文物保护与考古研究所. 广西合浦文昌塔汉墓［M］. 北京：文物出版社，2017：178-180

　　② 广西文物保护与考古研究所. 广西合浦文昌塔汉墓［M］. 北京：文物出版社，2017：255-256

　　③ 广西文物保护与考古研究所. 广西合浦文昌塔汉墓［M］. 北京：文物出版社，2017：53

　　④ 广西壮族自治区文物工作队，合浦县博物馆. 合浦风门岭汉墓――2003～2005年发掘报告［M］. 北京：科学出版社，2006：49-51

　　⑤ 广西壮族自治区文物工作队，合浦县博物馆. 合浦县凸鬼岭汉墓发掘简报［M］. 广西考古文集. 广西壮族自治区博物馆编. 北京：文物出版社，2004：277-278

　　⑥ 广西文物考古研究所，合浦县博物馆，广西师范大学文旅学院. 广西合浦寮尾东汉三国墓发掘报告［J］. 考古学报，2012（4）：509-510

　　⑦ 广西文物考古研究所，合浦县博物馆，广西师范大学文旅学院. 广西合浦寮尾东汉三国墓发掘报告［J］. 考古学报，2012（4）：509-510

　　⑧ 广西合浦县博物馆. 广西合浦县母猪岭汉墓的发掘［J］. 考古，2007（2）：24-25

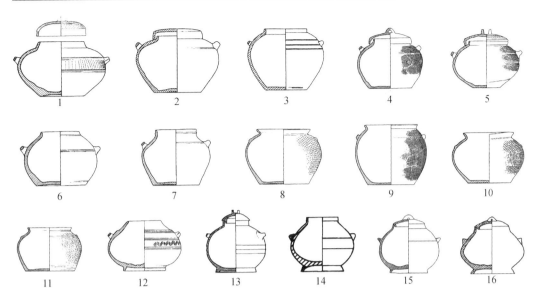

图3-20　陶双耳罐

1. Aa型Ⅰ式（文昌塔M93：6）　2. Aa型Ⅱ式（文昌塔M66：2）　3. Aa型Ⅲ式（文昌塔M8：20）
4. Ab型Ⅰ式（文昌塔M5：12）　5. Ab型Ⅱ式（文昌塔M09：22）　6. Ab型Ⅲ式（文昌塔M017：13）
7. Ab型Ⅳ式（文昌塔M135：1）　8. Ac型Ⅰ式（文昌塔M115：6）　9. Ac型Ⅱ式（文昌塔M36：8）
10. Ac型Ⅲ式（文昌塔M76：18）　11. Ac型Ⅳ式（文昌塔M145：5）　12. B型Ⅰ式（文昌塔M195：2）
13. B型Ⅱ式（风门岭M26：79）　14. B型Ⅲ式（1999凸鬼岭M4：8）　15. B型Ⅳ式（寮尾M14：扰1）
16. B型Ⅴ式（寮尾M16：35）

Ⅱ式：圆鼓腹，较Ⅰ式整体矮。1996母猪岭M5：5，敛口。耳际和腹部各饰一周弦纹。带盖。口径9.4、底径14.8、通高21.2厘米[1]（图3-21-2）。

Ⅲ式：扁圆腹，溜肩。风门岭M26：119，口略敛。腹中部饰两周弦纹。带盖。口径9.6、底径12.8、通高18.6厘米[2]（图3-21-3）。

Ⅳ式：扁圆腹略下坠，大平底。风门岭M26：120，直口，平唇。口径7.6、底径13.6、通高15.2厘米[3]（图3-21-4）。

三足罐　底附三矮扁足。依形制分三型。

A型：口微敞或直。

Ⅰ式：扁圆腹。文昌塔M63：7，泥质硬陶，灰色。体施褐釉，多剥落。微敞口，圆唇，平底。肩两侧有桥形耳。腹饰较密的弦纹。圆形盖，盖有桥形纽。盖面饰弦

①　广西合浦县博物馆. 广西合浦县母猪岭汉墓的发掘［J］. 考古，2007（2）：24-25

②　广西壮族自治区文物工作队，合浦县博物馆. 合浦风门岭汉墓——2003～2005年发掘报告［M］. 北京：科学出版社，2006：49-51

③　广西壮族自治区文物工作队，合浦县博物馆. 合浦风门岭汉墓——2003～2005年发掘报告［M］. 北京：科学出版社，2006：49-51

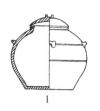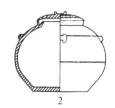

图3-21　陶四耳罐

1. Ⅰ式（1996母猪岭M4：18）　2. Ⅱ式（1996母猪岭M5：5）

3. Ⅲ式（风门岭M26：119）　4. Ⅳ式（风门岭M26：120）

纹、篦纹。口径4.8、通高8.6厘米①（图3-22-1）。

　　Ⅱ式：扁腹下坠，最大腹径靠下。文昌塔M195：5，泥质硬陶，灰白色。体施褐釉，多剥落。微敞口，圆唇，平底。肩两侧有桥形耳。腹饰较密的弦纹。圆形盖，盖有桥形纽。口径6.7、高10厘米②（图3-22-2）。

　　B型：口敛或直，斜直唇一般较高，形成短颈。

　　Ⅰ式：扁圆腹。文昌塔M63：1，泥质软陶，灰黄色。体施褐陶衣，不均匀。直口，圆唇，平底。肩部有双桥形耳。口径7、高8.8厘米③（图3-22-3）。

　　Ⅱ式：扁腹下坠，最大腹径靠下。文昌塔M195：3，泥质软陶，灰黄色。体施褐陶衣。敛口，方唇，平底。上腹饰两组水波纹和细弦纹。口径7.4、高10.2厘米④（图3-22-4）。

　　C型：宽折肩，斜腹，下腹折收。文昌塔M190：8，泥质硬陶，灰色。体施褐釉。直口，圆唇。肩部两侧有桥形耳。器身饰以弦纹相隔的两组水波纹。圆盖，盖顶有鸟形纽。盖面饰弦纹、篦纹。口径8、高13厘米⑤（图3-22-5）。

　　折肩罐　以器物肩、腹特征分六型。

　　A型：腹部较直，下腹近底处折收。文昌塔M57：1，泥质软陶，灰色。素面，器表施褐色陶衣。器表磨光，内壁有凹凸。直口，圆唇，平底。口径17.4、底径17.6、高

――――――――――

①　广西文物保护与考古研究所. 广西合浦文昌塔汉墓［M］. 北京：文物出版社，2017：43-44

②　广西文物保护与考古研究所. 广西合浦文昌塔汉墓［M］. 北京：文物出版社，2017：43-44

③　广西文物保护与考古研究所. 广西合浦文昌塔汉墓［M］. 北京：文物出版社，2017：43-44

④　广西文物保护与考古研究所. 广西合浦文昌塔汉墓［M］. 北京：文物出版社，2017：43-44

⑤　广西文物保护与考古研究所. 广西合浦文昌塔汉墓［M］. 北京：文物出版社，2017：43-44

图3-22　陶三足罐

1.A型Ⅰ式（文昌塔M63：7）　2.A型Ⅱ式（文昌塔M195：5）　3.B型Ⅰ式（文昌塔M63：1）
4.B型Ⅱ式（文昌塔M195：3）　5.C型（文昌塔M190：8）

14.5厘米①（图3-23-1）。

B型：腹部斜，下腹近底处折收。

Ⅰ式：腹部微弧。文昌塔M34：4，泥质软陶，灰白色。直口，平唇，底微凹。口径10.2、底径7.3、高8.4厘米②（图3-23-2）。

Ⅱ式：腹部斜直。文昌塔M48：1，泥质硬陶，灰色。施褐色陶衣。敞口，尖唇，沿面外斜，平底。腹饰数道弦纹。口径12.5、底径8.6、高8.6厘米③（图3-23-3）。

C型：腹部斜，无折收。

Ⅰ式：腹部微弧。文昌塔M011：3，夹砂软陶，红褐色。火候低，质软，夹细小石英砂粒。敞口，平底。素面。口径11、底径11、高8.2厘米④（图3-23-4）。

Ⅱ式：腹部斜直。文昌塔M151：6，泥质软陶，灰褐色。素面。敞口，圆唇，平底。口径11.6、底径10.4、高9.4厘米⑤（图3-23-5）。

D型：腹部略有弧度。文昌塔M136：1，泥质软陶，灰色。直口，圆唇，平底。素面。口径16、底径16、高16厘米⑥（图3-23-6）。

E型：器型扁矮，腹部斜收明显。文昌塔M43：3，泥质软陶，灰白色。火候低，

---

① 广西文物保护与考古研究所. 广西合浦文昌塔汉墓［M］. 北京：文物出版社，2017：41-42

② 广西文物保护与考古研究所. 广西合浦文昌塔汉墓［M］. 北京：文物出版社，2017：41-42

③ 广西文物保护与考古研究所. 广西合浦文昌塔汉墓［M］. 北京：文物出版社，2017：110-111

④ 广西文物保护与考古研究所. 广西合浦文昌塔汉墓［M］. 北京：文物出版社，2017：41-42

⑤ 广西文物保护与考古研究所. 广西合浦文昌塔汉墓［M］. 北京：文物出版社，2017：110-111

⑥ 广西文物保护与考古研究所. 广西合浦文昌塔汉墓［M］. 北京：文物出版社，2017：41-42

质软。敛口，方唇，平底微凹。素面。口径14.2、底径9、高8.4厘米[①]（图3-23-7）。

F型：器型瘦高。文昌塔M27：7，夹砂软陶，灰褐色。微敛口，圆唇，平底。肩饰两周凹弦纹。口径11.5、底径11.7、高17厘米[②]（图3-23-8）。

四耳折肩罐　文昌塔M126：35，夹砂软陶，青灰色。素面。微敛口，圆唇，平底。肩部有四桥形耳。口径10、底径7.8、高10.6厘米[③]（图3-23-9）。

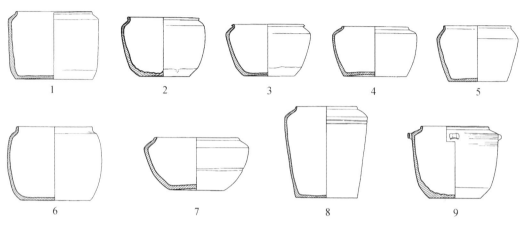

图3-23　陶折肩罐、四耳折肩罐

1. A型折肩罐（文昌塔M57：1）　2. B型Ⅰ式折肩罐（文昌塔M34：4）　3. B型Ⅱ式折肩罐（文昌塔M48：1）
4. C型Ⅰ式折肩罐（文昌塔M011：3）　5. C型Ⅱ式折肩罐（文昌塔M151：6）　6. D型折肩罐（文昌塔M136：1）
7. E型折肩罐（文昌塔M43：3）　8. F型折肩罐（文昌塔M27：7）　9. 四耳折肩罐（文昌塔M126：35）

二联罐　两罐相连，大小相同。依腹部形制分式。

Ⅰ式：扁腹。1996母猪岭M4：6，侈口，扁圆腹，平底。口径4、底径3.4、高3.8厘米[④]（图3-24-1）。

Ⅱ式：扁折腹，最大腹径靠下。文昌塔M189：54，泥质硬陶，灰色。施青黄釉。微敛口，圆唇，折领，平底。素面。整体宽14.1、高4.8厘米[⑤]（图3-24-2）。

三联罐　三罐呈"品"字形联结，依腹部形制分二式。

Ⅰ式：扁腹下坠。文昌塔M07：29，泥质硬陶，灰色。敞口，圆唇，斜领，微垂

①　广西文物保护与考古研究所. 广西合浦文昌塔汉墓［M］. 北京：文物出版社，2017：41-42

②　广西文物保护与考古研究所. 广西合浦文昌塔汉墓［M］. 北京：文物出版社，2017：111

③　广西文物保护与考古研究所. 广西合浦文昌塔汉墓［M］. 北京：文物出版社，2017：41-42

④　广西合浦县博物馆. 广西合浦县母猪岭汉墓的发掘［J］. 考古，2007（2）：25-26

⑤　广西文物保护与考古研究所. 广西合浦文昌塔汉墓［M］. 北京：文物出版社，2017：257-258

腹，底平。素面。有圆盖。整体宽约19.6、高6.4厘米[1]（图3-24-3）。

Ⅱ式：扁折腹，最大腹径靠下。文昌塔M189：55，泥质硬陶，灰色。施青黄釉。敞口，圆唇，折领，底微凹。素面。整体宽14.7、高4.6厘米[2]（图3-24-4）。

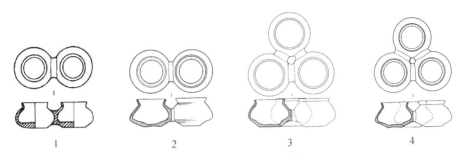

图3-24　陶二联罐、三联罐

1. Ⅰ式二联罐（1996母猪岭M4：6）　2. Ⅱ式二联罐（文昌塔M189：54）

3. Ⅰ式三联罐（文昌塔M07：29）　4. Ⅱ式三联罐（文昌塔M189：55）

四联罐　由四只相同的罐方形相连或三只相同的罐"品"字形相连加一只上叠小罐构成。以有无足分为二型。

A型：有足。带矮卷曲状足或柱足。文昌塔M90：11，泥质硬陶，灰色。罐为敛口，圆唇，平底。每罐肩处均有一桥形横耳。底部有卷曲形短足六个，每罐底一个，其余在横梁下。器身饰较密的弦纹。罐有盖，盖上有桥形纽，盖饰弦纹、箆纹。整体宽18.4、通高8.2厘米[3]（图3-25-1）。

B型：无足。依罐组合形式分二亚型。

Ba型：由四只相同的罐方形相连。下依肩腹部形制分式。

Ⅰ式：扁圆腹。文昌塔M190：11，泥质硬陶，灰色。直口，圆唇。每罐肩处均有一桥形横耳。器身饰较密的弦纹。整体宽17.2、高6厘米[4]（图3-25-2）。

Ⅱ式：扁腹，有短颈。文昌塔M144：3，泥质硬陶，灰色。施青黄釉，大多剥落。罐为直口，圆唇。每罐肩部有两只对称桥耳。有圆盖，盖顶有桥形纽。素面。整

① 广西文物保护与考古研究所. 广西合浦文昌塔汉墓［M］. 北京：文物出版社，2017：182

② 广西文物保护与考古研究所. 广西合浦文昌塔汉墓［M］. 北京：文物出版社，2017：257-258

③ 广西文物保护与考古研究所. 广西合浦文昌塔汉墓［M］. 北京：文物出版社，2017：44-45

④ 广西文物保护与考古研究所. 广西合浦文昌塔汉墓［M］. 北京：文物出版社，2017：44-45

体宽24.4、通高10.4厘米[①]（图3-25-3）。

Ⅲ式：折肩，斜收腹。文昌塔M151：11，夹砂硬陶，青灰色。罐为直口，圆唇，平底。素面。整体宽24、高7.8厘米[②]（图3-25-4）。

Bb型：由三只相同的罐"品"字形相连，上附一小罐构成。文昌塔M115：5，泥质硬陶，灰色。施青黄釉。罐为敛口，圆唇，平底。圆盖，盖顶有桥形纽。素面。整体宽21.2、通高8.2厘米[③]（图3-25-5）。

五联罐　由四只相同的罐方形相连，中间叠放一只小罐。依底部有无足分二型，下依腹部形制分式。

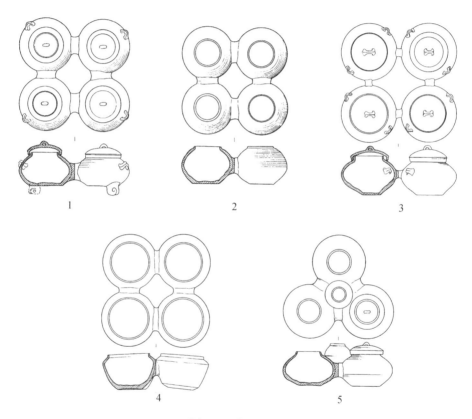

图3-25　陶四联罐

1.A型（文昌塔M90：11）　2.Ba型Ⅰ式（文昌塔M190：11）　3.Ba型Ⅱ式（文昌塔M144：3）

4.Ba型Ⅲ式（文昌塔M151：11）　5.Bb型（文昌塔M115：5）

① 广西文物保护与考古研究所. 广西合浦文昌塔汉墓［M］. 北京：文物出版社，2017：115-116

② 广西文物保护与考古研究所. 广西合浦文昌塔汉墓［M］. 北京：文物出版社，2017：115-116

③ 广西文物保护与考古研究所. 广西合浦文昌塔汉墓［M］. 北京：文物出版社，2017：115-116

A型：带矮蹄足、卷曲状足或柱足。

Ⅰ式：敛口或直口。扁圆腹。文昌塔M16：6，泥质硬陶，灰白色。施青黄釉。大罐为敛口，圆唇，平底。每大罐底均有一扁形短足。罐体饰弦纹。圆盖，盖上有桥形纽。盖面饰以弦纹和斜线篦纹。整体宽18.2、通高9.8厘米[①]（图3-26-1）。

Ⅱ式：侈口，高领。扁鼓腹。2005文昌塔M5：1，无盖，平唇。整体宽19.2、高10.4厘米[②]（图3-26-2）。

B型：平底无足。依腹部形制分三式。

Ⅰ式：圆鼓腹。文昌塔M09：31，泥质硬陶，灰色。施青黄釉，多已剥落。大罐为敛口，圆唇，平底。素面。圆盖，盖上有鸟形纽。整体宽约22.8、通高9.8厘米[③]（图3-26-3）。

Ⅱ式：扁圆腹，最大腹径居中。2005文昌塔M2：1，长宽16.8、通高9厘米[④]（图3-26-4）。

Ⅲ式：扁腹下坠。2005文昌塔M8：12～15，整体宽20、通高8.6厘米[⑤]（图3-26-5）。

六联罐　由五只相同的罐相联，中间上附一小罐构成。文昌塔M152：7，泥质软陶，红褐色。大罐为扁腹，直口，圆唇，平底。素面。整体宽24.2、通高6.4厘米（图3-26-6）。

三足盒　依腹部形制分二式。

Ⅰ式：深腹。文昌塔M63：4，泥质硬陶，胎青灰色。器表施陶衣。敛口，圆唇，折肩，平底。底有三扁形足。腹饰水波纹。有圆盖，盖面有圆形纽。盖面饰弦纹、篦纹。口径8.8、通高7.1厘米[⑥]（图3-27-1）。

Ⅱ式：整体较Ⅰ式扁，下腹内收明显。文昌塔M126：31，泥质硬陶，灰色。施青黄薄釉。广口，子口合盖，平底附三足。圆盖，盖顶有圆形纽。盖面饰以弦纹相间的

① 广西文物保护与考古研究所. 广西合浦文昌塔汉墓［M］. 北京：文物出版社，2017：46-47

② 广西文物考古研究所，合浦县博物馆. 2005年合浦县文昌塔汉墓发掘报告［M］. 广西考古文集：第三辑. 广西文物考古研究所编. 北京：文物出版社，2007：116-117

③ 广西文物保护与考古研究所. 广西合浦文昌塔汉墓［M］. 北京：文物出版社，2017：112-114

④ 广西文物考古研究所，合浦县博物馆. 2005年合浦县文昌塔汉墓发掘报告［M］. 广西考古文集：第三辑. 广西文物考古研究所编. 北京：文物出版社，2007：116-117

⑤ 广西文物考古研究所，合浦县博物馆. 2005年合浦县文昌塔汉墓发掘报告［M］. 广西考古文集：第三辑. 广西文物考古研究所编. 北京：文物出版社，2007：115-116

⑥ 广西文物保护与考古研究所. 广西合浦文昌塔汉墓［M］. 北京：文物出版社，2017：46-48

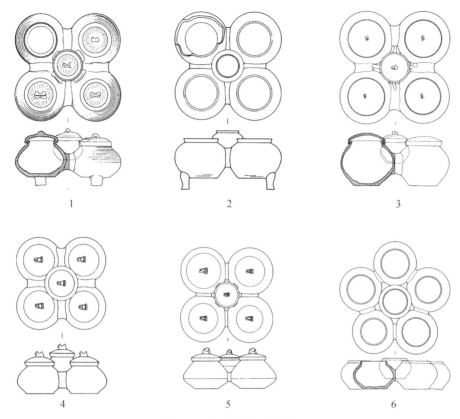

图3-26　陶五联罐、六联罐

1.A型Ⅰ式五联罐（文昌塔M16：6）　　2.A型Ⅱ式五联罐（2005文昌塔M5：1）
3.B型Ⅰ式五联罐（文昌塔M09：31）　　4.B型Ⅱ式五联罐（2005文昌塔M2：1）
5.Ⅲ式五联罐（2005文昌塔M8：12～15）　6.六联罐（文昌塔M152：7）

斜线篦纹。盒身饰弦纹、水波纹。口径15.2、通高10.4厘米[①]（图3-27-2）。

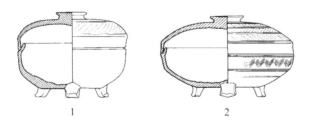

图3-27　陶三足盒

1.Ⅰ式（文昌塔M63：4）　2.Ⅱ式（文昌塔M126：31）

　　四耳展唇罐　敛口，展唇，溜肩，平底。肩腹间附四对称半环耳。带盖。依腹部形制分四式。

---

① 广西文物保护与考古研究所. 广西合浦文昌塔汉墓［M］. 北京：文物出版社，2017：116-117

Ⅰ式：长圆腹。1996母猪岭M4：70（报告为"四耳瓮"），盖无纽，饰三周弦纹。耳际和腹部各饰两组弦纹。口径19、底径18.8、通高32.1厘米[①]（图3-28-1）。

Ⅱ式：圆鼓腹。寮尾M13B：87，盖中央有凹形立纽。口径18.8、底径18.8、通高28厘米[②]（图3-28-2）。

Ⅲ式：扁圆腹。二炮厂M8：16，盖面微隆，顶部平，中央有半环纽。外圈略斜直。口径16、底径16、通高19.6厘米[③]（图3-28-3）。

Ⅳ式：扁折腹下坠。寮尾M13A：3，口径16.2、底径15.4、通高20.5厘米[④]（图3-28-4）。

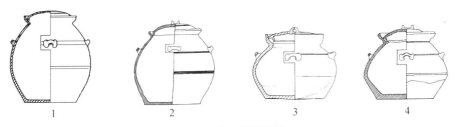

图3-28　陶四耳展唇罐
1. Ⅰ式（1996母猪岭M4：70）　2. Ⅱ式（寮尾M13B：87）
3. Ⅲ式（二炮厂M8：16）　4. Ⅳ式（寮尾M13A：3）

双耳直身罐　短颈，斜肩，平底。腹上部附两对称半环耳，耳际和腹部多饰弦纹。依器型分二型，下依腹部形制分式。

A型：圆筒腹。

Ⅰ式：器身瘦高，下腹微弧。二炮厂M8：7，口微敛，平唇内斜，平底内凹。折肩处旋刮一周凸棱，耳际和下腹饰弦纹。盖面隆起，顶有半环耳。口径10、底径15.1、通高19.6厘米[⑤]（图3-29-1）。

Ⅱ式：器身矮粗，口较小，肩部较斜。寮尾M13A：12，直口，尖唇。耳际、下腹饰弦纹。盖面微隆，顶部有凹形立纽。口径7.6、底径15.9、通高17.4厘米[⑥]（图3-29-2）。

①　广西合浦县博物馆. 广西合浦县母猪岭汉墓的发掘［J］. 考古，2007（2）：24-25

②　广西文物考古研究所，合浦县博物馆，广西师范大学文旅学院. 广西合浦寮尾东汉三国墓发掘报告［J］. 考古学报，2012（4）：511-512

③　广西文物保护与考古研究所. 2009～2013年度合浦汉晋墓发掘报告［M］. 北京：文物出版社，2016：128-129

④　广西文物考古研究所，合浦县博物馆，广西师范大学文旅学院. 广西合浦寮尾东汉三国墓发掘报告［J］. 考古学报，2012（4）：511-512

⑤　广西文物保护与考古研究所. 2009～2013年度合浦汉晋墓发掘报告［M］. 北京：文物出版社，2016：129-130

⑥　广西文物考古研究所，合浦县博物馆，广西师范大学文旅学院. 广西合浦寮尾东汉三国墓发掘报告［J］. 考古学报，2012（4）：511-512

B型：器身方筒状。文昌塔M010B：31，泥质硬陶，灰胎。施青黄釉。侈口，平唇，折领，斜肩，直腹，腹横截面约为方形，平底。上腹两侧有半圆穿孔纽。有肩、腹处饰有方格网纹。隆起圆盖，盖顶有凹形纽。口径10.2、底径15.4、通高33.6厘米[1]（图3-29-3）。

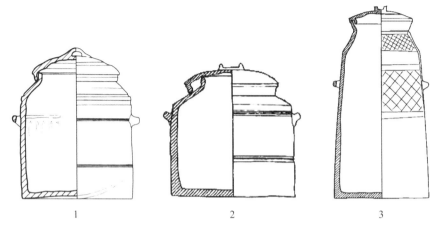

图3-29　陶双耳直身罐

1.A型Ⅰ式（二炮厂M8：7）　2.A型Ⅱ式（寮尾M13A：12）　3.B型（文昌塔M010B：31）

瓿　依器身形制分二型，下依腹部形制分式。

A型：形体较小，薄胎。双坟墩D2M2：1，敛口，丰肩，扁圆腹，平底略内凹。肩部贴附筒瓦式双贯耳。通体饰细布纹。口径7.6、底径7.4、高8.1厘米[2]（图3-30-1）。

B型：形体较大，直口或敞口。

Ⅰ式：丰肩，上腹圆鼓，下腹弧收。文昌塔M83：2，泥质硬陶，青灰色。直口，平底。肩部有桥形小耳。上腹饰以弦纹相隔的两组竖列水波纹。口径12.4、底径13、高16.2厘米[3]（图3-30-2）。

Ⅱ式：丰肩，上腹扁鼓。文昌塔M78：1，泥质硬陶，青灰色。器表施黑褐陶衣，直口，方唇。下腹斜收，平底。肩部两侧有卷云四棱桥形耳。肩腹饰以弦纹相隔的多

---

① 广西文物保护与考古研究所. 广西合浦文昌塔汉墓［M］. 北京：文物出版社，2017：344-345

② 广西文物保护与考古研究所. 广西合浦县双坟墩土墩墓发掘简报［J］，考古，2016（4）：33-44

③ 广西文物保护与考古研究所. 广西合浦文昌塔汉墓［M］. 北京：文物出版社，2017：49-50

组斜线篦纹、水波纹、竖列水波纹。口径12.4、底径15.6、高18.6厘米①（图3-30-3）。

Ⅲ式：溜肩，扁鼓腹，最大腹径居中。文昌塔M190：12，泥质硬陶，青灰色。直口，方唇。下腹斜收，平底。肩饰以弦纹相隔的多组斜线篦纹、腹饰以弦纹相间的两组交连曲线纹、水波纹。口径10.6、腹径14.4、高15厘米②（图3-30-4）。

Ⅳ式：扁圆腹下坠，最大腹径靠下。文昌塔M144：32，泥质硬陶，灰色。施青黄釉。直口，方唇，平底。肩部两侧有三棱桥形耳。肩、腹各饰一组弦纹。口径12、底径21、高24.6厘米③（图3-30-5）。

三足瓿　文昌塔M79：3。泥质软陶，褐红色。口部残缺。鼓腹，上腹原有双耳，已残。平底，底有三扁足。高14.2厘米④（图3-30-6）。

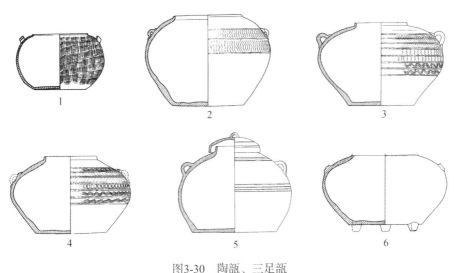

图3-30　陶瓿、三足瓿

1. A型瓿（双坟墩D2M2：1）　2. B型Ⅰ式瓿（文昌塔M83：2）　3. B型Ⅱ式瓿（文昌塔M78：1）
4. B型Ⅲ式瓿（文昌塔M190：12）　5. B型Ⅳ式瓿（文昌塔M144：32）　6. 三足瓿（文昌塔M79：3）

簋　广口，高唇，弧腹，圈足外撇。器唇上下有两周对称圆孔。依腹部形制分二式。

Ⅰ式：深腹。寮尾M13B：58，盖面圆隆，高于器唇。盖面饰弦纹、双线刻划纹和

①　广西文物保护与考古研究所. 广西合浦文昌塔汉墓［M］. 北京：文物出版社，2017：49-50

②　广西文物保护与考古研究所. 广西合浦文昌塔汉墓［M］. 北京：文物出版社，2017：49-50

③　广西文物保护与考古研究所. 广西合浦文昌塔汉墓［M］. 北京：文物出版社，2017：117-118

④　广西文物保护与考古研究所. 广西合浦文昌塔汉墓［M］. 北京：文物出版社，2017：50-51

倒三角形纹，盖顶有两圆孔以系绳作纽。腹部刻划弦纹和倒三角形纹。口径25.6、足径16.8、通高19.4厘米[①]（图3-31-1）。

Ⅱ式：浅腹。寮尾M13A：1，盖面较平，低于器唇。下腹弧收明显。饰弦纹和菱格纹。口径24.8、足径13.4、通高16.8厘米[②]（图3-31-2）。

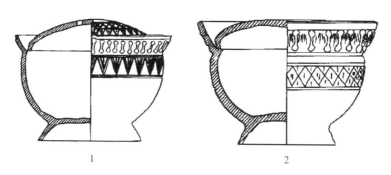

图3-31　陶簋
1. Ⅰ式（寮尾M13B：58）　2. Ⅱ式（寮尾M13A：1）

樽　带盖，平底，三蹄足。依口部形制分二型，下依腹部形制分式。

A型：子母口。

Ⅰ式：器型高大。腹部较直，上腹略收束。汽齿厂M9：13，上腹两侧有铺首。盖面圆隆，顶有凹形立纽，外圈饰弦纹，间以斜行篦点纹。口径20.1、底径21.1、通高31.9厘米[③]（图3-32-1）。

Ⅱ式：器型较矮。上腹微弧，下腹斜直。汽齿厂M9：22，腹中部有铺首衔环。盖面较Ⅰ式平。口径19.9、底径21、通高20.5厘米[④]（图3-32-2）。

Ⅲ式：腹部较直，中部微弧。蹄足略外撇。二炮厂M8：30，盖面隆起，顶部平凸，中央有鼻纽，柿蒂纹纽座，座外旋刮一周凹槽，槽间等布三卧羊。腹部饰弦纹和复线菱格纹。口径14.3、底径16.2、通高19.3厘米[⑤]（图3-32-3）。

B型：敞口，平唇内斜。器身上大下小。

————————
①　广西文物考古研究所，合浦县博物馆，广西师范大学文旅学院. 广西合浦寮尾东汉三国墓发掘报告［J］. 考古学报，2012（4）：513-514

②　广西文物考古研究所，合浦县博物馆，广西师范大学文旅学院. 广西合浦寮尾东汉三国墓发掘报告［J］. 考古学报，2012（4）：513-514

③　广西文物保护与考古研究所. 2009~2013年度合浦汉晋墓发掘报告［M］. 北京：文物出版社，2016：41-42

④　广西文物保护与考古研究所. 2009~2013年度合浦汉晋墓发掘报告［M］. 北京：文物出版社，2016：41-42

⑤　广西文物保护与考古研究所. 2009~2013年度合浦汉晋墓发掘报告［M］. 北京：文物出版社，2016：129-131

Ⅰ式：器身斜直。1996母猪岭M4：51，腹上下各饰两组弦纹。盖面隆起，顶部等布三乳丁，外圈饰弦纹，间以篦点纹。口径22.2、底径19.4、通高25.5厘米[①]（图3-32-4）。

Ⅱ式：器身斜直，中部微弧。风门岭M1：0168，上腹模贴铺首衔环。器身弦纹，间以羽纹。盖面隆圆，顶有乳丁纽。口径20.4、通高21.8厘米[②]（图3-32-5）。

尊 文昌塔M170：2，泥质软陶，灰白色。敞口，沿面微外折，高颈，圆肩，鼓腹，平底。口径15.2、底径12.3、高19.2厘米。

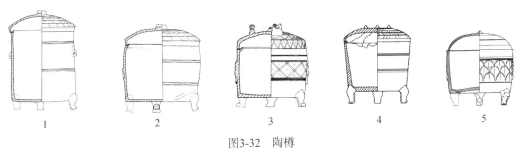

图3-32 陶樽

1.A型Ⅰ式（汽齿厂M9：13） 2.A型Ⅱ式（汽齿厂M9：22） 3.A型Ⅲ式（二炮厂M8：30）
4.B型Ⅰ式（1996母猪岭M4：51） 5.B型Ⅱ式（风门岭M1：0168）

提筒 圆筒腹。上腹附对称半环耳。依器底分二型，各型依腹部形制分式。

A型：平底。部分耳下近底处均压出半圆形凹穴，以扣绳带之用。

Aa型：敞口，折肩，长腹微弧。文昌塔M168：4，泥质硬陶，灰色。器表施青黄釉。底微凹。器身遍饰多组以细弦纹相间的水波纹或竖立排列的曲线纹。口径13.2、底径14.4、高17.2厘米[③]（图3-33-1）。

Ab型：腹部较直，多为子母口。

Ⅰ式：折肩，直腹，下腹微折。文昌塔M162：1，泥质硬陶，灰黄色肩部有三道棱。圆盖，圆形盖纽。口径16、底径14.8、通高24厘米[④]（图3-33-2）。

Ⅱ式：折肩，下腹略斜收。文昌塔M126：22，夹砂硬陶，灰色。施灰褐陶衣。子母口。肩有两只对称双棱桥耳。腹饰弦纹。有隆起圆盖，盖顶有桥形纽，盖面饰以弦

① 广西合浦县博物馆. 广西合浦县母猪岭汉墓的发掘［J］. 考古，2007（2）：27-28

② 广西壮族自治区文物工作队，合浦县博物馆. 合浦风门岭汉墓——2003～2005年发掘报告［M］. 北京：科学出版社，2006：142-143

③ 广西文物保护与考古研究所. 广西合浦文昌塔汉墓［M］. 北京：文物出版社，2017：53-54

④ 广西文物保护与考古研究所. 广西合浦文昌塔汉墓［M］. 北京：文物出版社，2017：53-54

纹。口径10、底径12.2、通高18.3厘米①（图3-33-3）。

Ⅲ式：直腹。器型高大。1996母猪岭M6：3，盖面隆起，顶有"凹"形立纽，盖面饰弦纹间以箆点纹。口径19.8、通高28厘米②（图3-33-4）。

Ⅳ式：上腹略收束，下腹直。寮尾M14：5，盖面形制同Ⅲ式。口径16.4、底径18、通高26.4厘米③（图3-33-5）。

Ⅴ式：斜直腹，上部略收束。敞口，尖唇。廉乳厂M9：扰3，盖顶平圆凸起，中央有圆衔环，外圈斜直饰羽纹。器身饰弦纹和复线菱格纹。口径14.3、底径16.5、通高19.1厘米④（图3-33-6）。

Ⅵ式：筒形直腹，较粗短，底微大于腹。泥质软陶。文昌塔M187B：3，青灰色。上腹近口部两侧有穿孔半圆。素面。圆盖，盖顶有凹形纽。口径16.2、底径16.2、通高18.6厘米⑤（图3-33-7）。

B型：子母口，矮圈足。圈足与耳相对处有穿孔。器型高大。带盖，顶部有"凹"形立纽，外饰多重弦纹，间以箆点纹。

Ⅰ式：直腹，下部略弧。文昌塔M05A：22，泥质硬陶，灰色。施青黄釉，多已脱落。上腹有对称桥形耳。器身饰方格纹、弦纹、五铢钱纹。口径16、底径15.2、通高25.2厘米⑥（图3-33-8）。

Ⅱ式：器身较Ⅰ式直。汽齿厂M9：24，盖面圆隆。口径23.7、底径24、通高44.3厘米⑦（图3-33-9）。

筒　依底部形制分三型。

A型：平底。

Ⅰ式：直口，圆唇，直腹。文昌塔M55：6，泥质硬陶，灰色。施青黄釉。器腹饰以三弦纹相间两组竖形戳印箆纹。有隆起圆盖，盖面饰以弦纹相间的斜线戳印纹。口

① 广西文物保护与考古研究所. 广西合浦文昌塔汉墓［M］. 北京：文物出版社，2017：126-127

② 广西合浦县博物馆. 广西合浦县母猪岭汉墓的发掘［J］. 考古，2007（2）：25-27

③ 广西文物考古研究所，合浦县博物馆，广西师范大学文旅学院. 广西合浦寮尾东汉三国墓发掘报告［J］. 考古学报，2012（4）：512-513

④ 广西文物保护与考古研究所. 2009～2013年度合浦汉晋墓发掘报告［M］. 北京：文物出版社，2016：43-44

⑤ 广西文物保护与考古研究所. 广西合浦文昌塔汉墓［M］. 北京：文物出版社，2017：356

⑥ 广西文物保护与考古研究所. 广西合浦文昌塔汉墓［M］. 北京：文物出版社，2017：186-188

⑦ 广西文物保护与考古研究所. 2009～2013年度合浦汉晋墓发掘报告［M］. 北京：文物出版社，2016：43-44

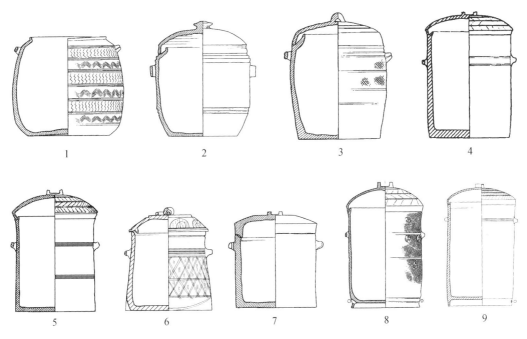

图3-33 陶提筒

1. Aa型（文昌塔M168：4） 2. Ab型Ⅰ式（文昌塔M162：1） 3. Ab型Ⅱ式（文昌塔M126：22）
4. Ab型Ⅲ式（1996母猪岭M6：3） 5. Ab型Ⅳ式（寮尾M14：5） 6. Ab型Ⅴ式（廉乳厂M9：扰3）
7. Ab型Ⅵ式（文昌塔M187B：3） 8. B型Ⅰ式（文昌塔M05A：22） 9. B型Ⅱ式（汽齿厂M9：24）

径18.6、底径17.7、通高18.4厘米[①]（图3-34-1）。

Ⅱ式：子母口，器身瘦高。文昌塔M153：2，夹砂硬陶，灰白色。器身饰两道弦纹。圆形盖，平顶。口径12.8、底径13.4、通高20.2厘米[②]（图3-34-2）。

Ⅲ式：直口，圆唇，斜直腹。文昌塔M015：3，夹砂软陶，青灰色。陶质较松软。圆形盖，盖顶有凹形纽。口径14.8、底径15.4、通高23.6厘米[③]（图3-34-3）。

Ⅳ式：器型矮小。文昌塔M015：3，泥质软陶，棕红色。口径12.8、底径14、高11.7厘米[④]（图3-34-4）。

B型：底有三蹄足。文昌塔M156：5、6，夹砂软陶，灰白色。子母口内敛。筒形直

---

① 广西文物保护与考古研究所. 广西合浦文昌塔汉墓［M］. 北京：文物出版社，2017：132-133

② 广西文物保护与考古研究所. 广西合浦文昌塔汉墓［M］. 北京：文物出版社，2017：273-274

③ 广西文物保护与考古研究所. 广西合浦文昌塔汉墓［M］. 北京：文物出版社，2017：273-274

④ 广西文物保护与考古研究所. 广西合浦文昌塔汉墓［M］. 北京：文物出版社，2017：355-356

腹。腹身饰有两道弦纹面。圆形盖，盖顶有乳突形纽，盖面饰以两周弦纹。口径12、通高23厘米[①]（图3-34-5）。

C型：矮圈足。文昌塔M13∶7，夹砂软陶，灰白色。子母口内敛。筒形直腹，平底。圆形盖，盖顶有乳突形纽。口径12、通高21.6厘米[②]（图3-34-6）。

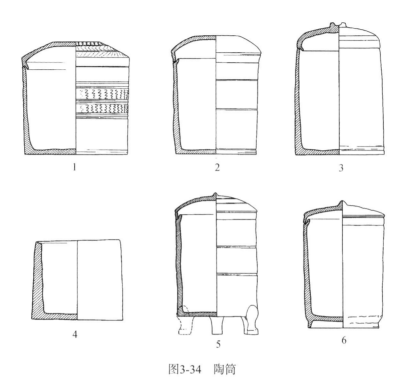

图3-34　陶筒

1.A型Ⅰ式（文昌塔M55∶6）　2.A型Ⅱ式（文昌塔M153∶2）　3.A型Ⅲ式（文昌塔M015∶3）
4.A型Ⅳ式（文昌塔M015∶3）　5.B型（文昌塔M156∶5、6）　6.C型（文昌塔M13∶7）

杯　依形制分四型。

A型：形体稍大。敛口，深弧腹。双坟墩D2M3∶1，口径8.8、底径6.5、高6.8厘米[③]（图3-35-1）。

B型：形体较小。敞口，斜直腹，平底。双坟墩D2M3∶3，口径6.8、底径3.6、高

① 广西文物保护与考古研究所. 广西合浦文昌塔汉墓［M］. 北京：文物出版社，2017：273-274

② 广西文物保护与考古研究所. 广西合浦文昌塔汉墓［M］. 北京：文物出版社，2017：273-274

③ 广西文物保护与考古研究所. 广西合浦县双坟墩土墩墓发掘简报［J］. 考古，2016（4）：33-44

5.4厘米①（图3-35-2）。

C型：直口或微敞，上腹直，下腹折收，小平底。文昌塔M030：1，泥质硬陶，深灰色。口微敛，平唇，唇中部有浅凹槽，平底。口径9、底径4、高4厘米②（图3-35-3）。

D型：直口或微敞，上腹斜直，下腹弧收。文昌塔M90：4，泥质软陶，灰黄色。直口，圆唇，平底微凹。素面。口径8.4、底径4.6、高3.6厘米③（图3-35-4）。

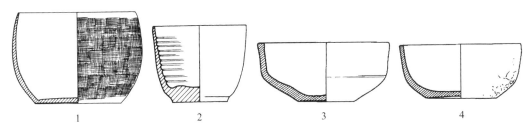

图3-35　陶杯

1.A型（双坟墩D2M3：1）　　2.B型（双坟墩D2M3：3）
3.C型（文昌塔M030：1）　　4.D型（文昌塔M90：4）

灯　依外形可分二型。

A型：豆形，由灯盘、把和座足三部分组成。依座足形状可分三式。

Ⅰ式：饼形座足，座足径略大于灯盘径。汽齿厂M2：13，灯盘较浅，上部直，下部折收接圆柱形把。灯盘径12、座足径13.2、高12.8厘米④（图3-36-1）。

Ⅱ式：喇叭形座足，足径大于灯盘径。风门岭M24A：15，灯盘较深，敞口，平唇，上腹斜直，下腹弧收。盘内见支钉洞，圆柱灯把。灯盘径9.8、足径12.4、高15.6厘米⑤（图3-36-2）。

Ⅲ式：座足呈矮弧形，足径小于盘径。灯盘敞口，平唇，深腹。圆柱形灯把。寮尾M8：扰2，灯盘径12.8、座足径11、高18.8厘米⑥（图3-36-3）。

①　广西文物保护与考古研究所. 广西合浦县双坟墩土墩墓发掘简报［J］. 考古，2016（4）：33-44

②　广西文物保护与考古研究所. 广西合浦县双坟墩土墩墓发掘简报［J］. 考古，2016（4）：33-44

③　广西文物保护与考古研究所. 广西合浦文昌塔汉墓［M］. 北京：文物出版社，2017：55

④　广西文物保护与考古研究所. 2009～2013年度合浦汉晋墓发掘报告［M］. 北京：文物出版社，2016：43-45

⑤　广西壮族自治区文物工作队，合浦县博物馆. 合浦风门岭汉墓——2003～2005年发掘报告［M］. 北京：科学出版社，2006：91-92

⑥　广西文物考古研究所，合浦县博物馆，广西师范大学文旅学院. 广西合浦寮尾东汉三国墓发掘报告［J］. 考古学报，2012（4）：515-516

B型：2件。俑座灯。有人俑和动物俑座。

寮尾M13B：12，底座为男俑，发髻于前额，头部缠巾，深目鼻高，尖下巴，络腮胡须。头仰视灯盘，左手举托灯盘，屈膝而坐，右手摆至右脚后，跣足。灯盘敞口，直腹，下部折收与男俑左手相连，盘内支钉缺失，见支钉洞。灯盘径10.6、通高20厘米[1]（图3-36-4）。

1999凸鬼岭M3：18，底座为坐兽，如马。后腿前踞，前腿在后腿内侧触地，口半张，头上方有弧形檐。身体前部刻有毛发。背起灯柱，上承灯盘。灯盘上部直，饰一周刻划纹和戳印涡点纹，下部弧收。灯盘径10.2、通高26.2厘米[2]（图3-36-5）。有学者考证底座为熊[3]。

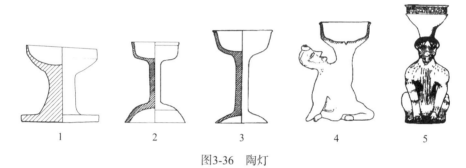

图3-36　陶灯

1.A型Ⅰ式（汽齿厂M2：13）　2.A型Ⅱ式（风门岭M24A：15）　3.A型Ⅲ式（寮尾M8：扰2）
4.B型（寮尾M13B：12）　5.B型（1999凸鬼岭M3：18）

熏炉　子母口。依有无承盘分为二型，各型依炉身形制下分式。

A型：无承盘。可分二式。

Ⅰ式：炉身子口较敛，中部微弧，下部折收与圆柱形座足相连。2005文昌塔M4：7，缺盖，座足下部中空。口径6.8、盘径9.4、高13.6厘米[4]（图3-37-1）。

Ⅱ式：口部无Ⅰ式敛，腹壁较直。座足矮。风门岭M24A：14，座足上有两对穿孔。炉盖较圆，镂空如花瓣形，顶有卷角形纽。口径8.6、圈足径8.4、通高16.2厘米[5]

① 广西文物考古研究所，合浦县博物馆，广西师范大学文旅学院. 广西合浦寮尾东汉三国墓发掘报告［J］. 考古学报，2012（4）：515-516

② 广西壮族自治区文物工作队，合浦县博物馆. 合浦县凸鬼岭汉墓发掘简报［M］. 广西考古文集. 广西壮族自治区博物馆编. 北京：文物出版社，2004：278-279

③ 谢广维. 合浦汉代文化博物馆馆藏马座陶灯辨识［M］. 广西考古文集：第五辑. 广西文物考古研究所编. 北京：科学出版社，2013：364-350

④ 广西文物考古研究所，合浦县博物馆. 2005年合浦县文昌塔汉墓发掘报告［M］. 广西考古文集：第三辑. 广西文物考古研究所编. 北京：文物出版社，2007：119-121

⑤ 广西壮族自治区文物工作队，合浦县博物馆. 合浦风门岭汉墓——2003～2005年发掘报告［M］. 北京：科学出版社，2006：91-92

（图3-37-2）。

B型：下有承盘。可分三式。

Ⅰ式：深弧腹，与盖面整体呈球形。2005文昌塔M8：3、8，圆柱形座足下有浅盘相连。承盘侈口，平唇，上腹斜直，下腹折收，平底。盖面作两层，镂三角形间直棂，分层错开，顶端为乳丁纽。承盘口径14.8、底径7.2、通高18.2厘米[1]（图3-37-3）。

Ⅱ式：折腹。座足中部收束明显。寮尾M13B：74，口较敛。承盘广口，尖唇，上腹略收束，下部折收，台足。盖如一花蕾形，顶有卷角形纽，盖面镂空花瓣形。炉身上腹饰倒三角形纹，下腹折入与圆形中空座足相连。承盘底部穿孔与座足相通。炉身口径10.4、承盘径20、通高20.6厘米[2]（图3-37-4）。

Ⅲ式：腹较深，上部鼓，下部斜收与承盘相接，无座足。风门岭M24B：3，承盘较大，广口，圆唇，宽平底。炉盖较高，镂圆孔，顶为鸟形纽。盘口径18.6、底径11.2、通高12.8厘米[3]（图3-37-5）。

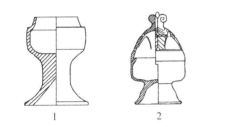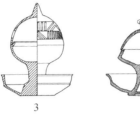

图3-37　陶熏炉

1.A型Ⅰ式（2005文昌塔M4：7）　2.A型Ⅱ式（风门岭M24A：14）　3.B型Ⅰ式（2005文昌塔M8：3、8）
4.B型Ⅱ式（寮尾M13B：74）　5.B型Ⅲ式（风门岭M24B：3）

釜　以口沿、颈部形态分型。

A型：高颈，圆腹。以口沿特征分式。

Ⅰ式：圆唇，斜折领。文昌塔M92：6，夹砂软陶，灰黄色。敞口，圜底。器身饰绳纹。口径14、高19.6厘米[4]（图3-38-1）。

Ⅱ式：圆唇，斜领。文昌塔M47：1，夹砂软陶，灰黄色。敞口，圜底。器身上体

①　广西文物考古研究所，合浦县博物馆. 2005年合浦县文昌塔汉墓发掘报告［M］. 广西考古文集：第三辑. 广西文物考古研究所编. 北京：文物出版社，2007：119-121

②　广西文物考古研究所，合浦县博物馆. 广西合浦寮尾东汉三国墓发掘报告［J］. 考古学报，2012（4）：514-515

③　广西壮族自治区文物工作队，合浦县博物馆. 合浦风门岭汉墓——2003～2005年发掘报告［M］. 北京：科学出版社，2006：91-92

④　广西文物保护与考古研究所. 广西合浦文昌塔汉墓［M］. 北京：文物出版社，2017：57-

素面，下腹饰绳纹。口径13、高15.8厘米[①]（图3-38-2）。

Ⅲ式：方唇，平折领。文昌塔M33：3，夹砂软陶，灰黄色。敞口，沿面较宽，圜底。腹饰绳纹。口径17.2、高16厘米[②]（图3-38-3）。

B型：束颈，沿外折。颈腹无明显分界。以口沿变化分式。

Ⅰ式：深弧腹。文昌塔M164：1，夹砂软陶，黑褐色，胎疏松，火候低。敞口，圆唇，圜底。素面。口径16.4、高11.7厘米[③]（图3-38-4）。

Ⅱ式：腹部较Ⅰ式下坠。文昌塔M126：1，夹砂软陶，灰褐色。侈口，圜底。口径22.4、高17.2厘米[④]（图3-38-5）。

C型：盘口。文昌塔M99：4，夹砂软陶，黑褐色，胎疏松，火候低。敞口，圆唇，直腹，下腹部微收，底略平。腹饰绳纹。口径17.8、高11.3厘米[⑤]（图3-38-6）。

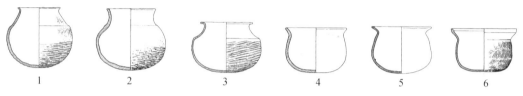

图3-38　陶釜

1.A型Ⅰ式（文昌塔M92：6）　2.A型Ⅱ式（文昌塔M47：1）　3.A型Ⅲ式（文昌塔M33：3）
4.B型Ⅰ式（文昌塔M164：1）　5.B型Ⅱ式（文昌塔M126：1）　6.C型（文昌塔M99：4）

盂　口敞或侈，束颈，溜肩。依口沿形制分二型。

A型：高领。

Ⅰ式：扁圆腹。文昌塔M02：7，泥质硬陶，灰色。施青黄釉，多脱落。敞口，小平底。口径6.8、底径2.8、高4.6厘米[⑥]（图3-39-1）。

Ⅱ式：扁腹下坠。文昌塔M010B：60，泥质硬陶，灰色。施青黄釉，局部脱落。

① 广西文物保护与考古研究所. 广西合浦文昌塔汉墓［M］. 北京：文物出版社，2017：57-58

② 广西文物保护与考古研究所. 广西合浦文昌塔汉墓［M］. 北京：文物出版社，2017：57-58

③ 广西文物保护与考古研究所. 广西合浦文昌塔汉墓［M］. 北京：文物出版社，2017：58-59

④ 广西文物保护与考古研究所. 广西合浦文昌塔汉墓［M］. 北京：文物出版社，2017：131-132

⑤ 广西文物保护与考古研究所. 广西合浦文昌塔汉墓［M］. 北京：文物出版社，2017：58-59

⑥ 广西文物保护与考古研究所. 广西合浦文昌塔汉墓［M］. 北京：文物出版社，2017：128-130

侈口，圆唇，底微凹，矮台足。口径5.4、底径5.2、高4.1厘米①（图3-39-2）。

B型：矮领。

Ⅰ式：扁圆腹。文昌塔M5：3，泥质硬陶，灰色。施青黄釉，多脱落。敞口，平底。口径6.4、底径4.8、高4.6厘米②（图3-39-3）。

Ⅱ式：扁腹下坠。文昌塔M117：18，泥质硬陶，灰色。施青黄釉，釉多脱落。侈口，平底。素面。口径5.7、底径4.8、高4.6厘米③（图3-39-4）。

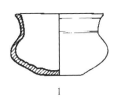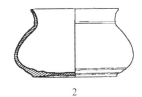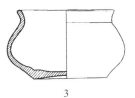

图3-39　陶盂

1. A型Ⅰ式（文昌塔M02：7）　2. A型Ⅱ式（文昌塔M010B：60）
3. B型Ⅰ式（文昌塔M5：3）　4. B型Ⅱ式（文昌塔M117：18）

盆　依器型分三型，各型按腹部形制下分式。

A型：广口，弧腹，平底。

Ⅰ式：深弧腹，宽沿，沿面微外斜。文昌塔M09：20，泥质软陶，灰色，施褐色陶衣。口径13.9、底径6.3、高6厘米④（图3-40-1）。

Ⅱ式：腹部斜直。风门岭M24B：1，圆唇。口径28.6、底径14.8、高8.4厘米⑤（图3-40-2）。

B型：敞口，上腹鼓，下腹斜收，平底。

Ⅰ式：上腹鼓，下腹弧收。二炮厂M20：13，圆唇，底略内凹。腹部饰弦纹。口径31、底径18.5、高13.2厘米⑥（图3-40-3）。

Ⅱ式：上腹较Ⅰ式内收。文昌塔M01：9，泥质硬陶，灰色。施青黄釉。饰以弦

①　广西文物保护与考古研究所. 广西合浦文昌塔汉墓［M］. 北京：文物出版社，2017：353-354

②　广西文物保护与考古研究所. 广西合浦文昌塔汉墓［M］. 北京：文物出版社，2017：130

③　广西文物保护与考古研究所. 广西合浦文昌塔汉墓［M］. 北京：文物出版社，2017：194-195

④　广西文物保护与考古研究所. 广西合浦文昌塔汉墓［M］. 北京：文物出版社，2017：116-117

⑤　广西壮族自治区文物工作队，合浦县博物馆. 合浦风门岭汉墓——2003～2005年发掘报告［M］. 北京：科学出版社，2006：91-92

⑥　广西文物保护与考古研究所. 2009～2013年度合浦汉晋墓发掘报告［M］. 北京：文物出版社，2016：43-45

纹、方格纹、方形戳印纹。口径26.1、底径16.2、高11.2厘米①（图3-40-4）。

Ⅲ式：下腹折收。寮尾M16：12，口径26.4、底径17.6、高10.6厘米②（图3-40-5）。

C型：小台足。器型较矮。

Ⅰ式：浅弧腹。文昌塔M70：21，泥质硬陶，灰色。施青黄釉。敞口，宽平沿。上腹较直，下腹斜收，底微凹。口径26.4、底径12、高6.2厘米③（图3-40-6）。

Ⅱ式：上腹直，下腹折收。寮尾M13B：88，敞口，宽沿中间略凹。口径26.4、底径12.8、高8.2厘米④（图3-40-7）。

Ⅲ式：上腹收束，下腹折收。风门岭M1：0173（报告为"钵"），口径18.4、足径8、高6.3厘米⑤（图3-40-8）。

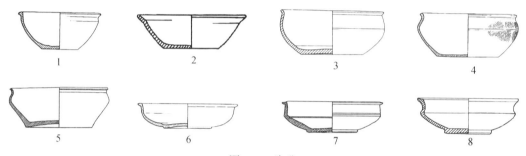

图3-40 陶盆

1.A型Ⅰ式（文昌塔M09：20） 2.A型Ⅱ式（风门岭M24B：1） 3.B型Ⅰ式（二炮厂M20：13）
4.B型Ⅱ式（文昌塔M01：9） 5.B型Ⅲ式（寮尾M16：12） 6.C型Ⅰ式（文昌塔M70：21）
7.C型Ⅱ式（寮尾M13B：88） 8.C型Ⅲ式（风门岭M1：0173）

三足盆 风门岭M10：21，平唇，平底，下有三锥形足，出土时内有炭灰。口径20、底径11、高10厘米。

碗 依底部形制分三型，下依腹部形制分式。

A型：高圈足外撇。

Ⅰ式：深弧腹。文昌塔M20：38，泥质硬陶，灰色。施青黄釉，多已脱落。敞

① 广西文物保护与考古研究所. 广西合浦文昌塔汉墓［M］. 北京：文物出版社，2017：187-189

② 广西文物考古研究所，合浦县博物馆，广西师范大学文旅学院. 广西合浦寮尾东汉三国墓发掘报告［J］. 考古学报，2012（4）：513-514

③ 广西文物保护与考古研究所. 广西合浦文昌塔汉墓［M］. 北京：文物出版社，2017：189-190

④ 广西文物考古研究所，合浦县博物馆，广西师范大学文旅学院. 广西合浦寮尾东汉三国墓发掘报告［J］. 考古学报，2012（4）：513-514

⑤ 广西壮族自治区文物工作队，合浦县博物馆. 合浦风门岭汉墓——2003～2005年发掘报告［M］. 北京：科学出版社，2006：143-144

口，平沿。口径11.6、足径6.5、高7.1厘米[①]（图3-41-1）。

Ⅱ式：上腹直，下腹折收。1996母猪岭M6：37，敞口，平唇。口径12.2、高7.4厘米[②]（图3-41-2）。

B型：台足。二炮厂M8：33，敞口，圆唇。口径14.4、足径6.4、高6.7厘米[③]（图3-41-3）。

C型：矮圈足外撇。文昌塔M25：4，泥质硬陶，青灰色。施青黄釉，釉色淡青。微敛口，下收腹足。口沿下、腹部各饰弦纹。口径18.2、足径11.8、高9.2厘米[④]（图3-41-4）。

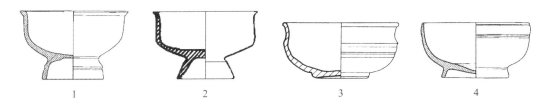

图3-41　陶碗
1.A型Ⅰ式（文昌塔M20：38）　2.A型Ⅱ式（1996母猪岭M6：37）
3.B型（二炮厂M8：33）　4.C型（文昌塔M25：4）

钵　3件。依口沿形制分二型。

A型：敞口，平唇外折。1999凸鬼岭M9：8（报告为"罐"），丰肩，上腹鼓，下腹斜直，平底。高8.8厘米[⑤]（图3-42-1）。

B型：敛口，大平底。文昌塔M30：2，泥质硬陶，灰色。高6.8、底径11.9厘米[⑥]（图3-42-2）。

底座　寮尾M13A：11，呈圆形，上小下大，剖面略呈"凸"字形，中间有一穿

①　广西文物保护与考古研究所.广西合浦文昌塔汉墓［M］.北京：文物出版社，2017：190-191

②　广西合浦县博物馆.广西合浦县母猪岭汉墓的发掘［J］.考古，2007（2）：26

③　广西文物保护与考古研究所.2009～2013年度合浦汉晋墓发掘报告［M］.北京：文物出版社，2016：136-138

④　广西文物保护与考古研究所.广西合浦文昌塔汉墓［M］.北京：文物出版社，2017：351-352

⑤　广西壮族自治区文物工作队，合浦博物馆.合浦县凸鬼岭汉墓发掘简报［M］.广西考古文集.广西壮族自治区博物馆编.北京：文物出版社，2004：277-278

⑥　广西文物保护与考古研究所.广西合浦文昌塔汉墓［M］.北京：文物出版社，2017：352-353

孔，上部为圆形，下部向内弧收成一个不规则的小孔。通高12.4厘米[1]。

纺轮　算珠形，中有穿孔。文昌塔、九只岭、寮尾等墓地都有出土。文昌塔M90：3，泥质软陶，灰白色。直径3、中孔径0.5、高2.4厘米[2]（图3-42-3）。

珠　文昌塔M168：16，报告为"陶球"。中穿一孔，内空。外表黑色，饰以圆点构成的棱形网纹，棱形的交点及中部有圆圈纹。直径4、孔径0.25厘米[3]（图3-42-4）。

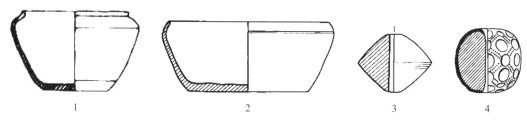

图3-42　陶钵、纺轮、陶珠

1.A型（1999凸鬼岭M9：8）　2.B型（文昌塔M30：2）　3.纺轮（文昌塔M90：3）　4.陶珠（文昌塔M168：16）

魁　敞口，尖唇。依腹部形制分三式。

Ⅰ式：深腹，上部收束，下腹鼓。圈足。风门岭M26：131，口沿下出龙首状把，龙首高起，张口露牙，突目。口径18.2、足径14.6、通高16.6厘米[4]（图3-43-1）。

Ⅱ式：浅弧腹。1996母猪岭M4：57，敞口，平唇，台足。口径20.8、高10.8厘米[5]（图3-43-2）。

Ⅲ式：浅腹，上腹略收束，下腹折收。台足。寮尾M13B：44，唇外有一周凸棱，腹部出龙首状把，龙首平。腹部饰周弦纹。口径18、足径10.4、通高8.8厘米[6]（图3-43-3）。

卮　依底部形制分二型，各型依器身形制分式。

A型：底附三乳足。

Ⅰ式：器身上大下小，中部收束，近底处折收成小平底。风门岭M22：7，敞口，

①　广西文物考古研究所，合浦县博物馆，广西师范大学文旅学院．广西合浦寮尾东汉三国墓发掘报告［J］．考古学报，2012（4）：515-516

②　广西文物保护与考古研究所．广西合浦文昌塔汉墓［M］．北京：文物出版社，2017：59

③　广西文物保护与考古研究所．广西合浦文昌塔汉墓［M］．北京：文物出版社，2017：59-60

④　广西壮族自治区文物工作队，合浦县博物馆．合浦风门岭汉墓——2003～2005年发掘报告［M］．北京：科学出版社，2006：52-53

⑤　广西合浦县博物馆．广西合浦县母猪岭汉墓的发掘［J］．考古，2007（2）：27

⑥　广西文物考古研究所，合浦县博物馆，广西师范大学文旅学院．广西合浦寮尾东汉三国墓发掘报告［J］．考古学报，2012（4）：513-514

平唇内斜。器身上部出方匜形把。口径9.4、高7.4厘米①（图3-43-4）。

Ⅱ式：器身呈直筒形。九只岭M2：7，直口，平唇内斜。带盖，盖顶平圆，中央有圆纽扣环，外圈斜直。上部出把，如方匜形，当中有一圆孔。口径9、通高10.5厘米②（图3-43-5）。

Ⅲ式：器身上小下大，近底处折收成平底。廉乳厂M9：扰1，敞口，圆唇。上腹出把，把手如张口的龙首形，中有圆孔。腹部饰弦纹，间以羽纹。口径12.1、底径9.2、高10.3厘米③（图3-43-6）。

B型：矮台足。

Ⅰ式：深弧腹，上部略收束。1996母猪岭M4：5（报告为"碗"），侈口，圆唇。上腹出双环耳。口沿外和腹部饰弦纹。口径13.8、足径7.5、高7.2厘米④（图3-43-7）。

Ⅱ式：上腹较Ⅰ式收束，口部小。1996母猪岭M4：9（报告为"杯"），侈口，尖唇，上腹出方匜形把。上腹饰弦纹和倒三角纹。口径10.4、高7.3厘米⑤（图3-43-8）。

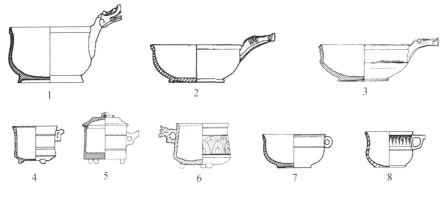

图3-43　陶魁、匜

1. Ⅰ式魁（风门岭M26：131）　2. Ⅱ式魁（1996母猪岭M4：57）　3. Ⅲ式魁（寮尾M13B：44）
4. A型Ⅰ式匜（风门岭M22：7）　5. A型Ⅱ式匜（九只岭M2：7）　6. A型Ⅲ式匜（廉乳厂M9：扰1）
7. B型Ⅰ式匜（1996母猪岭M4：5）　8. B型Ⅱ式匜（1996母猪岭M4：9）

① 广西壮族自治区文物工作队，合浦县博物馆. 合浦风门岭汉墓——2003～2005年发掘报告［M］. 北京：科学出版社，2006：101-103

② 广西壮族自治区文物工作队，合浦县博物馆. 广西合浦县九只岭东汉墓［J］. 考古，2003（10）：63-67

③ 广西文物保护与考古研究所. 2009～2013年度合浦汉晋墓发掘报告［M］. 北京：文物出版社，2016：133-134

④ 广西合浦县博物馆. 广西合浦县母猪岭汉墓的发掘［J］. 考古，2007（2）：26

⑤ 广西合浦县博物馆. 广西合浦县母猪岭汉墓的发掘［J］. 考古，2007（2）：26-27

案　长方形，案沿外折。依有无足，分二型。

A型：无蹄足。汽齿厂M8∶扰9，底部有纵条形支撑加固，残缺。厚1.2厘米[1]。

B型：下有蹄足。风门岭M24A∶28，案板厚1.3、通高18厘米[2]（图3-44-1）。

耳杯　广口，尖唇，平底，台足。依器耳形制分二式。

Ⅰ式：翘耳，耳与口沿之间有凸棱间隔。寮尾M13B∶30，器内及耳部髹朱漆。长12.8、通耳宽10、通高4.2厘米[3]（图3-44-2）。

Ⅱ式：器身较Ⅰ式窄长，两侧口沿近直。二炮厂M28∶扰29，长11.4、通耳宽8.6、高3.4厘米[4]。

勺　勺头呈椭圆形，柄端用手捏成龙首形状，龙首往后卷曲。1996母猪岭M4∶57-2，长15厘米[5]（图3-44-3）。

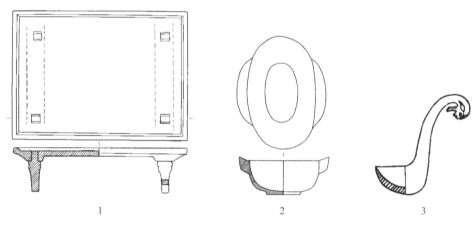

图3-44　陶案、耳杯、勺
1.B型案（风门岭M24A∶28）　2.Ⅰ式耳杯（寮尾M13B∶30）　3.勺（1996母猪岭M4∶57-2）

（三）模型明器

所谓明器，又叫作冥器，是古人专为随葬而制作并无其他实用价值的各种物品的

———————

① 广西文物保护与考古研究所. 2009～2013年度合浦汉晋墓发掘报告［M］. 北京：文物出版社，2016：47

② 广西壮族自治区文物工作队，合浦县博物馆. 合浦风门岭汉墓——2003～2005年发掘报告［M］. 北京：科学出版社，2006：91-92

③ 广西文物考古研究所，合浦县博物馆，广西师范大学文旅学院. 广西合浦寮尾东汉三国墓发掘报告［J］. 考古学报，2012（4）：515-516

④ 广西文物保护与考古研究所. 2009～2013年度合浦汉晋墓发掘报告［M］. 北京：文物出版社，2016：137-138

⑤ 广西合浦县博物馆. 广西合浦县母猪岭汉墓的发掘［J］. 考古，2007（2）：26

模型①。合浦出土的模型明器主要有井、仓、灶、屋、溷、困等建筑模型及人俑、动物俑等。

井 依井栏和地台形制分四型，下依井栏形制分式。

A型：方形井栏，方形地台。二炮厂M12：36，栏壁斜直，上大下小。井栏上平置"井"字形架。井亭盖为伞形，盖面分四坡。地台上有四长方形柱础，柱础上有圆孔。口边长11.4、通高18.4厘米②（图3-45-1）。

B型：圆形井栏，方形地台。

Ⅰ式：井栏敞口，宽沿外折。栏壁微弧。文昌塔M09：14，泥质软陶，灰白色。井台上有一方形柱础。井中有一小陶釜。通高12厘米③（图3-45-2）。

Ⅱ式：井栏敞口，平唇，栏壁上部收束，中部鼓。汽齿厂M4：扰1，饰弦纹和短竖线纹。口径15、通高13.3厘米④（图3-45-3）。

C型：圆形井栏，圆形地台。依井栏形制，分五式。

Ⅰ式：井栏敞口，宽平沿。栏壁上部收束明显，下部较直。文昌塔M04：18，泥质软陶，褐红色。高10.8厘米⑤（图3-45-4）。

Ⅱ式：井栏敞口，沿外折。栏壁上部略收束，下部直，中间附加一周锯齿状棱。电厂M1：9，口径14.2、高10.1厘米⑥（图3-45-5）。

Ⅲ式：井栏有短颈，溜肩。栏壁上部圆鼓，下部弧收，中部旋刮两周凸棱，棱上饰短斜线纹。汽齿厂M3：10，井栏敞口，斜平唇。地台上有四长方形柱础，柱础宽大，上有圆孔。四阿式井亭盖，饰瓦垄，正中有短脊，四垂脊斜出，四坡瓦垄相间。口径12.6、通高19.6厘米⑦（图3-45-6）。

Ⅳ式：栏壁上部收束，下部折直。1991母猪岭M1：20，敞口，平唇。地台有四方

① 张勇．明器起源及相关问题探讨［J］．华夏考古，2002（3）：24

② 广西文物保护与考古研究所．2009～2013年度合浦汉晋墓发掘报告［M］．北京：文物出版社，2016：47-48

③ 广西文物保护与考古研究所．广西合浦文昌塔汉墓［M］．北京：文物出版社，2017：133-136

④ 广西文物保护与考古研究所．2009～2013年度合浦汉晋墓发掘报告［M］．北京：文物出版社，2016：47-48

⑤ 广西文物保护与考古研究所．广西合浦文昌塔汉墓［M］．北京：文物出版社，2017：133-136

⑥ 广西文物保护与考古研究所．2009～2013年度合浦汉晋墓发掘报告［M］．北京：文物出版社，2016：47-48

⑦ 广西文物保护与考古研究所．2009～2013年度合浦汉晋墓发掘报告［M］．北京：文物出版社，2016：47-48

形柱础。四阿式井亭盖。口径15.2、高18厘米①（图3-45-7）。

V式：井栏较矮粗，上部收束，下部直或略弧。风门岭M28：5、10，上部饰菱格纹和水波纹，下部近直身。地台上有对应的四圆形础孔；井亭正方形，四阿顶，有瓦垄，正中短脊。栏高14、地台直径25.2厘米②（图3-45-8）。

D型：圆形井栏，外圈井台高起。汽齿厂M2：5，直口，平唇。井栏呈圆柱形，中空，外围有一圈护栏高起，底平。口径11.7、高9.6厘米③（图3-45-9）。

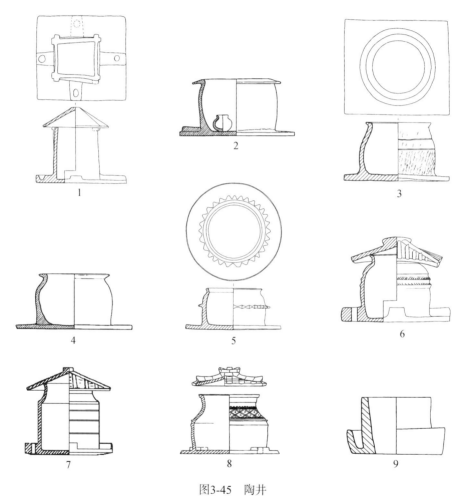

图3-45　陶井

1. A型（二炮厂M12：36）　2. B型Ⅰ式（文昌塔M09：14）　3. B型Ⅱ式（汽齿厂M4：扰1）
4. C型Ⅰ式（文昌塔M04：18）　5. C型Ⅱ式（电厂M1：9）　6. C型Ⅲ式（汽齿厂M3：10）
7. C型Ⅳ式（1991母猪岭M1：20）　8. C型Ⅴ式（风门岭M28：5、10）　9. D型（汽齿厂M2：5）

---

① 广西文物工作队，合浦县博物馆. 广西合浦县母猪岭东汉墓［J］. 考古，1998（5）：41-42

② 广西壮族自治区文物工作队，合浦县博物馆. 合浦风门岭汉墓——2003～2005年发掘报告［M］. 北京：科学出版社，2006：111-112

③ 广西文物保护与考古研究所. 2009～2013年度合浦汉晋墓发掘报告［M］. 北京：文物出版社，2016：49-50

　　仓　平面作长方形。依屋顶形制分三型。以横廊形制分式。

　　A型：梯形顶。底部平，无柱足和柱孔。前廊有矮护栏。文昌塔M36：10，泥质软陶，灰黄色。一脊两坡。仓房正面中开一长方形门，面阔18、进深14.5、通高15厘米[①]（图3-46-1）。

　　B型：悬山顶。依底部形制分二亚型。

　　Ba型：底部平，无柱足和柱孔。

　　Ⅰ式：屋顶平面呈长方形。无横廊。汽齿厂M2：7，盖顶有脊，两坡素面。仓体正面开一长方形门，有门槛。面阔23.4、进深15、通高16.4厘米[②]（图3-46-2）。

　　Ⅱ式：屋顶平面呈长方形，两坡刻划宽疏筒板瓦垄。前有走廊底板。风门岭M27：37，正面中间开一门，走廊底板外侧有四小圆孔，尽端两壁上也各有两个，原应是安插竹木作栏杆之用。面阔30.8、进深19.2、通高22.8厘米[③]（图3-46-3）。

　　Ⅲ式：前廊有矮护栏。文昌塔M88：6，泥质硬陶，黑褐色。正面中开一长方形门，有门板呈关闭状，门两侧和门板中部均有圆凸穿孔门闩。正面及两侧均有横长方形通气孔和用线条表示的木构架图案。一横脊四垂脊，用凹槽和横短线表示瓦面。面阔27.8、通高21.6厘米[④]（图3-46-4）。

　　Bb型：悬山顶。底部有柱足或柱孔。

　　Ⅰ式：前有走廊底板，四柱足。1999凸鬼岭M8：6（报告为"屋"），两开间，前开有门。面阔38.4、进深22、高34.4厘米[⑤]（图3-46-5）。

　　Ⅱ式：有封闭横廊。底部有四柱足或柱孔。机械厂M4：扰1，底部有四柱足。横廊正面居中辟"凸"字形门，门两侧上部有"凸"字形窗。仓门与廊门相对，较小，长方形，有门扇，门槛较高。门板及门两侧各有一带横穿孔的扁圆突，应为加栓之用。面阔29、进深16.8、通高34.4厘米[⑥]（图3-46-6）；风门岭M26：110，底部有四柱孔。盖顶有粗脊，瓦垄作凹槽相间，排列整齐。廊居中开门，较宽大，门侧檐柱上

①　广西文物保护与考古研究所. 广西合浦文昌塔汉墓［M］. 北京：文物出版社，2017：133-135

②　广西文物保护与考古研究所. 2009～2013年度合浦汉晋墓发掘报告［M］. 北京：文物出版社，2016：49-50

③　广西壮族自治区文物工作队，合浦县博物馆. 合浦风门岭汉墓——2003～2005年发掘报告［M］. 北京：科学出版社，2006：8-11

④　广西文物保护与考古研究所. 广西合浦文昌塔汉墓［M］. 北京：文物出版社，2017：281-282

⑤　广西壮族自治区文物工作队，合浦县博物馆. 合浦县凸鬼岭汉墓发掘简报［M］. 广西考古文集. 广西壮族自治区博物馆编. 北京：文物出版社，2004：277-278

⑥　广西文物保护与考古研究所. 2009～2013年度合浦汉晋墓发掘报告［M］. 北京：文物出版社，2016：145-147

托叉手，檐柱两旁为窗，下部刻划菱格形，上部镂空作"凸"字形，廊两端亦有窗，上部镂空直棂窗；仓门与廊门相对，较廊门稍小，门框两侧各有两圆孔。两门均有门槛，廊门稍矮。仓底有四孔。面阔36.8、进深28、通高30厘米[1]（图3-46-7）。

Ⅲ式：前廊有矮护栏。文昌塔M13：18，泥质软陶，灰色。正面中开一长方形门。正面墙有用线条表示木构架图案。仓底用四根上大下小圆柱支撑。两边护栏均有直棂窗。面阔21.4、通高27.4厘米[2]（图3-46-8）。

Ⅳ：开放式横廊较Ⅲ式高，底部有四柱足。风门岭M24B：2，仓室内有风化稻谷。两坡刻划宽疏筒板瓦垄，一正脊，四垂脊。横廊的开门偏右，门及廊两侧有横条镂孔，下有窦洞。仓的门在隔墙正中，单扇门，门框两边的中间位置各有一带横穿孔的扁圆突，应为加栓之用。面阔26.4、进深21.6、通高29厘米[3]（图3-46-9）。

Ⅴ式：无横廊。风门岭M24A：18，盖顶脊粗，两端起翘，凹槽与横划线交叉成瓦垄和瓦块，排列整齐，前后檐呈弧形下垂。正面中间开一门，门两侧墙上各有两孔。四面墙体刻划横直线条，表示梁架结构；两侧山墙顶部各有两个不规则形状的通风口。底有四圆孔。面阔20、进深13.2、通高19厘米[4]（图3-46-10）。

C型：卷棚顶。电厂M1：1，烧制温度低。盖顶拱背，两坡素面。仓体正面开一长方形门，门槛较高，门两侧各有一带横穿孔的扁圆突，应为加栓之用。前有走廊底板。两侧山墙顶部呈弧形。仓底附四柱足。面阔19.8、进深18、通高18.4厘米[5]（图3-46-11）。

囷　仅1件。1977年10月罐头厂M19出土，馆藏号000044。攒尖顶，平面呈圆形，饰弦纹一圈，外檐宽于囷体。囷体为圆筒形，上大下小。正面辟门，门两侧各有一扁圆突，为加栓之用。囷底作方形，门前伸出一小平台，底部四柱足。囷体上径16、通高19.5米[6]。

灶　依灶体和额墙形制分两型，下依灶面形制分式。

A型：无额墙。

① 广西壮族自治区文物工作队，合浦县博物馆. 合浦风门岭汉墓——2003～2005年发掘报告［M］. 北京：科学出版社，2006：53-54

② 广西文物保护与考古研究所. 广西合浦文昌塔汉墓［M］. 北京：文物出版社，2017：282-283

③ 广西壮族自治区文物工作队，合浦县博物馆. 合浦风门岭汉墓——2003～2005年发掘报告［M］. 北京：科学出版社，2006：96-97

④ 广西壮族自治区文物工作队，合浦县博物馆. 合浦风门岭汉墓——2003～2005年发掘报告［M］. 北京：科学出版社，2006：96-97

⑤ 广西文物保护与考古研究所. 2009～2013年度合浦汉晋墓发掘报告［M］. 北京：文物出版社，2016：49-50

⑥ 合浦县博物馆馆藏资料

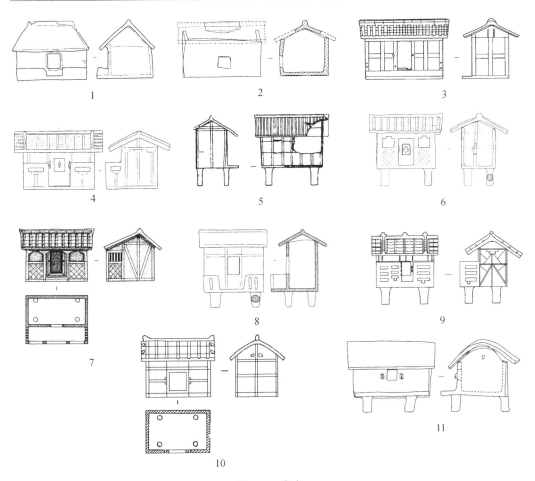

图3-46 陶仓

1. A型（文昌塔M36：10） 2. Ba型Ⅰ式（汽齿厂M2：7） 3. Ba型Ⅱ式（风门岭M27：37）

4. Ba型Ⅲ式（文昌塔M88：6） 5. Bb型Ⅰ式（1999凸鬼岭M8：6） 6. Bb型Ⅱ式（机械厂M4：扰1）

7. Bb型Ⅱ式（风门岭M26：110） 8. Bb型Ⅲ式（文昌塔M13：18） 9. Bb型Ⅳ式（风门岭M24B：2）

10. Bb型Ⅴ式（风门岭M24A：18） 11. C型（电厂M1：1）

Ⅰ式：无地台，灶面呈窄长方形。文昌塔M105：9，泥质软陶，灰黄色。器呈长方体，圆柱形烟突，已脱落。有拱形灶门，开圆形灶眼三个。灶台长46、宽22、高8.8厘米[①]（图3-47-1）。

Ⅱ式：有地台伸出，灶面呈窄长方形。风门岭M27：26，前端略低，灶门开敞，上窄下宽如梯形；后端有烟突斜翘，状如圆柱，内孔与灶内不通。灶面开三灶眼，上无釜甑。通长40.8、通高14.4厘米[②]（图3-47-2）。

---

① 广西文物保护与考古研究所. 广西合浦文昌塔汉墓［M］. 北京：文物出版社，2017：133-134

② 广西壮族自治区文物工作队，合浦县博物馆. 合浦风门岭汉墓——2003～2005年发掘报告［M］. 北京：科学出版社，2006：9-10

Ⅲ式：无地台，灶面较宽。文昌塔M07：5，泥质软陶，灰白色。兽首形烟突。有拱形灶门，开圆形灶眼三个，上置一甑三釜。灶台长34、宽21、高9厘米[①]（图3-47-3）。

B型：带额墙。

Ⅰ式：灶体略呈梯形，前宽后窄，前有地台伸出。额墙向前斜伸。风门岭M26：111，灶面开两灶眼，前置釜甑，后置一釜。通长36.5、通高19厘米[②]（图3-47-4）。

Ⅱ式：额墙低直，烟突为龙首形或柱状。灶面两侧折角削平成斜面。二炮厂M4：17，灶门拱形，有门槛。无地台。前置釜甑，后置一釜。柱状烟突短小。通长28.8、宽11.6、通高13.8厘米[③]（图3-47-5）。

Ⅲ式：灶面平，呈长方形，龙首形或柱状烟突，部分额墙高直。九只岭M5：22，灶体长方形，前有地台伸出，较短。额墙略斜，烟突作龙首形，灶门长方形。灶面开釜眼三个，前置釜一个，后端及中间各置一釜甑。通长33、宽12.4、通高19.6厘米[④]（图3-47-6）。

Ⅳ式：灶面呈梯形或长方形，前端多宽且高于后端，额墙矮直。简化龙首形或柱状烟突。前多有地台伸出。部分灶体有人或动物俑。寮尾M13B：81，灶体略呈梯形，前端略宽且高，有地台，额墙略向后斜。灶面开三灶眼，各置一釜，中间釜上有甑。灶眼两侧刻划菱格纹。灶体长33.4、前宽14、通高19.6厘米[⑤]（图3-47-7）；机械厂M1：扰2，灶面呈梯形，开两灶眼，釜与灶面粘结为一体。后釜右侧立一俑，双手扶釜边。额墙中部凹，两侧斜直，饰菱格纹。拱形灶门，有矮门槛，门右侧有一狗，半蹲状。烟突断面呈扁长方形。灶体有刻划纹。残长22.8、通宽12、残高12.2厘米[⑥]（图3-47-8）。

---

① 广西文物保护与考古研究所. 广西合浦文昌塔汉墓［M］. 北京：文物出版社，2017：202-203

② 广西壮族自治区文物工作队，合浦县博物馆. 合浦风门岭汉墓——2003～2005年发掘报告［M］. 北京：科学出版社，2006：53-55

③ 广西文物保护与考古研究所. 2009～2013年度合浦汉晋墓发掘报告［M］. 北京：文物出版社，2016：53-54

④ 广西壮族自治区文物工作队，合浦县博物馆. 广西合浦县九只岭东汉墓［J］. 考古，2003（10）：68-69

⑤ 广西文物考古研究所，合浦县博物馆，广西师范大学文旅学院. 广西合浦寮尾东汉三国墓发掘报告［J］. 考古学报，2012（4）：520-521

⑥ 广西文物保护与考古研究所. 2009～2013年度合浦汉晋墓发掘报告［M］. 北京：文物出版社，2016：154-156

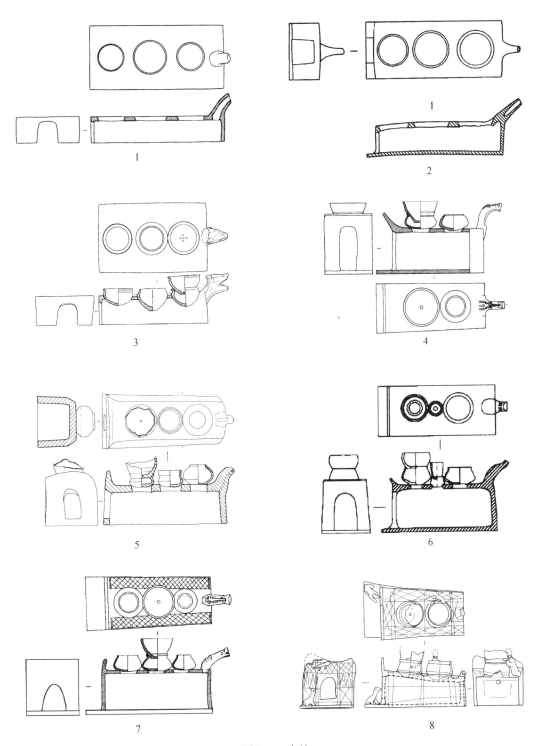

图3-47　陶灶

1.A型Ⅰ式（文昌塔M105：9）　　2.A型Ⅱ式（风门岭M27：26）　　3.A型Ⅲ式（文昌塔M07：5）

4.B型Ⅰ式（风门岭M26：111）　　5.B型Ⅱ式（二炮厂M4：17）　　6.B型Ⅲ式（九只岭M5：22）

7.B型Ⅳ式（寮尾M13B：81）　　8.B型Ⅳ式（机械厂M1：扰2）

屋　依形状分三型。

A型：平面呈长方形，为上下两层，上为人居，下为畜圈。风门岭M28：15，悬山顶，瓦垄排列整齐。上层正面辟门，单扇开启，门的两侧设菱格窗，背面一侧开小门，依次有刻划的菱格窗和镂空的直棂式窗洞。一面山墙顶部开两三角形窗洞。下层正面等距开直棂式窗洞，背面走廊单檐外撇，开菱格窗，有一窦洞。通高30、面阔30、进深26厘米[①]（图3-48-1）。

B型：平面呈曲尺形。由两幢单层悬山式长方形房子组成，形如曲尺，前面为横形正堂，左侧后附廊屋，后侧相对的两面用矮墙围绕成后院。依是否分层分两亚型。

Ba型：分上下两层。寮尾M13B：8，屋脊等高相交，前后坡面合角，盖面饰筒板瓦垄相间。前墙偏右辟门，单扇门，半掩，有门槛。门两侧，上部为直棂式镂空窗格，下部刻划双线菱格纹，正屋后墙开一长方形小窗。一侧山墙开直棂式窗和一个方形小窗，窗门向上斜支起。侧室底部有一花生状穴，右侧山墙和侧室后墙上端各镂空一圆形和两三角形气孔。后院后墙有一窦洞。院内跪卧着一头红色陶猪。面阔30、进深23.2、通高29.6厘米[②]（图3-48-2）。

Bb型：不分层。依屋顶形制，分二式。

I式：两正脊等高相交，前后坡面合角，外侧有垂脊。寮尾M8：扰10，坡面饰筒板瓦垄相间，脊上有筒瓦形饰物。正屋开一长方形门，单扇，半掩，门头为竖条镂空，门左侧上部为三竖条镂空，下部为菱格镂空；右侧上部开一长方形窗，窗扇朝外开，窗下为竖条镂空，底部有一窦洞。正屋内有一陶俑，作匍匐状。右侧山墙上部有直棂式窗格，下部刻划双线菱格纹；左侧山墙顶部有两三角形气孔。正屋和廊屋均有直棂式窗朝向后院。廊屋下部有一圆孔与后院相通，后墙下部有一窦洞。后院墙头有瓦檐遮护，围墙下部有窦洞。后院墙头紧靠侧屋处有一椭圆形鸟窝，鸟作孵蛋状，身下有一圆形蛋。面阔24、进深23、通高23厘米[③]（图3-48-3）。

II式：正屋脊横列，两端翘起，侧屋较正屋矮，脊纵列，一端与正屋后坡相连。廉乳厂M8：扰1，前为横堂，右侧后附廊屋，后侧相对的两面用矮墙围绕成后院。正屋居中辟长方形门，单扇，半掩，门槛低矮，门板中央附一铺首，门楣两侧各有一长方形短凸棱，门框右侧镂菱格窗，左侧上部为直棂窗，中部刻划菱形纹，下部有窦洞，山墙顶部有一组三角形气孔，后墙上部有直棂窗朝向后院。廊屋上部为厕所，靠山墙一侧开长方形门，屋内有一长方形坑穴，楼下有"凸"字形门和后院相通。正屋

①　广西壮族自治区文物工作队，合浦县博物馆. 合浦风门岭汉墓——2003～2005年发掘报告［M］. 北京：科学出版社，2006：110-111

②　广西文物考古研究所，合浦县博物馆，广西师范大学文旅学院. 广西合浦寮尾东汉三国墓发掘报告［J］. 考古学报，2012（4）：517-518

③　广西文物考古研究所，合浦县博物馆，广西师范大学文旅学院. 广西合浦寮尾东汉三国墓发掘报告［J］. 考古学报，2012（4）：518

内设阶梯，与廊屋门相对。廊屋两侧山墙上部镂直棂窗，后墙顶部有一组三角形通风孔。后院墙头有瓦檐遮护，墙面镂直棂孔，后墙上有一窦洞。面阔26.4、进深26.7、通高25.5厘米[①]（图3-48-4）。

C型：1件。楼阁式。1989年12月环城乡红旗岭M2出土，馆藏号000661，平面呈长方形，分前后院，两侧及前部围墙高起。面墙前有伸出的地台，居中辟门，双扇，上有铺首，门枋上有一对门簪突出，两侧上部镂"Λ"形窗，窗两侧各刻划一立俑，手持戟。门头围墙高起，上有四阿盖。两侧山墙均有瓦檐遮护，上部镂空直棂。后院为

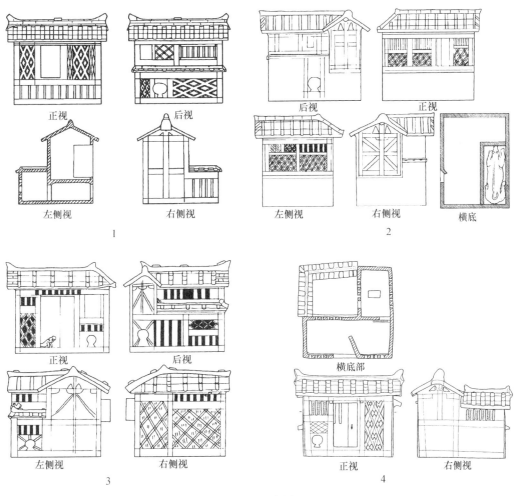

正视　后视

左侧视　右侧视

1

后视　正视

左侧视　右侧视　横底

2

正视　后视

左侧视　右侧视

3

横底部

正视　右侧视

4

图3-48　陶屋

1.A型（凤门岭M28：15）　2.Ba型（寮尾M13B：8）

3.Bb型Ⅰ式（寮尾M8：扰10）　4.Bb型Ⅱ式（廉乳厂M8：扰1）

---

① 广西文物保护与考古研究所．2009～2013年度合浦汉晋墓发掘报告［M］．北京：文物出版社，2016：139-142

分上下两层高耸的主楼，四阿顶，左侧附一厕所。上层正面开长方形门，单扇，两侧镂菱格窗；后墙开近正方形窗，斜向上支起，窗两侧镂空菱格。厕所正面开一小窗。下层有门和前院相通，后墙亦开双扇门。厕所下部和山墙间围一畜圈，下有窦洞。面阔34、进深28、通高37厘米①。

溷　干栏式建筑，上为厕所，下为畜圈，上下两层可分开。上层平面呈长方形，盖顶多有一正脊，四垂脊，两坡刻划筒板瓦垄。面墙偏一侧开长方形门，上层厕内有长方形坑穴，部分见长方形蹲位或挡板。下层基座呈纵长方形，有窦洞。后院后半围墙高起，墙头有瓦檐遮护。依屋顶形制，分二型。

A型：卷棚顶。仅1件。庞屋队M1：扰3，残存部分屋顶和下部基座。基座宽24.2、高12厘米②。

B型：悬山顶。九只岭M5：43，上层平面为横长方形，两坡瓦盖，悬山顶，门口开在面墙的右侧，无窗洞。屋内左侧开有一个长方形穿孔，为厕所的坑穴。门前设四级楼梯以供上下。下层近方形，主屋架筑在前面，后半围墙高起，墙头有瓦檐遮护，墙间开一长方形的窦洞，为饲养牲畜的圈栏。下层通底，无地板也无间隔。通高24、面阔28、进深31.4厘米③（图3-49-1）。

厕　单室，悬山顶。厕内开长方形坑穴，两侧有凸起的蹲位。依屋顶形制分二式。

Ⅰ式：盖顶一正脊，较尖，坡面仅刻数道横线，或以示茅草房顶。文昌塔M5：30，右侧山墙辟门，厕内近门一侧有台阶，里侧为厕，蹲位前方有拱形扶手。面阔28.8、进深19.2厘米（图3-49-2）。

Ⅱ式：盖顶宽大，一正脊，四垂脊，刻划筒板瓦垄。风门岭M22：15，面墙居右辟门，单扇内开。后墙正对厕位镂直棂窗，两山墙顶部有气孔。面阔26.8、进深14、通高16.4厘米（图3-49-3）。

鸭　寮尾M13B出土2件。M13B：10，体形较瘦削，扁嘴，凸眼，仰头，拱背，合翼，翘尾，两蹼向前平伸，卧地。尾巴下面有一圆孔与空腹相通。长21.3、高13.4厘米④。

猪　北插江盐堆M1出土2件。躯体肥胖，四肢前屈作伏卧状。馆藏号000081-78，通长20、通宽7、通高6.5厘米。

①　合浦县博物馆馆藏资料

②　广西文物保护与考古研究所. 2009～2013年度合浦汉晋墓发掘报告［M］. 北京：文物出版社，2016：155

③　广西壮族自治区文物工作队，合浦县博物馆. 广西合浦县九只岭东汉墓［J］. 考古，2003（10）：68-69

④　广西文物考古研究所，合浦县博物馆，广西师范大学文旅学院. 广西合浦寮尾东汉三国墓发掘报告［J］. 考古学报，2012（4）：523

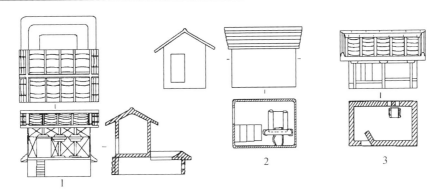

图3-49 陶溷、厕
1. B型溷（九只岭M5∶43） 2. Ⅰ式厕（文昌塔M5∶30） 3. Ⅱ式厕（风门岭M22∶15）

鸡 北插江盐堆M1出土3件。馆藏号000081-82[1]，卧状，通长19、通宽5.3、通高12.5厘米。

羊 北插江盐堆M1出土2件。馆藏号000083-84，卧状，前腿曲，头转向一侧，有角，两耳横立。通长18.5、通宽7.3、通高11厘米[2]。

狗 北插江盐堆M1出土2件。馆藏号000085-86。卧状，头略转，两目直视前方，尾巴藏于身下。通长17.6、通宽7、通高7.7厘米[3]。

人俑 堂排M1∶2，淡褐色。似舞俑，头顶花冠已失。竖眉，小眼，络腮胡。博衣大袖，领和袖口刻有花。右手挥袖于背后，左手及双手残。残高28.2厘米[4]。望牛岭M1出土12件，男俑5件，女俑7件，黄色。男俑均著冠，短衣小袴；女俑束高髻，着短裙齐膝。男、女俑均拱手胸前作待立状，应为侍俑。高38～42厘米[5]。

钵生莲花器 （报告为"灯模型"）风门岭M1∶0167，灰白色，火候较低。由莲花、钵、方柱和座足四部分组成。上部莲花似合拢为开，上部尖，中间大，底部作方形榫头通过钵中方孔。钵敞口折沿，浅腹，下接方柱，座足方形，上宽下窄，截面呈倒梯形。钵径25.2、高6厘米。通高65.6厘米[6]。

璧 风门岭M26和M27出土。风门岭M27∶11，黄白色，制作粗糙，厚薄不均，火候低，似未经烧制，表皮剥落。对折为两半约放置于棺内头部位置。璧径约13、孔径

① 合浦县博物馆馆藏资料（北插江盐堆M1，于1978年5月在环城公社发掘，为土坑木椁墓，依墓葬形制和出土器物判断，年代为西汉晚期）

② 合浦县博物馆馆藏资料

③ 合浦县博物馆馆藏资料

④ 广西壮族自治区文物工作队. 广西合浦县堂排汉墓发掘简报［M］. 文物资料丛刊：4. 北京：文物出版社，1981：49

⑤ 广西壮族自治区文物考古写作小组. 广西合浦西汉木椁墓［J］. 考古，1972（5）：29

⑥ 广西壮族自治区文物工作队，合浦县博物馆. 合浦风门岭汉墓——2003～2005年发掘报告［M］. 北京：科学出版社，2006：110-144

约3、厚0.3厘米[①]。

　　斧　堂排M2B出土6件。仿铁斧形制，上端有三道凸棱，无銎口[②]。

　　耜　堂排M2B：29（报告为"锄"），共10余件，仿同时期铁耜，无銎口[③]。

　　钱币　堂排M2B：28，依出土情况原或置于陶瓮内。四百余枚，一面印"五铢"两字，反文；另一面平，粗糙[④]。

　　砚　堂排M2B：31，泥质，出土时已残，形制不明[⑤]。

二、釉　　陶

　　数量较少，分高温和低温釉陶两类，多为生活用具。高温釉陶烧制温度较硬陶高，多施青白釉或青釉，釉色细腻；低温釉陶仅寮尾M13B出土1件。

　　罐　依腹部，分三型。

　　A型：形体大。上腹鼓，下腹斜直。二炮厂M3：扰5，高领，敞口，平唇，溜肩，平底。肩部饰一组弦纹。口径14.5、底径14.4厘米[⑥]。

　　B型：扁圆腹。机械厂M1：扰12，形体较小。敞口，圆唇，平底。腹径11.6、底径6.4、残高7厘米[⑦]。

　　C型：扁腹。廉乳厂M9：扰15，溜肩，平底。肩腹间饰一组弦纹。底部与下腹相接处较粗糙，未抹平。腹径12.8、底径6.4、残高5.4厘米[⑧]。

　　盘　二炮厂M28：扰17，侈口，平唇，沿外折。浅腹，上腹直，下腹折收，假圈

　　①　广西壮族自治区文物工作队，合浦县博物馆．合浦风门岭汉墓——2003～2005年发掘报告［M］．北京：科学出版社，2006：8

　　②　广西壮族自治区文物工作队．广西合浦县堂排汉墓发掘简报［M］．文物资料丛刊：4．北京：文物出版社，1981：49

　　③　广西壮族自治区文物工作队．广西合浦县堂排汉墓发掘简报［M］．文物资料丛刊：4．北京：文物出版社，1981：49

　　④　广西壮族自治区文物工作队．广西合浦县堂排汉墓发掘简报［M］．文物资料丛刊：4．北京：文物出版社，1981：50

　　⑤　广西壮族自治区文物工作队．广西合浦县堂排汉墓发掘简报［M］．文物资料丛刊：4．北京：文物出版社，1981：50

　　⑥　广西文物保护与考古研究所．2009～2013年度合浦汉晋墓发掘报告［M］．北京：文物出版社，2016：161

　　⑦　广西文物保护与考古研究所．2009～2013年度合浦汉晋墓发掘报告［M］．北京：文物出版社，2016：161

　　⑧　广西文物保护与考古研究所．2009～2013年度合浦汉晋墓发掘报告［M］．北京：文物出版社，2016：161

足，外圈起一周凸棱。口径23.6、圈足径12.4、高4.7厘米①。

盆　二炮厂M28：扰30，敞口，圆唇，深腹，上腹直，下腹弧收，底部残缺。腹部旋刮两周凸棱。口径22.2、残高10厘米②。

勺　二炮厂M28：扰11，柄残，断面呈三角形。勺身近圆形，弧腹较深。勺身径7.3、高4.7厘米③。

盂　寮尾M13A：19，敞口，圆唇，折颈，圆鼓腹，平底。上腹饰一周弦纹，器内有泥条盘筑痕迹。口径9、底径7.4、高8.5厘米④。

碗　寮尾M13A：18，尖唇。敞口，近直腹，圈足。腹部饰二周弦纹，底部有"≠"形划符。口径11.2、足径6、高5.8厘米⑤。

低温釉陶壶　1件。寮尾M13B：47，黄白色胎，火候低，器外施青绿釉，内施薄层淡青色釉。小口外侈，"V"形短流，圆唇，细长颈，椭圆形腹，矮圈足。颈至腹上部附一曲形手柄，柄上饰两道凸棱，肩部饰宽带纹。口径8.2、足径10.8、高34.4厘米⑥（图3-50）。

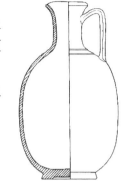

图3-50　低温釉陶壶
（寮尾M13B：47）

第二节　铜　　器

依使用性质可分为饮食器、酒器、其他生活用具、兵器、模型明器等。

一、饮　食　器

数量较多，种类有鼎、盒、杯、钵、簋、魁、碗、方匜、卮、盆、格盒、盘等。

①　广西文物保护与考古研究所. 2009～2013年度合浦汉晋墓发掘报告［M］. 北京：文物出版社，2016：161

②　广西文物保护与考古研究所. 2009～2013年度合浦汉晋墓发掘报告［M］. 北京：文物出版社，2016：161

③　广西文物保护与考古研究所. 2009～2013年度合浦汉晋墓发掘报告［M］. 北京：文物出版社，2016：161

④　广西文物考古研究所，合浦县博物馆，广西师范大学文旅学院. 广西合浦寮尾东汉三国墓发掘报告［J］. 考古学报，2012（4）：523-524

⑤　广西文物考古研究所，合浦县博物馆，广西师范大学文旅学院. 广西合浦寮尾东汉三国墓发掘报告［J］. 考古学报，2012（4）：523-524

⑥　广西文物考古研究所，合浦县博物馆，广西师范大学文旅学院. 广西合浦寮尾东汉三国墓发掘报告［J］. 考古学报，2012（4）：506-507

鼎　依足部形制，分三型。

A型：三蹄足矮直。子口敛。2005文昌塔M5：19，带盖，盖面隆起，以一周凸棱为界，中部平圆，中央为柿蒂纹纽座，圆纽。子口合盖，扁圆腹，腹壁较直，圜底，底部有烟炱。长方形附耳窄高，略外撇。口径15.6、通高15.8厘米[①]（图3-51-1）。

B型：三斜足瘦长。子口敛，附耳长方形或上圆下方。下依腹部形制分式。

Ⅰ式：深弧腹，圜底。风门岭M27：17，带盖，盖面隆起，以一周凸棱为界，中部平圆，中央有环纽扣圆环。三足上下略粗，中部敛束，横断面近三角形。上腹有一道凸棱，长方形附耳窄高。口径10.8、通高13.9厘米[②]（图3-51-2）。

Ⅱ式：浅弧腹，平底。风门岭M26：104，盖面隆起，以一周凸棱为界，内圈平圆，中央有圆纽扣环。腹中部有凸棱一周，棱处折出附耳，附耳上环下方。三足往内弯直，横断面如三角形。口径21.6、腹径23.6、通高22.6厘米[③]（图3-51-3）。

Ⅲ式：扁圆腹，弧收较明显，足部外撇明显。九只岭M5：52，带盖，盖中央为环纽。腹中部有一周突棱，附耳上圆下方。口径15.6、腹径16.3、通高17.5厘米[④]（图3-51-4）。

Ⅳ式：扁圆腹，斜足较高外撇明显。寮尾M13A：7，附耳上环下方，足横断面呈三角形。盖面较平，中心有圆纽扣环，外有一周凸棱，棱间等布三半环形纽，纽上有突出乳丁。腹中部有一周凸棱。口径24.8、腹径26.6、通高28.9厘米[⑤]（图3-51-5）。

C型：敞口。三高足略外撇，截面呈三角形。1996母猪岭M5：14，浅弧腹，圜底。长方形附耳。口径19.6、高15.4厘米[⑥]（图3-51-6）。

盒　整体呈圆球形，子口合盖，圆腹，圈足，部分腹部附一对铺首衔环。盖面、器身和圈足均錾刻纹饰。依大小分二型。

A型：形体较大。腹部多有铺首衔环。1996母猪岭M4：55（报告为"篮"），盖顶平圆，中央为圆纽衔环，纽座刻四叶间四豹纹，外等布三卧羊。器身上下錾刻花

①　广西文物考古研究所，合浦县博物馆. 2005年合浦县文昌塔汉墓发掘报告［M］. 广西考古文集：第三辑. 广西文物考古研究所编. 北京：文物出版社，2007：122

②　广西壮族自治区文物工作队，合浦县博物馆. 合浦风门岭汉墓——2003～2005年发掘报告［M］. 北京：科学出版社，2006：10

③　广西壮族自治区文物工作队，合浦县博物馆. 合浦风门岭汉墓——2003～2005年发掘报告［M］. 北京：科学出版社，2006：58

④　广西壮族自治区文物工作队，合浦县博物馆. 广西合浦县九只岭东汉墓［J］. 考古，2003（10）：69

⑤　广西文物考古研究所，合浦县博物馆，广西师范大学文旅学院. 广西合浦寮尾东汉三国墓发掘报告［J］. 考古学报，2012（4）：524-525

⑥　合浦县博物馆. 广西合浦县母猪岭汉墓的发掘［J］. 考古，2007（2）：30-31

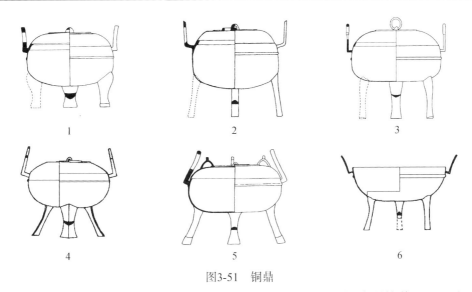

图3-51　铜鼎

1. A型鼎（2005文昌塔M5：19）　2. B型Ⅰ式（风门岭M27：17）　3. B型Ⅱ式（风门岭M26：104）
4. B型Ⅲ式（九只岭M5：52）　5. B型Ⅳ式（寮尾M13A：7）　6. C型鼎（1996母猪岭M5：14）

纹。口径18.4、通高16.2厘米[①]（图3-52-1）。

B型：形体较小，盖面圆隆。1996母猪岭M4：8，盖顶部为乳丁，周围似为蟠龙纹，外等布三乳丁。盖面和器身均饰菱形锦纹，间以三角纹。圈足饰连续三角纹。口径7.4、腹径8.2、通高8厘米[②]（图3-52-2）。

格盒　1件。风门岭M26：21，子口，腹壁斜收成平底，三蹄足。内分五格，中为圆形，外圈等分为四格。口沿外有两对称竖纽，半圆形，穿孔。腹饰菱形纹和羽状纹，并间以两周双线弦纹。盒内灰黑色果核。口径12.2、通高8.5、中间圆格径4.5厘米[③]（图3-52-3）。

杯　依底部形制分四型，下依腹部形制分式。

A型：高足。

Ⅰ式：敞口，圆弧形腹，有短柱高足。文昌塔M18：20，圜底。腹中部有三道凸棱及一组连弧纹带。下腹饰有莲瓣纹。口径12、高11.6厘米（图3-53-1）；文昌塔M55：7，深弧腹，腹中部有三道凸棱及一组连弧纹带。下腹饰有莲瓣纹。高12.6厘米（图3-53-2）[④]。

---

① 合浦县博物馆. 广西合浦县母猪岭汉墓的发掘［J］. 考古，2007（2）：31-32

② 合浦县博物馆. 广西合浦县母猪岭汉墓的发掘［J］. 考古，2007（2）：31-32

③ 广西壮族自治区文物工作队，合浦县博物馆. 合浦风门岭汉墓——2003～2005年发掘报告［M］. 北京：科学出版社，2006：58

④ 广西文物保护与考古研究所. 广西合浦文昌塔汉墓［M］. 北京：文物出版社，2017：137-138

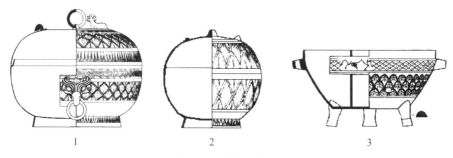

图3-52　铜盒、格盒

1. A型盒（1996母猪岭M4∶55）　2. B型盒（1996母猪岭M4∶8）　3. 格盒（风门岭M26∶21）

Ⅱ式：器型矮，浅弧腹。圈足斜收。风门岭M26∶13，直口，短圆把，腹饰凸弦纹一道。口径8、足径6、高5.6厘米[①]（图3-53-3）。

Ⅲ式：斜直腹下收。文昌塔M117∶24，已残。敞口，微圜底。口径6.6、高12厘米[②]（图3-53-4）。

B型：小台足。

Ⅰ式：敞口，弧腹，上部收束。文昌塔M70∶50，腹部有凸棱一周。口径10.2、底径5.8、高6厘米[③]（图3-53-5）。

Ⅱ式：侈口，折沿。九只岭M5∶90，鼓腹。腹中部有一周凸弦纹。口径9、高5.4厘米[④]（图3-53-6）。

C型：圜底。

Ⅰ式：弧腹，上部略收束。文昌塔M53∶2，敞口。口沿与腹部有凸棱一周。腹饰斜方格纹内填回纹、复线三角纹、斜方格纹内填短斜线和复线三角纹等多组纹带。口径13、高7.5厘米[⑤]（图3-53-7）。

Ⅱ式：侈口，上腹较Ⅰ式收。九只岭M5∶51，鼓腹，器腹中部有突弦纹一周，器身的口沿及腰部饰弦纹，器底刻有四圈同心圆的弦纹。口径7、腹径7.1、高5厘米[⑥]（图3-53-8）。

---

① 广西壮族自治区文物工作队，合浦县博物馆. 合浦风门岭汉墓——2003～2005年发掘报告［M］. 北京：科学出版社，2006：66

② 广西文物保护与考古研究所. 广西合浦文昌塔汉墓［M］. 北京：文物出版社，2017：209

③ 广西文物保护与考古研究所. 广西合浦文昌塔汉墓［M］. 北京：文物出版社，2017：209-210

④ 广西壮族自治区文物工作队，合浦县博物馆. 广西合浦县九只岭东汉墓［J］. 考古，2003（10）：71

⑤ 广西文物保护与考古研究所. 广西合浦文昌塔汉墓［M］. 北京：文物出版社，2017：210

⑥ 广西壮族自治区文物工作队，合浦县博物馆. 广西合浦县九只岭东汉墓［J］. 考古，2003（10）：71

D型：平底。

Ⅰ式：弧腹，上部略收束。文昌塔M46：5，敞口，圆唇。口沿与腹部有凸棱一周。口径7、底径3.8、高3.5厘米[①]（图3-53-9）。

Ⅱ式：侈口，下腹斜收。1991母猪岭M1：1，腹中部有一周凸起的宽带纹。口径7.5、底径4.2、高4.3厘米[②]（图3-53-10）。

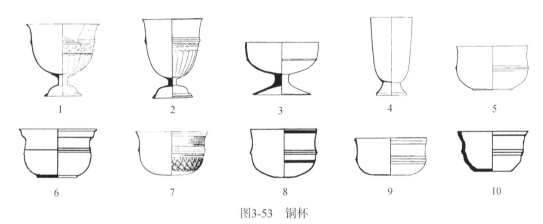

图3-53　铜杯

1. A型Ⅰ式（文昌塔M18：20）　2. A型Ⅰ式（文昌塔M55：7）　3. A型Ⅱ式（风门岭M26：13）
4. A型Ⅲ式（文昌塔M117：24）　5. B型Ⅰ式（文昌塔M70：50）　6. B型Ⅱ式（九只岭M5：90）
7. C型Ⅰ式（文昌塔M53：2）　8. C型Ⅱ式（九只岭M5：51）　9. D型Ⅰ式（文昌塔M46：5）
10. D型Ⅱ式（1991母猪岭M1：1）

钵　敛口，深弧腹。二炮厂M20：5，尖唇，平底略内凹。腹部錾刻菱格纹、羽状纹和卷云纹。口径15、底径6.4、高9.4厘米[③]（图3-54-1）。

簋　依口部形制分二式。

Ⅰ式：广口，宽平唇。风门岭M27：25，深腹，圈足。腹上有凸棱一周及对称的铺首衔环。口径16.8、足径5、高7.8厘米[④]（图3-54-2）。

Ⅱ式：敞口，圆唇。文昌塔M184：27，弧腹下收，平底，圈足外撇。口沿与上腹部有凸棱一周。中腹偏下处两侧有铺首衔环。口径24.5、足径14、高12.3厘米[⑤]（图3-54-3）。

①　广西文物保护与考古研究所. 广西合浦文昌塔汉墓［M］. 北京：文物出版社，2017：210

②　广西文物工作队，合浦县博物馆. 广西合浦县母猪岭东汉墓［J］. 考古，1998（5）：40

③　广西文物保护与考古研究所. 2009～2013年度合浦汉晋墓发掘报告［M］. 北京：文物出版社，2016：62-63

④　广西壮族自治区文物工作队，合浦县博物馆. 合浦风门岭汉墓——2003～2005年发掘报告［M］. 北京：科学出版社，2006：10-12

⑤　广西文物保护与考古研究所. 广西合浦文昌塔汉墓［M］. 北京：文物出版社，2017：299

碗　依底部形制分三型，下依腹部形制分式。

A型：平底。

Ⅰ式：敞口，平唇，斜腹近底处弧收。文昌塔M016A：1，平底略内凹。口径14、底径5.2、高6.6厘米[①]（图3-54-4）。

Ⅱ式：弧腹。二炮厂M14B：7，敞口，尖唇，平底略内凹。腹部饰一周宽带纹，宽带中央加一周凸棱，内底饰数周同心圆圈纹。口径16.9、底径5.6、高7.9厘米[②]（图3-54-5）。

B型：圜底。文昌塔M184：22，敞口，平唇，斜腹下收。口径14、高6厘米[③]（图3-54-6）。

C型：圈足。

Ⅰ式：高圈足。弧腹。文昌塔M06A：6，敞口，平唇。口沿与上腹部有凸棱一周。口径9.2、足径5.2、高5.9厘米[④]（图3-54-7）。

Ⅱ式：圈足较Ⅰ式矮，腹部较深。文昌塔M100：2，敞口，平唇，弧腹下收。口沿与上腹部有凸棱一周。口径11.4、足径7、高6.5厘米[⑤]（图3-54-8）。

Ⅲ式：矮圈足。扁圆腹，上部收束。风门岭M24B：7，敞口，中腹有一组凸弦纹。口径14、足径8、高6.6厘米[⑥]（图3-54-9）。

魁　仅望牛岭M1出土2件。M1：76，器身圆形，口微外敞，口沿下细刻三角形纹、回纹、菱形纹。器身下段至器底上，细刻羽毛。有鸭首形把。高4.4、口径24.2厘米[⑦]（图3-55-1）。

方匜　望牛岭M1出土2件。M1：67，器身方形，上大下小，底有四乳足，两侧有兽面衔活环，柄作鸭首前伸状，张口，中空，水可注出。上边长24、底边长11、宽16.5

①　广西文物保护与考古研究所. 广西合浦文昌塔汉墓［M］. 北京：文物出版社，2017：298-299

②　广西文物保护与考古研究所. 2009～2013年度合浦汉晋墓发掘报告［M］. 北京：文物出版社，2016：167-168

③　广西文物保护与考古研究所. 广西合浦文昌塔汉墓［M］. 北京：文物出版社，2017：298-299

④　广西文物保护与考古研究所. 广西合浦文昌塔汉墓［M］. 北京：文物出版社，2017：298-299

⑤　广西文物保护与考古研究所. 广西合浦文昌塔汉墓［M］. 北京：文物出版社，2017：298-299

⑥　广西壮族自治区文物工作队，合浦县博物馆. 合浦风门岭汉墓——2003～2005年发掘报告［M］. 北京：科学出版社，2006：98

⑦　广西壮族自治区文物考古写作小组. 广西合浦西汉木椁墓［J］. 考古，1972（5）：23

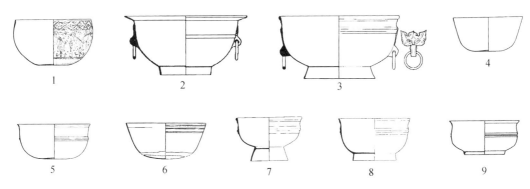

图3-54　铜钵、簋、碗

1. 钵（二炮厂M20：5）　2. Ⅰ式簋（风门岭M27：25）　3. Ⅱ式簋（文昌塔M184：27）
4. A型Ⅰ式碗（文昌塔M016A：1）　5. A型Ⅱ式碗（二炮厂M14B：7）　6. B型碗（文昌塔M184：22）
7. C型Ⅰ式碗（文昌塔M06A：6）　8. C型Ⅱ式碗（文昌塔M100：2）　9. C型Ⅲ式碗（风门岭M24B：7）

厘米①（图3-55-2）。

　　厄　依底部形制，分二型。

　　A型：假圈足。依腹部分三式。

　　Ⅰ式：浅弧腹。望牛岭M1：9（报告为"碗"），腹部较浅，口下饰宽带纹一道，并附一鋬。底部和器身刻缠枝团花，花上鎏金。口径16、足径8.7、高6厘米②（图3-55-3）。

　　Ⅱ式：深弧腹。风门岭M26：27，一侧单耳扣双圆环，耳上下有两周凸棱。口径9.4、足径5.4、高4.6厘米③（图3-55-4）。

　　Ⅲ式：器身上部收束，下部弧收。汽齿厂M6A：43，纵向半环形耳。腹部饰有一周凸棱，棱上饰羽纹，下饰菱格纹。底径7.3、残高8.8厘米④（图3-55-5）。

　　B型：三矮蹄足。1990母猪岭M1：3（报告为"杯"），敞口，身斜直，平底。一侧有鋬耳。口径12、高10.9厘米⑤（图3-55-6）。

　　盘　广口，宽折沿，浅腹。依腹部形制分二型。

　　A型：上腹斜直，下腹内折成矮的假圈足。风门岭M26：28，口径15.2、底径7.2、

　　①　广西壮族自治区文物考古写作小组. 广西合浦西汉木椁墓［J］. 考古，1972（5）：23

　　②　广西壮族自治区文物考古写作小组. 广西合浦西汉木椁墓［J］. 考古，1972（5）：23

　　③　广西壮族自治区文物工作队，合浦县博物馆. 合浦风门岭汉墓——2003～2005年发掘报告［M］. 北京：科学出版社，2006：68-70

　　④　广西文物保护与考古研究所. 2009～2013年度合浦汉晋墓发掘报告［M］. 北京：文物出版社，2016：60-61

　　⑤　合浦县博物馆. 广西合浦县母猪岭汉墓的发掘［J］. 考古，2007（2）：33

高3.2厘米①（图3-55-7）。

　　B型：浅弧腹。1991母猪岭M1：4，口径20、高4.4厘米②（图3-55-8）。

　　盆　敞口，宽唇，折沿，浅腹。各报告中盆、洗、鋗定名不统一，鉴于其形制用途相近，本文将统一归类为盆。依腹部有无铺首分二型。

　　A型：腹部有铺首。弧腹。依腹部形制分三式。

　　Ⅰ式：上腹直，下腹内折弧收。风门岭M27：19，广口，平折唇，腹部有一对铺首衔环，小平底。口径20.2、高4.6厘米③（图3-55-9）。

　　Ⅱ式：弧腹。九只岭M5：53，器底凸出一圈，如矮圈足。口径28.9、底径11.5、高6.5厘米④（图3-55-10）。

　　Ⅲ式：上腹较Ⅱ式直，下腹弧收。大平底。九只岭M6A：51，口径33.5、高8.5厘米⑤（图3-55-11）。

　　B型：腹部无铺首。上腹弧，下腹分折入，收成凸出的小平底。风门岭M26：121，口径27.2、高6.6厘米⑥（图3-55-12）。

　　鉴　望牛岭M1出土2件。M1：79，口沿外折，沿面较宽，口下有铺首衔环一对，深弧腹，腹部饰宽带纹一周，平底。口径36、底径17、高15厘米⑦。

　　三足盘　广口，宽沿外折，浅腹，平底，下附三足。部分上置耳杯和樽。盘内多錾刻繁缛的纹饰。依盘内主纹饰分为二型。

　　A型：以几何纹饰为主。望牛岭M1：7，人形足，盘内细刻四叶间二鹿二凤纹。从盘沿到盘心錾刻菱形纹、三角纹、回纹和锦纹。三足作半蹲奴隶状。直径33、通高8.5厘米（图3-56-1）。

　　B型：以鸟兽和多枝树为主纹饰。1996母猪岭M4：54，三矮蹄足，盘内以弦纹分为二圈，内圈饰柿蒂纹，蒂间为两凤两兽。外圈以多枝树等分为四区，各区以凤鸟、朱雀、飞马为主纹饰。盘底有一周1.7厘米宽的突匜，匜内等分三条凸棱，棱一端连三

　　①　广西壮族自治区文物工作队，合浦县博物馆．合浦风门岭汉墓——2003～2005年发掘报告［M］．北京：科学出版社，2006：66-68

　　②　广西文物工作队，合浦县博物馆．广西合浦县母猪岭东汉墓［J］．考古，1998（5）：39

　　③　广西壮族自治区文物工作队，合浦县博物馆．合浦风门岭汉墓——2003～2005年发掘报告［M］．北京：科学出版社，2006：13-14

　　④　广西壮族自治区文物工作队，合浦县博物馆．广西合浦县九只岭东汉墓［J］．考古，2003（10）：70

　　⑤　广西壮族自治区文物工作队，合浦县博物馆．广西合浦县九只岭东汉墓［J］．考古，2003（10）：70

　　⑥　广西壮族自治区文物工作队，合浦县博物馆．合浦风门岭汉墓——2003～2005年发掘报告［M］．北京：学出版社，2006：66-69

　　⑦　广西壮族自治区文物考古写作小组．广西合浦西汉木椁墓［J］．考古，1972（5）：24

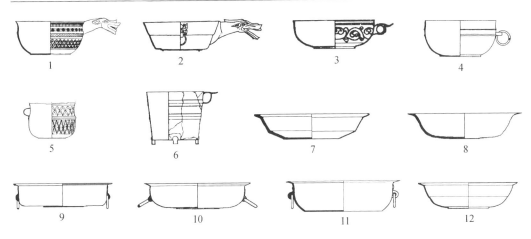

图3-55　铜魁、方匜、卮、盘、盆

1.魁（望牛岭M1：76）　　2.方匜（望牛岭M1：67）　　3.A型Ⅰ式卮（望牛岭M1：9）

4.A型Ⅱ式卮（风门岭M26：27）　　5.A型Ⅲ式卮（汽齿厂M6A：43）　　6.B型卮（1990母猪岭M1：3）

7.A型盘（风门岭M26：28）　　8.B型盘（1991母猪岭M1：4）　　9.A型Ⅰ式盆（风门岭M27：19）

10.A型Ⅱ式盆（九只岭M5：53）　　11.A型Ⅲ式盆（九只岭M6A：51）　　12.B型盆（风门岭M26：121）

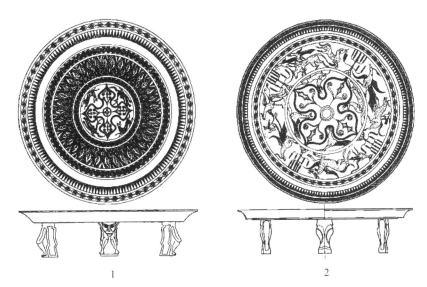

图3-56　铜三足盘

1.A型（望牛岭M1：7）　　2.B型（1996母猪岭M4：54）

足，另一端交汇于盘底中心。直径28.6、通高7.1厘米[①]（图3-56-2）。

二、酒　　器

器类有壶、提梁壶、长颈壶、钫、扁壶、镣壶、盉、樽、耳杯、勺等。

_____

① 合浦县博物馆. 广西合浦县母猪岭汉墓的发掘［J］. 考古, 2007（2）：32-33

壶　依腹部形制分四式。

Ⅰ式：鼓腹。圈足外撇。风门岭M27：45，壶口近直，粗短颈。腹部等饰宽带纹三组，肩两侧铺首衔环。带盖，盖面微隆，中央有圆纽扣环。口径10.5、足径14.8、通高29.6厘米[①]（图3-57-1）。

Ⅱ式：圆鼓腹。圈足略变高，呈喇叭形，分两节。风门岭M26：87，无盖。侈口，平唇。肩部有铺首衔环，腹身饰宽带纹。口径16、腹径36、足径21.6厘米[②]（图3-57-2）。

Ⅲ式：圆腹略下垂，圈足较高，颈部长。九只岭M6A：43，敞口，直唇，长颈，八角形圈足，器身肩部有一对铺首衔环，从肩至腹部等距饰宽带纹。口径10.8、足径16、通高26.5厘米[③]（图3-57-3）。

Ⅳ式：圈足较高，颈部粗。二炮厂M6：40，敞口，平唇，扁圆腹，肩部附铺首衔环。肩和下腹饰宽带纹。口径9、足径11、高17.6厘米[④]（图3-57-4）。

提梁壶　依器型分二型。

A型：器型高大，鼓腹。腹部有一对铺首衔环，环套链索并穿过盖侧圆环，上为璜形提梁，两端呈龙首衔环。依腹部形制分五式。

Ⅰ式：圆鼓腹。1999凸鬼岭M11：16，口径10、圈足径12.4、高28.4厘米[⑤]（图3-57-5）。

Ⅱ式：扁鼓腹。望牛岭M1：61，直口。盖沿饰菱形纹，颈、腹部錾刻三角形纹、羽纹和锦纹。口径13.5、足径19、通高35厘米[⑥]（图3-57-6）。

Ⅲ式：扁圆腹略下坠。风门岭M23B：3，带盖，盖面斜直隆起，两侧附耳扣圆环。喇叭形圈足分两截。口径9.6、足径14.4、通高39.2厘米[⑦]（图3-57-7）。

Ⅳ式：圆腹小且下坠。风门岭M26：94，盖外侧铸环纽，盖面中部凸起，中央

①　广西壮族自治区文物工作队，合浦县博物馆．合浦风门岭汉墓——2003～2005年发掘报告［M］．北京：科学出版社，2006：10

②　广西壮族自治区文物工作队，合浦县博物馆．合浦风门岭汉墓——2003～2005年发掘报告［M］．北京：科学出版社，2006：62

③　广西壮族自治区文物工作队，合浦县博物馆．广西合浦县九只岭东汉墓［J］．考古，2003（10）：69

④　广西文物保护与考古研究所．2009～2013年度合浦汉晋墓发掘报告［M］．北京：文物出版社，2016：162-163

⑤　广西壮族自治区文物工作队，合浦县博物馆．合浦县凸鬼岭汉墓发掘简报［M］．广西考古文集．广西壮族自治区博物馆编．北京：文物出版社，2004：281-282

⑥　广西壮族自治区文物考古写作小组．广西合浦西汉木椁墓［J］．考古，1972（5）：23-24

⑦　广西壮族自治区文物工作队，合浦县博物馆．合浦风门岭汉墓——2003～2005年发掘报告［M］．北京：科学出版社，2006：24

有圆纽，外围平缓。束颈，肩、腹部饰宽带纹。口径10.6、足径14.6、通高37.4厘米[①]
（图3-57-8）。

Ⅴ式：腹部较扁，下垂近折。颈粗短。九只岭M5：44，盖顶有一乳丁，盖面边沿出两横耳。铺首上下各饰弦纹一周。口径9.2、足径11.6、通高22厘米[②]（图3-57-9）。

B型：呈立蛋形。长圆腹略坠，长颈，圈足较矮。风门岭M26：126，盖略隆，中有圆纽环。颈及腹部有三道宽带纹，饰圈点纹，颈部有一对简化铺首，环纽套链索，上为璜形提梁，圆形，两侧略粗似龙首。链节长形，中为绞索状，两端成环。口径7.5、足径9.3、通高28.5厘米[③]（图3-57-10）。

长颈壶　小口，长颈，圈足。依腹部形制分二式。

Ⅰ式：圆鼓腹，圈足直。望牛岭M1：10，器身錾刻三角形纹、羽纹、菱形锦纹和宽带纹。高27、口径5、足径12厘米[④]（图3-57-11）。

Ⅱ式：扁圆腹，圈足外撇。九只岭M6A：58，肩饰两圈宽带纹。口径5.2、腹径17.2、高26厘米[⑤]（图3-57-12）。

钫　依腹部形制分二式。

Ⅰ式：侧腹部呈椭圆形。风门岭M27：47，四坡形盖，中有环纽扣圆环，盖的下唇扣入器内。颈部对称两面有模贴铺首，方足外撇，斜直，较高。圈足长宽11.2、通高32.6厘米[⑥]（图3-57-13）。

Ⅱ式：腹身较直。颈部粗，圈足高。风门岭M26：90，无盖，方唇内斜，肩部两对称铺首衔环，方座足外撇。口径10.6、足径13.6厘米[⑦]（图3-57-14）。

提梁钫　望牛岭M1出土4件。有盖，盖两侧有纽，两肩有兽面衔环，系活链龙首提梁。M1：63，腹径19.5、通高38厘米[⑧]。

① 广西壮族自治区文物工作队，合浦县博物馆. 合浦风门岭汉墓——2003～2005年发掘报告［M］. 北京：科学出版社，2006：62

② 广西壮族自治区文物工作队，合浦县博物馆. 广西合浦县九只岭东汉墓［J］. 考古，2003（10）：69

③ 广西壮族自治区文物工作队，合浦县博物馆. 合浦风门岭汉墓——2003～2005年发掘报告［M］. 北京：科学出版社，2006：62

④ 广西壮族自治区文物考古写作小组. 广西合浦西汉木椁墓［J］. 考古，1972（5）：23

⑤ 广西壮族自治区文物工作队，合浦县博物馆. 广西合浦县九只岭东汉墓［J］. 考古，2003（10）：69

⑥ 广西壮族自治区文物工作队，合浦县博物馆. 合浦风门岭汉墓——2003～2005年发掘报告［M］. 北京：科学出版社，2006：10

⑦ 广西壮族自治区文物工作队，合浦县博物馆. 合浦风门岭汉墓——2003～2005年发掘报告［M］. 北京：科学出版社，2006：66

⑧ 广西壮族自治区文物考古写作小组. 广西合浦西汉木椁墓［J］. 考古，1972（5）：24

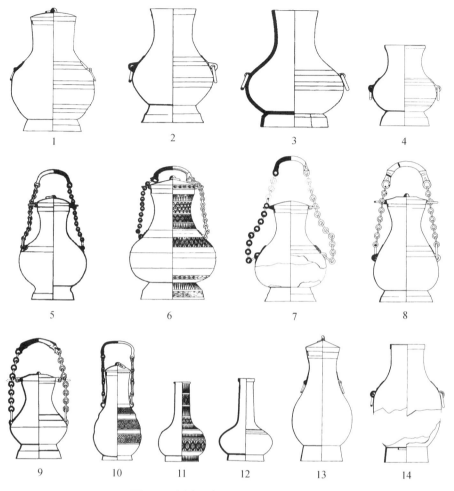

图3-57　铜壶、提梁壶、长颈壶、钫

1. Ⅰ式壶（凤门岭M27：45）　　2. Ⅱ式壶（凤门岭M26：87）　　3. Ⅲ式壶（九只岭M6A：43）
4. Ⅳ壶（二炮厂M6：40）　　5. A型Ⅰ式提梁壶（1999凸鬼岭M11：16）　　6. A型Ⅱ式提梁壶（望牛岭M1：61）
7. A型Ⅲ式提梁壶（凤门岭M23B：3）　　8. A型Ⅳ式提梁壶（凤门岭M26：94）　　9. A型Ⅴ式提梁壶（九只岭
M5：44）　　10. B型提梁壶（凤门岭M26：126）　　11. Ⅰ式长颈壶（望牛岭M1：10）　　12. Ⅱ式长颈壶（九只岭
M6A：58）　　13. Ⅰ式钫（凤门岭M27：47）　　14. Ⅱ式钫（凤门岭M26：90）

　　镶壶　依底部形制分二型，下依腹部形态分式。

　　A型：鼓腹，圜底。

　　Ⅰ式：颈部长，三足直。文昌塔M18：14，子母口，粗颈。腹侧有一长方形中空柄。有隆起圆盖。口径7.2、通高17.2厘米[1]（图3-58-1）。

　　Ⅱ式：颈部较Ⅰ式短，三足外撇。文昌塔M117：27，敞口，平唇。腹侧有中空近

---

　　① 广西文物保护与考古研究所. 广西合浦文昌塔汉墓［M］. 北京：文物出版社，2017：136-137

三角形柄。口径9.2、腹径16.5厘米①（图3-58-2）。

B型：平底。三足外撇。依腹部形制分二式。

Ⅰ式：扁圆腹。风门岭M23B：13，侈口，平底，腹部有一周凸棱，棱间出直把，中空，略上翘。三足斜直较高，截面似三角形。口径9.6、腹径16.8、通高22厘米②（图3-58-3）。

Ⅱ式：腹部略扁，三足外撇明显。寮尾M13A：2，敞口，短颈。口径11.2、腹径18、高22.8厘米③（图3-58-4）。

盉　盖面较平，盖与器口有枢轴扣接，可自由启合。腹扁圆，圜底，三足斜直较高。流作鸡头形；侧附方形直鋬。肩腹各有宽带纹一周。风门岭M27：43，口径7、腹径13.4、通高12.8厘米④（图3-58-5）。

三足小壶　短直颈，子口合盖，扁圆腹，圜底，下附三蹄足，肩部有两对称立纽斜出，孔系活链，中与盖纽提链相连。风门岭M26：105，盖面平圆，刻三鹿，中有环纽。口沿外侧及颈腹部饰三角纹、斜格纹、羽状纹和弦纹。口径4、腹径9、通高8.2厘米⑤（图3-58-6）。

扁壶　小口，束颈，扁身，方足外撇。依颈部和圈足形制分二式。

Ⅰ式：颈部长，收束明显。方圈足略外撇。望牛岭M1、风门岭M26和汽齿厂M6B出土。风门岭M26：117，盖面平，中有环纽。颈部有两立环纽，系活环，连接龙首提梁。器身錾刻花纹。口径4.4、底长7.1、通高11.6厘米⑥（图3-58-7）。

Ⅱ式：颈部较短直。圈足外撇明显。寮尾M14和M16出土。寮尾M14：28，盖面隆，顶有纽环，柿蒂纹纽座，外圈为三角形纹。正腹饰三角形纹和羽形纹，侧腹饰菱形纹，足部饰连续三角形纹。口径3.7、底长5.8、通高13.9厘米⑦（图3-58-8）。

---

① 广西文物保护与考古研究所. 广西合浦文昌塔汉墓［M］. 北京：文物出版社，2017：205-207

② 广西壮族自治区文物工作队，合浦县博物馆. 合浦风门岭汉墓——2003～2005年发掘报告［M］. 北京：科学出版社，2006：24

③ 广西文物考古研究所，合浦县博物馆，广西师范大学文旅学院. 广西合浦寮尾东汉三国墓发掘报告［J］. 考古学报，2012（4）：525-526

④ 广西壮族自治区文物工作队，合浦县博物馆. 合浦风门岭汉墓——2003～2005年发掘报告［M］. 北京：科出版社，2006：10

⑤ 广西壮族自治区文物工作队，合浦县博物馆. 合浦风门岭汉墓——2003～2005年发掘报告［M］. 北京：科学出版社，2006：66

⑥ 广西壮族自治区文物工作队，合浦县博物馆. 合浦风门岭汉墓——2003～2005年发掘报告［M］. 北京：科学出版社，2006：62

⑦ 广西文物考古研究所，合浦县博物馆，广西师范大学文旅学院. 广西合浦寮尾东汉三国墓发掘报告［J］. 考古学报，2012（4）：525-526

樽　依盖面形制，分二型。

A型：盖面隆起，顶部平圆。依腹部形制，分三式。

Ⅰ式：器身较高。盖面微隆。风门岭M27：21，盖顶有圆纽扣环，外饰宽带纹。器口平，与盖无扣合，器身饰宽带纹，两侧有铺首衔环。三蹄足较矮。径15.6、通高14.8厘米[①]（图3-58-9）。

Ⅱ式：器身略矮，盖面隆起略高。风门岭M26：30，盖顶有圆纽扣环，柿蒂纹纽座。器身饰宽带纹，两侧有铺首衔环。蹄足较矮。通高21.5、直径20.4厘米[②]（图3-58-10）。

Ⅲ式：器型矮小，盖面隆起较高。寮尾M13B：48，盖顶有圆纽扣环，外饰宽带纹，内圈宽带上有三卧羊。口径14.4、底径14.8、通高15.7厘米（图3-58-11）。

B型：圆锥形盖。九只岭M5：56，三兽形足。盖呈三重山形，顶部立一展翅凤鸟。纹饰繁缛，主要为蕉叶纹、龙凤纹和神兽纹。器身两侧有铺首衔环，錾刻龙凤、神兽纹、"回"字纹和三角形纹。口径18.3、底径19.9、通高24.5厘米[③]（图3-58-12）。

耳杯　敞口，翘耳，耳与口沿之间有凸棱间隔，假圈足，平底。汽齿厂M6A：11，长16.9、通耳宽12.6、高4.7厘米[④]。

勺　依勺身形制分二型。

A型：长圆柄，柄中空，宽勺面。文昌塔M154：13，已残。质略朽，表面覆盖有铜绿。圆柱形柄，中空。柄残长4、勺最宽约10.6厘米[⑤]。

B型：勺身呈椭圆形。风门岭M26：130，柄截面为半圆形，柄端附环纽。长14.1厘米[⑥]。

三、其他生活用具

主要有灯具、熏香炉、化妆用具、蒸煮器和研磨器等。

———————————

①　广西壮族自治区文物工作队，合浦县博物馆. 合浦风门岭汉墓——2003～2005年发掘报告［M］. 北京：科学出版社，2006：10

②　广西壮族自治区文物工作队，合浦县博物馆. 合浦风门岭汉墓——2003～2005年发掘报告［M］. 北京：科学出版社，2006：66

③　广西壮族自治区文物工作队，合浦县博物馆. 广西合浦县九只岭东汉墓［J］. 考古，2003（10）：70

④　广西文物保护与考古研究所. 2009～2013年度合浦汉晋墓发掘报告［M］. 北京：文物出版社，2016：60

⑤　广西文物保护与考古研究所. 广西合浦文昌塔汉墓［M］. 北京：文物出版社，2017：61-62

⑥　广西壮族自治区文物工作队，合浦县博物馆. 合浦风门岭汉墓——2003～2005年发掘报告［M］. 北京：科学出版社，2006：70

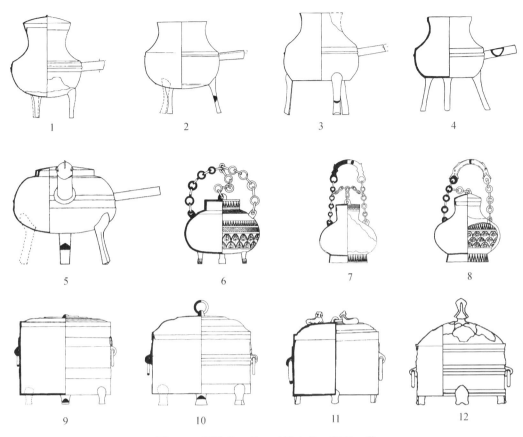

图3-58　铜鐎壶、盉、三足小壶、扁壶、樽

1. A型Ⅰ式鐎壶（文昌塔M18：14）　　2. A型Ⅱ式鐎壶（文昌塔M117：27）

3. B型Ⅰ式鐎壶（风门岭M23B：13）　　4. B型Ⅱ式鐎壶（寮尾M13A：2）　　5. 盉（风门岭M27：43）

6. 三足小壶（风门岭M26：105）　　7. Ⅰ式扁壶（风门岭M26：117）　　8. Ⅱ式扁壶（寮尾M14：28）

9. A型Ⅰ式樽（风门岭M27：21）　　10. A型Ⅱ式樽（风门岭M26：30）　　11. A型Ⅲ式樽（寮尾M13B：48）

12. B型樽（九只岭M5：56）

　　铜镜　圆形，半圆纽。依镜背面纹饰，共分十型。

　　A型：蟠螭纹镜。文昌塔M105：1，三弦纽，圆纽座。座外依次为圆涡纹、纽索纹、宽凸纹。主纹为三组勾连的蟠螭纹。窄缘。直径10、缘厚0.6厘米[1]（图3-59-1）。

　　B型：四乳四螭镜。纽座外有两周短斜线纹，间以四乳四螭纹，宽素缘。九只岭M6B：70，四叶纹纽座。直径18.8厘米[2]（图3-59-2）。

　　C型：四乳纹镜。依外区纹饰分二式。

　　① 广西文物保护与考古研究所. 广西合浦文昌塔汉墓［M］. 北京：文物出版社，2017：143-144

　　② 广西壮族自治区文物工作队，合浦县博物馆. 广西合浦县九只岭东汉墓［J］. 考古，2003（10）：72-73

Ⅰ式：座外四乳间有两对立的鸟。廉乳厂M2：3，纽外一周凸棱，外饰短斜线纹，两鸟中间有铭文"长乐未央"。素缘。直径10.9、缘厚0.5厘米[1]（图3-59-3）。

Ⅱ式：四乳间饰青龙或白虎。二炮厂M12：7，连珠纹纽座。素缘。直径14.4、缘厚0.5厘米[2]（图3-59-4）。

D型：日光镜。依铭文字体分为二式。

Ⅰ式：字体非篆非隶，简笔字较多，字体笔画首尾皆方。1984凸鬼岭M202A：1，铭文为"见日之光，长毋相忘"，直径8.1厘米[3]（图3-59-5）。

Ⅱ式：文字为隶书。九只岭M6B：19，圆纽座，素缘。三圈短斜线纹带，内两圈外一圈，中有铭文"见日之光，天下大明"。直径6.3厘米[4]（图3-59-6）。

E型：昭明镜。

Ⅰ式：字体似篆非隶。2005文昌塔M5：11，乳丁座，座外为一周宽带纹和内向八连弧纹，其外有铭文"内而质以昭明，光象日月……"。径10.9厘米[5]（图3-59-7）。

Ⅱ式：字体方整。九只岭M6A：62，圆纽座，素宽缘。座外有一周十二连弧纹带。其外两周短斜线纹，间有铭文："内而清而以而昭而明而光而夫而日而月而不而泄。"径12厘米[6]（图3-59-8）。

F型：四神规矩镜。寮尾M14：11，连珠纹座，座外有方框一匝，外区为八乳丁，布以"TLV"规矩纹、四灵纹、鸟兽纹，其外为短斜线纹，外缘为锯齿纹、流云纹。直径13.9厘米[7]（图3-59-9）。

G型：柿蒂纹贴金镜。北插江盐堆M1出土，馆藏号000126，径23.5厘米。柿蒂纹纽座，中心圆纽，有孔可穿系带，外饰两周凸弦纹。镜面纹饰间贴金。外缘有一周贴

① 广西文物保护与考古研究所. 2009～2013年度合浦汉晋墓发掘报告［M］. 北京：文物出版社，2016：64-65

② 广西文物保护与考古研究所. 2009～2013年度合浦汉晋墓发掘报告［M］. 北京：文物出版社，2016：64-65

③ 广西壮族自治区博物馆，合浦县博物馆. 广西合浦县凸鬼岭清理两座汉墓［J］. 考古，1986（9）：797-798

④ 广西壮族自治区文物工作队，合浦县博物馆. 广西合浦县九只岭东汉墓［J］. 考古，2003（10）：72-73

⑤ 广西文物考古研究所，合浦县博物馆. 2005年合浦县文昌塔汉墓发掘报告［M］. 广西考古文集：第三辑. 广西文物考古研究所编. 北京：文物出版社，2007：124

⑥ 广西壮族自治区文物工作队，合浦县博物馆. 广西合浦县九只岭东汉墓［J］. 考古，2003（10）：72

⑦ 广西文物考古研究所，合浦县博物馆，广西师范大学文旅学院. 广西合浦寮尾东汉三国墓发掘报告. 考古学报，2012（4）：527

金弦纹[①]。

H型：连弧纹镜。堂排M2A：5，铭文为："涷（炼）冶铜华清而明，以之为镜宜文章，延年益寿辟（避）不羊（祥），与天毋极长未央。"直径15.3厘米[②]。1984凸鬼岭M202A：1，十二连珠座，外饰连弧纹、栉纹。铭文"絜天清天白之事天君志天行之……日忘……"。素缘。径15、厚1.1厘米[③]（图3-59-10）。

I型：百乳镜。1984凸鬼岭M201B：4，连峰纽，外等布四乳，乳间有小乳丁，外缘为连弧纹。直径11、厚0.5厘米[④]（图3-59-11）。

J型：云雷连弧纹镜。风门岭M10：51，圆纽，柿蒂纹纽座，外饰一周宽带纹、八连弧纹，再外两周短斜线纹间云雷纹，宽素缘。直径18.7厘米[⑤]（图3-59-12）。

熏炉 依有无承盘，分二型。

A型：有承盘。由炉盖、炉身和承盘三部分组成。依炉身形制，分二式。

Ⅰ式：炉身敛口，深圆腹，圜底。圆盘侈口，甚浅，边缘平折而出，中有支钉承托座足。风门岭M27：20，炉盖呈圆锥形，顶有圆纽扣环。盖面平分六，作叶状；圆柱形把连出喇叭形座足，座足上刻有鱼和兽的图案。通高21.6厘米[⑥]（图3-60-1）。

Ⅱ式：炉身口微敛，上部斜直，下腹弧收接把。风门岭M26：128，盘为广口，折沿，中腹内折，下腹收分为假圈足，底微内凹，中央有小孔与炉底座相铆接。圆锥形盖饰博山草叶纹及云纹。炉身饰网纹、羽纹和倒三角纹。盖顶与炉口之间有活链相连。炉径6.2、承盘口径13.4、通高11.5厘米[⑦]（图3-60-2）。

B型：无承盘。

Ⅰ式：炉身敛口，深弧腹。圆柱形把，较短。圆形座足，足沿下折，部分内有柱形支座。汽齿厂M6A：44，盖圆锥形，上饰凸起的云纹。腹部有一周凸棱。口径约10、足径8、残高18.6厘米[⑧]（图3-60-3）。

① 合浦县博物馆馆藏资料

② 广西壮族自治区文物工作队. 广西合浦县堂排汉墓发掘简报［M］. 文物资料丛刊：4. 北京：文物出版社，1981：51

③ 广西壮族自治区博物馆，合浦县博物馆. 广西合浦县凸鬼岭清理两座汉墓［J］. 考古，1986（9）：797-798

④ 广西壮族自治区博物馆，合浦县博物馆. 广西合浦县凸鬼岭清理两座汉墓［J］. 考古，1986（9）：797-798

⑤ 合浦县博物馆. 广西合浦县丰门岭10号汉墓发掘简报［J］. 考古，1995（3）：229-230

⑥ 广西壮族自治区文物工作队，合浦县博物馆. 合浦风门岭汉墓——2003～2005年发掘报告［M］. 北京：科学出版社，2006：15

⑦ 广西壮族自治区文物工作队，合浦县博物馆. 合浦风门岭汉墓——2003～2005年发掘报告［M］. 北京：科学出版社，2006：73

⑧ 广西文物保护与考古研究所. 2009～2013年度合浦汉晋墓发掘报告［M］. 北京：文物出版社，2016：59-60

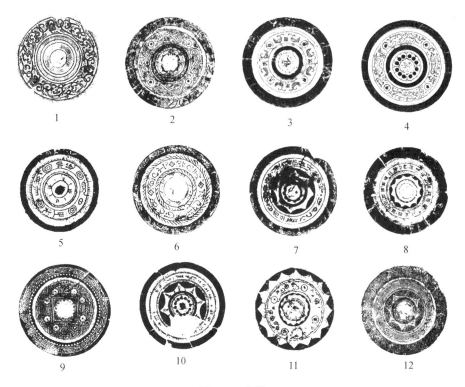

图3-59　铜镜

1. A型（文昌塔M105∶1）　2. B型（九只岭M6B∶70）　3. C型Ⅰ式（廉乳厂M2∶3）

4. C型Ⅱ式（二炮厂M12∶7）　5. D型Ⅰ式（1984凸鬼岭M202A∶1）　6. D型Ⅱ式（九只岭M6B∶19）

7. E型Ⅰ式（2005文昌塔M5∶11）　8. E型Ⅱ式（九只岭M6A∶62）　9. F型（寮尾M14∶11）

10. H型（1984凸鬼岭M202A∶1）　11. I型（1984凸鬼岭M201B∶4）　12. J型（凤门岭M10∶51）

　　Ⅱ式：炉身子口较敛，上腹斜直，下腹弧收。接竹节形把。座足斜直高起。九只岭M5∶48，盖作重山形，顶有展翅凤鸟形纽，纽下有四圆气孔。盖面刻蕉叶纹、龙纹、三角纹和弦纹。盖与上腹各出一半圆形耳，以链索相连。炉身上部饰菱形纹；下部上为龙纹。底座内有支座。座足饰龙纹。通高19.5厘米[①]（图3-60-4）。

　　灯　依形状分五型。

　　A型：豆形灯。平唇，圆灯盘，盘心有支钉，竹节把，喇叭形座。依灯盘和把形制分二式。

　　Ⅰ式：灯盘壁斜直。把上细下粗，形成两节。1996母猪岭M4∶61，盘径9.2、高22.6厘米[②]（图3-60-5）。

　　Ⅱ式：灯盘直壁。竹节处有一圈圆鼓凸出。九只岭M5∶55，足径8.2、高17.4厘

　　①　广西壮族自治区文物工作队、合浦县博物馆. 广西合浦县九只岭东汉墓［J］. 考古，2003（10）：71

　　②　合浦县博物馆. 广西合浦县母猪岭汉墓的发掘［J］. 考古，2007（2）：33

米①（图3-53-6）。

B型：行灯。浅圆盘，直壁，平底，盘中心有支钉。依足部形制，分三式。

Ⅰ式：三斜直高足。风门岭M23B：11-2，扁条形长把斜高。盘径18.4、足高12、通高22.4厘米②（图3-60-7）。

Ⅱ式：三短蹄足。1995母猪岭M5：20，把后端平。盘径8.6、把长9.6厘米③（图3-60-8）。

Ⅲ式：三乳丁足。1996母猪岭M6：36，折沿，口沿饰三角纹。盘径15、底径7.6、高2.6厘米④（图3-60-9）。

C型：动物形灯。望牛岭M1：35，背有一圆孔，放置灯盘，凤颈向后伸高弯转，嘴衔喇叭形灯罩，由两条套管衔接，可自由转动和拆装，调节灯光，罩通颈部及身腔，可容纳蜡炬的烟灰。凤尾下垂及地，与站立的双足保持器身平衡。器身通体细刻羽毛。高33、长42厘米⑤（图3-60-10）。

D型：多枝灯。

Ⅰ式：五枝灯。风门岭M27：9，四脚支架承托圆柱形枝干，中部分出的四枝与顶部各托一灯盏。灯盏圆形，可调节方向，下半部封闭，其上一半连出，镂空成圆形、方形、桃叶形等状，可用以遮光挡风，亦可装饰。底部有套筒套入枝头。通高约46.8厘米⑥（图3-60-11）。

Ⅱ式：四枝灯。风门岭M26：38，下部承盘及座足似熏炉。座足上出圆柱形枝干，枝干中开三枝外承三盘，顶一盘，为行灯状，柳叶把，扁足，下有套管与枝头套合。通高30.8厘米⑦（图3-60-12）。

E型：人形座足灯。九只岭M6A：48，分灯盘、灯柱和灯座三段。灯盘浅圆，直壁，平底，附三直足，柳叶形把，支钉及套管无存。中段灯柱下为一高鼻座人，上为圆形龙首柱，龙嘴衔小圆柱插进灯盘底部套管，使灯盘转动自如。底座饰三人骑兽飞

① 广西壮族自治区文物工作队，合浦县博物馆. 广西合浦县九只岭东汉墓［J］. 考古，2003（10）：72

② 广西壮族自治区文物工作队，合浦县博物馆. 合浦风门岭汉墓——2003～2005年发掘报告［M］. 北京：科学出版社，2006：29

③ 合浦县博物馆. 广西合浦县母猪岭汉墓的发掘［J］. 考古，2007（2）：33

④ 合浦县博物馆. 广西合浦县母猪岭汉墓的发掘［J］. 考古，2007（2）：33

⑤ 广西壮族自治区文物考古写作小组. 广西合浦西汉木椁墓［J］. 考古，1972（5）：22

⑥ 广西壮族自治区文物工作队，合浦县博物馆. 合浦风门岭汉墓——2003～2005年发掘报告［M］. 北京：科学出版社，2006：15

⑦ 广西壮族自治区文物工作队，合浦县博物馆. 合浦风门岭汉墓——2003～2005年发掘报告［M］. 北京：科学出版社，2006：73

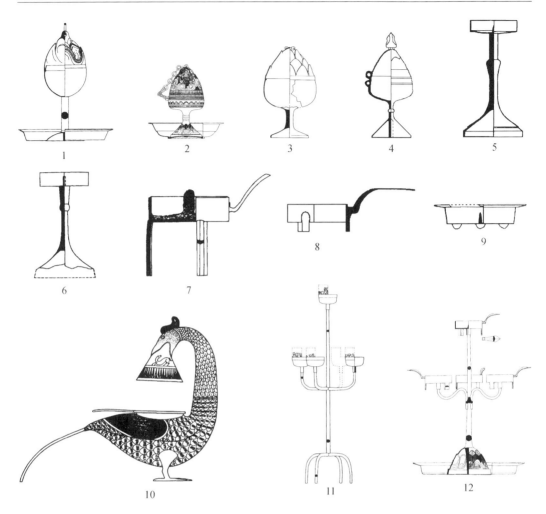

图3-60　铜熏炉、灯

1. A型Ⅰ式熏炉（风门岭M27：20）　　2. A型Ⅱ式熏炉（风门岭M26：128）　　3. B型Ⅰ式熏炉（汽齿厂M6A：44）

　4. B型Ⅱ式熏炉（九只岭M5：48）　　5. A型Ⅰ式灯（1996母猪岭M4：61）　　6. A型Ⅱ式灯（九只岭M5：55）

　7. B型Ⅰ式灯（风门岭M23B：11-2）　　8. B型Ⅱ式灯（1995母猪岭M5：20）　　9. B型Ⅲ式灯（1996母猪岭

M6：36）　　10. C型灯（望牛岭M1：35）　　11. D型Ⅰ式灯（风门岭M27：9）　　12. D型Ⅱ式灯（风门岭M26：38）

跃奔腾状纹饰。盘径11、通高35.4厘米[①]。

　　釜　盘口，束颈，溜肩。依腹部形制分四式。

　　Ⅰ式：圆腹，最大腹径居中。风门岭M27：22，圜底。最大径处附两环耳，耳际饰一周凸棱。口径11.4、腹径12.4、高11厘米[②]（图3-61-1）。

_____

①　广西壮族自治区文物工作队，合浦县博物馆. 广西合浦县九只岭东汉墓［J］. 考古，2003（10）：72

②　广西壮族自治区文物工作队，合浦县博物馆. 合浦风门岭汉墓——2003～2005年发掘报告［M］. 北京：科学出版社，2006：10

Ⅱ式：鼓腹下坠。风门岭M23B：64，肩部较Ⅰ式斜直，圜底。肩腹部附两环耳，耳间有一周凸棱。口径20、腹径22、高22.2厘米[1]（图3-61-2）。

Ⅲ式：扁圆腹。风门岭M26：96，平底。上腹有一周凸棱，两侧附绞索形耳。口径21、高17.6厘米[2]（图3-61-3）。

Ⅳ式：上腹鼓，下腹弧收。九只岭M5：1，上腹有一周凸棱，两侧附扁环耳。腹径13、高10.4厘米[3]（图3-61-4）。

锅　盘口。依腹部形制分二型。

A型：直腹。依底部形制分二式。

Ⅰ式：平底。风门岭M27：31，盘口较宽，下腹近底处弧收。上腹有一周凸棱，口沿下折出两立耳。口径17.6、高9.6厘米[4]（图3-61-5）。

Ⅱ式：圜底。风门岭M23B：65，深腹，口沿外附两绞索状立耳。上腹饰一周弦纹。口径30.4、通高19.6厘米[5]（图3-61-6）。

B型：弧腹。风门岭M23B：63，圜底，两环耳立于盘内沿。口径18、通高约12.4厘米[6]（图3-61-7）。

甑　广口，上腹直，下腹收成直圈足。底部横条镂空四组。风门岭M26：98，上腹饰两周宽带纹，纹间有铺首衔环。口径22.4、足径10.8、高14.4厘米[7]（图3-61-8）。

甗　又称"釜甑"，甑上，釜下，套合在一起。风门岭M27：24，甑广口深腹，圈足，腹部有一周凸棱，棱处附对称的铺首衔环，底横直镂空作条状几何图案，外大而内小，圈足略大与釜口套合。釜肩部有铺首衔环，腹中部有一周凸棱，平底。甑口径16.8、釜腹径12.7、通高17.6厘米[8]。

————————

① 广西壮族自治区文物工作队，合浦县博物馆．合浦风门岭汉墓——2003～2005年发掘报告［M］．北京：科学出版社，2006：27

② 广西壮族自治区文物工作队，合浦县博物馆．合浦风门岭汉墓——2003～2005年发掘报告［M］．北京：科学出版社，2006：71

③ 广西壮族自治区文物工作队，合浦县博物馆．广西合浦县九只岭东汉墓［J］．考古，2003（10）：71

④ 广西壮族自治区文物工作队，合浦县博物馆．合浦风门岭汉墓——2003～2005年发掘报告［M］．北京：科学出版社，2006：14

⑤ 广西壮族自治区文物工作队，合浦县博物馆．合浦风门岭汉墓——2003～2005年发掘报告［M］．北京：科学出版社，2006：27

⑥ 广西壮族自治区文物考古写作小组．广西合浦西汉木椁墓［J］．考古，1972（5）：26

⑦ 广西壮族自治区文物工作队，合浦县博物馆．合浦风门岭汉墓——2003～2005年发掘报告［M］．北京：科学出版社，2006：71

⑧ 广西壮族自治区文物工作队，合浦县博物馆．合浦风门岭汉墓——2003～2005年发掘报告［M］．北京：科学出版社，2006：12

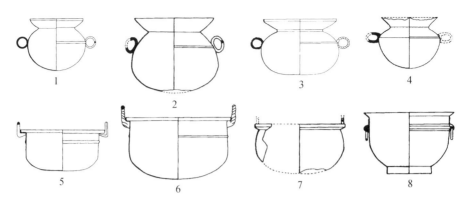

图3-61　铜釜、锅、甑

1. Ⅰ式釜（风门岭M27：22）　　2. Ⅱ式釜（风门岭M23B：64）　　3. Ⅲ式釜（风门岭M26：96）

4. Ⅳ式釜（九只岭M5：1）　5. A型Ⅰ式锅（风门岭M27：31）　6. A型Ⅱ式锅（风门岭M23B：65）

7. B型锅（风门岭M23B：63）　　8. 甑（风门岭M26：98）

杵臼　依臼口沿形制分二型。

A型：口直或微敛，平唇。上腹直，下腹弧收，方足或喇叭形圈足。风门岭M26：124，臼直口平唇，喇叭座圈足，口径8.5、足径、高11厘米；杵为圆柱形，下端磨圆，长19.5、直径1.4厘米[①]（图3-62-1）。

B型：敞口，高领。弧腹，最大腹径居中。黄泥岗M1出土，馆藏号001494，最大腹径处有单铺首衔环，耳际有一周凸棱。口径11.4、高13、底径9厘米[②]。

泥箫　风门岭M23A：27（报告为"筒"），子口合盖，盖面平，中有半环纽。筒身斜直，上部略大，一侧有横向半环纽，穿小孔。通高12.8、盖径4.7、底径3.8厘米[③]（图3-62-2）。

案　风门岭M26：170，面平，缘缺，底有三条横贯通的片状支脚，完整的一侧饰连续的组合雷纹。残横宽14.8、残长13.8厘米[④]。

熨斗　风门岭M26：102，广口，宽缘，深腹，平底。口沿下出把手，斜直，中空，截面梯形。口径20、把手长13、通高8.4厘米[⑤]（图3-62-3）。

①　广西壮族自治区文物工作队，合浦县博物馆. 合浦风门岭汉墓——2003～2005年发掘报告
［M］. 北京：科学出版社，2006：71-72

②　合浦县博物馆馆藏资料

③　广西壮族自治区文物工作队，合浦县博物馆. 合浦风门岭汉墓——2003～2005年发掘报告
［M］. 北京：科学出版社，2006：29

④　广西壮族自治区文物工作队，合浦县博物馆. 合浦风门岭汉墓——2003～2005年发掘报告
［M］. 北京：科学出版社，2006：66

⑤　广西壮族自治区文物工作队，合浦县博物馆. 合浦风门岭汉墓——2003～2005年发掘报告
［M］. 北京：科学出版社，2006：72

　　山兽镇　望牛岭M1出土4件。M1：11，圆座平底，上部镂空，中间一山峰耸立，三兽环站周围，通体细刻须毛。高5.3、底径7.2厘米[1]。

　　削　柄作扁条形，末端成环首，一侧宽出成刃，前端斜收成锋。风门岭M23A：26，中宽2.4、通长41.8厘米[2]（图3-62-4）。

　　刷把　烟斗状，刷斗圆形，中空，柄圆柱形。部分把末端为龙首形，龙口咬一矛状小刀，两侧收杀成锋。风门岭M1：0164，龙口间隙留一圆孔，用以穿绳悬挂。刷斗口径1、高1.3、通长11.5厘米[3]（图3-62-5）。

　　带钩　依形状分四型。

　　A型：龟背形。风门岭M27：15，残长2.8厘米[4]。

　　B型：琵琶形。堂排M2B出土[5]。

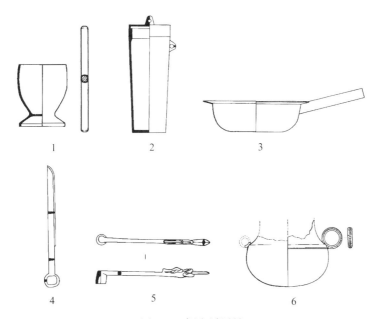

图3-62　铜生活用具

1.杵臼（风门岭M26：124）　2.泥篼（风门岭M23A：27）　3.熨斗（风门岭M26：102）
4.削（风门岭M23A：26）　5.刷把（风门岭M1：0164）　6.鋬（文昌塔M79：5）

①　广西壮族自治区文物考古写作小组．广西合浦西汉木椁墓［J］．考古，1972（5）：26

②　广西壮族自治区文物工作队，合浦县博物馆．合浦风门岭汉墓——2003～2005年发掘报告［M］．北京：科学出版社，2006：29

③　广西壮族自治区文物工作队，合浦县博物馆．合浦风门岭汉墓——2003～2005年发掘报告［M］．北京：科学出版社，2006：145

④　广西壮族自治区文物工作队，合浦县博物馆．合浦风门岭汉墓——2003～2005年发掘报告［M］．北京：科学出版社，2006：16

⑤　广西壮族自治区文物工作队．广西合浦县堂排汉墓发掘简报［J］．文物资料丛刊：4．北京：文物出版社，1981：51

　　C型：长钩，似鹅曲颈回首。风门岭M28：7，头部有残损。腹短略肥，扣钩扁圆形，直径1.2、全长3.6厘米[①]。

　　D型：侧视为"S"形，钩作蛇首。九只岭M6A：83，纽扣扁平，圆形。长10.1厘米[②]。

　　鍪　文昌塔M79：5，口部已残缺。圜底。肩部两侧有环耳。环耳一大一小。腹径18、残高14.2厘米[③]（图3-62-6）。

四、兵　　器

　　合浦汉墓出土兵器数量较少，种类有戟、矛、镦、剑、弩机和钺。

　　戟　作"卜"字形，有前伸的直刺和旁出的横枝。依刺形制分二式。

　　Ⅰ式：直刺。风门岭M27：5，横枝内侧有凹槽，用于安放青铜秘帽。凹槽下及直刺上有三小孔，用以穿缠固定秘帽。秘帽缺失。长18.8、横宽7.9厘米[④]（图3-63-1）。

　　Ⅱ式：直刺前端弧。寮尾M16：43，刺上有一穿孔。残长18、最宽2.2厘米[⑤]（图3-63-2）。

　　矛　矛叶扁薄，中脊凸起，截面呈菱形，后端接骹，圆形銎孔。依銎形制分二型。

　　A型：骹分前后两段，前方或菱形，后圆。依矛叶形制分二式。

　　Ⅰ式：矛叶宽短。风门岭M27：7，叶扁平，其长度约是骹的一半。骹分前后两段，中间以圆球形凸箍，前端方形，后端圆形，有一小孔用以将矛钉固在木秘上。通长15.9厘米[⑥]（图3-63-3）。

　　Ⅱ式：矛叶细长。风门岭M23A：17，矛叶断面两侧呈三角形，中脊略平凹。骹分前后两段，前方后圆，末端穿孔以固秘，骹内尚存朽木灰。长31.8厘米[⑦]（图3-63-4）。

---

　　① 广西壮族自治区文物工作队，合浦县博物馆. 合浦风门岭汉墓——2003～2005年发掘报告［M］. 北京：科学出版社，2006：111

　　② 广西壮族自治区文物工作队，合浦县博物馆. 广西合浦县九只岭东汉墓［J］. 考古，2003（10）：72

　　③ 广西文物保护与考古研究所. 广西合浦文昌塔汉墓［M］. 北京：文物出版社，2017：60-61

　　④ 广西壮族自治区文物工作队，合浦县博物馆. 合浦风门岭汉墓——2003～2005年发掘报告［M］. 北京：科学出版社，2006：15

　　⑤ 广西文物考古研究所，合浦县博物馆，广西师范大学文旅学院. 广西合浦寮尾东汉三国墓发掘报告［J］. 考古学报，2012（4）：528-529

　　⑥ 广西壮族自治区文物工作队，合浦县博物馆. 合浦风门岭汉墓——2003～2005年发掘报告［M］. 北京：科学出版社，2006：15

　　⑦ 广西壮族自治区文物工作队，合浦县博物馆. 合浦风门岭汉墓——2003～2005年发掘报告［M］. 北京：科学出版社，2006：29

B型：圆筒形骹。风门岭M23A：36，矛叶平直甚宽，棱脊，两侧有血槽，叶后端圆转与骹相接。残长14.9厘米[①]（图3-63-5）。

剑　剑身扁长，横截面呈菱形，菱形剑格。依剑身形制分二型。

A型："一"字形剑格，剑体较短。文昌塔M33：1，剑刃及锋稍残。圆首中空，"一"字形剑格，扁茎，前端斜收成尖锋。剑身两面饰有勾连卷云纹，剑柄饰有勾连卷云纹和缠绕叶枝纹，剑首柄端饰勾连卷云纹和圆形花瓣纹。残长25厘米[②]（图3-63-7）。

B型：剑身长。1999凸鬼岭M11：22，茎缠有四道金箔。长90厘米[③]（图3-63-8）。

镦　为矛、戟等的柄后端部分。依横截面形制分二型。

A型：截面呈圆形。望牛岭M1：105，长10厘米[④]。

B型：截面呈菱形。寮尾M16：41，中饰一道宽带纹，宽带中间有一周凸棱，内有残木一段。长10.3、最宽2.6厘米[⑤]（图3-63-6）。

弩机　有郭，郭面中间有矢道。侧面前后各有一圆形穿孔，以圆柱形青铜键把悬刀、牙、钩心等贯连。望山无刻度，悬刀下端稍残。寮尾M15：扰5，郭残长7.4、宽2.25厘米[⑥]。

钺　有长方中空柄，柄下端对穿一近三角形孔。双肩，扁刃。文昌塔M23：4，略残。残长9.8厘米[⑦]。

镞　三棱形头，圆锥形细长铤，中空。文昌塔 M91：5，锋尖已残。残长4.5厘米[⑧]。

---

① 广西壮族自治区文物工作队，合浦县博物馆. 合浦风门岭汉墓——2003～2005年发掘报告［M］. 北京：科学出版社，2006：29

② 广西文物保护与考古研究所. 广西合浦文昌塔汉墓［M］. 北京：文物出版社，2017：62-63

③ 广西壮族自治区文物工作队，合浦县博物馆. 合浦县凸鬼岭汉墓发掘简报［M］. 广西考古文集. 广西壮族自治区博物馆编. 北京：文物出版社，2004：282

④ 广西壮族自治区文物考古写作小组. 广西合浦西汉木椁墓［J］. 考古，1972（5）：26

⑤ 广西文物考古研究所，合浦县博物馆，广西师范大学文旅学院. 广西合浦寮尾东汉三国墓发掘报告［J］. 考古学报，2012（4）：528-529

⑥ 广西文物考古研究所，合浦县博物馆，广西师范大学文旅学院. 广西合浦寮尾东汉三国墓发掘报告［J］. 考古学报，2012（4）：529

⑦ 广西文物保护与考古研究所. 广西合浦文昌塔汉墓［M］. 北京：文物出版社，2017：63-64

⑧ 广西文物保护与考古研究所. 广西合浦文昌塔汉墓［M］. 北京：文物出版社，2017：63-64

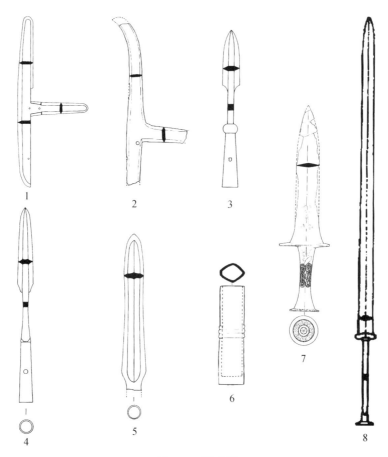

图3-63　铜兵器

1. Ⅰ式戟（风门岭M27：5）　2. Ⅱ式戟（寮尾M16：43）　3. A型Ⅰ式矛（风门岭M27：7）
4. A型Ⅱ式矛（风门岭M23A：17）　5. B型矛（风门岭M23A：36）　6. B型镦（寮尾M16：41）
7. A型剑（文昌塔M33：1）　8. B型剑（1999凸鬼岭M11：22）

五、模 型 明 器

种类有井、仓、灶建筑模型及池塘、动物俑、人俑等。有铜、陶两种质地。

井　方口，圆筒，平底，无地台。依井栏形制分二型。

A型：井栏上部弧，下部斜直。井栏饰一组弦纹。望牛岭M1出土1件，高14.1厘米①（图3-64-1）。

B型：井栏斜直。风门岭M26：109，井栏口部四角有榫头，上套圆形立柱承托亭盖。内有吊桶，吊桶外有藤编织物包裹，藤编上有环形耳，高出吊桶口沿。井栏口长

---

①　广西壮族自治区文物考古写作小组. 广西合浦西汉木椁墓［J］. 考古，1972（5）：26

宽16、底径12、高13.6厘米①（图3-64-2）。

仓　依屋顶形制分二型。

A型：四坡顶。风门岭M26：7-1，四坡刻划直线以示瓦垄。面墙居中开门，双扇合页，门扇上有圆纽衔环。前有横廊，见底板、条状扶手和直棂，墙上有孔用以穿插。四面墙体均刻划立柱。四柱足，近底有柱础宽出。仓内残留谷壳。面阔44.8、进深30.8、通高59.6厘米②（图3-64-3）。

B型：悬山顶。依有无横廊分三式。

Ⅰ式：望牛岭M1出土。前有横廊，廊四周有护栏。底部等布八矮柱足。M1：101（报告为"屋"），前后坡各十二瓦垄，并铸出板瓦状。门双扇合页，附环纽衔环，门下有槛。护栏作二横一竖式。四壁刻划简单梁架结构。进深42.7、面阔79.3、通高37.3厘米③。

Ⅱ式：前有廊板，无护栏。四柱足较高，有柱础。文昌塔M69：13，屋顶瓦垄排列整齐。面墙居中开长方形门，单扇，半掩，门中央环纽衔环。四壁刻划木构架凸线纹。面阔31.3、进深27.8、通高28.9厘米④（图3-64-4）。

Ⅲ式：无横廊。底有四柱足，柱础较高。藏品号001493，黄泥岗M1出土。单扇门，四壁錾刻青龙、白虎、朱雀、玄武四种神像组成的纹饰，门两侧各刻划一门卫，执戈或佩剑。面阔58、进深42、通高54厘米⑤。

灶　灶面平，横截面呈梯形。无地台。依有无烟突分二型。

A型：无烟突。灶面开两灶眼。风门岭M26：99，灶口高大，开敞。长51.2、高15.2厘米⑥（图3-64-5）。

B型：带烟突。灶面开二或三灶眼。

Ⅰ式：带龙首形烟突。望牛岭M1：46，前后灶眼置釜，中间置釜甑。上宽23、下宽27、高18、通长72厘米⑦（图3-64-6）。

Ⅱ式：柱状烟突。文昌塔M015：36，灶体平面呈长方形。有拱形灶门，灶门挡板

①　广西壮族自治区文物工作队，合浦县博物馆.合浦风门岭汉墓——2003～2005年发掘报告［M］.北京：科学出版社，2006：73

②　广西壮族自治区文物工作队，合浦县博物馆.合浦风门岭汉墓——2003～2005年发掘报告［M］.北京：科学出版社，2006：78

③　广西壮族自治区文物考古写作小组.广西合浦西汉木椁墓［J］.考古，1972（5）：26

④　广西文物保护与考古研究所.广西合浦文昌塔汉墓［M］.北京：文物出版社，2017：301-302

⑤　合浦县博物馆馆藏资料

⑥　广西壮族自治区文物工作队，合浦县博物馆.合浦风门岭汉墓——2003～2005年发掘报告［M］.北京：科学出版社，2006：78

⑦　广西壮族自治区文物考古写作小组.广西合浦西汉木椁墓［J］.考古，1972（5）：26

为梯形，直立，略高于灶体。有圆柱形烟道。开圆形灶眼两个，上有釜、甑。灶体长35.6、宽20、高12厘米[①]（图3-64-7）。

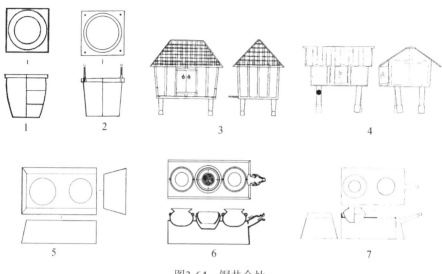

图3-64　铜井仓灶

1. A型井（望牛岭M1）　　2. B型井（风门岭M26：109）　　3. A型仓（风门岭M26：7-1）
4. B型Ⅱ式仓（文昌塔M69：13）　　5. A型灶（风门岭M26：99）　　6. B型Ⅰ式灶（望牛岭M1：46）
7. B型Ⅱ式灶（文昌塔M015：36）

池塘　1件。风门岭M26：7-2，近正方形，开口宽，往下略收分。后挡板上方有两圆形排水口，其中一个有榫头堵塞。池中有凤鸟4、鹅6、鱼1、青蛙2，下方多有榫头直插到底板的镂孔上。四挡板外侧有錾刻花纹，有龙、兽、人、龟、鱼和水草。长54.8、宽52.4、高7.6厘米[②]（图3-65-1）。

马　1件。风门岭M26：6，分头、身、尾、四腿等七段，各自铸造后装配而成。母口接头，无铆孔。头略昂，作嘶鸣状。竖尖耳。马身修长匀称，腔部浑圆。前腿较微弯曲。腿内存泥范。外有麻布包裹。尾部曲折，中有一箍，较粗大。马背高50.8、通耳高94.8、全长98.8厘米[③]（图3-65-2）。

牛　风门岭M26出土2件，用失蜡法浇铸，腹空，存内范，耳部为分铸后插上。站立状，前足直，后足略弯，尾斜下垂，两角弧内折，凸目圆睁，咧嘴，全身刻细纹象征体毛。M26：1为雌性黄牛，体形矮胖，背脊较平（图3-65-3）。M26：2为雄性黄

①　广西文物保护与考古研究所. 广西合浦文昌塔汉墓［M］. 北京：文物出版社，2017：302-303

②　广西壮族自治区文物工作队，合浦县博物馆. 合浦风门岭汉墓——2003～2005年发掘报告［M］. 北京：科学出版社，2006：78

③　广西壮族自治区文物工作队，合浦县博物馆. 合浦风门岭汉墓——2003～2005年发掘报告［M］. 北京：科学出版社，2006：53-54

牛，背脊突出，肩峰圆隆，较高，头顶刻有旋子。通长40.5、高27厘米[①]。

狗　风门岭M26出土2件，均实心。M26：107，雄性，形体修长高大，前腿撑地，后腿略屈，做进攻状，两耳直竖朝前，断尾竖起略前卷，裆部有睾丸及生殖器。M26：108，雌性，体型略显娇小，头低垂，尾向上弯曲。身长12.5、高9.3厘米[②]（图3-65-4）。

鸟　风门岭M26出土2件。M26：84，胎质较薄，内填泥模。状似鸽子，尖嘴，有冠，尾上翘，通体錾刻羽毛。方尾，右爪爪尖弯曲，作抓地状。通长18.3、通高13.2厘米[③]（图3-65-5）。

俑　1件。风门岭M26：151，踞坐，椎发，高鼻，右手持一镢，左手搭在镢上，身体前伸，作推磨状。通高10.7厘米[④]（图3-65-6）。

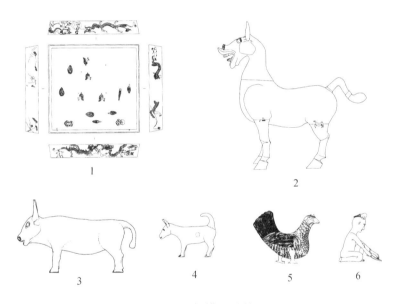

图3-65　铜模型明器

1.池塘（风门岭M26：7-2）　2.马（风门岭M26：6）　3.牛（风门岭M26：1）
4.狗（风门岭M26：108）　5.鸟（风门岭M26：84）　6.俑（风门岭M26：151）

① 广西壮族自治区文物工作队，合浦县博物馆. 合浦风门岭汉墓——2003～2005年发掘报告[M]. 北京：科学出版社，2006：54-55

② 广西壮族自治区文物工作队，合浦县博物馆. 合浦风门岭汉墓——2003～2005年发掘报告[M]. 北京：科学出版社，2006：55

③ 广西壮族自治区文物工作队，合浦县博物馆. 合浦风门岭汉墓——2003～2005年发掘报告[M]. 北京：科学出版社，2006：55

④ 广西壮族自治区文物工作队，合浦县博物馆. 合浦风门岭汉墓——2003～2005年发掘报告[M]. 北京：科学出版社，2006：58

六、其　他

铜钹　1件。寮尾M13B：2，圆形，素面平直。背部錾刻花纹，精细繁缛。中为内空半球形隆突，上饰双线柿蒂纹，隆突底部等布四圆或方形穿孔。隆突外饰双线柿蒂纹，蒂内以较长的束腰菱格纹为中心，两侧对称刻划涡形云气纹、复线菱格纹和带羽翼状尾的"S"形云气纹。蒂间分四区，刻划龙、蟾蜍、羽人组合纹饰。外沿饰二周弦纹，间以连续的复线菱格纹。径18.6、缘厚0.25、隆突径4厘米[①]（图3-66-1）。

铺首　兽面纹，眼眶周围有鱼鳞纹，环形鼻，衔活环，圆环为两半合。背面有扁钉。依面颊纹饰分二型。

A型：两颊有兽足。风门岭M26：4，通高40、宽22厘米[②]（图3-66-2）。

B型：两颊为人面。寮尾M15：扰3，面宽11、环外径15.4、通高23.4厘米[③]（图3-66-3）。

泡钉　依形状分二型。

A型：圆帽形，部分有窄沿。风门岭M26：50，高1.9、泡钉底径1.6厘米[④]。

B型：扁平四叶形，中有圆孔，与圆形泡钉穿在一起。风门岭M26：66，通体鎏金。长6.2、泡钉底径2.4厘米[⑤]。

铜泡　风门岭M26：52，呈帽形，有窄沿，近沿处有对穿圆孔，大小相若。直径4.8厘米[⑥]。

铜饼　风门岭M23B出土10件。灰白色，背隆圆，有小乳丁，底面有方或不规则的凹入的铸印。M23B：9-1，径4.3、高1.4厘米[⑦]。

---

① 广西文物考古研究所、合浦县博物馆、广西师范大学文旅学院. 广西合浦寮尾东汉三国墓发掘报告［J］. 考古学报，2012（4）：528

② 广西壮族自治区文物工作队，合浦县博物馆. 合浦风门岭汉墓——2003～2005年发掘报告［M］. 北京：科学出版社，2006：72

③ 广西文物考古研究所、合浦县博物馆、广西师范大学文旅学院. 广西合浦寮尾东汉三国墓发掘报告. 考古学报，2012（4）：527-528

④ 广西壮族自治区文物工作队，合浦县博物馆. 合浦风门岭汉墓——2003～2005年发掘报告［M］. 北京：科学出版社，2006：82

⑤ 广西壮族自治区文物工作队，合浦县博物馆. 合浦风门岭汉墓——2003～2005年发掘报告［M］. 北京：科学出版社，2006：82

⑥ 广西壮族自治区文物工作队，合浦县博物馆. 合浦风门岭汉墓——2003～2005年发掘报告［M］. 北京：科学出版社，2006：82

⑦ 广西壮族自治区文物工作队，合浦县博物馆. 合浦风门岭汉墓——2003～2005年发掘报告［M］. 北京：科学出版社，2006：29

印章 依印文分三型。

A型：吉祥语。1999凸鬼岭M4：44，圆包形，穿孔，刻小篆"富贵"二字。宽1.0、高0.6厘米[①]。

B型：方形私印，印文多为姓名。

其中兽纽1枚。1978年县环城公社北插江盐堆M1出土，馆藏号000157，印文"张偘私印"。高2、边长1.3、重11.6克[②]。

瓦形纽5枚。汽齿厂M11：10，印文"王恭私印"，边长2厘米[③]；1996年母猪岭M6：46，印文"黄良私印"，边长1.3厘米[④]；1986年10月县第二麻纺厂南墓出土1枚，馆藏号000541，印文"黄贺"，重10.6克[⑤]；1988年11月县环城乡红岭头M34出土1枚，馆藏号000619，印文"王庆"。通高1.3、边长1.3厘米[⑥]；1992年12月县环城镇凸鬼岭汽齿厂M40B出土1枚，馆藏号000964，印文"公孙德印"。高1.7、边长1.7、重6.5克[⑦]。

龟形纽2枚。风门岭M23B：20，印文"吴茂私印"。宽1.4、通高1.5厘米[⑧]；1990年黄泥岗M1出土1枚，馆藏号000893，印文"陈襃"。通高1.5、边长1.5、重3.4克[⑨]。

C型：1枚。无印文。或专用于随葬。风门岭M1：0163，方形，鼻纽。长宽1.5、高1.4厘米[⑩]。

扁钟 文昌塔M154：9，长方形短柄，中空。平肩，微弧钟壁，口呈凹弧与两侧相交。钟体横截面约为椭圆形。通高10.8厘米[⑪]（图3-66-4）。

铜钱 有半两、五铢、大泉五十、货泉和大布黄千五种，其中五铢钱有五铢和剪

① 广西壮族自治区文物工作队，合浦县博物馆. 合浦县凸鬼岭汉墓发掘简报［M］. 广西考古文集. 广西壮族自治区博物馆编. 北京：文物出版社，2004：282

② 合浦县博物馆馆藏资料

③ 广西文物保护与考古研究所. 2009～2013年度合浦汉晋墓发掘报告［M］. 北京：文物出版社，2016：62

④ 合浦县博物馆. 广西合浦县母猪岭汉墓的发掘［J］. 考古，2007（2）：35

⑤ 合浦县博物馆馆藏资料

⑥ 合浦县博物馆馆藏资料

⑦ 合浦县博物馆馆藏资料

⑧ 广西壮族自治区文物工作队，合浦县博物馆. 合浦风门岭汉墓——2003～2005年发掘报告［M］. 北京：科学出版社，2006：29-31

⑨ 合浦县博物馆馆藏资料

⑩ 广西壮族自治区文物工作队，合浦县博物馆. 合浦风门岭汉墓——2003～2005年发掘报告［M］. 北京：科学出版社，2006：147

⑪ 广西文物保护与考古研究所. 广西合浦文昌塔汉墓［M］. 北京：文物出版社，2017：66-67

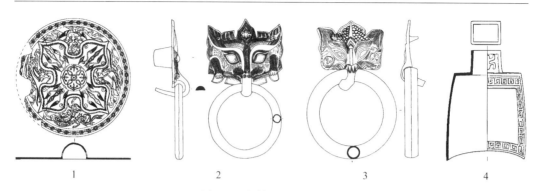

图3-66　铜钹、铺首、扁钟

1. 铜钹（寮尾M13B：2）　2. A型铺首（凤门岭M26：4）
3. B型铺首（寮尾M15：扰3）　4. 扁钟（文昌塔M154：9）

轮五铢两类。

半两仅在文昌塔M168发现约10枚。锈蚀较严重，钱径大小不一，多数残破。部分钱币中"两"字中间的"人"字竖笔较长，部分"两"字中间"人"字较平，已近似一横线，从钱形与文字看，此类半两应属汉半两的范畴[1]。

五铢数量较多，依形制可分三型。

A型：五字中间两笔较直。铢字金字头方折，较小，如一带翼箭簇，金字的四点较短；朱字头方折。

廉乳厂M2：1-5，穿四周无郭。钱径2.58、穿宽0.95、外郭厚0.2厘米[2]（图3-67-1）。

二炮厂M4：30-1，穿上有一道郭。钱径2.52、穿宽0.92、外郭厚0.2厘米[3]（图3-67-2）。

廉乳厂M2：1-3，穿下有一凸起的月牙状记号。钱径2.6、穿宽1、外郭厚0.21厘米[4]（图3-67-3）。

B型：五字中间两笔弯曲，和上下两横相接处垂直，部分上下横两端略长出。金字的四点较短；朱字头方折。

---

① 广西文物保护与考古研究所. 广西合浦文昌塔汉墓［M］. 北京：文物出版社，2017：66

② 广西文物保护与考古研究所. 2009～2013年度合浦汉晋墓发掘报告［M］. 北京：文物出版社，2016：66-67

③ 广西文物保护与考古研究所. 2009～2013年度合浦汉晋墓发掘报告［M］. 北京：文物出版社，2016：66-67

④ 广西文物保护与考古研究所. 2009～2013年度合浦汉晋墓发掘报告［M］. 北京：文物出版社，2016：66-67

　　九只岭M6A：80，穿四周无郭。钱径2.6厘米①（图3-67-4）。

　　官塘岭M5：扰8-2，穿上有一道郭。钱径2.55、穿宽0.92、外郭厚0.18厘米②（图3-67-5）。

　　二炮厂M4：32-4，穿下有一凸起的月牙状记号。钱径2.61、穿宽0.99、外郭厚0.21厘米③（图3-67-6）。

　　二炮厂M5：24-1，穿上有一凸起的月牙状记号。钱径2.51、穿宽0.96、外郭厚0.2厘米④（图3-67-7）。

　　C型：五字写法与B型一致，字体较宽大。铢字金字头呈三角形，下部四点较长。朱字头圆折。二炮厂M8：32-1，钱径2.62、穿宽0.91、外郭厚0.19厘米⑤（图3-67-8）。

　　剪轮五铢　周郭被磨去的程度不一。

　　A型：周郭和穿郭均被磨去。二炮厂M6：26-5，钱径2.43、穿宽0.98、外郭厚0.18厘米⑥（图3-67-9）。

　　B型：周郭被磨去。二炮厂M6：26-3，钱径2.4、穿宽1、外郭厚0.1厘米⑦（图3-67-10）。

　　大泉五十　穿两面均有周郭，穿上下有篆文"大泉"两字，右左有"五十"两字。九只岭M5：59，钱径2.7厘米⑧（图3-67-11）。

　　货泉　穿一面或两面有郭，穿之左右有篆文"货泉"两字。风门岭M10出土10

　　①　广西壮族自治区文物工作队，合浦县博物馆.广西合浦县九只岭东汉墓［J］.考古，2003（10）：73

　　②　广西文物保护与考古研究所2009～2013年度合浦汉晋墓发掘报告［M］.北京：文物出版社，2016：171-172

　　③　广西文物保护与考古研究所.2009～2013年度合浦汉晋墓发掘报告［M］.北京：文物出版社，2016：66-67

　　④　广西文物保护与考古研究所.2009～2013年度合浦汉晋墓发掘报告［M］.北京：文物出版社，2016：171-173

　　⑤　广西文物保护与考古研究所.2009～2013年度合浦汉晋墓发掘报告［M］.北京：文物出版社，2016：171-173

　　⑥　广西文物保护与考古研究所.2009～2013年度合浦汉晋墓发掘报告［M］.北京：文物出版社，2016：171-173

　　⑦　广西文物保护与考古研究所.2009～2013年度合浦汉晋墓发掘报告［M］.北京：文物出版社，2016：171-173

　　⑧　广西壮族自治区文物工作队，合浦县博物馆.广西合浦县九只岭东汉墓［J］.考古，2003（10）：73

枚，钱径2.2厘米[①]（图3-67-12）。

大布黄千　机械厂M8：扰8，钱正面有篆文"大布黄千"四字。首上有一圆形穿，穿和钱两面边缘均有周郭，郭厚0.39厘米。通长6.19、足枝长1.7、首宽1.89、肩宽2.5厘米[②]（图3-67-13）。

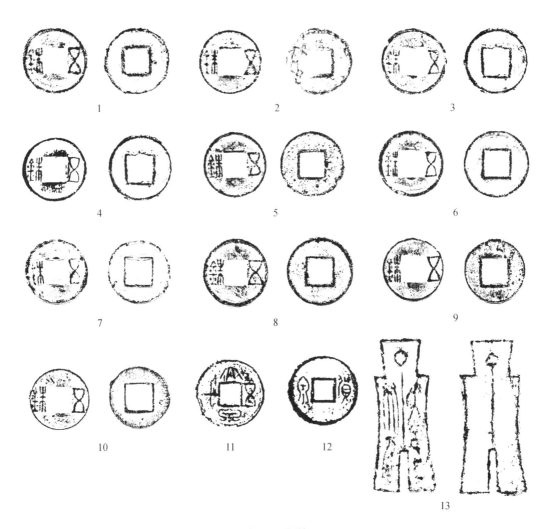

图3-67　铜钱

1. A型五铢（廉乳厂M2：1-5）　2. A型五铢（二炮厂M4：30-1）　3. A型五铢（廉乳厂M2：1-3）
4. B型五铢（九只岭M6A：80）　5. B型五铢（官塘岭M5：扰8-2）　6. B型五铢（二炮厂M4：32-4）
7. B型五铢（二炮厂M5：24-1）　8. C型五铢（二炮厂M8：32-1）　9. A型剪轮五铢（二炮厂M6：26-5）
10. B型剪轮五铢（二炮厂M6：26-3）　11. 大泉五十（九只岭M5：59）　12. 货泉（风门岭M10：67）
13. 大布黄千（机械厂M8：扰8）

①　合浦县博物馆. 广西合浦县丰门岭10号汉墓发掘简报［J］. 考古，1995（3）：230

②　广西文物保护与考古研究所. 2009～2013年度合浦汉晋墓发掘报告［M］. 北京：文物出版社，2016：171-173

车饰　望牛岭M1出土1套，铜帽1件；花饰3件，上作圆叶形，边有四小锯齿，下有茎，长4厘米，中空，有节，节下有芽；当卢2件，两端各有一纽，长12厘米[①]。

车害　望牛岭M1和文昌塔M015出土。望牛岭出土4件，长2.6厘米。内外皆圆，外铜内铁。卷边，轴为木质，附帽形铜饰。饰长3厘米[②]。

马衔、镳　望牛岭M1和文昌塔M015出土。望牛岭出土6件，衔长13厘米，附镳，镳长18厘米，通体鎏金[③]。

莲花瓶　1件。风门岭M26：59，下腹作莲花瓣开出，鎏金，高约24厘米[④]。

发笄　九只岭M5出土1件。出自棺东北角，黄白色，一头略呈圆柱形，一头宽扁，似为发笄。长约12厘米[⑤]。

鎏金圆牌器　1件。望牛岭M1出土，断面弧形，一面鎏金，中间有一小孔[⑥]。

贴金璧形器　1件。风门岭M26：51，似璧，通体贴金箔。径12、孔径4厘米[⑦]。

鎏金铜环　风门岭M26：153，通体鎏金，圆形，直径2.3厘米[⑧]。

第三节　铁　　器

剑　剑身细长，茎扁条形，剑茎与剑身之间套有青铜剑格，剑身中脊明显。依有无剑首分二型。

A型：环形剑首。二炮厂M12：1，残长92.4、身最宽3.6厘米[⑨]（图3-68-1）。

B型：无剑首。寮尾M14：13，原有剑鞘套住，剑身尚存木鞘痕迹。剑格把的一侧内凹处两面各镶嵌有一片金片，上面焊接细密的小颗粒金珠。剑长92、身最宽3.6厘

---

①　广西壮族自治区文物考古写作小组. 广西合浦西汉木椁墓［J］. 考古，1972（5）：27

②　广西壮族自治区文物考古写作小组. 广西合浦西汉木椁墓［J］. 考古，1972（5）：27

③　广西壮族自治区文物考古写作小组. 广西合浦西汉木椁墓［J］. 考古，1972（5）：27

④　广西壮族自治区文物工作队，合浦县博物馆. 合浦风门岭汉墓——2003～2005年发掘报告［M］. 北京：科学出版社，2006：66

⑤　广西壮族自治区文物工作队，合浦县博物馆. 广西合浦县九只岭东汉墓［J］. 考古，2003（10）：73

⑥　广西壮族自治区文物考古写作小组. 广西合浦西汉木椁墓［J］. 考古，1972（5）：27

⑦　广西壮族自治区文物工作队，合浦县博物馆. 合浦风门岭汉墓——2003～2005年发掘报告［M］. 北京：科学出版社，2006：79

⑧　广西壮族自治区文物工作队，合浦县博物馆. 合浦风门岭汉墓——2003～2005年发掘报告［M］. 北京：科学出版社，2006：78

⑨　广西文物保护与考古研究所. 2009～2013年度合浦汉晋墓发掘报告［M］. 北京：文物出版社，2016：68-69

米^①（图3-68-2）。

环首刀　环首，一边刃。望牛岭M1：49，长19厘米^②。

削　柄扁条形，末端呈环首，一侧宽出呈刃，前端斜收成锋。九只岭M6A：82，长26.6、中宽1.8厘米^③（图3-68-3）。

凿　风门岭M24A：27，端头打击面略宽于凿身，截面呈长方形，从端头至刃口均匀收分。双面刃，口尖圆。长23.6、中宽1.8厘米^④（图3-68-4）。

戟　寮尾M14出土4件。呈"卜"字形，有前伸的直刺与旁出的横枝，为了加固戟秘，又加装青铜秘帽，内残存朽木。M14：扰38，残长11.6、刺宽1.2厘米^⑤。

钉　依形状分三型。

A型：长条形，横截面呈圆形，上粗下细，下端收尖。汽齿厂M2：11，中宽0.8、长22.5厘米^⑥。

B型：码钉。风门岭M23B：18，上宽6、下宽6.6、高3厘米^⑦（图3-68-5）。

C型：呈"7"字形，横截面为长方形。风门岭M23A、M26和寮尾M14出土。寮尾M14：扰35-1，长4.8厘米^⑧。

舌　呈"凹"字形，内有空槽，刃两端外撇。

A型：刃部垂直距离较长。1984凸鬼岭M201A：2，长9、刃宽13.5厘米^⑨（图3-68-6）。

---

① 广西文物考古研究所，合浦县博物馆，广西师范大学文旅学院．广西合浦寮尾东汉三国墓发掘报告［J］．考古学报，2012（4）：529

② 广西壮族自治区文物考古写作小组．广西合浦西汉木椁墓［J］．考古，1972（5）：26

③ 广西壮族自治区文物工作队，合浦县博物馆．广西合浦县九只岭东汉墓［J］．考古，2003（10）：70-73

④ 广西壮族自治区文物工作队，合浦县博物馆．合浦风门岭汉墓——2003～2005年发掘报告［M］．北京：科学出版社，2006：97-98

⑤ 广西文物考古研究所，合浦县博物馆，广西师范大学文旅学院．广西合浦寮尾东汉三国墓发掘报告［J］．考古学报，2012（4）：529

⑥ 广西文物保护与考古研究所．2009～2013年度合浦汉晋墓发掘报告［M］．北京：文物出版社，2016：69-70

⑦ 广西壮族自治区文物工作队，合浦县博物馆．合浦风门岭汉墓——2003～2005年发掘报告［M］．北京：科学出版社，2006：43-44

⑧ 广西文物考古研究所，合浦县博物馆，广西师范大学文旅学院．广西合浦寮尾东汉三国墓发掘报告［J］．考古学报，2012（4）：529

⑨ 广西壮族自治区博物馆，合浦县博物馆．广西合浦县凸鬼岭清理两座汉墓［J］．考古，1986（9）：795-797

B型：刃部垂直距离较短。文昌塔M117：36，长约7.4厘米①（图3-68-7）。

斧　1件。寮尾M15：扰15，长方形，上端銎部截面为梯形，下端横刃为弧形，上下相通。长8.8、刃宽3.6厘米②。

剪　交股形。出自1984凸鬼岭M201B③、1996母猪岭M5和1996母猪岭M6。

熨斗　1件。二炮厂M4：41，浅盘，平底，口沿处出折把，把末端平，呈"♥"形。盘径8.95、通高4.3厘米④（图3-68-8）。

锯　出自二炮厂M4、汽齿厂M2、官塘岭M5、二炮厂M6、M14A和M8。用扁铁条

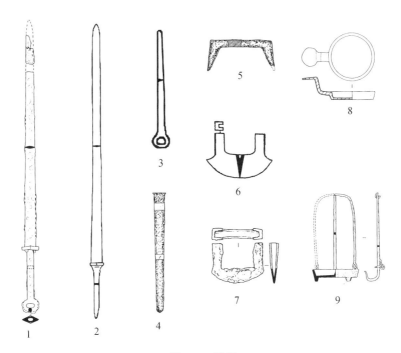

图3-68　铁器

1. A型剑（二炮厂M12：1）　2. B型剑（寮尾M14：13）　3. 削（九只岭M6A：82）
4. 凿（风门岭M24A：27）　5. B型钉（风门岭M23B：18）　6. A型臿（1984凸鬼岭M201A：2）
7. B型臿（文昌塔M117：36）　8. 熨斗（二炮厂M4：41）　9. 行灯（文昌塔M184：29）

---

①　广西文物保护与考古研究所. 广西合浦文昌塔汉墓［M］. 北京：文物出版社，2017：216-217

②　广西文物考古研究所，合浦县博物馆，广西师范大学文旅学院. 广西合浦寮尾东汉三国墓发掘报告［J］. 考古学报，2012（4）：529

③　广西壮族自治区博物馆，合浦县博物馆. 广西合浦县凸鬼岭清理两座汉墓［J］. 考古，1986（9）：797

④　广西文物保护与考古研究所. 2009～2013年度合浦汉晋墓发掘报告［M］. 北京：文物出版社，2016：68-70

对折成两股，两股同长。二炮厂M4：48，残长5、中宽1.09、厚0.2厘米[①]。

行灯 文昌塔M184：29，锈蚀严重。灯盘为敞口，浅腹，平底。底附三矮足。盘沿有三圆纽，上连三条圆柱形支架。另有一弯钩，可吊挂整个灯盏。灯盘口径11厘米[②]（图3-68-9）。

镊 1件。上部有槽，下部两侧作齿状，一齿缺。风门岭M22：13，高2.7、横残宽5.1厘米[③]。

簇 1件。盘子岭M9：24，长铤。残长7.1厘米[④]。

刮刀 1件。文昌塔M90：2，极残，器型不详。中脊凸起，两面刀身扁薄。残长7厘米[⑤]。

带钩 1件。文昌塔 M23：8，极残。残长7.2厘米[⑥]。

————————————

① 广西文物保护与考古研究所. 2009～2013年度合浦汉晋墓发掘报告［M］. 北京：文物出版社，2016：68-70

② 广西文物保护与考古研究所. 广西合浦文昌塔汉墓［M］. 北京：文物出版社，2017：310-311

③ 广西壮族自治区文物工作队，合浦县博物馆. 合浦风门岭汉墓——2003～2005年发掘报告［M］. 北京：科学出版社，2006：104-105

④ 广西壮族自治区文物工作队. 广西北海市盘子岭东汉墓［J］. 考古，1998（11）：57

⑤ 广西文物保护与考古研究所. 广西合浦文昌塔汉墓［M］. 北京：文物出版社，2017：66-67

⑥ 广西文物保护与考古研究所. 广西合浦文昌塔汉墓［M］. 北京：文物出版社，2017：66-67

第四章　出土器物研究（下）

除陶器、铜器和铁器之外，合浦汉墓还出土有金银器、玉石器、玻璃、水晶、琥珀、石榴子石、绿柱石、绿松石、漆器、骨器和铅锡合金器。种类丰富，尤其是各类珠饰制作精美。

第一节　金　银　器

金镯　圆环形。堂排M2A：30，重22.4克[①]。

金戒指　依戒面形制分二型。

A型：戒面平，呈圆形或椭圆形。九只岭M6A：74，环体内平外圆，戒面圆形，凸起如一圆纽。直径1.9厘米[②]（图4-1-1）。

B型：戒面呈圆形凸起，中凹成一圆窝，内有镶嵌物。九只岭M6A：73，镶嵌物已失。直径1.8厘米[③]（图4-1-2）。

金花饰　堂排M3：9，可能为冠上装饰，重62克[④]。

金耳珰　用薄金箔制成，通体似喇叭管形，细腰，素面无纹。九只岭M5：68、69，长1.9厘米[⑤]。

金珠　依形状分九型。

A型：算珠形。1995年平田村公所M9出土2颗，直径1厘米（图4-2-1）；黄泥岗M1

①　广西壮族自治区文物工作队. 广西合浦县堂排汉墓发掘简报［M］. 文物资料丛刊：4. 北京：文物出版社，1981：51

②　广西壮族自治区文物工作队，合浦县博物馆. 广西合浦县九只岭东汉墓［J］. 考古，2003（10）：75

③　广西壮族自治区文物工作队，合浦县博物馆. 广西合浦县九只岭东汉墓［J］. 考古，2003（10）：75

④　广西壮族自治区文物工作队. 广西合浦县堂排汉墓发掘简报［J］. 文物资料丛刊：4. 北京：文物出版社，1981：51

⑤　广西壮族自治区文物工作队，合浦县博物馆. 广西合浦县九只岭东汉墓［J］. 考古，2003（10）：75

图4-1 金戒指

1.左：九只岭M6B：11，右：九只岭M6A：74 2.九只岭M6A：73

出土1件上有弦纹（图4-2-2）。

B型：滴水形。望牛岭M1出土9颗，长1、最大径0.4厘米（图4-2-3）。

C型：榄形。风门岭M26出土1颗，对穿孔，长1.9、中宽0.35厘米[1]（图4-2-4）；九只岭M6A出土1颗较大，上面焊珠缠花，长2厘米（图4-2-5）。

D型：胜形。风门岭M26：63，中宽1.1、高1.1厘米[2]（图4-2-6）。

E型：葫芦形。1978年北插江盐堆M1出土1颗[3]（图4-2-7）。

F型：吊钟形。望牛岭M1出土，长1、直径0.5厘米，纵穿孔[4]（图4-2-8）。

G型：瓜棱形。1995年第二麻纺厂M27出土2颗，直径0.7厘米[5]（图4-2-9）。

H型：扁圆形。九只岭M6A出土1件，表面呈绞索状[6]（图4-2-10）。

I型：十二面珠。用圆形小金条焊接十二个小圈，以供连缀。十二个小圈上下各一，中分两层，每层五个；小圈交汇三角地带用高温吹凝的堆珠加以固定。堆珠之间以及堆珠与小圆圈之间都有焊接。九只岭M6A出土4颗[7]（图4-2-11）；风门岭

① 广西壮族自治区文物工作队，合浦县博物馆. 合浦风门岭汉墓——2003～2005年发掘报告［M］. 北京：科学出版社，2006：82

② 广西壮族自治区文物工作队，合浦县博物馆. 合浦风门岭汉墓——2003～2005年发掘报告［M］. 北京：科学出版社，2006：82

③ 合浦县博物馆馆藏资料

④ 广西壮族自治区文物考古写作小组. 广西合浦西汉木椁墓［J］. 考古，1972（5）：29

⑤ 合浦县博物馆馆藏资料

⑥ 广西壮族自治区文物工作队，合浦县博物馆. 广西合浦县九只岭东汉墓［J］. 考古，2003（10）：74

⑦ 广西壮族自治区文物工作队，合浦县博物馆. 广西合浦县九只岭东汉墓［J］. 考古，2003（10）：75

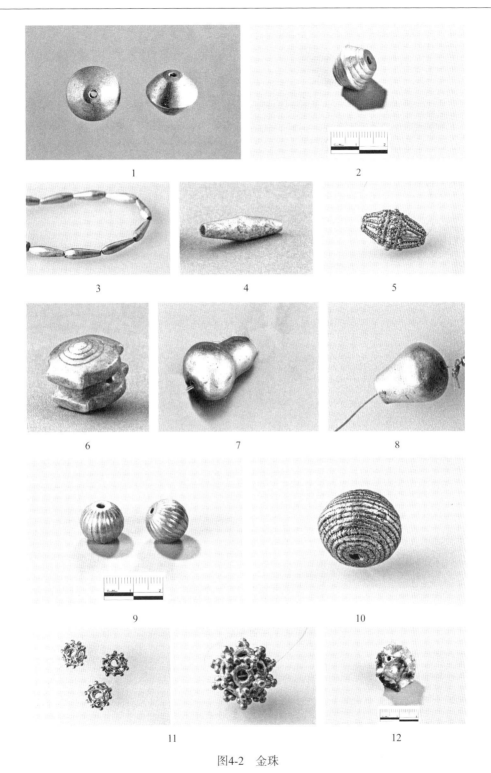

图4-2　金珠

1. 算珠形（平田村公所M9）　2. 算珠形（黄泥岗M1）　3. 滴水形（望牛岭M1）
4. 榄形（风门岭M26）　5. 榄形（九只岭M6A）　6. 胜形（风门岭M26）
7. 葫芦形（北插江盐堆M1）　8. 吊钟形（望牛岭M1）　9. 瓜棱形（第二麻纺厂M27）
10. 扁圆形（九只岭M6A）　11. 十二面珠（九只岭M6A）　12. 十二面珠（风门岭M10）

M10：59，平面呈六角形，空心。内似原有镶嵌物。直径0.8厘米①（图4-2-12）。

金饼　2件。望牛岭M1出土。M1：51、58，圆形凹心，一刻"阮"，在阮字上方细刻一"位"字，直径6.5厘米，重247克；一刻"大"字，在"大"字下方细刻"太史"二字，直径6.3厘米，重249克②（图4-3-1）。

金带钩　1件。黄泥岗M1出土。侧视呈S形，上端曲首为龙头状，下端有一圆形扣。长6.6厘米③（图3-3-2）。

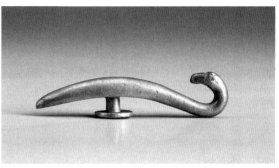

1	2

图4-3　金饼、带钩
1. 金饼（望牛岭M1）　　2. 带钩（黄泥岗M1）

银戒指　环体扁圆，环面作扁平菱形。寮尾M13B：6，直径2.1厘米④。

银手镯　圆圈形。九只岭M5：72，直径8厘米⑤。

银印章　1994母猪岭M4：35，半球形，印文"黄营"。直径1.4、高0.8厘米⑥；1995年环城镇北插江第二麻纺厂M30出土1枚，馆藏号001031，方形，龟背，印文"赵（初）君印"。直径1.4厘米，重6克⑦。

银碗　1件。风门岭M26：11，氧化成紫色，残见圈足。足径5.7厘米⑧。

银串饰　有瓜棱形和滴水形。多和其他材质饰品串一起。二炮厂M14A：5-1，滴

①　合浦县博物馆. 广西合浦县丰门岭10号汉墓发掘简报［J］. 考古，1995（3）：230

②　广西壮族自治区文物考古写作小组. 广西合浦西汉木椁墓［J］. 考古，1972（5）：29

③　合浦县博物馆馆藏资料

④　广西文物考古研究所，合浦博物馆，广西师范大学文旅学院. 广西合浦寮尾东汉三国墓发掘报告［J］. 考古学报，2012（4）：530

⑤　广西壮族自治区文物工作队，合浦县博物馆. 广西合浦县九只岭东汉墓［J］. 考古，2003（10）：75

⑥　合浦县博物馆. 广西合浦县母猪岭汉墓的发掘［J］. 考古，2007（2）：35

⑦　合浦县博物馆馆藏资料

⑧　广西壮族自治区文物工作队，合浦县博物馆. 合浦风门岭汉墓——2003～2005年发掘报告［M］. 北京：科学出版社，2006：82

水形，长1.6、最大径0.4厘米[①]。

第二节 玉石器

一、玉器

剑璏 出自1996母猪岭M5和寮尾M13B。寮尾M13B：扰4，长方形，两端残，底有銎套，正面雕两立体游龙。残长5.9、高2.6厘米[②]。

眼瑱 扁平榄形，底平，表面微隆，中间有一折棱，两端各有一穿孔。风门岭M10：54，长3.6、宽2.8厘米[③]（图4-4-1）。

琀 蝉形，薄片。出自望牛岭M1和风门岭M10。风门岭M10：57，长5.2、宽3.2厘米[④]（图4-4-2）。

玉握 猪形，卧式。风门岭M10和堂排M4出土。风门岭M10：60，长11.6、宽2.4厘米[⑤]（图4-4-3）。

塞 六面棱形，一头大，一头小。风门岭M10出土5件，鼻塞一对，耳塞一对，长2、一头宽0.7、一头宽0.5厘米；肛门塞1件，长4.9厘米[⑥]（图4-4-4）。

带钩 依形状分三型。

A型：龙首形。北插江盐堆M1出土，长6.5、宽1厘米，重12.6克[⑦]（图4-5-1）。

B型：鹅首形。北插江盐堆M1出土。长3.7、宽1.6厘米。

C型：子母带钩。黄泥岗M1出土，鹅嘴形钩，子钩长4、宽1.5、母钩外径4、内径2.5厘米[⑧]（图4-5-2）。

玉佩 蟠螭纹。黄泥岗M1出土，长6.5、宽4.8厘米，重25克[⑨]（图4-5-3）。

璧 依形状分二型。

---

① 广西文物保护与考古研究所. 2009～2013年度合浦汉晋墓发掘报告［M］. 北京：文物出版社，2016：178

② 广西文物考古研究所，合浦县博物馆，广西师范大学文旅学院. 广西合浦寮尾东汉三国墓发掘报告［J］. 考古学报，2012（4）：530

③ 合浦县博物馆. 广西合浦县丰门岭10号汉墓发掘简报［J］. 考古，1995（3）：230

④ 合浦县博物馆. 广西合浦县丰门岭10号汉墓发掘简报［J］. 考古，1995（3）：230

⑤ 合浦县博物馆. 广西合浦县丰门岭10号汉墓发掘简报［J］. 考古，1995（3）：230

⑥ 合浦县博物馆. 广西合浦县丰门岭10号汉墓发掘简报［J］. 考古，1995（3）：230

⑦ 合浦县博物馆馆藏资料

⑧ 合浦县博物馆馆藏资料

⑨ 合浦县博物馆馆藏资料

1

2

3

4

图4-4　葬玉（风门岭M10出土）

1.眼璜（风门岭M10：54）　2.琀（风门岭M10：57）　3.玉猪握（风门岭M10：60）　4.塞

　　A型：圆形，不出廓。九只岭M5：64，青灰色。内外平边，两面内重刻谷纹，外重为四组双身龙纹，内、外重纹饰间以短斜线划纹。直径18.9、厚0.5厘米[①]。

　　B型：上方出廓。黄泥岗M1出土，白玉质。璧上方出廓透雕双龙纽，纽中心有"宜子孙日益昌"六字；璧身凸起谷纹，肉与好的外沿均饰一圈弦纹。高纽以"S"形线条构图，对称中略有变化。外径18.3、内径3.5、通高27厘米[②]（图4-5-4）。

　　碗　风门岭M26：60，黄褐，局部灰白。圆润光滑，直口，浅矮圈足，口沿外侧旋刮凹槽一道。口径10、高5.2、足径5.8厘米[③]。

　　管饰　风门岭M27、M23B、M26均有出土。风门岭M26：70，长条形，一大一小，通体磨光，两端有对穿孔。大件残长6、直径1.5厘米[④]。

　　①　广西壮族自治区文物工作队，合浦县博物馆. 广西合浦县九只岭东汉墓［J］. 考古，2003（10）：73-74

　　②　合浦县博物馆馆藏资料

　　③　广西壮族自治区文物工作队，合浦县博物馆. 合浦风门岭汉墓——2003～2005年发掘报告［M］. 北京：科学出版社，2006：81-82

　　④　广西壮族自治区文物工作队，合浦县博物馆. 合浦风门岭汉墓——2003～2005年发掘报告［M］. 北京：科学出版社，2006：81-82

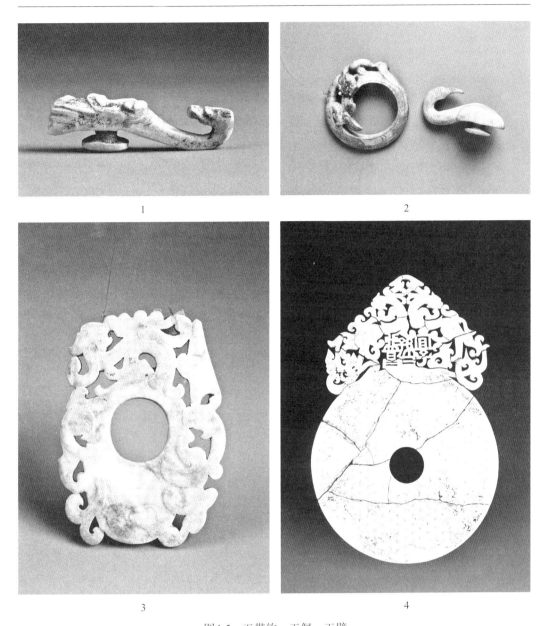

图4-5　玉带钩、玉佩、玉璧

1. 龙首形带钩（北插江盐堆M1）　　2. 子母带钩（黄泥岗M1）　　3. 玉佩（黄泥岗M1）　　4. 出廓玉璧（黄泥岗M1）

饰品　　风门岭M23B出土圆片形玉石，黄色泛翠绿点，径1.6厘米；靴形玉石1件，高1.2厘米[①]；风门岭M26出土玉石，黄白色，有圆饼形、扁壶形和胜形[②]。

　　　① 广西壮族自治区文物工作队，合浦县博物馆. 合浦风门岭汉墓——2003～2005年发掘报告［M］. 北京：科学出版社，2006：42

　　　② 广西壮族自治区文物工作队，合浦县博物馆. 合浦风门岭汉墓——2003～2005年发掘报告［M］. 北京：科学出版社，2006：83

二、石　器

主要为滑石器，仿陶质和铜质生活用具，用于随葬。另有少量石黛砚和小型石器。

滑石鼎　带盖，盖面隆起。深腹，平底，三圆柱形足。依口部形制分四型。

A型：敛口。腹侧有方柱形耳。上腹敛，下腹弧收。文昌塔M55∶5，平唇，弧腹，微圜底。口径10.2、高12.9厘米[①]（图4-6-1）。

B型：直口，口沿两侧有附耳。

Ⅰ式：腹部较直。柱足略外撇。风门岭M23A∶103，盖中央有凹形纽。盖扣入口，两长方形附耳，有小圆孔。口径14.8、残高20.6厘米[②]（图4-6-2）。

Ⅱ式：直腹微弧。三足外撇明显。文昌塔M189∶24，平唇，深腹，平底。腹侧有长方形耳，耳中有穿孔。口径14.8、通高20.8厘米[③]（图4-6-3）。

C型：盘口。

Ⅰ式：弧腹，最大径靠下。文昌塔M03∶6，微圜底。底有柱形足。口径19.1、高25.1厘米[④]（图4-6-4）。

Ⅱ式：下腹弧收成大平底。三足粗大，外撇明显。1999凸鬼岭M6∶21，长方形附耳。口径19、腹径20、高21.2厘米[⑤]（图4-6-5）。

D型：腹平面为方形，斜直腹。文昌塔M54∶1，腹侧有耳。底附柱形足。口径13.2、高10.4厘米[⑥]（图4-6-6）。

滑石壶　口微侈，平唇，粗颈，圈足外撇。两侧有方形柱耳，竖穿孔。依形制分二型。

A型：扁圆腹。圈足。风门岭M23A∶53，盖纽和横耳较粗大。口径10、足径12、

① 广西文物保护与考古研究所. 广西合浦文昌塔汉墓［M］. 北京：文物出版社，2017：146-147

② 广西壮族自治区文物工作队，合浦县博物馆. 合浦风门岭汉墓——2003～2005年发掘报告［M］. 北京：科学出版社，2006：31-32

③ 广西文物保护与考古研究所. 广西合浦文昌塔汉墓［M］. 北京：文物出版社，2017：310-312

④ 广西文物保护与考古研究所. 广西合浦文昌塔汉墓［M］. 北京：文物出版社，2017：146-147

⑤ 广西壮族自治区文物工作队，合浦县博物馆. 合浦县凸鬼岭汉墓发掘简报［M］. 广西考古文集. 广西壮族自治区博物馆编. 北京：文物出版社，2004：279-280

⑥ 广西文物保护与考古研究所. 广西合浦文昌塔汉墓［M］. 北京：文物出版社，2017：310-312

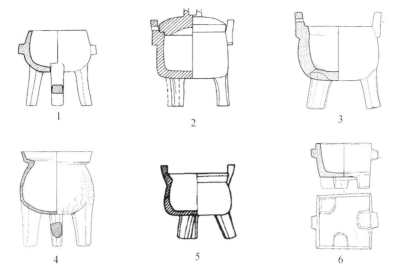

图4-6　滑石鼎

1. A型（文昌塔M55：5）　　2. B型Ⅰ式（风门岭M23A：103）　　3. B型Ⅱ式（文昌塔M189：24）
4. C型Ⅰ式（文昌塔M03：6）　　5. C型Ⅱ式（1999凸鬼岭M6：21）　　6. D型（文昌塔M54：1）

通高27厘米[①]（图4-7-1）。

B型：无盖。假圈足。风门岭M23B：81，口近直，平唇，颈部略收束，腹长圆。两侧方形柱耳较短，竖穿孔。口径9.2、底径12.8、通高24.8厘米[②]（图4-7-2）。

滑石钫　直口，平唇，粗颈，腹侧面较圆，方形座足略向外撇。颈腹间两侧出方柱耳，耳与足对应有穿孔。

A型：带盖。盖面隆起，顶部平圆，中有凹形立纽，外圈斜直。依腹部形制分二式：

Ⅰ式：长圆腹略下坠。风门岭M23A：57，口径8.8、足长宽10.4、通高30.8厘米[③]（图4-7-3）。

Ⅱ式：腹部斜直，下腹折收。颈部较Ⅰ式粗，盖面平。风门岭M23B：83，口径9.6、座足长宽8、通高24厘米[④]（图4-7-4）。

————————

①　广西壮族自治区文物工作队，合浦县博物馆. 合浦风门岭汉墓——2003～2005年发掘报告[M]. 北京：科学出版社，2006：31-32

②　广西壮族自治区文物工作队，合浦县博物馆. 合浦风门岭汉墓——2003～2005年发掘报告[M]. 北京：科学出版社，2006：31-32

③　广西壮族自治区文物工作队，合浦县博物馆. 合浦风门岭汉墓——2003～2005年发掘报告[M]. 北京：科学出版社，2006：31-32

④　广西壮族自治区文物工作队，合浦县博物馆. 合浦风门岭汉墓——2003～2005年发掘报告[M]. 北京：科学出版社，2006：31-32

B型：无盖。敞口，平唇。座足分两截，上截收束，下截方直。风门岭M23A：48，口径9、腹径18、高29.2厘米①（图4-7-5）。

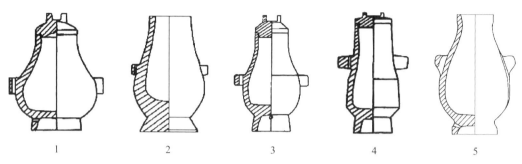

图4-7　滑石壶、钫

1.A型壶（风门岭M23A：53）　2.B型壶（风门岭M23B：81）　3.A型Ⅰ式钫（风门岭M23A：57）
4.A型Ⅱ式钫（风门岭M23B：83）　5.B型钫（风门岭M23A：48）

滑石方罐　风门岭M23A：84，小圆口，口沿外下分三级接方形器身，身斜直，平底，内壁直。口径5.8、底宽9.8、高11.4厘米②（图4-8-1）。

滑石樽　风门岭M23A：62，带盖，盖面隆起，顶为方形纽。直身，双柱耳，穿竖孔，三蹄足。口径19.2、通高24.4厘米③（图4-8-2）。

滑石提筒　风门岭M23A：47，带盖，盖微隆，中有方形纽。直身，平底，单柱耳。口径12.4、通高14厘米④（图4-8-3）。

滑石釜　直口平唇，腹近折，上腹较短，下腹弧收成小平底。腹间出两柱耳，穿直孔。风门岭M23A：46，口径16.4、底径8.4、高22厘米⑤（图4-8-4）。

滑石杯　依足部形状分三型。

A型：台足。依腹部形制分二式。

---

①　广西壮族自治区文物工作队，合浦县博物馆. 合浦风门岭汉墓——2003～2005年发掘报告［M］. 北京：科学出版社，2006：31-33

②　广西壮族自治区文物工作队，合浦县博物馆. 合浦风门岭汉墓——2003～2005年发掘报告［M］. 北京：科学出版社，2006：31-33

③　广西壮族自治区文物工作队，合浦县博物馆. 合浦风门岭汉墓——2003～2005年发掘报告［M］. 北京：科学出版社，2006：33

④　广西壮族自治区文物工作队，合浦县博物馆. 合浦风门岭汉墓——2003～2005年发掘报告［M］. 北京：科学出版社，2006：33-34

⑤　广西壮族自治区文物工作队，合浦县博物馆. 合浦风门岭汉墓——2003～2005年发掘报告［M］. 北京：科学出版社，2006：34

Ⅰ式：杯身深直。风门岭M23A：90，平唇。口径7.6、足径7.6、高14.8厘米①（图4-8-5）。

Ⅱ式：杯身弧。风门岭M23B：70，口径7.2、底径6、高17厘米②（图4-8-6）。

B型：无足，平底。风门岭M23A：94，杯身细直，近底略收。口径6.2、底径3.3、高12.2厘米③（图4-8-7）。

C型：高足。风门岭M23B：12，平唇，杯身较浅，座足外撇。口径9.6、底径4、高15.6厘米④（图4-8-8）。

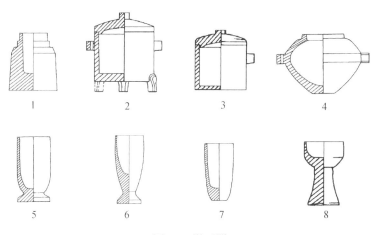

图4-8 滑石器

1.方罐（风门岭M23A：84） 2.樽（风门岭M23A：62） 3.提筒（风门岭M23A：47）
4.釜（风门岭M23A：46） 5.A型Ⅰ式杯（风门岭M23A：90） 6.A型Ⅱ式杯（风门岭M23B：70）
7.B型杯（风门岭M23A：94） 8.C型杯（风门岭M23B：12）

滑石盘 侈口，方唇，浅弧腹，平底。1999凸鬼岭M11出土1件，内有长方形石块9块。风门岭M23A：105，口径25.2、底径15.4、高5.4厘米⑤。

滑石耳杯 广口，尖唇，平底，耳上翘。依耳部形制，分二型。

① 广西壮族自治区文物工作队，合浦县博物馆.合浦风门岭汉墓——2003～2005年发掘报告［M］.北京：科学出版社，2006：35-36

② 广西壮族自治区文物工作队，合浦县博物馆.合浦风门岭汉墓——2003～2005年发掘报告［M］.北京：科学出版社，2006：35-36

③ 广西壮族自治区文物工作队，合浦县博物馆.合浦风门岭汉墓——2003～2005年发掘报告［M］.北京：科学出版社，2006：34-35

④ 广西壮族自治区文物工作队，合浦县博物馆.合浦风门岭汉墓——2003～2005年发掘报告［M］.北京：科学出版社，2006：35-36

⑤ 广西壮族自治区文物工作队，合浦县博物馆.合浦风门岭汉墓——2003～2005年发掘报告［M］.北京：科学出版社，2006：34

A型：翘耳，耳与口沿之间有凸棱界隔。风门岭M23B：89，长15.4、通耳宽13.6、通高6厘米[①]（图4-9-1）。

B型：平耳。二炮厂M30A：扰11，器身较浅，平底[②]。

滑石勺 风门岭M23B出土。勺身近圆形，圜底，柄长内凹，末端底有方座承托。M23B：77，通长25.6厘米[③]。

滑石杵臼 风门岭M23B出土1套，M23B：78、79，杵圆柱形，中间握手处及两头稍小。长18、最大径4厘米；臼长方形，三臼口，两侧椭圆，中间为长方形。长28、宽10厘米[④]（图4-9-2）。

滑石灯 依形状分二型。

A型：豆形。风门岭M23A：1，宽平唇，浅盘，圆把，盘足相若。无支钉。盘径11.2、足径10.6、高22.8厘米[⑤]（图4-9-3）。

B型：似高足杯。风门岭M23B：43，宽平唇，浅盘，座足较高外撇，把与座足无分界。无支钉。盘径10.4、高20.4厘米[⑥]（图4-9-4）。

滑石暖炉 如仰斗状，平面呈长方形。敞口，平唇，斜腹，平底。依有无耳，分二型。

A型：无耳。风门岭M23B：86，略呈长方形，器底有四短足。长15.2、宽12厘米[⑦]（图4-9-5）。

B型：腹部横出两个长方形耳。二炮厂M5：15，底部四角各有一近方形矮足。炉身长18.5、宽14.1、高6.4厘米（图4-9-6）。

滑石案 呈长方形，平缘。足部形制多样。风门岭M23B：85，底部有两纵条状

① 广西壮族自治区文物工作队，合浦县博物馆. 合浦风门岭汉墓——2003～2005年发掘报告［M］. 北京：科学出版社，2006：35-36

② 广西文物保护与考古研究所. 2009～2013年度合浦汉晋墓发掘报告［M］. 北京：文物出版社，2016：71

③ 广西壮族自治区文物工作队，合浦县博物馆. 合浦风门岭汉墓——2003～2005年发掘报告［M］. 北京：科学出版社，2006：34-35

④ 广西壮族自治区文物工作队，合浦县博物馆. 合浦风门岭汉墓——2003～2005年发掘报告［M］. 北京：科学出版社，2006：34-35

⑤ 广西壮族自治区文物工作队，合浦县博物馆. 合浦风门岭汉墓——2003～2005年发掘报告［M］. 北京：科学出版社，2006：37-38

⑥ 广西壮族自治区文物工作队，合浦县博物馆. 合浦风门岭汉墓——2003～2005年发掘报告［M］. 北京：科学出版社，2006：37-38

⑦ 广西壮族自治区文物工作队，合浦县博物馆. 合浦风门岭汉墓——2003～2005年发掘报告［M］. 北京：科学出版社，2006：37-38

足贯穿器底。长53.6、宽36、高5.2厘米[1]（图4-9-7）；M23A：6，四高足外撇[2]（图4-9-8）。

滑石几　平面呈长方形，两端有栏挡斜高出，两纵板状足贯穿器底。风门岭M23A：37，长30.4、宽22.8、高8.8厘米[3]（图4-9-9）。

滑石井　分井身和井亭两部分，整体呈正方形，下有地台。四阿形井亭盖，顶有方纽。风门岭M28B：46，井栏侈口，内壁斜直下收，地台宽大。出土时井沿有一小吊桶，平唇，身斜直，上大下小，平底。地台边长25.6、井栏边长18.8、通高14.4厘米[4]（图4-9-10）。

滑石仓　干栏式建筑，下有四足粗矮。风门岭M23A：51，四阿顶，顶部刮平以示中脊。面墙居中辟门，单扇，门框凸出。下有宽台面伸出。面阔24、进深17.2、通高18.4厘米[5]（图4-9-11）。

滑石灶　灶身呈长方形，依灶门形制分二型。

A型：双独立灶门，开一旁。风门岭M23A：43，灶面平，每灶上开一眼。灶面宽35.2、深27.2、高14厘米[6]（图4-9-12）。

B型：灶门开一头。风门岭M23B：47，灶面前高后低，上开两灶眼，前置一锅，后置釜甑。甑底镂三圆孔。锅、釜腹部均出两方柱耳。灶长32.8、宽14、高10.8厘米[7]（图4-9-13）。

滑石屋　盝顶，盖与屋身可分离。屋前有廊，四柱足。风门岭M23A：43，面阔21、进深17.5、通高18厘米[8]。

————————————

① 广西壮族自治区文物工作队，合浦县博物馆. 合浦风门岭汉墓——2003～2005年发掘报告[M]. 北京：科学出版社，2006：37-38

② 广西壮族自治区文物工作队，合浦县博物馆. 合浦风门岭汉墓——2003～2005年发掘报告[M]. 北京：科学出版社，2006：37-38

③ 广西壮族自治区文物工作队，合浦县博物馆. 合浦风门岭汉墓——2003～2005年发掘报告[M]. 北京：科学出版社，2006：37-38

④ 广西壮族自治区文物工作队，合浦县博物馆. 合浦风门岭汉墓——2003～2005年发掘报告[M]. 北京：科学出版社，2006：38-41

⑤ 广西壮族自治区文物工作队，合浦县博物馆. 合浦风门岭汉墓——2003～2005年发掘报告[M]. 北京：科学出版社，2006：39-41

⑥ 广西壮族自治区文物工作队，合浦县博物馆. 合浦风门岭汉墓——2003～2005年发掘报告[M]. 北京：科学出版社，2006：37-40

⑦ 广西壮族自治区文物工作队，合浦县博物馆. 合浦风门岭汉墓——2003～2005年发掘报告[M]. 北京：科学出版社，2006：37-40

⑧ 广西壮族自治区文物工作队，合浦县博物馆. 合浦风门岭汉墓——2003～2005年发掘报告[M]. 北京：科学出版社，2006：39

滑石厕　出自风门岭M23A。依顶部形制分二型。

A型：顶三面坡。M23A：101，盖与屋身可分离，平面窄长，窄的一头开敞为门。室内以半矮墙相隔，分里外两间。里间为厕，开长方形坑穴。面阔12.8、进深18.8、通高18.4厘米[①]（图4-9-14）。

B型：盝顶，靠门一侧坡面较短。M23A：104，盖与屋身不可分，窄的一面开敞为门，有一级台阶踏入室内。厕坑位置靠后，内有长方形坑穴。面阔16、进深20.8、通高15.2厘米[②]（图4-9-15）。

滑石锅　依有无器耳，分二型。

A型：无耳。公务员小区一期M14：扰1，侈口，平唇，浅弧腹，平底略内凹，底部有烟炱。口径22.2、底径16、高5.7厘米[③]（图4-9-16）。

B型：腹部横出两耳，耳为不规则六边形。寮尾M13A：17，加工较为粗糙，未经打磨，刮削痕迹明显。直口，平唇，浅腹内收，平底。口径16.4、底径12.5、高4.8厘米[④]（图4-9-17）。

滑石璧　一面平素，一面钻刻圆点与同心圆，间以四圈弦纹。2005文昌塔M6：1，直径17.2、厚1.2厘米[⑤]。

滑石俑　1件。文昌塔M149：26，灰白色。踞坐，上身微前倾，高发髻。圆脸，高鼻。双手交连于胸。高22.2厘米[⑥]。

石黛砚　砂岩。一面磨制光滑，一面为自然结理面，略粗糙。依形状，分二型。

A型：长方形。部分有研石。风门岭M22：14，青灰色页岩。长8.7、宽3.5、厚0.4厘米[⑦]（图4-9-18）。

B型：近正方形。公务员小区二期M4A：扰11，黑色。边长2.95～3.1、厚0.36厘

① 广西壮族自治区文物工作队，合浦县博物馆. 合浦风门岭汉墓——2003～2005年发掘报告[M]. 北京：科学出版社，2006：39-43

② 广西壮族自治区文物工作队，合浦县博物馆. 合浦风门岭汉墓——2003～2005年发掘报告[M]. 北京：科学出版社，2006：39-43

③ 广西文物保护与考古研究所. 2009～2013年度合浦汉晋墓发掘报告[M]. 北京：文物出版社，2016：177

④ 广西文物考古研究所，合浦县博物馆，广西师范大学文旅学院. 广西合浦县寮尾东汉至三国墓发掘报告[J]. 考古学报，2012（4）：530

⑤ 广西文物考古研究所，合浦县博物馆. 2005年合浦县文昌塔汉墓发掘报告[M]. 广西考古文集：第三辑. 广西文物考古研究所编. 北京：文物出版社，2007：125-126

⑥ 广西文物保护与考古研究所. 广西合浦文昌塔汉墓[M]. 北京：文物出版社，2017：150

⑦ 广西壮族自治区文物工作队，合浦县博物馆. 合浦风门岭汉墓——2003～2005年发掘报告[M]. 北京：科学出版社，2006：104-105

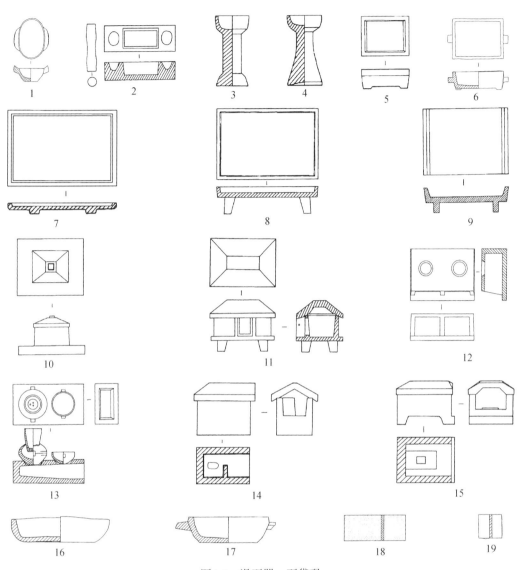

图4-9 滑石器、石黛砚

1. A型耳杯（风门岭M23B：89） 2. 杵臼（风门岭M23B：78、79） 3. A型灯（风门岭M23A：1）

4. B型灯（风门岭M23B：43） 5. A型暖炉（风门岭M23B：86） 6. B型暖炉（二炮厂M5：15）

7. 案（风门岭M23B：85） 8. 案（风门岭M23A：6） 9. 几（风门岭M23A：37） 10. 井（风门岭M28B：46）

11. 仓（风门岭M23A：51） 12. A型灶（风门岭M23A：43） 13. B型灶（风门岭M23B：47）

14. A型厕（风门岭M23A：101） 15. B型厕（风门岭M23A：104） 16. A型锅（公务员小区一期M14：扰1）

17. B型锅（寮尾M13A：17） 18. A型石黛砚（风门岭M22：14） 19. B型石黛砚（公务员小区二期M4A：扰11）

米[①]（图4-9-19）。

砺石 平面呈长方形，通体或部分磨光。汽齿厂M2：10，青灰色。残长13.5、上

———————————

① 广西文物保护与考古研究所. 2009～2013年度合浦汉晋墓发掘报告［M］. 北京：文物出版社，2016：176

宽5.1、厚2.5厘米①。

　　石铲　文昌塔M7：4，通体磨制，短柄，双肩，微束腰，弧刃。长11.2、宽8、厚1.2厘米②。

　　残断石块　文昌塔M144：7，未见加工痕迹，长约8.4、最宽13.8、最厚7.2厘米③。

　　扁圆石　文昌塔M04：1，扁圆形石块，较光滑，其中一面中间位置有砸击痕迹，周边也有打击痕迹。直径约16.2、厚约3厘米④。

第三节　玻璃器及其他珠饰

一、玻　璃　器

（一）器皿

　　杯　平底内凹，依据口沿和腹部形制分三型。

　　A型：1件。敛口，折腹，底微内凹。文昌塔M70，淡青色，半透明。腹中部饰三周弦纹。口径7.4、高5.2厘米⑤（图4-10-1）。

　　B型：1件。口微敛，圆唇，深腹，小平底略内凹。红岭头M34：1，深蓝色，半透明，内壁较直。腹部饰一匝三周凸弦纹。口径9.3、高6.6厘米⑥（图4-10-2）。

　　C型：1件。圆唇，口微敞，上腹较直，下腹弧收成内凹平底。黄泥岗M1出土，湖蓝色，半透明。腹壁斜直。腹部饰一匝三周凸弦纹。口径9.2、高5.8厘米⑦（图4-10-3）。

　　碗　1件。敞口，口沿下有两周凹弦纹。1987～1988年文昌塔汉墓出土，口径8、底径约3.9、高4.9厘米⑧（图4-10-4）。

　　盘　1件。1988年母猪岭M1出土，天蓝色，半透明。敞口，尖唇，浅腹，腹壁斜

　　①　广西文物保护与考古研究所. 2009～2013年度合浦汉晋墓发掘报告［M］. 北京：文物出版社，2016：176

　　②　广西文物保护与考古研究所. 广西合浦文昌塔汉墓［M］. 北京：文物出版社，2017：151

　　③　广西文物保护与考古研究所. 广西合浦文昌塔汉墓［M］. 北京：文物出版社，2017：152

　　④　广西文物保护与考古研究所. 广西合浦文昌塔汉墓［M］. 北京：文物出版社，2017：152

　　⑤　熊昭明，李青会. 广西出土汉代玻璃器的考古学与科技研究［M］. 北京：文物出版社，2011：66-67

　　⑥　合浦县博物馆馆藏资料

　　⑦　合浦县博物馆馆藏资料

　　⑧　广西文物保护与考古研究所内部资料

图4-10　玻璃杯、碗

1.A型杯（文昌塔M70）　2.B型杯（红岭头M34）　3.C型杯（黄泥岗M1）　4.碗（1987～1988文昌塔汉墓）

直，圜底。口沿有一周弦纹。口径12.7、高2.5厘米①（图4-11-1）。

（二）镶嵌类

心形片　1件。1977年合浦县罐头厂M10，无色透明，中部稍凸，底平。长1.4、宽1.1厘米②（图4-11-2）。

（三）装饰品类

包括串珠及各种造型的饰件、耳珰、剑璏、环等，玻璃璧随着礼器功能的丧失，可能与玉璧一样，部分也为佩饰。

璧　1件。望牛岭M2出土，圆形，绿色，正面谷纹，背面平素光滑，内外缘旋刮

———————————

① 合浦县博物馆馆藏资料

② 熊昭明，李青会. 广西出土汉代玻璃器的考古学与科技研究［M］. 北京：文物出版社，2011：68

宽带一周。直径12.9、厚1、缘厚0.2厘米[1]（图4-11-3）。

环　依形状分二型。

A型：2件。圆环。1984年凸鬼岭饲料厂M7出土。深蓝色，半透明。圆形，中间隆起并逐渐向边沿变薄。外径7.5～7.6、外沿厚0.1厘米[2]（图4-11-4）。

B型：1件。角轮形环。1985年文昌塔M1出土，青绿色，透明。椭圆形，肉面平，边缘尖突。两侧各有3花芽，芽三瓣，中间一瓣直上，两侧斜出往尖收分。长轴5.5、短

图4-11　玻璃镶嵌、装饰品

1. 盘（母猪岭M1）　2. 心形片（合浦县罐头厂M10）　3. 璧（望牛岭M2）　4. A型环（凸鬼岭饲料厂M7）　5. B型环（文昌塔M1）　6. 剑璏（黄泥岗M1）　7. 耳珰（鸡射岭M18）

---

①　广西壮族自治区博物馆馆藏资料

②　合浦县博物馆馆藏资料

轴2.1、厚0.95厘米①（图4-11-5）。

剑璏　1件。黄泥岗M1出土，平面呈长方形，两端稍下卷，背面略靠一端有长方形穿孔，饰卷云纹。长10.3、宽2.8厘米②（图4-11-6）。

耳珰　风门岭M24A和1993年廉州镇鸡射岭M18出土。鸡射岭M18出土1件，浅蓝色、喇叭形，腰细长，一端大于另一端，下端与1颗深蓝色玻璃珠组合佩戴③（图4-11-7）。

蛙形饰　1986年县第二麻纺厂南墓出土。蛙作伏地状，昂头，刻划出眼睛和肌肉。通长1.4、通高0.8厘米④（图4-12-1）。

棱柱形饰　依形制分二型。

A型：五棱柱形。1984凸鬼岭M202A：27为浅蓝色，透明。中穿孔。长2.2、孔径0.3厘米⑤。

B型：六棱柱形。风门岭M26出土15节，淡青色。两端略小，有穿孔。长2.6～2.8、宽1.1～1.4厘米⑥（图4-12-2）。

胜形饰　似扁壶，器物上下为对应，中部扁圆，前后有一圆形镜面凸出。上下左右居中均有一对应凹槽，两侧槽内中间横穿孔。机械厂M1、红岭头M3、九只岭M5和M6A各出土1件。九只岭M5出土1件为淡蓝色，高1、宽1.2厘米⑦（图4-12-3）。

榄形饰　依形制分二型。

A型：多面榄形。1995年北插江盐堆M10出土5颗，深蓝色。长1.5～1.8、最大径0.55～0.7厘米⑧（图4-12-4）。

B型：圆榄形。风门岭M10出土1颗，绿色，长1.4、最大径0.7厘米⑨（图4-12-5）。

方塔形、鱼形和团花形　风门岭M10出土各1颗。方塔形为紫色，高1.55厘米，底和面均为正方形，边长分别为1和0.75厘米，花冠形高1.25、冠宽1.1厘米；鱼形长1.1厘

---

① 合浦县博物馆馆藏资料

② 合浦县博物馆馆藏资料

③ 合浦县博物馆馆藏资料

④ 熊昭明，李青会. 广西出土汉代玻璃器的考古学与科技研究［M］. 北京：文物出版社，2011：62

⑤ 广西壮族自治区博物馆，合浦县博物馆. 广西合浦县凸鬼岭清理两座汉墓［J］. 考古，1986（9）：797-798

⑥ 广西壮族自治区文物工作队，合浦县博物馆. 合浦风门岭汉墓——2003～2005年发掘报告［M］. 北京：科学出版社，2006：83

⑦ 广西壮族自治区文物工作队，合浦县博物馆. 广西合浦县九只岭东汉墓［J］. 考古，2003（10）：74

⑧ 合浦县博物馆馆藏资料

⑨ 合浦县博物馆. 广西合浦县丰门岭10号汉墓发掘简报［J］. 考古，1995（3）：229

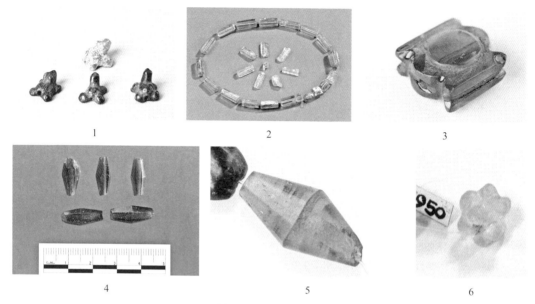

图4-12　玻璃装饰品

1. 蛙形饰（1986年县第二麻纺厂南墓）　2. B型棱柱形饰（风门岭M26）　3. 胜形饰（九只岭M5）
4. A型榄形饰（1995年北插江盐堆M10）　5. B型榄形饰（风门岭M10）　6. 团花形（汽车齿轮厂M22）

米，颜色有黄绿和浅绿；1992年凸鬼岭汽车齿轮厂M22出土1颗为团花形，淡青色，透明。径长0.7厘米[①]（图4-12-6）。

　　串珠　多与玉、琥珀、玛瑙、水晶等材质饰品组合。主要有蓝色、绿色、黄色、紫色、红色、粉色、白色等。少量为透明，多数为半透明、不透明。按外形可分为算珠形、系领形、滴水形、联珠形、扁饼形、圆形、长圆形、扁圆形八型。

　　A型：算珠形。1995年环城镇北插江第二麻纺厂M30出土7颗，其中豆绿色4颗（图4-13-1）、深蓝色3颗（图4-13-2）。

　　B型：系领珠。五旗岭M3出土1颗，淡紫色，两端束起有槽，中段有四个面，每个面上有一菱形平面。长1、宽0.7厘米。

　　C型：滴水形。上小下大，形如滴水。1995年北插江盐堆M10出土1串，深蓝色（图4-13-3）。

　　D型：联珠形。1993年北插江M1出土，蓝色，有两颗扁圆形，珠上有瓜棱形纹饰[②]（图4-13-4）。

　　E型：扁饼形。九只岭M6A出土1颗，径0.5、厚0.3厘米[③]（图4-13-5）。

①　合浦县博物馆馆藏资料

②　合浦县博物馆馆藏资料

③　广西壮族自治区文物工作队，合浦县博物馆. 广西合浦县九只岭东汉墓［J］. 考古，2003（10）：74

图4-13　A～F型玻璃串珠

1.A型（第二麻纺厂M30）　2.A型（第二麻纺厂M30）　3.C型（北插江盐堆M10）
4.D型（北插江M1）　5.E型（九只岭M6A）　6.F型（罐头厂M12）

　　F型：圆形。1976年合浦县罐头厂M12出土粉红色珠一串，共26颗，颗粒均匀，径0.9厘米[①]（图4-13-6）。

　　G型：长圆形，望牛岭M1、炮竹厂M1、堂排等墓均有出土，颜色多为蓝色和青绿色（图4-14）。

　　H型：扁圆形。该类型数量较多。以深蓝色、浅蓝色、湖蓝色为主，另有豆绿色、绿色、红色、灰白色、灰黄色等（图4-15）。

二、红玉髓、玛瑙和蚀刻石髓珠

　　红玉髓珠　合浦出土该类珠饰依形状可分12型，绝大多数为肉红色。

---

① 合浦县博物馆馆藏资料

1   2   3

图4-14 G型玻璃串珠

1.望牛岭M1出土   2.堂排M3出土   3.九只岭M6B出土

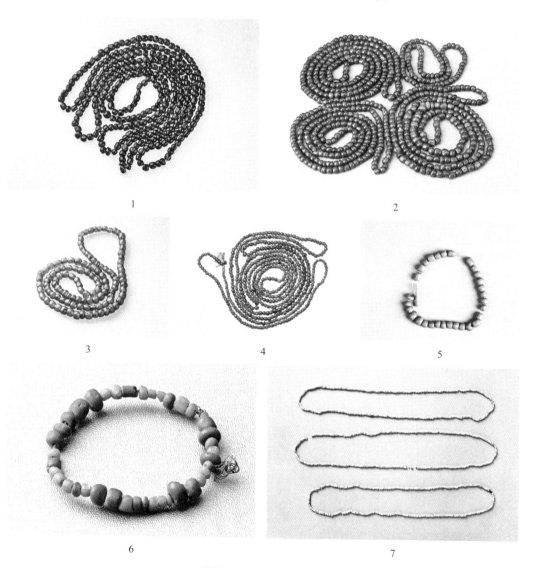

图4-15 H型玻璃串珠

1.深蓝色（九只岭M6A）   2.浅蓝色（望牛岭M1）   3.湖蓝色（堂排M3）   4.绿色（堂排M3）
5.豆绿色（风门岭麻纺厂M4）   6.杂色（风门岭M26）   7.灰白、灰黄色（五旗岭M3）

A型：榄形。堂排M2出土有多面榄形（图4-16-1）和圆榄形两类（图4-16-2）。

B型：圆形。1984年凸鬼岭M202出土4颗，大者长1.1、直径1.2厘米；小者直径0.8厘米（图4-16-3）。

C型：算珠形。九只岭M5出土1颗（图4-16-4）。

D型：葫芦形。风门岭M26∶69，共26颗，有玛瑙、水晶、玉石、绿松石、玻璃等材料。其中葫芦形石髓珠2颗（图4-16-5）。

E型：扁菱形。1984年凸鬼岭M202出土1颗，边长1.4、厚0.4厘米（图4-12-6）。

F型：瓜棱形。1992年凸鬼岭汽齿厂M30B出土1颗（图4-16-7）。

G型：系领形。1995年凸鬼岭康宝饲料厂M1出土1串，其中系领形1颗（图4-16-8）。

H型：扁饼形。1995年凸鬼岭康宝饲料厂M1出土1颗（图4-16-9）。

I型：弓形。望牛岭M2出土1颗（图4-16-10）。

J型：滴水形。望牛岭M1出土2颗（图4-16-11）。

K型：动物形。形状有狮子、鸽、虎、鹅、摩羯等。堂排M2出土1串，狮子6颗、鹅5颗（图4-16-12）；九只岭M5出土1颗为摩羯形，作伏卧状，长1.3、宽0.6、高1厘米（图4-16-13）。

L型：耳珰。常成对出土，腰鼓形，两端一大一小，束腰。九只岭M6A出土一对，长2.2、大端径1、小端径0.9厘米（图4-16-14）。

红玉髓戒指　望牛岭M2出土1件，环形，戒面为榄形，两端刻对称龙首。环径2.3厘米[1]（图4-17-1）。

玛瑙戒指　1994年凸鬼岭汽齿厂M1出土1件，直径2.8厘米[2]（图4-17-2）。

玛瑙扁圆坠　1992年凸鬼岭汽齿厂M17出土1件，褐色，扁圆形。无孔，应为镶嵌类饰品。长3.2、宽2厘米[3]（图4-17-3）。

玛瑙剑璏　1992年凸鬼岭汽齿厂M22出土1件，红白相间[4]（图4-17-4）。

玛瑙串珠　多为深褐色、浅褐色和白色混色，形状多为圆榄形，另有滴水形和扁饼形等（图4-17-5、6、7）。

蚀刻石髓珠　数量较少，在原色基础上蚀刻白色线条。有榄形、系领形（图4-17-8、9）。

---

① 合浦县博物馆馆藏资料

② 合浦县博物馆馆藏资料

③ 合浦县博物馆馆藏资料

④ 合浦县博物馆馆藏资料

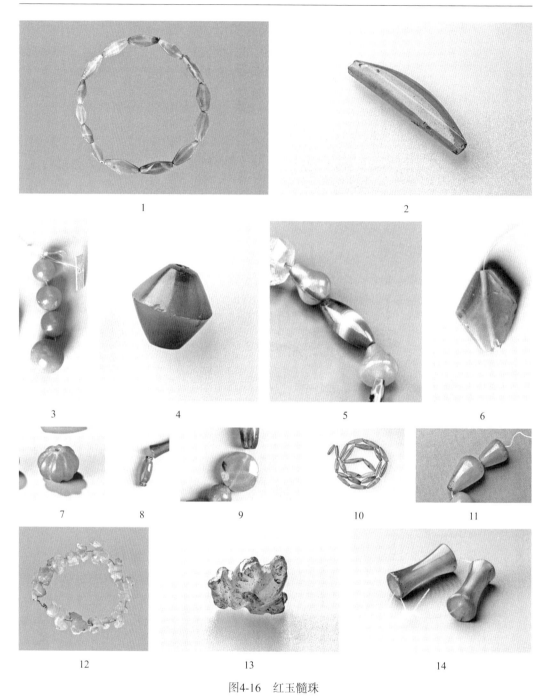

图4-16　红玉髓珠

1-2. A型（堂排M2）　3. B型（凸鬼岭M202）　4. C型（九只岭M5）　5. D型（风门岭M26）
6. E型（凸鬼岭M202）　7. F型（凸鬼岭汽齿厂M30B）　8. G型（康宝饲料厂M1）　9. H型（康宝饲料厂M1）
10. I型（望牛岭M2）　11. J型（望牛岭M1）　12. K型（堂排M2）　13. K型（九只岭M5）　14. L型（九只岭M6A）

图4-17　玛瑙饰品、蚀刻石髓珠

1. 红玉髓戒指（望牛岭M2）　2. 玛瑙戒指（凸鬼岭汽齿厂M1）　3. 玛瑙扁圆坠（凸鬼岭汽齿厂M17）
4. 玛瑙剑璏（凸鬼岭汽齿厂M22）　5. 滴水形玛瑙（合浦县望牛岭M1）　6. 榄形玛瑙（红岭头M3）
7. 扁圆形玛瑙（九只岭M6B）　8. 榄形蚀刻石髓珠（文昌塔M153）　9. 系领形蚀刻石髓珠（文昌塔生资仓M1）

三、水　　晶

　　无色透明水晶居多，紫水晶次之，还有少量的黄色及茶色水晶。形状有圆形、扁圆形、棱柱形、双锥形、榄形、系领形、滴水形、珰形、动物形及多面体形等十二型。

　　A型：圆形。1999凸鬼岭M4：14，透明，直径1.25厘米[①]（图4-18-1）；1978年北插江盐堆M1出土1串，紫色，其中圆形珠5颗[②]（图4-18-2）。

[①]　广西壮族自治区文物工作队，合浦县博物馆. 合浦县凸鬼岭汉墓发掘简报［M］. 广西考古文集. 广西壮族自治区博物馆编. 北京：文物出版社，2004：283

[②]　合浦县博物馆馆藏资料

　　B型：棱柱形。望牛岭M1出土规则六棱柱形6件，透明①（图4-18-3）；1978年北插江盐堆M1出土2颗为紫色②（图4-18-4）。

　　C型：算珠形。望牛岭M1出土6颗③（图4-18-5）；黄泥岗M1出土一串紫色，共163颗④（图4-18-6）。

　　D型：扁饼形。九只岭M5出土2颗⑤（图4-18-7）。

　　E型：系领形。九只岭M6A出土1颗⑥（图4-18-8）。

　　F型：棒槌形。黄泥岗M1出土2颗⑦（图4-18-9）。

　　G型：瓜棱形。1978年北插江盐堆M1出土1颗，紫色⑧（图4-18-10）。

　　H型：榄形。多为圆榄形，汽齿厂M17出土1颗，透明⑨（图4-18-11）。

　　I型：束领形。凸鬼岭汽齿厂M6出土1颗，透明，系领⑩（图4-18-12）；风门岭M10出土1颗为紫色⑪（图4-18-13）。

　　J型：三宝佩。风门岭M10出土1颗，上开三叉，中为长方形，下部近圆形，通高1.28厘米⑫（图4-18-14）。

　　K型：不规则形。有茶色、黄色等。1988年红岭头M3出土1串⑬（图4-18-15）。

　　L型：蝉形。望牛岭M1出土透明，是目前广西发现最大的一颗，器表有大小不一的磨痕10道，长7.3、宽3厘米⑭（图4-18-16）。

---

①　广西壮族自治区文物考古写作小组［J］．广西合浦西汉木椁墓．考古，1972（5）：29

②　合浦县博物馆馆藏资料

③　广西壮族自治区文物考古写作小组［J］．广西合浦西汉木椁墓．考古，1972（5）：29

④　合浦县博物馆馆藏资料

⑤　广西壮族自治区文物工作队，合浦县博物馆．广西合浦县九只岭东汉墓［J］．考古，2003（10）：74

⑥　广西壮族自治区文物工作队，合浦县博物馆．广西合浦县九只岭东汉墓［J］．考古，2003（10）：74

⑦　合浦县博物馆馆藏资料

⑧　合浦县博物馆馆藏资料

⑨　合浦县博物馆馆藏资料

⑩　合浦县博物馆馆藏资料

⑪　合浦县博物馆．广西合浦县丰门岭10号汉墓发掘简报［J］．考古，1995（3）：229

⑫　合浦县博物馆．广西合浦县丰门岭10号汉墓发掘简报［J］．考古，1995（3）：229

⑬　合浦县博物馆馆藏资料

⑭　广西壮族自治区文物考古写作小组［J］．广西合浦西汉木椁墓．考古，1972（5）：29

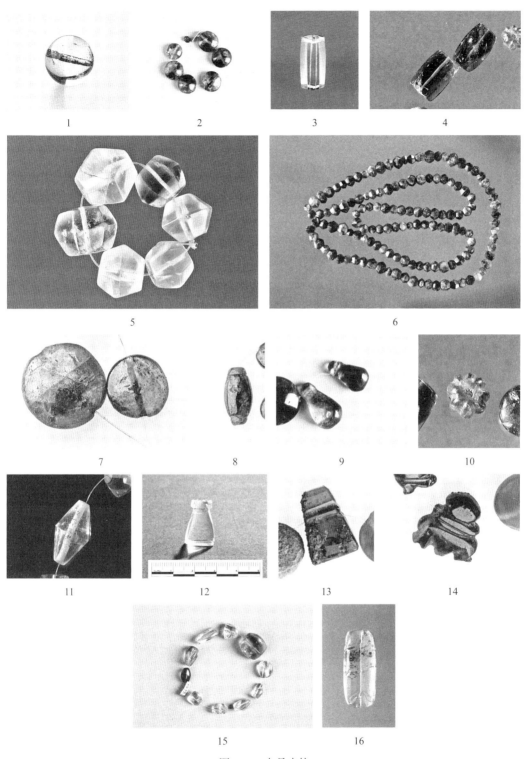

图4-18　水晶串饰

1. A型（凸鬼岭M4）　2. A型（北插江盐堆M1）　3. B型（望牛岭M1）　4. B型（北插江盐堆M1）
5. C型（望牛岭M1）　6. C型（黄泥岗M1）　7. D型（九只岭M5）　8. E型（九只岭M6A）
9. F型（黄泥岗M1）　10. G型（北插江盐堆M1）　11. H型（汽齿厂M17）　12. I型（凸鬼岭汽齿厂M6）
13. I型（凤门岭M10）　14. J型（凤门岭M10）　15. K型（1988年红岭头M3）　16. L型（望牛岭M1）

四、琥　珀

串饰　形状多样。可分九型。

A型：扁椭圆形。横穿孔。凸鬼岭M4出土1颗，长1.6厘米（图4-19-1）。

B型：半圆形。1993年北插江M5出土1颗（图4-19-2）。

C型：扁圆形。北插江盐堆M1出土1颗（图4-19-3）。

D型：胜形。北插江盐堆M1出土2颗（图4-19-4）。

E型：葫芦形。1993年北插江M4出土1颗（图4-19-5）。

F型：瓜棱形。九只岭M6A出土2颗（图4-19-6）。

G型：壶形。望牛岭M1出土1颗（图4-19-7）。

H型：耳珰形。北插江盐堆M1出土1对（图4-19-8）。

I型：动物形。北插江盐堆M1出土狮子2件（图4-19-9），1992年凸鬼岭M22出土

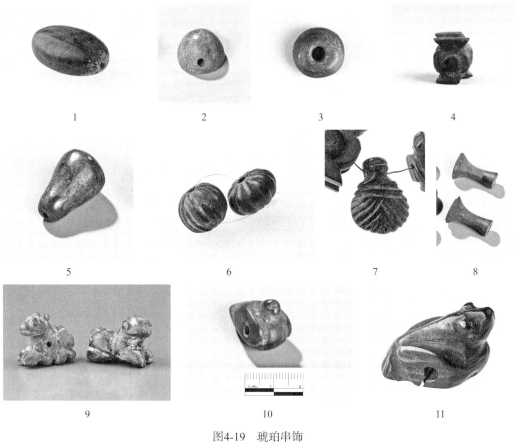

图4-19　琥珀串饰

1. A型（凸鬼岭M4）　2. B型（北插江M5）　3. C型（北插江盐堆M1）　4. D型（北插江盐堆M1）
5. E型（北插江M4）　6. F型（九只岭M6A）　7. G型（望牛岭M1）　8. H型（北插江盐堆M1）
9. I型（北插江盐堆M1）　10. I型（凸鬼岭M22）　11. I型（望牛岭M1）

鸽形1件（图4-19-10），望牛岭M1出土1件蛙形（图4-19-11）。

琥珀印　7件。多和其他珠饰品一起出土，中部有穿孔，应兼具印章和饰品功能。依形状，分二型。

A型：3件。方形或长方形。

堂排M1：1，方形，蛇纽，印文"劳新封印"，字体草率。边长2.3、高2.1厘米①。后经考证印文应为"劳邑执封"②（图4-20-1）。望牛岭M1：120，龟纽，略作长方形，阴文篆书"庸母（？）印"三字。长1.5、宽1.2、高1.5厘米③（图4-20-2）。九只岭M5：83，方形，龟纽，印文为"黄昌私印"。宽1.3、高1.4厘米④。

1　　　　　　　　　　　　　　　　2

3

图4-20　琥珀印章

1.A型（堂排M1）　2.A型（望牛岭M1）　3.B型（凸鬼岭汽齿厂M25）

①　广西壮族自治区文物工作队. 广西合浦县堂排汉墓发掘简报［M］. 文物资料丛刊：4. 北京：文物出版社，1981：52

②　蒋廷瑜. "劳邑执封"琥珀章考［J］. 中国历史文物，2004（4）：16

③　广西壮族自治区文物考古写作小组. 广西合浦西汉木椁墓［J］. 考古，1972（5）：29

④　广西壮族自治区文物工作队，合浦县博物馆. 广西合浦县九只岭东汉墓［J］. 考古，2003（10）：75

B型：4件。半球形。

堂排M4：21，刻"王以明印"，字体较工整[①]；风门岭 M23B：27，印文"子君□印"[②]；九只岭M5：70，穿孔，兼作印章，印文"黄□□印"。高1.2、底宽0.6厘米；1992年环城镇凸鬼岭汽齿厂M25出土1枚，馆藏号000957，印文"陈□印"，重0.5克[③]（图4-20-3）。

五、石榴子石

合浦出土石榴子石见圆形、扁圆形、系领形和动物形。

A型：圆形或扁圆形。纵穿孔。二炮厂M14A出土1串，红褐色，直径0.4～0.5厘米（图4-18-1）。

B型：系领形。氮肥厂M1出土1串（图4-21-2）。

1   2

3   4   5   6

图4-21　石榴子石串饰

1. A型（二炮厂M14A）　2. B型（氮肥厂M1）　3. C型（第二麻纺厂M4）
4. D型（第二麻纺厂M4）　5. E型（凸鬼岭汽齿厂M6）　6. E型（风门岭M10）

①　广西壮族自治区文物工作队. 广西合浦县堂排汉墓发掘简报［M］. 文物资料丛刊：4. 北京：文物出版社，1981：52

②　广西壮族自治区文物工作队，合浦县博物馆. 合浦风门岭汉墓——2003～2005年发掘报告［M］. 北京：科学出版社，2006：42-44

③　合浦县博物馆馆藏资料

C型：扁饼形。横穿孔。第二麻纺厂M4出土一串，有扁饼形1颗（图4-21-3）。

D型：榄形。第二麻纺厂M4出土一串，有圆榄形1颗（图4-21-4）。

E型：动物形。凸鬼岭汽齿厂M6出土1件狮子形（图4-21-5）；风门岭M10出土1件为摩羯形，长1.1厘米（图4-21-6）。

六、绿 柱 石

又称绿宝石，合浦汉墓出土绿柱石绿色较多，还有透明色、浅蓝色、黄色、白色，有玻璃光泽。早期报告中多误认为是水晶。2014年，中国科学院上海光学精密机械研究所对合浦县博物馆馆藏的两串珠饰进行测试，鉴别出海蓝宝石、金绿宝石和透绿宝石[①]。形状有棱柱形、圆柱形、多面体及其他不规则形状等，均有穿孔（图4-22）。

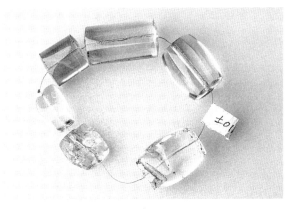
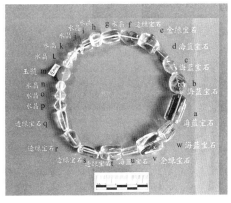

图4-22　绿柱石串饰

1. 不规则四棱柱形、六棱柱形（望牛岭M1）　　2. 绿柱石、水晶、玉髓混合串饰（黄泥岗M1）

七、绿 松 石

数量较少，风门岭M26出土圆饼形、禽鸟形和钺形[②]；北插江盐堆M1出土1件绿松

---

① DONG J Q, HAN Y L, YE J W, et al. *In situ* identification of gemstone beads excavated from tombs of the Han Dynasties in Hepu county, Guangxi Province, China using a portable Raman spectrometer[J]. Journal of Roman Spectroscopy, 2014(7): 596-602

② 广西壮族自治区文物工作队，合浦县博物馆. 合浦风门岭汉墓——2003～2005年发掘报告 [M]. 北京：科学出版社，2006：83

石羊，长1.3、高1厘米（图4-23-1）；1992年凸鬼岭汽齿厂M17出土鸽形饰2件[①]（图4-23-2）。

1　　　　　　　　　　　　　　　　　　2

图4-23　绿松石饰品

1. 羊形（北插江盐堆M1）　2. 鸽形（凸鬼岭汽齿厂M17）

第四节　其他器物

漆盘　2件。望牛岭M1：17，盘为椭圆形，已朽，存铜座。座通体鎏金，圆盖式底座，座柄上分叉成"十"字形，作四螭仰首状。螭首上面有漆盘的残迹，直径12厘米[②]。M1：47，圆形，残存铜扣和足，扣为凹形圆圈，三熊足，底扣和足相连，通体鎏金。直径32厘米[③]。

耳杯　椭圆形，木胎，镶鎏金铜耳。望牛岭M1，1996母猪岭M4、M6，九只岭M6A和风门岭M1均有出土。多残存两侧铜耳。望牛岭M1：6，里朱绘云凤纹，双凤相对飞舞。通体鎏金。长10、宽1.7厘米[④]。

漆樽　4件，均出自望牛岭M1。存鎏金铜饰和足。内有鎏金铜孔雀饰，似镶于奁盖；兽面衔活环似镶于奁身；熊足1件，应附于底。熊脐嵌珠[⑤]。

漆盒　6件。出自望牛岭M1。残存鎏金铜边箍和金平脱箔片。箔片中有加彩绘的狩猎、飞禽、走兽和海水祥云等纹样，飞鸟展翅，走兽奔跑，狩猎者骑马飞驰，或引弓待发，或张索欲投[⑥]。

---

① 合浦县博物馆馆藏资料
② 广西壮族自治区文物考古写作小组．广西合浦西汉木椁墓［J］．考古，1972（5）：27
③ 广西壮族自治区文物考古写作小组．广西合浦西汉木椁墓［J］．考古，1972（5）：27
④ 广西壮族自治区文物考古写作小组．广西合浦西汉木椁墓［J］．考古，1972（5）：27
⑤ 广西壮族自治区文物考古写作小组．广西合浦西汉木椁墓［J］．考古，1972（5）：28
⑥ 广西壮族自治区文物考古写作小组．广西合浦西汉木椁墓［J］．考古，1972（5）：28

骨珠　3件。堂排M2A：33，其中2件为瓜棱形，1件为管状[①]。

骨刀　1件。九只岭M5：50，一面开刃，宽1.1～1.4厘米[②]。

竹算筹　九只岭M6A出土9根，长约19.5厘米，计算工具。在铜长颈壶内，头朝下，尾变形弯曲。直径0.23、长13.8厘米[③]。

由于报告没有具体描述，或同湖南永州鹞子山西汉墓铜长颈壶内出土的相似，为投矢[④]。

蚌壳　九只岭M6B：7、18，分置在墓室底部的两端，长9.5厘米，为同一贝壳的两半[⑤]。

铅锡合金灶　1件，汽齿厂M6A：32，灶体呈长方形，长40、宽24厘米。上有两灶眼，前置一釜，后置釜甑。前釜直口，圆唇，丰肩，上腹鼓，下腹斜收成小平底，肩部附一对铺首衔环，腹部饰一周凸棱。口径6.2、底径6.3、高12.1厘米。后釜甑套合，上部甑，直口，沿外翻，深腹，圈足，底有横直镂空作条状几何图案。腹部有凸棱一周及对称的铺首衔环。口径14、足径7.1、高9.5厘米；下部釜，盘口，束颈，溜肩，肩部附一对环耳，耳际饰凸棱一周，肩部以下残缺，两侧有合范缝。口径14.6、残高7.3厘米[⑥]。

①　广西壮族自治区文物工作队. 广西合浦县堂排汉墓发掘简报［M］. 文物资料丛刊：4. 北京：文物出版社，1981：53

②　广西壮族自治区文物工作队，合浦县博物馆. 广西合浦县九只岭东汉墓［J］. 考古，2003（10）：75

③　广西壮族自治区文物工作队，合浦县博物馆. 广西合浦县九只岭东汉墓［J］. 考古，2003（10）：75

④　零陵地区文物工作队.湖南永州市鹞子山西汉"刘彊"墓［J］. 考古，1990（11）：1010

⑤　广西壮族自治区文物工作队，合浦县博物馆. 广西合浦县九只岭东汉墓［J］. 考古，2003（10）：75

⑥　广西文物保护与考古研究所. 2009～2013年度合浦汉晋墓发掘报告［M］. 北京：文物出版社，2016：68

第五章　分期与年代

墓葬分期与年代判定以墓葬形制和典型器物的演变为主要依据，随葬器物中陶器是器型变化最快，时代特征最为明显的一类，墓葬的分期可依主要器物的组合关系及器型变化为基础，再结合铜镜和铜钱等对墓葬年代进行断定。合浦汉墓的分期多以广州汉墓为参照，广州汉墓分布集中，年代序列完整。五期的划分，反映了两汉时期墓葬形制和随葬器物的演变和发展过程（表5-1～表5-4）。

第一节　西汉早期

本期依据墓葬形制和出土器物可分为前后两段。

前段：墓葬形制仅发现土墩墓，即双坟墩土墩墓D2和D1。其中D2进行了科学的发掘，该土墩墓为一墩多墓结构，内发现的3座墓葬，均为长方形熟土浅坑，形制简单、规模较小，随葬器物其中2座为瓮、杯组合，1座仅有瓿。出土的陶瓿和杯均可在浙江地区战国墓中找到原型，且纹饰、陶质、陶色均十分相近，其中M2出土陶瓿同浙江安吉垅坝D12M2出土贯耳罐形制、纹饰、陶质均相同[1]；M3、M4出土陶杯同嘉兴地区的印纹陶形制、纹饰极为相近[2]。D2下层垫土层第④层出土有方框对角线纹，有报告称为方格交叉对角线纹、重方格交叉对角线纹，或称"米"字纹、双线"米"字纹等。两广地区迄今所见的"米"字纹陶遗存，除增城西瓜岭等一部分遗存可以早到战国晚期外，大多数遗存应在秦或西汉早期[3]。D2的M2、M3和M4在④层上，年代应该相当或略晚。D1出土的陶碗，与上海金山戚家墩出土的春秋战国时期的Ⅲ式碗形制相近[4]；陶杯与广州萝岗区园岗山越人墓所出（M1：17）十分相似，这座墓葬的下限被定在秦

---

① 浙江省安吉县博物馆. 浙江安吉垅坝D12土墩墓发掘简报［J］. 南方文物，2003（3）：28-31

② 陆耀华. 嘉兴印纹陶遗址与土墩墓［J］. 东南文化，1989（6）：113-120

③ 李龙章. 两广地区"米"字纹陶类型遗存和广州汉墓的年代［J］. 考古，2006（4）：69-80

④ 上海市文物保管委员会. 上海市金山县戚家墩遗址发掘简报［J］. 考古，1973（1）：

汉之际①。陶瓮D1:4同南越王墓Ⅰ型瓮形制相同，D1:3同南越王墓Ⅱ型瓮形制同②，其年代较D2晚，报告年代为西汉中期左右，或也早至南越国时期。在双坟墩周围地表可见较多几何印纹硬陶片，有方框对角线纹、席纹、回字纹和夔纹等，D2垫土层④层也出土有少量夔纹陶片，夔纹在广西多流行于战国晚期至西汉早期。④层下还发现大量柱洞，说明在土墩墓出现的略早些时候已经有一定数量的居民在此地活动。此外，在1987～1988年发掘的文昌塔汉墓报告中，提及有少量早于汉代的墓葬，但没有归入，故形制和出土器物不详③。考虑到当地文化发展的滞后性，本期年代定为秦至西汉早期较合适。

后段：墓葬形制多为A型和B型Ⅰ式、B型Ⅱ式土坑墓，主要分布于文昌塔墓地，这类墓葬形制分别同广州汉墓Ⅰ型和Ⅱ型3式相似。随葬器物较少，最多的16件器物，最少1件，一般2～5件器物。以陶器为主，少量铜器和铁器，偶见珠饰。陶器大部分为生活用具，以各类罐居多，瓮数量不多，另有瓿、双耳罐、三足罐、联罐、折肩罐、提筒、盒、三足盒、釜、杯、匏壶、温壶等；仿铜陶礼器鼎、盒、壶出现，但不完备。其中A型Ⅰ式罐、B型Ⅰ式瓮、A型Ⅰ式三足罐、B型三足罐、A型五联罐、Ⅰ式三足盒分别与广州汉墓西汉早期墓葬出土的B类Ⅰ型罐、Ⅰ型瓮、Ⅰ型②式三足罐、Ⅱ型三足罐、Ⅰ型五联罐、Ⅱ型三足盒相似。这一时期铜镜数量较少，见A型蟠螭纹镜，铜钱仅在文昌塔M168出土有半两钱。综合来看该段年代大致为西汉早期偏晚阶段。

1987～1988年发掘的文昌塔报告一期64座墓葬属本段，其年代或可商榷。这批墓葬中年代较确凿的是34座长方形窄坑墓。这些墓葬规模较小，随葬器物也不多。出土器物的墓葬共24座，其中11座出土的器物均为越式，随葬罐、联罐、双耳罐、瓿、匏壶、三足罐、三足盒等器物，其余13座出土的器物以越式为主，同时发现少量小碗、釜、鼎、盒、壶、带钩等汉式器，以及少量铜质兵器、铁质兵器等。通过与广州汉墓的对比，年代应属西汉早期的后段。

30座宽坑墓多有横向枕木沟，仅4座随葬器物均为越式器，见罐、联罐和瓿；26座随葬陶器以罐为主，仅2座的为瓮罐组合，器物为越式和汉式共存，大致各占一半，汉式器可见陶鼎、盒、壶、小碗、釜、带钩、纺轮、铜镜、铁盉。带斜坡墓道的宽坑墓，随葬的汉式器数量和种类均有增加，年代也应略晚。较为明显的，如M11，陶器组合以瓮罐为主，还见陶壶、滑石盘和滑石璧，这种陶器组合和滑石璧替代玉璧的形式多见于广州西汉中晚期墓葬；M113，随葬陶器亦为瓮罐组合，出土的

① 广州市文物考古研究所.广州市萝岗区园岗山越人墓发掘简报［M］.华南考古：2.广州市文物考古研究所编.北京：文物出版社，2008：254-262

② 广州市文物管理委员会，中国社会科学院考古研究所，广东省博物馆.西汉南越王墓［M］.北京：文物出版社，1991：234

③ 广西文物保护与考古研究所.广西合浦文昌塔汉墓［M］.北京：文物出版社，2017：3

陶瓮和陶壶形制在合浦其他墓地的西汉中晚期墓中较常见。因此，笔者认为在第一期的宽坑墓中，至少部分应归入西汉中期。这种汉、越文化杂糅的现象，或许正是合浦置郡县后，汉文化大举进入，进而对本地越人葬俗产生冲击的复杂阶段的反映。

第二节　西汉中期

本期的较早时段仍见第一期的土墩墓和少量A型窄坑墓。土墩墓为双坟墩1号墩，其年代较2号墩晚，报告判断年代晚至西汉中期。1号墩清理发现陶瓮2件，陶钵、碗、杯、网坠、铜斧各1件，疑为墓葬随葬品。陶瓮属几何印纹硬陶，烧制温度较高，制作精细，为南越国时期后段常见，但器物组合相较于2号墩，已发生了明显的变化，除江浙越式器杯碗外，还出现本地越式器陶瓮以及陶纺轮、铜斧等中原汉式器，表明这一时期汉文化已进入合浦地区，并与本地文化开始交流和融合。1987～1988年文昌塔报告第二期墓中M7、M24、M191，形制为不带墓道的窄坑墓，出土器物仅4～5件，多为陶罐。这几座墓葬年代应可归入前段。两种不同类型的墓葬并存，应是反映设置郡县之初，本地越人和外来越人存在不同的聚居区。本段年代应为西汉中期偏早阶段。

本期的较晚时段主要为B型土坑墓和A型、B型Ⅰ式木椁墓，已不见生土二层台结构，带墓道的墓葬数量逐渐增多，长方窄坑土坑墓渐趋消失，宽坑土坑墓占大多数，见异穴合葬墓。随葬品仍以陶器为主，以及铜器、铁器、滑石器等，还见少量的五铢钱以及玻璃、水晶、红玉髓和玛瑙珠饰。随葬陶器组合以瓮罐为主，瓮较前段数量增多，新出现腹径居中的C型和D型瓮，D型扁圆罐增多；鼎盒壶继续沿用，A型鼎不见，新出现钫，本段壶数量大幅增加，多为硬陶，颈部粗短，腹部圆鼓近球状，鼎、盒、钫仍较少，鼎出现矮蹄足型，盖面圆隆，深腹，盒新出现C型；井仓灶模型明器在这一时期出现，但数量甚少，单个墓中组合不完备，灶平面呈长方形，无地台和额墙，烟突短粗，多为柱状。三足盒、联罐、瓿、匏壶、提筒等越式器在本期仍沿用，三足罐和三足瓿不见，联罐多为B型平底类，三足盒和三足罐数量减少。其中C型Ⅰ式瓮、C型Ⅰ式盒、D型Ⅱ式壶、B型Ⅰ式匏壶等，同广州汉墓Ⅳ型瓮、Ⅱ型②式盒、Ⅵ型壶、Ⅱ型匏壶形制相似。这一时期随葬滑石器和铜器的种类及数量均有所增多，铜器主要为生活用具及少量兵器，有樽、簋、盉、釜、鬲、盆、锅、勺、熏炉、灯、戟、矛、镜、带钩等。其中A型蟠螭纹镜在本期沿用，新出现连珠纹镜、日光镜、连弧纹镜、昭明镜，带铭文镜字体非篆非隶，简笔字较多。铜钱在本期均为五铢钱，数量不多。前后两段的截然变化，反映了合浦始设郡县后，随着汉文化的大举进入，埋葬习俗产生了深刻变化。综合来看，本段年代应为西汉中期偏晚阶段。

第三节 西汉晚期

本期墓葬形制以B型Ⅰ式带墓道的木椁墓为主，另有少量A型窄坑土坑墓、B型宽坑土坑墓和A型不带墓道的木椁墓。本期新出现B型Ⅱ式三室墓和B型Ⅲ式带甬道木椁墓。大中型墓葬做法较为讲究，填土多经拍实，椁室与墓壁之间或椁室之上以木炭、卵石等相间夯筑，还有以白膏泥封护椁室四周，或于椁室底部铺沙、木炭和白膏泥等以防潮。少量带象征"厨厕"的外藏椁，有耳室形和置于墓道底端两类。夫妻合葬在本期数量增加，以异穴合葬墓为主，兼有少量同穴合葬墓，男性墓穴规模一般较女性大，随葬器物也多。

陶器以几何印纹硬陶为主，仅有部分红胎软陶。硬陶以灰白胎和灰色胎为主，烧制温度高，多施青黄釉，纹饰丰富多样，有方格纹、方格纹加戳印、水波纹、羽纹、连续三角纹、柿蒂纹、篦点纹等。瓮罐组合继续沿用，方格纹底加覆戳印比较普遍，瓮如前期有直领如短颈，但已均为硬陶，腹部长圆，最大径居中或偏上，罐的种类多样，短颈不如前期明显，或演变为折领，腹部大都扁圆；井仓灶模型明器组合大多完备，但不普遍，新出现厕，有井、井灶或仓灶厕等组合。仓演变为前横廊封闭开门，仓底对穿四圆孔，灶形升高，出现额墙，早期的圆柱形烟突多为龙首形；仿铜陶礼器多仅见壶，鼎次之，偶见盒和钫。陶壶颈部收束明显，腹部圆鼓。联罐、匏壶、提筒等越式器仍沿用，三足盒和瓿已不见。本期新增魁、卮、耳杯、熏炉、长颈壶、镳壶、溷A型Ⅲ式和B型提筒等器物，陶塑家禽家畜、人俑等也在本期出现。

本期铜器出土数量较多，望牛岭1号墓和凤门岭26号墓等大中型墓葬随葬铜器数量约占出土器物的一半。除前期所见器物外，另有盒、三足小壶、长颈壶、提梁壶、扁壶、提梁钫、格盒、三足盘、魁、卮、凤灯、席镇、耳杯等出现，器物多刻镂刻花纹，精致繁缛。铜车马器、动物模型及完整组合的建筑明器等均为本期始见。A型铜镜本期不见，昭明镜、日光镜和连珠纹镜在本期继续沿用，昭明镜铭文字体变方正。此外本期新出现四乳四螭镜。铜钱主要为五铢钱，较晚阶段出现剪轮五铢。A型和B型五铢钱与烧沟汉墓第一、二型五铢形制相近，其中一型自武帝时期铸，西汉晚期较为流行；二型为宣元时期始铸[1]。A型五铢数量减少，多为B型五铢，并出现A、B型剪轮五铢，其中B型剪轮五铢出现时间为元、成或成、哀之际[2]。

玉器发现数量较少，仅出自大中型墓葬，种类有带钩、剑璏、璧、碗、饰品及葬玉等；滑石器在本期早些时候较为流行，且种类繁多，有鼎、壶、钫、璧、暖炉、方罐、樽、提筒、盘、杯、耳杯、釜、锅、勺、杵、臼、灯、案、几、井、仓、灶、

---

① 洛阳区考古发掘队. 洛阳烧沟汉墓［M］. 北京：科学出版社，1959：225

② 洛阳区考古发掘队. 洛阳烧沟汉墓［M］. 北京：科学出版社，1959：225

屋、厕等。玻璃、石榴子石、琥珀、玛瑙、水晶、红玉髓、蚀刻石髓、绿松石、金银等各类饰品，本期较为流行，约半数墓葬有出土，其中玻璃珠出土数量巨大。

第四节 东 汉 早 期

本期窄土坑墓和宽土坑墓以及带墓道的B型Ⅰ式木椁墓仍有少量发现，新出现用砖和木料合构的A型砖圹墓、Ba型不带墓道直券顶砖室墓、Bb型Ⅰ式带墓道直券顶砖室墓、Bb型Ⅱ式带墓道直券顶分室墓。A型砖圹墓应是木椁墓向砖室墓的过渡形制，如1991母猪岭M6，单室内墓壁用砖砌，顶部不见起券；黄泥岗1号墓仅前室为砖圹，后室有枕木沟，顶部用木料封盖。直券顶砖室墓形制也较为简单，规模小，多为单室，底部不分级，墓壁多为单砖或双砖错缝结砌，单砖起券。少量墓室分前、后室。

本期出土陶器延续前一期器类，陶质、陶色均较相近，仍以灰白胎硬陶为主。器型整体较矮小，器表纹饰有所简化，多饰弦纹，少量饰方格纹，各类戳印纹较少。瓮罐组合在本期较为普遍，罐数量减少，常见的C型罐腹部较扁，新出现四耳展唇罐，瓮形体变矮，肩部斜直；仿铜陶礼器组合在本期发生变化，钫、A型盒在本期不见；鼎数量较少，Bb型中原式蹄足鼎逐渐减少，腹部下坠，Ba型三斜足外撇鼎居多；壶仍然数量较多，但形体较前期小，颈部短，腹部由圆鼓变为扁圆，圈足外撇明显。本期越式器仅偶见联罐，提筒数量较多。模型明器除常见的井、仓、灶外，溷较为流行，新出现曲尺型陶屋。A型、D型井在本期不见，均为B型，井栏下部无前期鼓，上部收束较明显，多有井亭盖；仓多有横廊，大部分有柱足或柱孔，屋顶瓦垄刻画细致，出现垂脊和脊饰，双室仓于本期新见；无额墙的A型灶不见，灶体和额墙普遍较高，龙首烟突已开始简化。

本期铜器数量、种类均减少，器型矮小，钫、盒、蹄足鼎、魁、盉、多枝灯等在本期不见，纹饰简化，錾刻花纹在本期呈现出衰落的趋势。本期A型五铢和剪轮五铢仍有少量，B型五铢数量较多，新出现大泉五十和货泉。昭明镜、日光镜和四乳四螭纹镜在本期沿用，但昭明镜和日光镜字体已普遍方正。新出现四神规矩纹镜，该类镜最早出现或于王莽之前，但其兴盛期为王莽时期[①]。

滑石器随葬数量剧减，仅个别墓葬出土少量暖炉。玻璃、水晶、玛瑙、琥珀等珠饰在本期仍较流行，但主要出土于大中型墓葬。

第五节 东 汉 晚 期

本期墓葬形制以砖室墓为主，砖圹墓仍有少量发现，偶见土坑墓。砖室墓形制多

---

① 洛阳区考古发掘队. 洛阳烧沟汉墓［M］. 北京：科学出版社，1959：175

样，规模趋大，新出现穹隆顶墓、穹隆顶墓合券顶墓、横直券顶砖室墓和横直券顶砖室墓合穹隆顶墓等。结构更复杂，墓室多由单室演变为多室墓，底部和券顶也多有分级，甬道、侧室、耳室、壁龛等普遍出现。墓壁及券顶一般为双砖结砌，铺地有条砖和方砖。少量砖室墓底部仍有枕木沟，如寮尾M13B、M15和风门岭M28，均有两纵向枕木沟，其作用已发生转变，主要用以渗水。异穴合葬墓在本期继续流行，同穴合葬墓也偶有发现。

陶器仍以灰白胎、灰胎硬陶为主，但器型普遍矮小，制作不及前期精致，但组合形式延续前期。除器型高大的长腹瓮、四系瓮外，另有大口、器型较矮小的陶瓮新出现；器型较大的罐已不多见，小罐纹饰简化，多饰弦纹，腹部扁圆，部分下坠。鼎数量少，形体较大的盒多被烧制温度较低的小盒所取代；壶形体亦较小，颈部收束，腹部下坠或折腹。溷和屋模型明器本期较流行，井仓灶组合多较为完备。井栏上部收束明显，下部直或斜直；仓底部有柱足，前有护栏或者封闭的横廊；灶面呈前高后低的灶，还出现釜与灶体结为一体的形制，部分灶身有人俑或狗，烟突简化，多作柱状。高温釉陶器、三合式陶屋、重檐陶仓及陶籩等均为本期始见。

本期随葬铜器数量不多，且制作简单，胎薄，纹饰简单，錾刻花纹铜器已少见，远不及西汉晚期精致。常见器类有壶、提梁壶、镶壶、樽、盆、灯、熏炉、铜镜、碗、盘、削等。车马器、兵器也有少量出土。五铢、大泉五十、货泉仍见，A型五铢在本期不见，新出现C型五铢和大布黄千。其中C型五铢其出现时间为东汉中期，而货泉、大泉五十和大布黄千在本期多和C型五铢同出，这类王莽钱的下限并不仅迄于王莽覆灭[①]。铭文方正的昭明镜、日光镜继续沿用，四神规矩镜在本期较为流行，另出现云雷连弧纹镜，该类镜同烧沟汉墓八型一式镜形制相近，其出现时间为东汉初[②]。

本期的珠饰、金银器等数量均有所减少，显示厚葬之风已逐渐衰落。但本期零星出现了一些非贸易品，如波斯陶壶、铜钹等，而且出现了叠涩穹隆顶墓，一些外来的文化因素也在本土器物上有更多体现。

---

① 洛阳区考古发掘队. 洛阳烧沟汉墓［M］. 北京：科学出版社，1959：226

② 洛阳区考古发掘队. 洛阳烧沟汉墓［M］. 北京：科学出版社，1959：175

表5-1　合浦汉墓分期表

期段	墓葬形制 土墩墓	土坑墓	木椁墓	砖室墓	陶器 瓮	罐	鼎	盒	壶	钫	井	仓	灶	铜镜 蟠螭纹镜	四乳四螭镜	四乳纹镜	日光镜	昭明镜	四神规矩镜	柿蒂纹贴金镜	连弧纹镜	百乳镜	云雷连弧纹镜	铜钱 半两	五铢	剪轮五铢	大泉五十	货泉	大黄布千
西汉早期 前段	*				AI AII																								
西汉早期 后段	*	AI AII AIII BI BII BIII	A BI		BI BII	AI AII AIII BI CI CII DbI	A BI BII	AI AII BI	A B C DI G															*					
西汉中期		AI AIII BI BII BIII			BI BII BIII CI CII DI DII	AI AII AIII BII CI CII DaI DbII DcI EI FI	BIII CI	CI	DI DII	A B	A BI CI	A BaI BaII	AI AII	*			I	I			*	*			A				

注：*表示不分型式。

续表

期段	墓葬形制				陶器									铜镜										铜钱					
	土墩墓	土坑墓	木椁墓	砖室墓	瓮	罐	鼎	盒	壶	钫	井	仓	灶	蟠螭纹镜	四乳四螭镜	四乳纹镜	日光镜	昭明镜	四神规矩镜	柿蒂纹贴金镜	连弧纹镜	百乳镜	云雷连弧纹镜	半两	五铢	剪轮五铢	大泉五十	货泉	大黄布千
西汉晚期		A I A III B I B III	A B I B II B III		B II B III C I C II D I D II	A III B III C II Da I Da II Db III Dc I Dc II Dd I Dd II F II F III G I	C I C II	C I C II	D II	B	A B II C II C III D	Ba II Bb I Bb II C	A I A II A III B I B II B III		*	*	I	I			*				A B				

注：＊表示不分型式。

续表

期段	墓葬形制				陶器									铜镜										铜钱					
	土墩墓	土坑墓	木椁墓	砖室墓	瓮	罐	鼎	盒	壶	钫	井	仓	灶	蟠螭纹镜	四乳四螭镜	四乳纹镜	日光镜	昭明镜	四神规矩镜	柿蒂纹贴金镜	连弧纹镜	百乳镜	云雷连弧纹镜	半两	五铢	剪轮五铢	大泉五十	货泉	大黄布千
东汉早期		A I A III B III	B IV	A I A II A III Ba Bb I Bb II	D II D III E I	B IV Da II Db III Dc II Dc III E II F III G II G III	C II C III C IV	B II	D III E I E II		C IV C V	Ba III Bb II Bb III	B III		*		II	II	*	*					A B C	A B	*	*	

注：*表示不分型式。

续表

期段	墓葬形制				陶器									铜镜										铜钱					
	土墩墓	土坑墓	木椁墓	砖室墓	瓮	罐	鼎	盒	壶	钫	井	仓	灶	蟠螭纹镜	四乳四螭镜	四乳纹镜	日光镜	昭明镜	四神规矩镜	柿蒂纹贴金镜	连弧纹镜	百乳镜	云雷连弧纹镜	半两	五铢	剪轮五铢	大泉五十	货泉	大黄布千
东汉晚期		AⅢ BⅢ		AⅡ AⅢ AⅣ BbⅠ BbⅡ BbⅢ C D E	DⅢ EⅠ EⅡ	BⅣ CⅢ DaⅢ DaⅣ DbⅢ DcⅢ DcⅣ DdⅢ FⅡ GⅡ GⅢ GⅣ H I	BⅣ CⅣ	BⅡ D	DⅢ DⅣ EⅡ EⅢ F		CⅣ CⅤ	BbⅣ BbⅤ	BⅣ BⅣ BⅤ		*		Ⅱ	Ⅱ	*				*		B C		*	*	*

注：*表示不分型式。

表5-2　合浦汉墓出土瓮罐分期表

类型　期段	瓮					罐								
	A	B	C	D	E	A	B	C	D	E	F	G	H	I
西汉早期　前段	双坟墩 D2M3：6 双坟墩 D2M4：7													
西汉早期　后段		双坟墩 D1：3				文昌塔 M154：10	文昌塔 M103：4	文昌塔 M34：1						
西汉中期		文昌塔 M126：28	文昌塔 M129：6	文昌塔 M09：33		文昌塔 M126：7		文昌塔 M02：29	文昌塔 M02：26	文昌塔 M151：4	文昌塔 M144：11			

续表

期段＼类型	瓮 A	瓮 B	瓮 C	瓮 D	瓮 E	罐 A	罐 B	罐 C	罐 D	罐 E	罐 F	罐 G	罐 H	罐 I
西汉晚期			05文昌塔 M4：6	凤门岭 M23B：41		文昌塔 M76：14	二炮厂 M4：4	文昌塔 M01：23	96伟猪岭 M6：13			二炮厂 M30A：扰3		
东汉早期				文昌塔 M189：2	精神病院 M3：6		文昌塔 M131：3		文昌塔 M156：12	文昌塔 M122：2	文昌塔 M01：15	九只岭 M5：3		
东汉晚期				凤门岭 M28：16	二炮厂 M5：2		二炮厂 M5：43	文昌塔 M82：14	凤门岭 M24B：13		二炮厂 M10：扰12	99凸鬼岭 M20：3	文昌塔 M1：10	寮尾 M16：27

表5-3 合浦汉墓出土仿铜陶礼器分期表

类型 / 期段	鼎 A	鼎 B	鼎 C	盒 A	盒 B	盒 C	盒 D	壶 A	壶 B	壶 C	壶 D	壶 E	壶 F	壶 G	钫 A	钫 B
西汉早期（后段）	文昌塔 M57:2 文昌塔 M50:1	文昌塔 M154:1 文昌塔 M96:1		文昌塔 M49:3 文昌塔 M164:2	文昌塔 M96:4			文昌塔 M011:6	文昌塔 M99:3	文昌塔 M96:3	文昌塔 M113:6					
西汉中期		文昌塔 M130:1	文昌塔 M129:11			文昌塔 M27:5					文昌塔 M18:2			文昌塔 M144:12	文昌塔 M151:2	文昌塔 M18:3
西汉晚期			文昌塔 M70:22			风门岭 M23B:50					廉孚厂 M2:14					风门岭 M23A:40

续表

类型 期段	鼎			盒				壶							钫	
	A	B	C	A	B	C	D	A	B	C	D	E	F	G	A	B
东汉早期			母猪岭 M1：12								儿只岭 M5：40	母猪岭 M1：25				
东汉晚期		二炮厂 M8：47	寨尾 M13B：86		寨尾 M13B：15		寨尾 M13B：22				寨尾 M13A：4	儿只岭 M6B：21	文昌塔 M80：17			

表5-4 合浦汉墓出土陶模型明器分期表

类型\期段	井				仓			灶	
	A	B	C	D	A	B	C	A	B
西汉中期		文昌塔M09：14	文昌塔M04：18		文昌塔M36：10	风门岭M27：37		文昌塔M105：9 风门岭M27：26	
西汉晚期	二炮厂M12：36	汽齿厂M4：扰1	电厂M1：9 汽齿厂M3：10	汽齿厂M2：5		汽齿厂M2：7 风门岭M26：110	电厂M1：1	文昌塔M5：26	风门岭M26：111

续表

期段＼类型	井				仓			杜	
	A	B	C	D	A	B	C	A	B
东汉早期			九只岭M5：2			1999九只岭M8：6 九只岭M5：42			九只岭M5：22
东汉晚期			风门岭M28：5、10			风门岭M24A：18 风门岭M24B：2			寨尾M13B：81 寨尾M15：扰8

第六章　合浦汉墓与周边汉墓的对比

合浦汉墓地处桂南，与桂北、桂东、桂东南、桂西的汉墓既有相似之处，也有自身明显的特色，与临近的汉墓较集中的广州以及越南北部汉墓相比，也体现出地域间密切的交流，通过与各地区的对比研究，对合浦汉墓的区域特征也有了较为明晰地认识。

第一节　与广西其他地区汉墓的比较

汉武帝平定南越国后在岭南设置九郡，今广西主要分属郁林、苍梧、合浦三郡，其中郁林郡辖布山、安广、阿林、广都、中留、桂林、谭中、临尘、定周、领方、增食、雍鸡等县；苍梧郡领县中的广信、荔浦、富川、临贺、封阳和猛陵6县在今广西境；合浦郡下辖的合浦（今北海市、钦州市、防城港市等）、朱卢（今玉林、博白县境[①]）位于广西。余桂北的阳朔、永福、临桂、灵川、灌阳、兴安、全州、资源等8县及桂林市，以及平乐县、恭城瑶族自治县部分地域属零陵郡；龙胜各族自治县属武陵郡；桂西、桂西北的那坡、靖西、西林等地域属牂牁郡[②]。广西汉墓主要集中在合浦、郁林和苍梧三郡治现今所在地——合浦、贵港和梧州三地。

文献记载中的人文地理分区与历史时期考古学研究有密切的关系[③]，广西各地汉墓所体现的文化特征与其地理分区基本吻合，依此大致划分为五个区域——即桂北、桂东、桂东南、桂西和以合浦为代表的桂南地区。

一、桂　　北

桂北地区汉墓主要分布在平乐、兴安两县，该地区汉墓是在本地战国墓基础上发展而来，受中原文化影响较合浦早，发展延续性好，墓葬年代自西汉早期延至东汉晚期。

---

① 谭其骧. 自汉至唐海南岛历史政治地理——附论梁隋间高凉洗夫人功业及隋唐高凉冯氏地方势力 [J]. 历史研究, 1988（7）：6

② 雷坚. 广西建置沿革考录 [M]. 南宁：广西人民出版社, 1996：2

③ 徐苹芳. 中国历史考古学分区问题的思考 [J]. 考古, 2000（7）：81-87

桂北地区西汉墓类型有竖穴窄土坑墓和带斜坡墓道的木椁墓两大类，早、中期部分墓葬底部铺卵石、置腰坑现象较普遍，这些因素应是延续本地战国时期习俗[1]，带斜坡墓道的木椁墓则与合浦一致，是中原文化经楚地后传入。东汉时期桂北地区有砖木合构墓、无墓道或带墓道的宽土坑墓或木椁墓以及砖室墓，其中土坑墓和木椁墓在该地区流行时间较长，贯穿两汉时期。合浦西汉时期也多见土坑墓和木椁墓，但未发现墓底铺卵石和置腰坑的现象，自西汉中期始至晚期一直流行木椁墓，东汉砖室墓占绝大部分。合浦东汉早期出现的砖圹墓，贯穿东汉两期，早期如九只岭M5，晚期有寮尾M13B等。这一类型在桂北始见于东汉早期，如平乐银山岭M117，墓底两侧和后壁铺砌一行青砖[2]，数量较合浦少。

西汉早期桂北汉墓陶器种类以杯为主，另有瓮、罐、联罐等，桂北地区杯的形制与合浦早期土墩墓所出不同，合浦出土的陶杯一类直接来自吴越故地。中晚期两地出土器类相近，延续瓮罐组合，滑石器和陶井、仓、灶模型明器出现，鼎、盒、壶、钫仿铜陶礼器组合不完备。由于和楚地相邻，桂北汉墓出土楚式器较合浦多，如兴安西汉早期M11出土陶长颈圜底壶、短颈长腹席纹罐、覆钵式盒等带有战国时期楚墓遗风[3]；柳江县新安出土的滑石面具[4]与湖南溆浦马田坪西汉晚期墓出土滑石兽面形制相似[5]；出土的铁釜、釜架、铁削组合[6]也在楚地常见。东汉时期两地器物种类丰富，陶器组合变化不大，与中原地区汉墓共同点趋多。合浦汉墓常见的珠饰品，在桂北则少见，但桂北地区出土铁器较合浦多，合浦各墓地出土铁器主要为生产工具，种类和数量远不及桂北汉墓。

二、桂　　东

桂东地区汉墓密集区为梧州、贺州及其周边市县，该地区扼湘桂走廊之要道，受中原及楚文化的影响较大，但同时也较有地方特色。土坑墓和木椁墓在本地两汉时期均较为常见，其中西汉早期有无墓道、斜坡墓道、阶梯式墓道三类，墓室多为窄坑，墓室两侧普遍设置柱洞在钟山等地是较为典型的特征，西汉晚期至东汉斜坡式墓道增

①　广西壮族自治区文物工作队. 平乐银山岭汉墓［J］. 考古学报. 1978（4）：467-495

②　广西壮族自治区文物工作队. 平乐银山岭汉墓［J］. 考古学报. 1978（4）：472-473

③　广西壮族自治区文物工作队，兴安县博物馆. 兴安县石马坪汉墓［M］. 广西考古文集. 广西壮族自治区博物馆编. 北京：文物出版社，2004：256

④　覃彩銮. 柳江县新安汉墓［M］. 中国考古学年鉴. 北京：文物出版社，1984：165

⑤　中国社会科学院考古研究所. 中国考古学·秦汉卷［M］. 北京：中国社会科学出版社，2010：467-468

⑥　广西壮族自治区文物工作队，兴安县博物馆. 兴安县石马坪汉墓［M］. 广西考古文集. 广西壮族自治区博物馆编. 北京：文物出版社，2004：238-258

多。西汉早期墓葬多不分室，中期[①]的贺县金钟一号墓[②]出现分室，墓室分前后室，下部两侧及后壁有生土二层台，椁室两侧及后部与墓壁空隙以青膏泥填塞，并经夯打、火烘，体现出楚墓的埋葬习俗。合浦前后分室墓则出现于西汉晚期，以膏泥封护的习俗同桂东地区为同源，但出现较晚。东汉时期土坑墓和木椁墓在桂东仍较流行，其中较有特色的是少数东汉时期土坑墓仍设有腰坑[③]，合浦两汉时期墓葬均不见带腰坑的形制。桂东地区砖室墓也于本期出现，另贺州钟山[④]、昭平[⑤]等地东汉晚期还发现少量用石灰石构筑的馒头形石室墓。合浦地区发现的土坑墓较少，主要集中于西汉早中期，石室墓在合浦则不见，而合浦东汉时期的砖圹墓在桂东也未发现。此外，该地区双墓道的同穴合葬形式在合浦也未见。

西汉早期桂东地区陶器组合既有具有明显地方特色的瓮、罐、瓿、三足盒等组合，也有中原常见的鼎、盒、壶、钫仿铜陶礼器组合，而仿铜陶礼器组合在合浦西汉早期虽已出现，但数量甚少，且不完备，不见钫。西汉中期以来两广各地盛行的井、仓、灶、屋等模型明器和各类珠饰品在该地区出土较少，而井、仓、灶模型明器，在西汉中期至东汉合浦未被盗扰的墓葬中较为普遍，大中型墓葬中出土珠饰品的数量也很可观。整体而言，该地区小型平民墓葬的规模及随葬器物远不及合浦。

这一地区各期墓葬有使用残损陶器随葬的现象，体现出器物的使用和磨损程度较高，或是特殊的习俗，此外钟山等地墓葬中还常见放置小砾石的现象[⑥]，而这两种现象在合浦仅个别墓葬中有发现。

三、桂　东　南

桂东南地区汉墓主要分布于今贵港（旧贵县）市区周围，南起郁江，北到七里江

① 中国社会科学院考古研究所. 中国考古学·秦汉卷［M］. 北京：中国社会科学出版社，2010：488（作者注：金钟一号墓报告年代为西汉早期，熊昭明在"岭南地区汉墓"一节中指出其年代应为西汉中期）

② 广西壮族自治区文物工作队，贺县文物管理所. 广西贺县金钟一号汉墓［J］. 考古，1986（3）：221-222

③ 广西壮族自治区文物工作队，钟山县博物馆. 广西钟山县张屋东汉墓［J］. 考古，1998（11）：60-69

④ 广西壮族自治区文物工作队，钟山县博物馆. 广西钟山县张屋东汉墓［J］. 考古，1998（11）：62

⑤ 广西壮族自治区博物馆，昭平县文物管理所. 广西昭平东汉墓［J］. 考古学报，1989（2）：217-218

⑥ 广西文物保护与考古研究所，钟山县文物管理所. 钟山铜盆汉墓［M］. 北京：科学出版社，2018：38

桥，西起原贵县糖厂，沿风流岭、大公塘、经旧飞机厂，迤东到罗泊湾、南斗村和铁路桥，南北2.5千米，东西7.5千米[①]。

西汉时期贵港墓葬形制有竖穴土坑墓和木椁墓两类，部分无墓道，其中少量木椁墓墓道发现外藏椁，如风流岭M31[②]，这一形制与同期合浦风门岭M26相同。贵港汉墓西汉早期已发展成熟，且受汉、楚等多种文化因素影响，如罗泊湾一号墓[③]椁内分隔为多厢，椁室四周填膏泥的作法亦为楚墓常见；而椁底设殉人坑、器物坑，墓道设车马坑的形制，则是沿袭中原殷周高级贵族墓的墓制[④]。西汉晚期贵港以单室的土坑墓和木椁墓为主，合浦则从西汉中期至晚期均流行带斜坡墓道的木椁墓，仅少数无墓道。东汉时期贵港墓葬形制多样，前期无墓道的土坑墓以及带墓道的土坑墓和木椁墓仍有发现，另出现砖圹墓和砖室墓，以砖室墓居多。两地砖室墓形制十分相近，但墓葬用砖尺寸和纹饰略有不同，贵港地区墓砖整体较合浦尺寸大。

贵港作为秦汉时期郡县的治所，开发较合浦早，靠西江这条极为方便的水路，北可达灵渠进湘水，跨长江，可至中原地区，顺流而下可达广州，甚至出海。该地区汉墓形制和随葬器物均表现出与广州汉墓较强的相似性。此外，贵港西汉早期墓显示出较强的汉式因素，如罗泊湾汉墓出土有大批属于典型的五岭以北地区的产品，有铜鼎、壶、钫、盘、盆、匜、勺、镶壶、铜镜、带钩、漆耳杯、漆盘、漆奁、木六博、木梳篦等，还有大量的墨书、烙印、刻划的文字；同时也有铜鼓、盘口鼎、提筒、筒形器，陶三足盒、三足罐、浅腹杯、瓮、罐等越式器。西汉晚期至东汉，贵港和合浦两地汉墓随葬器类大体一致，但也存在差别，如贵港出土的东汉晚期陶牛车和陶船模型，在广州东汉中晚期均有出现，而合浦则不见。另，贵港汉墓也出土较多的玻璃器和各类珠饰品，但数量远不及合浦。

四、桂　西

桂西地区在汉代开发较晚，汉墓发现较少，同广西其他各区汉墓不论形制还是出土器物均存在巨大的差异。较为明显的是普驮西汉铜鼓墓，该墓用4件铜鼓互相套合作葬具，出土器物包括葬具400余件，主要为铜器、玉石和玛瑙，还有铁器和金丝。报告将墓葬出土器物与云南晋宁石寨山和江川李家山古墓群中的早、中期汉墓所出的器物

①　广西壮族自治区博物馆. 广西贵县罗泊湾汉墓［M］. 北京：文物出版社，1988：1

②　广西壮族自治区文物工作队. 广西贵县风流岭三十一号西汉墓清理简报［J］. 考古. 1984（1）：59

③　广西壮族自治区博物馆. 广西贵县罗泊湾汉墓［M］. 北京：文物出版社，1988：3-5

④　黄展岳. 关于贵县罗泊湾汉墓的墓主问题［M］. 南方民族考古：第二辑. 成都：四川科学技术出版社. 1990：196

进行对比，发现有许多共同之处，因而断其年代在西汉早期[①]。

　　而近年来随着发掘资料的丰富和研究的深入，桂西地区的一些墓葬，年代被重新认识。1977年田东锅盖岭发现2座战国墓，墓坑呈长方形，随葬铜鼓、剑、矛、斧、叉形器，玉玦、玉环和玉管，简报中将这两座墓的年代定为战国晚期[②]。李龙章将出土器物同云南石寨山等地同类器进行比较，指出锅盖岭2座墓年代应晚至西汉中期，同时重新判定西林铜鼓墓年代为西汉晚期[③]。亦有学者认为西林铜鼓葬年代为西汉晚期至东汉初较合适[④]。

　　西林地处云贵高原边缘，普驮铜鼓葬出土器物既有代表汉文化的骑俑、马腿、坐俑、六博棋盘、洗、锅、耳杯、弹丸、弓帽、盖弓帽、车饰、辖、当卢、衔镳、带扣等，亦有体现云南青铜文化的石寨山型鼓、冷水冲型鼓、羊角纽钟、镯、牌饰等，此外墓中出土的玉环、玛瑙环、玉管、玛瑙扣、玛瑙串珠、玛瑙穿饰、水晶珠、绿松石珠等玉石制品及窄铜格铁剑也多见于云南地区汉墓。以铜鼓为葬具的"二次葬"形式在广西也是首次发现。西林普驮墓因位置靠近云贵高原，汉属牂牁郡，体现出汉文化与云南滇文化两种因素。

　　田东锅盖岭位于滇越交通要道右江流域中下游，发现的2座墓葬，体现出本地越文化与云南滇文化交融，但更多体现出越文化，同时受云南滇文化影响。属云南滇文化的器物有石寨山型鼓、一字窄格剑，以及玦、环、管等玉器；属两广越文化因素的器物有扁茎剑、直鼻纽矛、长胡戈和叉形器等。

　　合浦汉墓则偶见滇文化因素，仅文昌塔M33出土1件一字格铜剑，该类器物是云南青铜文化的典型器物，在云南同期墓葬中多有出土。

第二节　与广州汉墓的比较

　　合浦与广州均是岭南地区汉墓较集中的地区之一，两地汉墓是在中原文化影响下发展起来的，但由于西汉早期广州为南越国都城，经济繁荣，开发较早，表现为发现的汉墓多，且发展演变轨迹清晰，文化序列完整。

　　广州发现的西汉早期墓葬有土坑墓、竖穴木椁墓和有墓道竖穴分室（竖穴和椁室均分室）木椁墓三类，以竖穴木椁墓为主。其中土坑墓有窄坑收底墓和直坑墓两类；竖穴木椁墓分有墓道和无墓道两类。这一时期墓葬合浦仅在文昌塔墓区有少量发现，以不带墓道的土坑墓居多，规模小随葬器物简单，不见广州汉墓设腰坑、铺石子的形

---

①　广西壮族自治区文物工作队. 广西西林县普驮铜鼓墓葬［J］. 文物，1978（9）：43-51

②　广西壮族自治区文物工作队. 广西田东发现战国墓葬［J］. 考古，1979（6）：492-494

③　李龙章. 广西右江流域战国秦汉墓研究［J］. 考古学报，2004（3）：284

④　周至清. 浅析广西西林县普驮铜鼓葬［J］. 江汉考古，2008（4）：71

制。西汉中期广州汉墓延续早期三型，土坑墓均为直坑；木椁墓以分室墓为主，分室墓形制发生变化，仅在椁室内作分层分室结构。合浦延续早期的土坑墓形制，以宽坑墓为主，也有少量带墓道的竖穴木椁墓。西汉晚期广州汉墓不见土坑墓，均为带墓道的竖穴木椁墓，其中三分之二为分室墓，其中部分出现横前堂。而合浦西汉晚期开始流行带墓道的木椁墓，不见广州汉墓的分室结构，还有少量土坑墓。这一时期，合浦一些带墓道的大中型木椁墓带外藏椁，位置在墓道底端或作为耳室位于墓室一侧，而同期广州汉墓中则不见外藏椁形式。外藏椁的使用与否，构成同时期两广汉墓的主要区别，构成了南越国之后两广汉墓出现的一次较大分野。随着东汉砖室墓的兴起，耳室形外藏椁向墓室内转移并以侧室形式出现，墓道底部椁向墓室内转移，以墓室内器物坑形式存在于东汉早期墓葬中[①]。

东汉早期带墓道的竖穴木椁墓在广州和合浦地区均已接近尾声，广州汉墓仍有分室木椁墓，新出现坑底分前后两级的假二层结构。这一时期两地均出现砖室墓，其中广州汉墓有直券顶墓和横直券顶墓两类，直券顶墓有单室、分室和带甬道三类。而合浦东汉早期砖室仅见小型的直券顶墓，形制简单，多为单室，不见甬道。此外，合浦有无墓道和带斜坡墓道的砖圹墓，这类墓葬以木料盖顶或封门。而广州发现的仅是以木封门或铺地板，不见用于封顶。这一时期，广州出现的横直券顶砖室墓在合浦则不见。东汉晚期广州和合浦均以砖室墓为主，但广州仍有不少木椁墓，而合浦则不见，但偶见土坑墓。穹隆顶合券顶砖室墓和横直券顶合穹隆顶砖室墓在两地均有发现，但这类墓葬在广州出现较早，可至东汉中期，且数量较多，占三分之二。合浦则仍以分室、带侧室或甬道的直券顶砖室墓为主，穹隆顶墓和横直券顶墓数量较少，而同期广州出现的双穹隆顶砖室墓，这一形制在合浦则晚至三国。合葬墓于广州汉墓西汉早期出现，多为同穴，亦有少量为异穴合葬，此后同穴合葬出现较多并开始流行，而合浦地区由于其发展的滞后性，两汉时期仍以异穴合葬为主，仅少量为同穴合葬。

由于是政治中心，广州西汉早期墓葬随葬器类丰富，有陶、铜、铁、金、银、铅、玉、石、玛瑙、水晶、玻璃、漆、木、竹、绢和各类果品及海产，而合浦本期墓葬随葬器物较少，主要是陶器，且数量较少，个别墓葬随葬铜器、铁器、滑石器、玉石器，珠饰几乎不见。广州汉墓这一时期出土较多越式陶器，有三足盒、提筒、匏壶、温壶、瓿、三足罐、联罐等，瓮罐组合流行，还有受中原文化影响出现的鼎、盒、壶、钫仿铜陶礼器组合和灶井模型明器组合，仿铜陶礼器部分有彩绘。瓮罐组合在合浦出现于西汉早期，西汉中期出现井仓灶模型明器组合，但数量较少；广州汉墓中期井仓灶屋已较为普遍。西汉晚期，两地随葬器物趋于一致，仿铜陶礼器和越式器数量在广州汉墓中削减，钫已不见，合浦地区西汉晚期仍有钫出土，东汉早期才消失。广州所见的越式陶器在合浦也有少量出土，东汉早期瓮、联罐、瓿等在

①　熊昭明，谢广维. 广西西汉中晚期墓葬的外藏椁［M］. 汉代文明国际学术研讨会论文集. 北京市大葆台西汉墓博物馆编. 北京：北京燕山出版社，2009：286-288

广州汉墓已不见，而合浦东汉时期墓葬中瓮罐仍是主要组合，联罐直至东汉晚期合浦仍偶见。此外，重檐屋、重檐仓、阁楼式陶屋等器物在广州东汉中期已出现，合浦则晚至东汉晚期，而广州汉墓可见的牛车、船、木俑等器物在合浦不见。合浦自西汉晚期开始流行的各类珠饰，在广州西汉早期南越王墓等大型高等级墓葬中已有出土。

通过比较可以看出，广州地区由于开发较早，且自早期以来就是政治经济和文化中心，发现有一些高等级的大型墓葬。中小型墓葬也形制多样，虽受中原汉文化的持续影响，但地方特色仍较浓厚，汉墓自成体系。合浦早期属欠发达地区，自西汉中期由于设置郡县以及海上丝绸之路贸易的开通，短期内迅速得以开发，且显示出高度的汉化程度，但滞后因素仍有存在。

第三节　与越南北部汉墓的比较

汉武帝平定南越后在岭南设9郡，其中交趾、九真、日南3郡在今越南北部及中部沿海一带，纳入汉王朝的管辖后，大量汉人和汉文化随之进入这一地区。所谓越南汉墓，是指墓葬形制、随葬器物等方面都具有中国汉墓特征及要素的墓葬总称，其墓主被认为是当时的统治阶级、许多太守以下的郡县官僚，以及流居汉人遗留的墓葬[①]。这一带人口稠密，按元始二年（公元2年）的人口统计，交趾郡户92440，口746237[②]，同期的南海郡才户9613，口94253[③]；合浦更少，仅户15398，口78980[④]，仅交趾郡的人口就超过岭南各郡的总和。

近年来，这一地区陆续发现不少汉墓，但发表和编译的发掘报告数量不多。最大规模的一次发掘是1934至1940年间，时任职于法国远东学院的瑞典籍考古学家阳士（Olov R. T. Janse）在法国远东学院、美国哈佛大学、法国吉美博物馆和赛努奇博物馆等单位的资助下，先后三次赴我国西南和越南清化等地开展考古调查和发掘[⑤]。还有

---

① 〔日〕俵宽司著，谢崇安译. 越南汉墓的分期研究——以越南北部清化省出土考古资料中心［M］. 广西博物馆文集：第六集. 南宁：广西人民出版社，2009：54

② （汉）班固. 汉书：卷二十八下·地理志［M］. 北京：中华书局，1962：1629

③ （汉）班固. 汉书：卷二十八下·地理志［M］. 北京：中华书局，1962：1628

④ （汉）班固. 汉书：卷二十八下·地理志［M］. 北京：中华书局，1962：1630

⑤ Olov R. T. Janse. Archaeological research in Indo-China: V. 1 The district of Chiu-Chen during the Han Dynasty general considerations and plates [M]. Cambridge: Harvard University Press, 1947; Olov R. T. Janse. Archaeological research in Indo-China: V. 2 The district of Chiu-Chen during the Han Dynasty description and comparative study of the finds [M]. Cambridge: Harvard University Press, 1951.

部分是日本学者开展的发掘和研究工作，如越南海阳省玉乐（Ngoc Lac）①、清化省邵阳（Thieu Duong）②等地发现有汉式木椁墓，在北宁省顺城县月德（Nguyet Duc）一带③、清化省境内等地发现有砖室墓。清化发现的砖室墓同岭南地区形制相近，地表有封土堆，形制有单室墓、双室墓、三室墓、横前堂加双室墓等，随葬陶器有瓮、罐、钵、碗、盘、耳杯、虎子以及屋、灶、池塘模型明器等；铜器有鼎、釜、锅、盘、盂、灯座、扣饰、带、钩镜、钱币；铁器有剑、刀、戟、凿、釜、斧、削、钉；另有钱币、金珠、坠饰、银指环、玉璧、玻璃珠、漆器、黛石等④。Henri将越南东京地区（北部湾地区）古墓葬做了梳理，有直券顶砖室墓、穹隆顶合直券顶砖室墓，其中一座异穴合葬墓前后有短小的过道相通⑤，同合浦九只岭M4形制相似。Catherine对汉代交趾郡的平民建筑加以分析，对比可知交趾出土陶城堡同广州汉墓东汉晚期所见城堡形制十分相近⑥。直至2017年韦伟燕博士的毕业论文系统收集了越南北部汉墓资料，将越南汉墓划分为六期⑦，这为本文的对比研究提供了丰富的资料。

　　第一期年代为西汉中晚期，越南北部墓葬形制以窄坑和宽坑土坑墓为主，另有部分木椁墓，随葬陶器基本组合为鼎、壶、钫、罐、五联罐、盆、灶，其中仿铜陶礼器组合比较规整，钫数量较多。同合浦地区墓葬形制和器物有相似性，但合浦这一时期流行带墓道的木椁墓，出土陶钫数量较少，模型明器中井仓灶在西汉中期墓葬已完备。

　　第二期为西汉晚期至新莽时期，越南汉墓仍以土坑墓为主，兼有少量木椁墓。出土陶器中的无耳罐、提筒、仓、灶，铜鼎、镶壶、锅、洗等都与合浦汉墓出土同类器

　　① 原文载于：西村昌也. 紅河デルタの城郭遺跡，Lung Khe 城址をめぐる新認識と問題. 東南アジア—歴史と文化. 第30号第50頁，2001；转引自中国社会科学院考古研究所. 中国考古学·秦汉卷［M］. 北京：中国社会科学出版社，2010：1009

　　② 原文载于：俵寛司. ベトナム「漢墓」の編年—ベトナム北部タイン木ア省出土資料を中心に. 東南アジア考古学. 第27号，2007；原文载：转引自中国社会科学院考古研究所. 中国考古学·秦汉卷［M］. 北京：中国社会科学出版社，2010：1009

　　③ 原文载于：西村昌也. グエン・ヴアン・ハオ：バックニン省バイノイ砖室墓の緊急発掘. 東南アジア考古学. 第25号，2005年；原文载：转引自中国社会科学院考古研究所. 中国考古学·秦汉卷［M］. 北京：中国社会科学出版社，2010：1009

　　④ 原文载于：宮本一夫. ベトナム漢墓ヤンセ資料の再檢討. 国立历史民俗博物館研究紀要. 第97集第123-191頁，2002年；原文载于：转引自中国社会科学院考古研究所. 中国考古学·秦汉卷［M］. 北京：中国社会科学出版社，2010：1012

　　⑤ Parmentier Henri. Anciens tombeaux au Tonkin. In: Bulletin de l'Ecole française d'Extrême-Orient. Tome 17, 1917. 1-32

　　⑥ Talon-Noppe Catherine. Architecture civile dans la province de Giao chi. In: Arts asiatiques. Tome 38, 1983. 71-77

　　⑦ 韦伟燕. 越南境内汉墓的考古学研究［D］. 吉林大学博士学位论文，2017

相似。陶器组合不见鼎、钫，模型明器新出现仓。而这一时期，合浦汉墓形制多为木椁墓，陶器组合以瓮罐较为常见。

第三期年代为东汉早期，越南汉墓除土坑墓、木椁墓，新出现结构简单的单室砖室墓，陶器组合以壶、罐、瓮、尊、盆、井、仓、灶。本期合浦以砖圹墓、单室或分室的砖室墓为主，土坑墓和木椁墓数量较少。陶器组合延续前期，越式器减少很多。

第四期为东汉中期，越南汉墓形制除第三期所见形制，新出现单横前室+单后室以及并列双甬道+单横前室+并列三后室的墓葬，对应合浦所见的横直券顶墓。由于东汉中晚期墓葬分期特征不明显，广州汉墓和合浦汉墓采用五期划分标准，该类形制墓葬在合浦亦是东汉晚期早一阶段出现，但不见三后室并列的形制。陶器新出现庭院、长颈壶、双耳直身罐。

第五期为东汉晚期，墓葬形制为砖木合构墓和砖室墓。其中分室砖室墓、带侧室砖室墓、带甬道双后室横直券顶墓、并列双甬道+双横前室+双后室的形制为本期新出现。陶器组合见鼎、镳壶、双耳罐、瓮、井、囷。这一时期合浦汉墓形制为各式砖室墓和少量砖木合构墓、土坑墓。其中砖木合构墓在合浦东汉早期已出现，越南双甬道、多后室的砖室墓在合浦不见，这或和合葬形式有关，体现出东汉时期越南以同穴合葬为主，合浦地区则为异穴为主；第六期为东汉晚期至三国时期。这一时期，由于合浦发掘墓葬数量较多，对东汉晚期和三国墓的判定相对清晰，后文相关问题做探讨。

汉代中原同交趾、九真、日南三郡往来沟通的路线，一条是陆路，通过合浦郡和郁林郡进入交趾郡及其以南地区；二是海路，自南海郡、合浦郡到达这三郡[①]。交趾、九真两郡与合浦郡相邻，区域间交流频繁。出土近年来的考古发现表明，除了越南北部三郡典型的汉式墓葬外，两地还有着广泛的文化交流。合浦和越南均出土有较多玻璃器，西汉晚期至东汉早期，合浦地区已能从事一定规模的钠铅玻璃珠和钾玻璃制作，不排除向相邻地区输入的可能。汉文化在越南传播范围较广，在越南中部广南发现的沙莹瓮棺葬和南部平阳省发现的铜鼓葬中均发现有西汉时期铜镜[②]。而本地的东山文化船棺葬中，亦存在汉式器物，如圈足铜碗、铁舌、五铢钱、大泉五十、铜盉、滑石耳杯等，形制同合浦及中原出土一致。而越南亦有少量器物输入岭南，如1983年广西浦北出土1件东汉晚期铜盆，外底部饰铜鼓鼓面纹饰，在我国不见，但在越南清化等地曾多有发现[③]。1985年风门岭发掘的8座墓葬中，出土一件铜镳壶肩部刻有"西于"

① 中国社会科学院考古研究所. 中国考古学·秦汉卷［M］. 北京：中国社会科学出版社，2010：1023

② Yamagata, Mariko Pham, Duc Manh Bui, et al. Western Han Bronze Mirrors Recently Discovered In Central and Southern Viet Nam［J］. Bulletin of the Indo-Pacific Prehistory Association, 2001, Vol.21: 99-106

③ 梁旭达，覃圣敏. 广西浦北县出土的青铜器［J］. 文物，1987（1）：52-69

二字①。广东德庆东汉墓也发现有"西于"铭文的铜器②。西于为西汉交趾郡属县，位于今越南首都河内西北。这些发现证实汉代交趾地区冶铸业也较发达，且与合浦乃至岭南地区交流十分密切。

第四节　合浦汉墓的区域特征

合浦汉墓形制的发展是在本土基础上，受中原汉文化和周邻地区影响下发展自成系列，从埋葬习俗和出土器物来看，具有较为明显的区域特征。

西汉早期合浦隶属南越国，"南越国郡下的县，史籍记载不多，且多语焉不详，其尚可考者有南海郡的番禺、龙川、博罗、揭阳、浈阳、含洭和桂林郡的布山、四会以及象郡的临尘等"③，合浦地处边远，人烟稀少，没有证据显示南越国已在这里建立了行政区划或有效统治，发现的早期墓葬和遗存较少，仅大浪古城以北的土墩墓以及县城文昌塔一带发现少量的西汉早期土坑墓。而周边汉墓较集中的广州、贵县、梧州等地，西汉早期已出现较多汉墓，且部分等级较高。广州汉墓西汉前期墓有182座，约占发掘汉墓的44.5%④；贵县有以罗泊湾汉墓⑤为代表、梧州也有贺县河东高寨⑥为代表的一批西汉早期墓葬。中期晚一阶段随着合浦设置郡县，汉墓数量增多，本地人汉化急剧，表现在墓葬形制和器物上，多为汉式，仅保留部分越式器。以西汉中期晚一阶段的风门岭M27为代表，其形制为带斜坡墓道的木椁墓，随葬器物除本地特色的陶瓮、罐组合外，余均为汉式器，体现出较高的汉化程度。瓮罐组合在西汉早期的广州地区已较为流行。西汉晚期，合浦流行带斜坡墓道的土坑木椁墓，还有少量无墓道的木椁墓，而广州发现的带墓道木椁墓早期墓室和椁室多分室，中期至晚期墓穴不分室，椁室分室。西汉晚期合浦部分大中型墓葬带外藏椁，这一形制在临近的贵港地区有少量发现，广州则不见。合浦由于开发较晚，发展相对滞后，西汉晚期仍以异穴合葬为主，兼有少量同穴合葬，而周边地区则流行同穴合葬墓。

西汉中晚期合浦出现两种特殊的埋葬习俗——碎物葬和架棺葬。碎物葬有将器物破碎后分置墓底和随葬一部分两种，如西汉中期风门岭M27陶璧分两处放置，一部分

---

① 黄启善. 合浦县风门岭、望牛岭汉墓［M］. 中国考古学年鉴. 北京：文物出版社，1986：190-191

② 广东省博物馆. 广东德庆大辽山发现东汉文物［J］. 考古，1981（4）：373

③ 张荣芳，黄淼章. 南越国史［M］. 广州：广东人民出版社. 1995：115-118

④ 广州市文物管理委员会，广州市博物馆. 广州汉墓［M］. 北京：文物出版社，1981：23

⑤ 广西壮族自治区博物馆. 广西贵县罗泊湾汉墓［M］. 北京：文物出版社，1988

⑥ 广西壮族自治区文物工作队. 广西贺县河东高寨西汉墓［J］. 文物资料丛刊：4. 北京：文物出版社，1981：29-42

位于墓道底端，另一部分在墓室右后端靠墓壁处，仅能黏合小部分[①]；黄泥岗M1出土有半镜；汽齿厂M9和M11保存较完整，但随葬陶器破碎严重，部分器物残块分置几处，相距甚远，从出土情况判断应是入葬时有意打破；二炮厂M4出土1块镜面残段，为镜面外缘，下葬时已碎[②]；东汉早期黄泥岗出土有半镜。这一葬俗在广西元龙坡战国墓[③]、贺州凤凰岭[④]和桂平大塘城[⑤]、钟山铜盆等地汉墓中也有发现。架棺葬见母猪岭M4一座，从器物出土情况看上层为棺室，下层为器物室[⑥]。另，部分墓葬填土中放置器物，如风门岭M26墓室距开口深1.95米的填土中，放置一陶罐[⑦]；堂排M2B填土中出土5件铁舌[⑧]。

东汉早期木椁墓数量减少，出现竖穴木椁墓向砖室墓过渡的一型墓葬——砖圹墓，砖圹墓在合浦东汉早、晚期均有发现，周边地区在广西平乐[⑨]、贵港[⑩]和广州[⑪]等地也有零星发现。东汉早期合浦发现的砖室墓多为小型的单室墓，晚期以直券顶砖室墓多分室，出现甬道、侧室或耳室、壁龛等。横券顶和穹隆顶形制于东汉晚期在合浦出现，这两类形制在广州东汉早期已有。另，广州及贵港、梧州等地两汉时期均有一定比例的土坑墓，但合浦却仅在东汉晚期发现少量。东汉时期合浦仍流行异穴合葬。东汉早期合浦还有一类葬俗——归葬，所谓"归葬"是指"死于他乡，率归葬"[⑫]，黄泥岗M1属此类，墓葬等级较高，出土一枚滑石印，印文"徐闻令印"，该墓还出

① 广西壮族自治区文物工作队，合浦县博物馆．合浦风门岭汉墓——2003～2005年发掘报告[M]．北京：科学出版社，2006：7

② 广西文物保护与考古研究所．2009～2013年度合浦汉晋墓发掘报告[M]．北京：文物出版社，2016：75

③ 广西壮族自治区文物工作队等．广西武鸣马头元龙坡墓葬发掘简报[J]．文物，1988（12）：2

④ 广西文物保护与考古研究所，贺州市博物馆．贺州凤凰岭古墓群发掘报告[M]．广西考古文集：第五辑．广西文物考古研究所编．北京：科学出版社，2013：242-244

⑤ 广西文物考古研究所，桂平市博物馆．桂平大塘城遗址汉墓发掘报告[M]．广西考古文集：第四辑．广西文物考古研究所编．北京：科学出版社，2010：254

⑥ 郑君雷．岭南战国秦汉墓的"架棺"葬俗[J]．考古，2012（3）：74-84

⑦ 广西壮族自治区文物工作队，合浦县博物馆．合浦风门岭汉墓——2003～2005年发掘报告[M]．北京：科学出版社，2006：48

⑧ 广西壮族自治区文物工作队．广西合浦县堂排汉墓发掘简报[J]．文物资料丛刊：4．北京：文物出版社，1981：51

⑨ 广西壮族自治区文物工作队．平乐银山岭汉墓[J]．考古学报，1978（4）：472-473

⑩ 广西壮族自治区文物工作队，贵港市博物馆．广西贵港深钉岭汉墓发掘报告[J]．考古学报，2006（1）：87-88

⑪ 广州市文物管理委员会，广州市博物馆．广州汉墓[M]．北京：文物出版社，1981：358

⑫ 杨树达．汉代婚丧礼俗考[M]．上海：上海古籍出版社，2000：130

土一件铜印，印文"陈褒"[1]，墓主应为当时徐闻县令，死后归葬合浦。此类葬俗在临近的贵港地区亦有发现，2010年贵港梁君垌、马鞍岭发掘的东汉晚期M14出土"咸驩丞印"，表明墓主为东汉咸驩县之县丞，而咸驩位于今越南乂安省演州县一带[2]。

西汉早期合浦汉墓随葬器物较少，以陶罐为主，越式器较多，有三足盒、三足罐、瓮、罐、瓿、三足瓿、提筒、小盒、匏壶、联罐等，另有少量铜器和铁器，主要为生活和生产用具。这一时期在贵港、贺州和西林等地发现的高等级墓葬中随葬铜器数量较多，除生活用具，还出土有9面石寨山型铜鼓。铜鼓作为岭南地区独特的民族文物，是越文化的典型器物，今合浦县城及周边地区也发现5面馆藏年代定为东汉的铜鼓。经对比，这5面铜鼓分属灵山型和北流型，但年代判定偏早，其年代应在西晋至唐代之间[3]。这也表明合浦在西汉早期人口稀少、发展相对较晚，不太具备铸造铜鼓这样大型青铜器的条件和技术，而西汉中期受中原影响，同时成为政治中心后，受汉文化影响较大，本地越文化迅速被融合，越式器逐渐消亡。

自西汉中期开始，随葬品器型大多同中原基本一致，主要为鼎、盒、壶、钫仿铜陶礼器和井、仓、灶明器模型组合，以及几何印纹和刻划纹硬陶为主的瓮、罐组合。通过和中原地区稍早阶段或同时期墓葬材料对比可知，汉武帝设置郡县以后，合浦所处的边远地区考古学文化面貌与中原地区趋于一致，之后共性更加明显，岭南地区西汉中期以后的考古遗存整体能够纳入汉文化系统。合浦出土带铭文器物上的字体演变也可证实这一点。西汉早期合浦和广西其他地区发现文字遗存少量为小篆，余多为略带篆书笔意的隶书，整体较小篆扁，部分文字较秦隶更简化。这说明秦统一岭南后，统一的文字在岭南也获得了广泛地推行。西汉初年，汉承秦制，朝廷对汉字的规范化也采取了一系列的措施。小篆仍在使用，隶书不断发展，故部分隶书有篆、隶杂糅的现象。西汉中、晚期，墓葬出土带文字器物如合浦望牛岭M1刻字金饼、篆书琥珀印章、"九真府"铭文的陶提筒、堂排M1、M4出土琥珀印章，以及其他铜、银、琥珀材质的印章。字体均为隶书，较简化。从合浦及其他地区出土的各时期带文字器物看，汉代广西地区文字使用情况和全国其他地区基本同步，字体和风格一致，文字的发展演变历程也从一定程度上体现出汉文化进入岭南地区后的融合、发展历程[4]。

此外，合浦汉墓还出土了一些独特的随葬器物，如西汉晚期至东汉早期墓葬中

① 合浦县博物馆馆藏资料

② 广西文物保护与考古研究所，贵港市博物馆，中山大学. 广西贵港马鞍岭梁君垌汉至南朝墓发掘报告［J］. 考古学报，2014（1）：105

③ 富霞. 北海地区所见"汉代铜鼓"［M］. 汉代海上丝绸之路考古与汉文化. 中国社会科学院考古研究所编. 北京：科学出版社，2019：187-194

④ 富霞. 广西出土的汉代文字［M］. 民博论丛. 广西民族博物馆编. 南宁：广西人民出版社，2017：91-100

随葬有地方特色錾刻花纹铜器以及与海上丝绸之路相关的玻璃、琥珀、玛瑙、蚀刻石髓珠、水晶、绿松石、金花球、香料、胡人俑、青绿釉波斯陶壶、铜钹等也为一大特点，体现出这一时期合浦社会经济的繁荣和多种文化的融合。而西汉晚期合浦大中型墓葬出土的铜制模型明器也未见于其他地区墓葬，夏鼐先生在回顾20世纪60年代后期中国考古新收获时指出，"汉墓发现的陶屋虽有很多，但铜屋还是第一次发现"①。合浦望牛岭M1、黄泥岗M1、风门岭M26和文昌塔M69四座墓出土有完整的铜井仓灶模型明器组合。东汉晚期合浦还出土有与佛教相关的三宝佩、摩羯等珠饰，是佛教从海路传入的重要物证。

---

① 中国社会科学院考古研究所. 六十年代后期的中国考古新收获［M］. 夏鼐文集：上册. 北京：社会科学文献出版社，2000：106

第七章　相关问题研究

近年来随着合浦"汉墓群"发掘古墓的数量增多，与合浦汉墓密切相关的一些问题也越来越清晰。结合相关文献记载和墓葬所反映的文化因素，可对墓主的身份地位和族属进行判定，出土的丰富随葬品也可最大程度复原汉代合浦社会经济，相关城址的发掘则为综合研究合浦汉代社会提供了充足的实物资料，寮尾等墓群的发掘为研究东汉晚期至三国墓葬的演变提供了可靠的资料。

第一节　墓主身份地位与族属

现已发掘的合浦汉墓均为官吏和平民墓葬，仅少量墓葬可从其出土的有铭印章判定其墓主身份、等级，其余或可通过墓葬规模和出土器物略作划分。

一、墓主身份地位

合浦发现的南越国时期墓葬主要是小型土坑墓，或有少量木椁墓，随葬器物数量不多，种类单一，以陶器为主，但是仍然出有鼎、盆、鍪、剑、戈、钺、矛、环首刀、镞、镜、带钩、扁钟、釜、钱币等铜器，剑、刮刀、臿、带钩等铁器，以及玉璧、滑石璧、玻璃串饰和仿蜻蜓眼玻璃珠的陶珠等器物。由于这一时期合浦距南越国政治中心番禺的管辖边远地区，开发程度有限，推测墓主大多是本地越人中的中、下层平民，个别为地位较低的军政人员，如属吏、戍卒等，未见较高等级的官员和地方豪族等上层人物。西汉中期时，汉武帝平定南越国，并于公元前111年在岭南设置郡县，合浦地区此后被纳入西汉帝国的管辖体制，墓主的身份也随之复杂化，同时随着海上丝绸之路的开通，合浦得以快速开发，体现在墓葬方面，大中型墓葬数量也有所增加。合浦发现的西汉晚期墓葬数量较多，其中规模较大，埋藏方式讲究，见膏泥封护或填土夯筑，出土器物丰富的有望牛岭M1、堂排M1～M4、风门岭M23、M26等，墓主身份较为明确的为望牛岭M1和堂排M1。望牛岭M1墓室长10.8、宽5.1米，墓道两侧带外藏椁，共出土器物245件，其中铜器100余件，余为陶器、玉石器、金器、漆器以及水晶、玛瑙、琥珀、玻璃等珠饰品，其中铜凤灯、车马器、铜井仓灶模型明器、金饼、金花球、琥珀印、人俑等均显示出墓主具有较高的社会地位，报告指出墓主为郡县一级官吏或地方豪强。郑君雷从出土的"庸母□印"考证墓主或为流徙合浦的母庸家族人仕[①]。

堂排M1~M4四座墓葬，仅M2未遭盗掘，其中M2A出土87件，M2B出土143件器物，随葬器中陶器和铜器为主，亦有水晶、玛瑙、琥珀、玻璃、绿松石等珠饰品。余3座M1墓室长8.1、宽6.7米；M3墓室宽7.4、宽4.8米；M4长6、宽3.8米。报告指出M1、M3、M4墓主或亦为郡守一级的高级官员，M2出土成批的武器和农具明器，或为屯守当地的武官。而后蒋廷瑜对堂排M1出土的"劳邑执刲"琥珀印进行考证，指出该印为南越国封赐给劳邑部落首领的官爵印[②]。

风门岭M23A墓室长7.5、宽5.56米，B墓墓室长7.2、宽5.3米，出土约230件器物，其中铜器48件，滑石器113件，余为少量串饰、铁器和金器，亦有琥珀印出土，印文"子君□印"。风门岭M26墓室长6.34、宽4.48米，墓道底端带外藏椁，出土器物170件，其中铜器117件，种类繁多，有马、牛、狗、禽鸟、池塘、井、仓、灶、鼎、盒、壶、钫等。还有金银、铁器和各类珠饰品。这两座墓规模和出土器物同堂排、望牛岭M1相近，墓主社会等级或也相近。

东汉早期等级较高、墓主明确的有黄泥岗M1。墓室长7.8、宽4.5米，随葬器物有陶器、铜器、铁器、玉石器、金器和珠饰品。出土的滑石"徐闻令印"和铜"陈褒"印表明墓主身份为徐闻县令。随葬的玉器、玻璃器、金器和各类珠饰品十分精美，有玉璧、玉玲、玉佩、子母玉带钩、玉片、玉管饰、玻璃杯、玻璃剑璲、金带钩、金花球、金珠、紫水晶串珠、三色水晶穿珠以及琥珀、绿松石、玛瑙串饰。

上述8座墓葬规模在合浦汉墓中已属大型墓葬，墓室长度在6米以上，宽大于3.5、深度均超过4米。随葬器类丰富，数量较多，尤其是青铜器和水晶、琥珀、玻璃、玛瑙等各类珠饰品数量较多，玉器和金器也较为常见，且多出土印章。墓主身份除官吏、贵族或地方豪强外，亦有可能为当地从事贸易的富商。

中型墓葬墓室长度普遍小于7米，随葬器物相对丰富，但数量远不及大墓，多出土几十或近百件器物，陶器比例增多，铜器和珠饰品仍较常见。金饰品和玉器也多发现。墓主的社会等级也较高，或为社会权贵、富有之人。如西汉晚期的1984凸鬼岭M202，1999凸鬼岭M4、M6、M11、M19，1996母猪岭M1、M4、M5等，墓葬出器物多为几十件，珠饰品和金银饰品仍多见。

东汉早期的九只岭M5规模也较大，墓室长6.8、宽2.9米，出土随葬品92件，其中有玉璧2件、"黄昌私印"琥珀印章、金戒指、金耳珰及各类珠饰品。东汉晚期的寮尾M13A、M13B、M14，九只岭M6和风门岭M10在各墓区中规模也不小。其中寮尾M13

①　郑君雷. 汉印与岭南汉代史迹［M］. 岭南印记：粤港澳考古成果展国际学术研讨会论文集. 香港历史博物馆编. 2014：99-100

②　蒋廷瑜. "劳邑执刲"琥珀印考［J］. 中国历史文物，2004（4）：16-21

为合葬墓,封土堆残高1.6、直径47米,B墓墓室长7.1、宽4.25米,残存88件器物,其中包括铜钹、青绿釉陶壶、蚀刻石髓珠等通过海上丝绸之路输入的物品。A墓结构复杂,为横直券顶合穹隆顶结构。M14封土堆最宽处69米,墓室长9.36米,带3穹隆顶侧室。九只岭M6封土堆直径50米,出土器物100余件,其中玉璧、金饰品、羽人座铜灯等都较为贵重。风门岭M10为横直券顶墓,出土有金花球、金银戒指、玉握、眼瑱、鼻塞、耳塞、肛门塞等成套的葬玉。

余多为小型平民墓,随葬器物数量少,以陶器为主,铜器数量锐减,少见金银器、玉器、滑石器等,珠饰品多见玻璃珠。如西汉晚期的1999凸鬼岭M5,墓室长4.4、宽2.5、深0.8米,仅出土陶器14件,铜器1件;1999凸鬼岭M20,年代为东汉晚期,墓室长3.44、宽1米,出土15件陶器,铜器2件,饰品1件。同期的风门岭M24B墓室长4.35、宽1.65米,出土11件陶器,铜器仅见铜镜和铜钱,另有串饰2件。

二、墓主族属

历年考古发现表明,先秦至南越国时期合浦地区的人口稀少,但设郡县后,至元始二年(公元2年),包括合浦在内的五个辖县总计已有"户15398,口78980"[①]。这一数字的背后,无疑是大量外来人口的涌入。通过文化因素分析法,可对合浦汉墓墓主的族属作一探讨。

(一)越人

先秦时期,"自交阯至会稽七八千里,百越杂处,各有种姓",而"今之苍梧、郁林、合浦、交阯、九真、南海、日南,皆粤分也"[②]。可见,岭南七郡包括合浦,直至汉代都是越人的聚居区。在《后汉书》等典籍中,多称越人为"蛮夷"和"乌浒蛮"等,如"元初三年,苍梧、郁林、合浦蛮夷反叛……"[③]、"光和元年春正月,合浦、交阯乌浒蛮叛……"[④]。

学术界认为,百越民族可分为吴越、南越、西瓯和骆越等。据考证,今合浦先秦属骆越分布范围[⑤]。由于合浦迄今未发现这一时期的遗存,故其体现的文化面貌尚未可

① (汉)班固. 汉书:卷二十八下·地理志[M]. 北京:中华书局,1962:1630

② (汉)班固. 汉书:卷二十八下·地理志[M]. 北京:中华书局,1962:1669

③ (南朝宋)范晔. 后汉书:卷五·地理志. 孝安帝纪第五[M]. 北京:中华书局,1965:225

④ (南朝宋)范晔. 后汉书:卷八·地理志. 孝灵帝纪第八[M]. 北京:中华书局,1965:340

⑤ 罗香林. 古代百越分布考[M]. 南方民族史论文选集:一. 中南民族学院民族研究所,编印. 1982:35;陈国强,蒋炳钊,吴锦吉等. 百越民族史[M]. 北京:中国社会科学出版社,1988:251

知。西汉早期即南越国时期的遗存，在1987年文昌塔墓地有所发现，属第一期的34座A型窄坑土坑墓，形制简单、规模小、随葬器物较少，以陶器为主，主要为瓮、罐、折肩罐、杯、联罐、瓿、匏壶、三足罐、三足盒、釜和提筒等[①]，多不见代表汉文化因素的鼎、盒、壶、钫组合，地域特色明显。这类墓葬在广州汉墓同期亦有发现，发掘者指出墓主应为当地土著民族[②]。西汉中期合浦始置郡县后，大量中原汉人迁入，受先进的汉文化影响，本地越人逐渐被汉化，但从墓葬形制和埋葬习俗仍可见少量骆越文化因素。1987～1988年发掘的文昌塔M66墓室口和一侧有石块，2005年文昌塔墓区发掘的M2墓室后壁一侧有三块不规则的石块[③]，这种墓坑积石的做法在武鸣马头元龙坡发掘的先秦墓中也有出现，被认为是骆越人重要的埋葬特点之一[④]。此外，合浦汉墓中还发现碎物葬习俗，较明确的有西汉晚期墓汽齿厂M9、M11和二炮厂M4。这3座墓葬保存完好，汽齿厂M9和M11随葬陶器破碎严重，部分器物残块分置几处，相距甚远，应是入葬时有意打破后放置；二炮厂M4出土的1件铜镜，仅见一小段外缘[⑤]。碎物葬早在史前墓葬中已出现[⑥]，商周至秦汉时期在越族地区仍较普遍，元龙坡墓地的另一特点是流行碎物葬，将随葬器物有意击碎，埋在填土中及墓底[⑦]。

　　除本地土著民族，从墓葬材料看，合浦在早期发展过程中还不断迁入一些外来越族，有迹可循的是南越和吴越。"南越"一名最早见于汉代，主要指以珠江三角洲为中心的越人集团[⑧]，合浦临近该地区，两地西汉时期都流行几何印纹和刻划纹陶器，纹饰多见方格加各类戳印纹等。合浦常见的瓮罐组合在广州西汉墓中较为普遍，出土的陶联罐、瓿、匏壶、三足罐、三足盒、提筒、篓等越式器与广州汉墓出土同类器也十分相似（图7-1）。从1987文昌塔第一期墓葬看，西汉早期合浦受南越文化因素影响较强，出土同类越式器较多；中期起，南越文化因素逐渐减少，三足盒、三足罐和瓿多不见，其他越式器仍有少量；至东汉，墓葬中瓮罐组合和双耳罐数量已大为减少，联罐不见、匏壶仅早期偶见、提筒多作为明器。另外，一些特殊的葬俗也为判定墓主族

①　广西文物保护与考古研究所. 广西合浦文昌塔汉墓［M］. 北京：文物出版社，2017：34-68

②　广州市文物管理委员会，广州市博物馆. 广州汉墓［M］. 北京：文物出版社，1981：457-458

③　广西文物考古研究所，合浦县博物馆. 2005年合浦县文昌塔汉墓发掘报告［M］. 广西考古文集：第三辑. 广西文物考古研究所编. 北京：文物出版社，2007：101-131

④　马头发掘组. 武鸣马头墓葬与古代骆越［J］. 文物，1988（12）：32-36.

⑤　广西文物保护与考古研究所. 2009～2013年度合浦汉晋墓发掘报告［M］. 北京：科学出版社，2016：17-22

⑥　黄卫东. 史前碎物葬［J］. 中原文物，2003（2）：24-29

⑦　广西壮族自治区文物工作队，南宁市文物管理委员会，武鸣县文物管理所等. 广西武鸣马头元龙坡墓葬发掘简报［J］. 文物，1988（12）：1-13

⑧　郑君雷. 西瓯、苍梧与南越［M］. 庆祝张忠培先生八十岁论文集. 吉林大学边疆考古研究中心编. 北京：科学出版社，2014：404

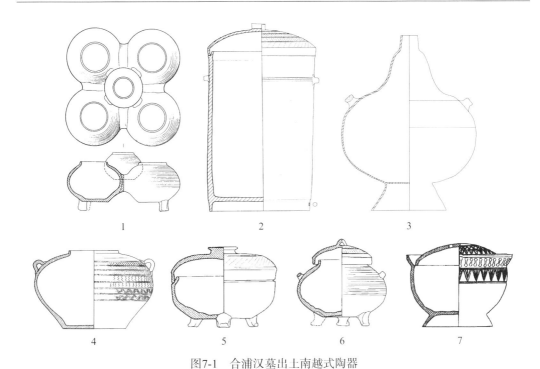

图7-1　合浦汉墓出上南越式陶器

1. 五联罐（文昌塔M195：4）　2. 提筒（汽齿厂M9：24）　3. 匏壶（堂排M2A：15）

4. 瓿（文昌塔M78：1）　5. 三足盒（文昌塔M63：4）　6. 三足罐（文昌塔M63：7）　7. 簋（寮尾M13B：58）

属提供了线索，岭南地区战国秦汉墓存在架棺习俗，广东地区发现较多，广西在平乐银山岭战国墓[①]、贺县高寨和合浦母猪岭汉墓有少量发现[②]。平乐、贺县和合浦在西汉早期均为南越国辖地，出土不少南越文化特征的陶器。从随葬器物和葬俗的分析，都体现出汉代合浦与南越中心地区交流十分密切，不排除墓主有来自南越的可能。

合浦发现较为明确的吴越墓，是近年在大浪汉城址北面发掘的两处土墩墓。土墩墓是商周时期广泛流行于古代吴越地区的一种独特的墓葬形式，主要分布于今江苏南部、浙江大部及皖南部分地区，在合浦为首次发现。合浦土墩墓一墩多墓的形制及出土的陶瓿、杯等均与江浙土墩墓几乎完全相同（图7-2），推测墓主应为江浙越人后裔，因战乱或其他因素南迁至此[③]。其中，2号墩年代较早，为秦至西汉早期，形制和出土器物均体现出浓厚的吴越文化特征；1号墩年代略晚至西汉中期，出土器物及组合

<hr>

① 学者多认为"平乐银山岭战国墓"的年代应为西汉前期。黄展岳. 论两广出土的先秦青铜器［J］. 考古学报，1986（4）：409-434；李龙章. 湖南两广青铜时代越墓研究［J］. 考古学报，1995（3）：275-312；郑君雷. 平乐银山岭墓地的年代学问题［M］. 新果集——庆祝林沄先生八十华诞论文集（二）. 吉林大学边疆考古研究中心编. 北京：科学出版社，2019：353-369；熊昭明，李世佳. 广西平乐银山岭"战国墓"的年代［J］. 江汉考古，2022（4）：80-87

② 郑君雷. 岭南战国秦汉墓的"架棺"葬俗［J］. 考古，2012（3）：74-84

③ 广西文物保护与考古研究所. 广西合浦县双坟墩土墩墓发掘简报［J］. 考古，2016（4）：43

图7-2　合浦双坟墩D2出土江浙越式陶器

1. 陶瓿（D2M2：1）　　2. 陶杯（D2M3：1）　　3. 陶杯（D2M4：1）　　4. 陶杯（D2M3：5）

较2号墩发生明显变化。除江浙越式器外，还出现本地越式陶瓮和少量陶纺轮、铜斧等汉式器，显示出多元文化的交融。

（二）汉人

有关汉人南下与越杂居的记载，自秦已有。秦始皇三十三年"发诸尝逋亡人、赘婿、贾人，略取陆梁地，为桂林、象郡、南海，以适遣戍（徐广集解曰：五十万人戍守五岭）"；三十四年"适治狱吏不直者，筑长城及南越地"[1]。《史记》又载尉佗"使人上书，求女无夫家者三万人，以为士卒衣补。秦皇帝可其万五千人"[2]。除戍卒和无夫家女外，还有部分为发配至合浦的官员及其家人。据统计，自西汉晚期起，从公元前24年到公元5年间，《汉书》和《后汉书》中记载的因罪"徙合浦"者就有10余

---

① （西汉）司马迁. 史记：卷六·秦始皇本纪［M］. 北京：中华书局，1963：253

② （西汉）司马迁. 史记：卷一一八·淮南王传［M］. 北京：中华书局，1963：3068

起。这些罪人徙合浦后，极少数得皇帝的特赦返回原籍[1]，但他们中的绝大多数，只能就地安葬了。另外，还有避难人员，两汉至三国时期，中原内地后期均发生了剧烈的社会动荡，而交州地区相对安定，因而大量中原居民为逃避战乱而不断南迁[2]。《后汉书》《三国志》等文献中也有中原人士为避难等原因流寓苍梧和交州等地的记载[3]。

合浦已发掘的汉墓，形制和葬俗大多可在中原早些阶段找到原型，随葬器物以汉式器为主。这类墓葬，墓主应多为南下的汉人。

自西汉中期，合浦流行带斜坡墓道的竖穴木椁墓，溯其源流，在中原商周时期已广泛使用；东汉早期合浦出现小型的直券顶砖室墓，西汉中期在中原已出现，即"小砖弧顶墓"[4]；东汉晚期合浦流行直券顶砖室墓，并出现穹隆顶墓和横直券顶墓。单穹隆顶墓在中原地区出现于东汉早期，双穹隆顶和横前堂砖室墓在中期也已出现[5]。

合浦汉墓发现的一些埋葬习俗，如外藏椁、合葬和家族墓，也应受中原文化直接影响。外藏椁形制源于商代后期墓内的壁龛、墓外的殉人和车马坑，春秋晚期至战国形成了外藏椁[6]。合浦西汉晚期至东汉早期墓中，如1999凸鬼岭M6、堂排M4、望牛岭M1和风门岭M26等，外藏椁形式和中原相近，位于墓道底端或以耳室形制位于墓室一侧，不见殉人，均象征"厨厩"。合葬墓在中原地区周代已有发现，为异穴（并穴）合葬，战国时期逐渐增多，西汉开始流行，自西汉中期中原地区由异穴合葬发展为同穴合葬[7]。合浦直至东汉晚期皆流行异穴，鲜见同穴类型，多是由于当地文化发展滞后所致。有学者指出夫妇同坟异穴合葬是瓯骆独有的葬俗[8]，但究其源流，仍应来自中原。中原地区东汉中晚期流行的家族葬在合浦也有迹可循，如1996年母猪岭发掘的3座墓葬，其中M4和M5并列，M4出土"黄营"印章，M6出土"黄良私印"，报告指出这片墓地应属"黄"姓家族[9]。

除墓葬形制和葬俗外，合浦汉墓出土的陶器、铜器及器物组合也多与中原地区有较高的相似性，陶器组合主要为瓮罐、鼎盒壶钫仿铜陶礼器和井仓灶模型明器组合，其中瓮罐组合为岭南地区常见，余两组同中原地区早些时期出现的一致。研究显示，

① 蒋廷瑜. 略论汉"徙合浦"[J], 社会科学家, 1998（1）: 87-90
② 陈国保. 汉代交趾地区社会经济发展之探析[J]. 中国社会经济史研究, 2005（4）: 15-24
③ 秦佳. 两汉交州官吏及相关人物研究[D]. 郑州大学硕士学位论文, 2007: 38-42
④ 中国社会科学院考古研究所洛阳发掘队. 洛阳西郊汉墓发掘报告[J]. 考古学报, 1963（2）: 1-58
⑤ 洛阳区考古发掘队. 洛阳烧沟汉墓[M]. 北京: 科学出版社, 1959: 45
⑥ 李如森. 汉代"外藏椁"的起源与演变[J]. 考古, 1997（12）: 59-63
⑦ 中国社会科学院考古研究所. 中国考古学·秦汉卷[M]. 北京: 中国社会科学出版社, 2010: 379
⑧ 蓝日勇. 汉代广西越文化特点简论[J]. 广西民族研究, 1993（3）: 73-78
⑨ 广西合浦县博物馆. 广西合浦县母猪岭汉墓的发掘[J]. 考古, 2007（2）: 37

铜器尽管绝大多数为本地自制，但其造型纹饰无疑仿自中原汉式器[①]，一些更是直接传入，如风门岭M26出土的1件立蛋形腹铜提梁壶，此型壶在河南洛阳、汲县、辉县的战国墓中有出土[②]。此外，在保存相对完好的大中型墓葬中还出土有铜、银、滑石、琥珀等各类材质的私印，印文中许多姓氏为今中原地区常见，如汽齿厂M11"王恭私印"、1996年母猪岭M6"黄良私印"、北插江盐堆M1"张倌私印"、1992年汽齿厂M40B"公孙德印"、风门岭M23B"吴茂私印"、黄泥岗M1"陈褒"印、1995年第二麻纺厂M30"赵（初）君印"[③]等，或可作为墓主族属的旁证。

文献记载汉王朝曾多次向岭南派遣官吏，西汉平帝年间"汉中锡光为交阯太守，教导民夷"[④]；东汉顺帝时交阯发生叛乱，帝召公卿百官问其方略，从事中郎李固建议不能发兵，可遣良官前往，随即"拜祝良为九真太守，张乔为交阯刺史"[⑤]。合浦发现的高等级官吏墓的墓主极大可能是中原王朝派至岭南的官吏。

（三）楚人

南下的族群中，除直接来自中原或关中地区外，还应有部分来自岭北楚地。楚地与岭南毗邻，两地交流频繁。秦时修筑通往岭南的道路，其中一条自湖南道州入广西贺县（州），一条自湖南静江入广西全州[⑥]。从广西出土的楚文物看，早在春秋时期楚文化已随楚人越过南岭山脉传入广西，战国时期增多，并一直延续至汉初[⑦]。

从文化因素分析，合浦汉墓的墓主人有楚人后裔是完全可能的。合浦部分埋藏习俗可追溯至楚地，一些西汉时期的大中型木椁墓，如望牛岭M1、堂排M3和风门岭M26，椁室四周用白膏泥封护，或周边积沙、积炭用以防潮。这些较为考究的封护方式，在西汉早期的楚地大型墓葬中已开始流行[⑧]。西汉晚期合浦大中型墓中流行随葬滑石器，如风门岭M23，1999年凸鬼岭M4、M11、M19，堂排M1和M2A等。滑石器最早

---

① 富霞. 广西合浦出土汉代青铜器的初步研究［M］. 广西考古文集：第四辑. 广西文物考古研究所编. 北京：科学出版社，2010：372-402

② 广西壮族自治区文物工作队，合浦县博物馆. 合浦风门岭汉墓——2003～2005年发掘报告［M］. 北京：科学出版社，2006：84

③ 北插江盐堆M1、1992汽齿厂M40B、黄泥岗M1、1995第二麻纺厂M30印章资料为合浦县博物馆馆藏资料，铭文由广东省立中山图书馆林锐老师释读。

④ （南朝宋）范晔. 后汉书：卷七十六·循吏列传第六十六［M］. 北京：中华书局，1965：2462

⑤ （南朝宋）范晔. 后汉书：卷八十六·南蛮西南夷列传第七十六［M］. 北京：中华书局，1965：2839

⑥ （宋）周去非，杨武泉校注. 岭外代答［M］. 北京：中华书局，1999：11

⑦ 蒋廷瑜，蓝日勇. 广西出土的楚文物及相关问题［J］. 江汉考古，1986（4）：68-74

⑧ 中国社会科学院考古研究所. 中国考古学·秦汉卷［M］. 北京：中国社会科学出版社，2010：464

在湖南长沙战国中期墓出现，西汉初期已盛行。堂排M2b随葬泥质冥钱的习俗，也多见于长沙等地的西汉早期墓[1]。泥质冥币在战国时期主要出土于楚文化中心区，西汉时期分布范围有所扩展，但仅在陕西、河北、广西等地局部有零星发现，部分可能与人群迁移有关[2]。另据学者考证，堂排M1出土的"劳邑执封"琥珀印有楚制因素，不排除其为流徙南越的楚国后人的自携官印[3]。

合浦东汉墓还出土了一些楚式器，其一为小口、束颈、鼓腹、大平底的陶罐，九只岭M5出土3件（报告为"平底壶"）、寮尾M16出土1件（报告为罐），在湖北云梦西汉早期墓中已有出现（报告为"瓮"）；另一为球腹圆底罐，二炮厂M6出土1件，同湖北荆州高台西汉早期墓A型Ⅰ式圆底罐形制相近[4]（图7-3）。此外，以长沙为中心的"南楚"是楚国玻璃制造的中心地带，合浦发现的已检测为铅钡玻璃的璧、剑璲和心形片等，判断主要为楚地直接传入或从中原辗转周边地区传入[5]。文昌塔M168出土的陶球与战国至西汉时期楚地和南越王墓发现的蜻蜓眼式玻璃珠及陶土仿制的蜻蜓眼珠形制相近。有学者研究指出楚地周围出土的这类"几何线间隔眼珠"，应是从楚地传入[6]（图7-4）。

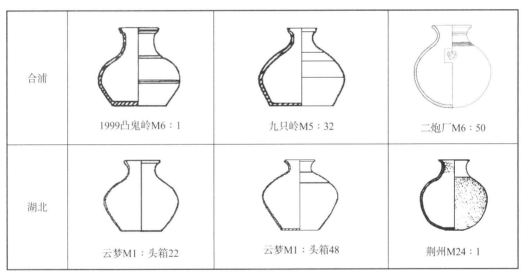

合浦	1999凸鬼岭M6：1	九只岭M5：32	二炮厂M6：50
湖北	云梦M1：头箱22	云梦M1：头箱48	荆州M24：1

图7-3 合浦与湖北汉墓出土器物对比图

① 湖南省博物馆. 长沙楚墓［J］. 考古学报，1959（1）：41-60

② 黄娟. 战国秦汉时期泥质冥币的发现与研究［J］. 考古，2021（6）：109

③ 黄展岳. "朱卢执封"印和"劳邑执封"印——兼论南越国自携官印［J］. 考古，1993（11）：1024-1028

④ 湖北省荆州博物馆. 荆州高台秦汉墓［M］. 北京：科学出版社，2000：71-73.

⑤ 熊昭明，李青会. 广西出土汉代玻璃器的考古学与科技学研究［M］. 北京：文物出版社，2010：155-156

⑥ 赵德云. 中国出土的蜻蜓眼式玻璃珠研究［J］. 考古学报，2012（2）：177-216

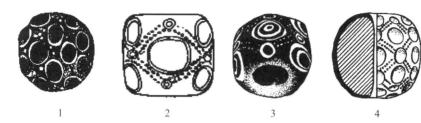

图7-4　楚地和岭南出土蜻蜓眼式珠

1. 陶制（湖北江陵望山M1/战国中期）　2. 玻璃制（长沙楚墓M442：1/战国晚期）

3. 玻璃制（南越王墓）　4. 陶制（文昌塔M168）

（四）其他

此外，合浦汉墓出土的一些器物反映出，自西汉早期至东汉晚期本地与云南的交流也较为密切，如西汉早期文昌塔M33出土的一字格铜剑（图7-5-1），该类器物是云南滇文化的典型代表，在同期的云南江川李家山M25[①]、昆明羊甫头M113[②]均有出土。1981年合浦县营盘公社彬彬村村民陈允云挖地基时出土1件铜盘、2件铜洗，这3件铜器内底纹饰较为特殊，在合浦汉墓中未发现同类器。其中铜盘内底饰双鱼、钱纹和鹭鸟纹（图7-5-2）；铜洗内底均饰双鱼纹，外底有三道凸棱，腹中部饰弦纹，上部附一对铺首（图7-5-3）。这3件器物形制和纹饰与云南昭通东汉时期生产的无纪地类朱提堂狼器十分相近[③]。这些器物在合浦的出现，可能是商品流通的结果，亦有可能暗示有西南外来人员在这一带活动。

除和中原及周邻地区交流，随着中外贸易交往的频繁，不可避免地，一些域外文化也随之传入合浦，这些因素在墓葬形制和出土器物上均有体现。砖室墓中的叠涩穹隆顶，域外因素较明显。2008年发掘的寮尾M13A为穹隆顶合横直券顶墓，其中中室为穹隆顶，下方上圆，以楔形条砖叠涩构筑，外部呈半圆形。这类墓葬在岭南最早于东汉中期在广州出现，合浦出现略晚。除两广部分地区外，香港[④]、越南[⑤]等亦有发现，但无一例外分布在沿海地区。中原地区穹隆顶则不同，多为"四边结顶式"，平面呈正方或长方形，最早为西汉晚期的洛阳烧沟M632，其甬道为穹隆顶；东汉时期数量增多，亦为四边结顶式。在西安、甘肃等汉墓数量较多的地区，穹隆顶形制也同洛阳相似。有关两汉穹隆顶的来源及发展演变，常青指出叠涩穹隆的做法与中亚同类

①　云南省博物馆. 云南江川李家山古墓群发掘报告［J］. 考古学报，1975（2）：116

②　云南省文物考古研究所，昆明市博物馆，官渡区博物馆. 昆明羊甫头墓地［M］. 北京：科学出版社，2005：169

③　吴小平，魏然. 朱提堂狼器考［J］. 考古学报，2021（3）：365-380

④　香港历史博物馆编制. 李郑屋汉墓［M］. 2005：26

⑤　Parmentier Henri. Anciens tombeaux au Tonkin [J]. Bulletin de l'Ecole française d'Extrême-Orient. Tome 17, 1917: 1-32

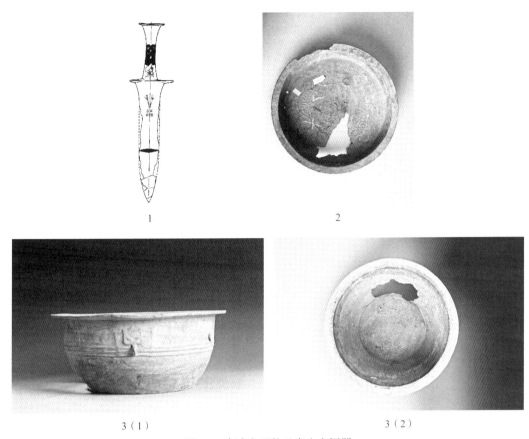

图7-5　合浦发现的云南生产铜器

1.铜剑（文昌塔M33：1）　2.铜盘（1981年营盘公社能村大队彬彬村陈允云屋基出土）　3.铜洗（同2）

结构完全相同[①]；徐永利指出汉代四面结顶式和叠涩式为本土创生，但也受到域外技术的影响；而叠涩式修筑技术可能得益于"海、陆丝绸之路"带来的文化交流而自域外引入[②]。笔者基本同意上述观点，岭南地区发现的上部圆隆的叠涩穹隆顶应是受中亚文化影响发展起来的，从其分布范围来看，这种影响，无疑是通过海上丝绸之路发生的。

　　与M13A同茔异穴的合葬墓M13B，出土有青绿釉陶壶、铜钹、胡人俑座灯和蚀刻玛瑙串饰等与海上丝绸之路密切相关的文物（图7-6）。其中低温釉陶壶，与两河流域瓦卡尔及塞流西亚遗址出土的陶壶形制一致，该类壶产自今伊朗西南部和伊拉克，作为日常水器，既不是贵重的生活用品，却又将其埋入墓葬，说明它可能是墓主生前的随身携带之物；钹源于西亚，较早在埃及、叙利亚出现，以后在波斯和罗马等地流传。在东方，先见于印度，后而中亚。M13B出土的铜钹极有可能是从安息一带通过海

①　常青. 两汉砖石拱顶建筑探源［J］. 自然科学研究，1991（3）：288-295

②　徐永利. 汉地砖砌穹窿起源刍议［J］. 建筑学报，2012（S1）：45-51

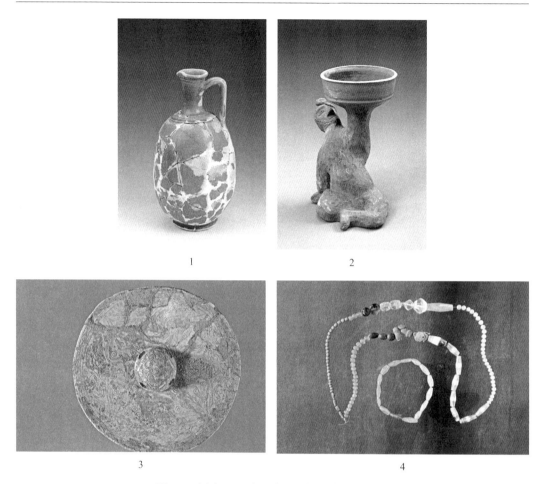

图7-6　寮尾M13B出土海上丝绸之路相关文物

1.青绿釉陶壶（M13B：47）　2.胡人俑座灯（M13B：12）　3.铜钹（M13B：2）　4.串饰（M13B：5）

上丝绸之路输入的[①]；胡人俑座灯的胡人形象与广州汉墓同类器及胡人俑相似，其形象与印度尼西亚的土著居民——"原始马来族"接近，更有可能是来自西亚或非洲东岸[②]。该墓形制和其余出土器物多为合浦常见，墓主人可能属进行海外贸易的商贾或富有阶层，但也不排除"墓主人极有可能是一位海外来的蕃客"[③]。

诸如M13B墓主，为域外人种是完全有可能的。丝绸之路开通后，域外来华贸易交流的人员更趋频繁。陆路沿线新疆、吐鲁番，以及"六胡"地区等，发现北魏至隋唐

① 熊昭明. 广西合浦汉墓出土铜钹略考［M］. 汉代西域考古与汉文化. 中国社会科学院考古研究所，新疆文物考古研究所编. 北京：科学出版社，2014：327-331

② 广州市文物管理委员会，广州市博物馆. 广州汉墓［M］. 北京：文物出版社，1981：478

③ 黄珊，熊昭明，赵春燕. 广西合浦县寮尾东汉墓出土青绿釉陶壶研究［J］. 考古，2013（8）：87-96

时期流寓中国的中亚粟特人墓葬[1]。从《汉书·地理志》的记载来看，海上丝绸之路的交往西汉时期已很密切，晚至东汉末和三国，士燮兄弟在交州并为列郡，"威尊无上……车骑满道，胡人夹毂焚烧香者常有数十"[2]。这里的"胡人"应是来自中亚或印度的商贾或宾旅，这些胡人大多既是商贾，又是佛教徒。马雍依《高僧传》《三国志》等文献也指出，东汉中期以后，中亚地区的居民包括康居人等，不断移居中国境内，形成一股移民热潮，其来华路线分为海、陆两道，取海道者经印度到交趾，部分留居交趾，部分继续北上到达洛阳[3]。可见，这一时期多有胡人居于交趾，临近的合浦虽无明确记载，但作为汉代海上丝绸之路贸易的桥头堡，以及贯通交趾和中原的要冲，应不乏胡人通过海路而来，并为利辄止。上述往来合浦贸易的域外商人、朝贡者或传教者，难免会有客死合浦的情形，由于当时交通极为不便，路途遥远，无法归葬故里，因而葬于合浦，是合乎情理的。

第二节　汉墓体现的合浦经济生活

墓葬是研究社会经济的重要实物资料，出土的随葬品及其组合可以体现出当地的社会经济结构、发展特征等内容，从合浦汉墓出土器物可看出，汉代合浦地区主要靠农业、养殖业、采珠业、手工制造业、商业等，尤其是海上丝绸之路开通之后，合浦的商业经济得以发展迅速。

一、农业及其他副业

合浦属北回归线以南过渡热带的沿海平原地区，气候为亚热带海洋性季风气候，气候炎热湿润，适合农作物生长。县境北部为丘陵，南部为台地和滨海平原，中部为南流江冲积平原。农业的发展离不开各类生产工具，合浦汉墓出土铁质农具有臿、斧、锄、凿和双齿铁镢、刀。臿是汉代使用最普遍的农具之一，可用来翻土、理埂、挖掘等，从出土情况来看西汉晚期已较为流行，如堂排M2B填土出土5件铁臿，墓底出土泥臿10件、泥斧6件，均是仿铁器。铁农具的广泛使用，促进了合浦农业的快速发展。汉代合浦地区主要粮食作物为水稻，出土陶屋内常见作舂米状、持簸箕簸米状劳作的人俑造型，应是为稻谷去壳。在风门岭24B号墓出土的陶仓中残存有未经脱壳的风化稻谷，核已成黄白色粉末，从稻壳的外形来看，粒形细长，长度是宽度的3倍以上，

① 罗丰. 汉胡之间——"丝绸之路"与西北历史考古 [M]. 北京：文物出版社，2004：207

② （晋）陈寿. 三国志 [M]. 卷四十九. 吴书. 刘繇太史慈士燮传. 北京：中华书局，1964：1192

③ 马雍. 东汉后期中亚人来华考 [M]. 西域史地文物丛考. 北京：文物出版社，1990：57

应是籼稻。除稻米外，日常农作物还有其他种类。在九只岭6A号墓出土的1件提筒盖面有隶书"清米万石"，风门岭10号墓出土的2件提筒盖上分别书有"小豆□□"和"□米千石"。在风门岭二炮厂M5出土成堆的薏苡，约40粒，已风化仅存外壳，薏苡有健胃、强筋骨、去风湿、消水肿、清肺热等功能，是一种具有价值较高的药用食品。汉代合浦薏苡品种优良，马援觉得"南方薏苡实大"，想将其运回中原做种子，"军还，载之一车。"①合浦汉墓中常见的干栏式陶仓也从侧面反映出，汉代合浦农作物产量不少，陶仓在合浦汉墓中较为普遍，未被盗掘的墓葬几乎均有出土，适应了南方多雨地区谷物的储存需求。囤积粮食的仓数量多，而且设计讲究，说明当时的粮食储备应该是相当可观的②。此外，还有其他果类产品，堂排M2B出土铜锅内有荔枝，M2A小铜盒内有杨梅。

除农副产品外，因合浦近海且境内有包括南流江在内的大小河流，容易捕获各类水、海产品。如1988年环城乡母猪岭1号墓出土的陶罐和九只岭6A号墓出土的四耳罐中有鲍科贝壳。此类贝壳，在沿江的广州和贵港两地的汉墓出土的陶罐中也有发现。风门岭26号墓出土的铜鼎残留有鱼骨，经鉴定有两类：一类为鲻科的鱼，另一类为鲷鱼。作为汉代合浦居民的主要食物来源之一，"盖越人美蠃蚌而简太牢"③。合浦各期汉墓及墓群附近的草鞋村汉城址中出土的网坠，也是当时渔业活动的实物证据。

汉代合浦社会还多饲养畜禽，多墓葬随葬的陶制和铜制动物模型可窥一斑。马是汉代常用的交通工具，平地可拉车，多山或丘陵地带可驮运，风门岭M26出土有铜马。汉代牛耕较为普遍，且牛亦可牵引拉车，M26亦出土有铜牛。其他的家畜和家禽更多的是提供肉食和蛋类，如北插江盐堆M1出土有陶猪、狗、羊、鸡、鸭、鹅，风门岭M26出土有铜鸽。猪的饲养似乎尤为普遍，在陶屋后院带围起的畜圈内，多有陶猪。这些动物模型表明，汉代合浦的家畜、家禽饲养业较为发达。

二、采 珠 业

合浦本地越人在早期已有采珠业，《异物志》记载："乌浒、南蛮之别名，巢居鼻饮。射翠取毛，割蚌求珠为业。"④在合浦采珠业兴起前的西汉早、中期，汉王朝权贵阶层对珍珠的需求，相当部分还是通过海上贸易输入而获得满足。相对而言，南亚和西亚采珠业出现的时间要早得多。印度南部沿海、斯里兰卡西部马纳尔湾、波斯湾

①　（南朝宋）范晔. 后汉书：卷二十四·马援列传第十四［M］. 北京：中华书局，1965：846

②　蒋廷瑜. 广西汉代农业考古概述［J］. 农业考古，1982（2）：68

③　陈桐生译注. 盐铁论：卷九·论菑第五十四［M］. 北京：中华书局，2015：503

④　（东汉）杨孚撰. 异物志［M］. 艺文类聚：卷八十四. 广州：广东科技出版社，2009：2

的巴林一带，盛产珍珠并用于贸易。在古印度，珍珠更是佛教"七宝"之一。巴林至少3次出土珍珠，最早是在距麦纳麦（巴林首都）西10千米的萨尔（Saar），年代为迪尔蒙时代早期（前2000～前1700年）。西方珍珠巨大明亮，颗粒很大，《汉书·地理志》中的"大珠至围二寸以下"，按汉尺，其周长二寸折算的直径接近1.5厘米。但海外输入的珍珠量远不能满足上层阶级的需求量，由此合浦的采珠业得以迅速开发。

采珠业在汉代合浦几乎可以视为支柱产业，在《汉书》和《后汉书》中多有记载。《汉书·地理志》载："粤地……处近海，多犀、象、毒冒、珠玑、银、铜、果、布之凑，中国往商贾者多取富焉。"[①]汉成帝时，京兆尹王章妻子流放合浦，数年间竟"产珠致产数百万"[②]。《后汉书·循吏列传》记载孟尝："迁合浦太守，郡不产谷实，而海出珠宝，与交阯比境，常通商贩，贸籴粮食。"[③]以上资料说明汉代合浦盛产珍珠，且已形成一定的规模。合浦珍珠的采集应在汉武帝元鼎六年（前111年）设郡县后，于西汉晚期发展兴盛，至东汉达到顶峰。

在汉代合浦，珍珠除作为珍宝，在某种程度上也替代货币在物物交换体系中起到重要作用，合浦郡不产谷实，以海产珍珠与邻近的交阯地区贸粮。文献记载或有不实之处，西汉合浦郡"口七万八千九百八十"[④]，交阯郡"口七十四万六千二百三十七"[⑤]，交阯郡如此庞大的人口数量，自产谷实能供需本地人口已属不易，何况同时供需合浦郡，而且，合浦本身的优良的地理环境也具备生产谷物条件，中部为南流江冲积平原，南部为近海平原。这条记载从侧面反映了采珠业在汉代合浦社会的重要地位，可能合浦的部分谷实确实通过此类交换而得。

汉代合浦采珠业如同盐铁等为官营行为，由政府控制市场，由采珠业有巨大的经济利益，严格禁止官员参与民间贩卖。景帝后元三年（前141年）颁布一份诏书，"吏发民若取庸采黄金珠玉者，坐赃为盗"[⑥]。《后汉书·马援传》载马援回中原时认为"南方薏苡实大。援欲以为种，军还，载之一车。……及卒后，有上书谮之者，以为前所载还，皆明珠文犀"[⑦]。珠崖是岭南珍珠的另一产地，西汉刘向在《古列女传·节义传》中载珠崖令遗属奉丧过海关，误携珍珠，为关吏搜出，几被处死，后幸免。"法：内珠入于关者死。"[⑧]《异物志》中也有记载，禁止民私自采珠"合浦民善游采

① （汉）班固. 汉书·地理志［M］. 北京：中华书局，2005：1329-1330

② （汉）班固. 汉书：卷七十六·赵尹韩张两王传［M］. 北京：中华书局，1962：3239

③ （南朝宋）范晔. 后汉书：卷七十六·循吏列传·第六十六. 北京：中华书局，1965：2473

④ （汉）班固. 汉书：卷二十八下·地理志［M］. 北京：中华书局，1962：1630

⑤ （汉）班固. 汉书：卷二十八下·地理志［M］. 北京：中华书局，1962：1629

⑥ （汉）班固. 汉书：景帝纪［M］. 北京：中华书局，1962：153

⑦ （南朝宋）范晔. 后汉书：卷二十四·马援列传第十四［M］. 北京：中华书局，1965：846

⑧ （汉）刘向. 古列女传：节义传·珠崖二义［M］. 北京：中华书局，1985：214

珠。儿年十余岁，使叫入水。官禁民采珠"①。而为满足皇室权贵的需要，西汉政府或已设置专门的官吏——珠官，来负责管理采珠业。汉元帝时御史大夫贡禹曾上书建议"罢采珠玉金银铸钱之官"②，合浦郡应设有珠官，三国时期合浦郡一度改名为珠官郡。

由于珍珠成分主要为碳酸钙，在南方潮湿的酸性土壤中，逐渐风化、分解、破碎最后挥发，岭南地区考古发掘的珍珠实物，据现有材料，仅有三处。西汉早期的南越王墓头箱漆盒内出土有珍珠，未加工；墓主头套下为丝囊珍珠枕。推测可能为南珠③。贵港深钉岭M1出土的铜盒内有22颗珍珠④。广西兴安石马坪西汉晚期M6出土3颗，中心穿孔⑤。从合浦溯南流江北上，进入桂江、漓江流域，可较为便捷地抵达贵港和兴安，故这两地出土的珍珠很大可能来自合浦。

三、手 工 业

随着大量汉人南下，中原先进的手工业技术传入合浦，合浦地区制陶、制铜等工艺均有了很大发展。

合浦汉墓出土陶器占随葬品大部分比例，同属岭南地区硬陶系统。主要为储容器、炊煮器、日用器以及少量模型明器。其中大部分为仿中原地区汉式陶器，亦有少量带浓厚地方色彩的器型。陶质以灰白胎硬陶为主，亦有少量红色和淡红色薄胎软陶。生活用具类器物制作相对精致，多施釉，纹饰以拍印纹和刻划纹为主，有方格纹、方格纹加菱形、方形、圆形、钱形戳印纹、菱格纹、三角形纹、蕉叶纹、篦点纹、细布纹、栉齿纹、"米"字纹、弦纹、叶脉纹、柿蒂纹等，熏炉、屋、仓等器物还可见镂空纹饰。陶土经淘洗较细腻，少量软陶掺有细沙颗粒。体型稍大的圆形器皆泥条盘筑，慢轮拍打，器底后加，纽、耳等附件多另外模制或捏塑成形后贴上。

合浦制陶业的另一个主要内容是烧造砖瓦等建筑材料。近年发现的草鞋村遗址发现两汉时期制瓦的各类遗迹，出土大量绳纹板瓦、筒瓦，少量云树纹瓦当，以及与制瓦相关的工具⑥。草鞋村建筑遗址地铺方砖和条形砖，另东汉时期合浦流行砖室墓。从

① （东汉）杨孚撰. 异物志［M］. 艺文类聚：卷八十四. 广州：广东科技出版社，2009：3

② （汉）班固. 汉书·禹贡传［M］. 北京：中华书局，1962：3076

③ 广州市文物管理委员会，中国社会科学院考古研究所，广东省博物馆. 西汉南越王墓［M］. 北京：文物出版社，1991：218

④ 广西壮族自治区文物工作队，贵港市博物馆. 广西贵港深钉岭汉墓发掘报告［J］. 考古学报. 2006（1）：108

⑤ 广西壮族自治区文物工作队，兴安县博物馆. 兴安县石马坪汉墓［M］. 广西考古文集. 广西壮族自治区博物馆编. 北京：文物出版社，2004：255

⑥ 广西文物保护与考古研究所，厦门大学历史系考古专业，广西师范大学文化与旅游学院. 广西合浦县草鞋村汉代遗址发掘简报［J］. 考古，2016（8）：50-74

墓葬用砖可知，烧制技术较为成熟，墓砖大小较一致，火候较高，砖面多排印方格、菱格纹、条形纹、手印纹等几何图案花纹。考古发掘虽未发现相关的烧制窑址，但从出土的陶器、砖瓦仍可以看出汉代合浦制陶手工业者的精湛工艺。

与中原等地出土的青铜器相比，合浦地区出土青铜器多为小型日常生活用具，鼎、盒、壶、钫等礼器也已成为日用品，器型较小，胎较薄，应为本地制作，而西汉晚期至东汉早期流行的精致的錾刻花纹为本地特色，纹饰细致繁缛，多为羽纹、锦纹、三角纹、弦纹、蕉叶纹、神兽纹、菱形纹等，部分铜器表明有鎏金和贴金工艺，体现出高超的制作技艺，合浦是这类器物的制作中心。吴小平在汉代铜壶研究中指出，长颈壶这类器物为岭南所造，非岭南地区出土的应是买卖或转送所致，尤其是錾刻纹饰的铜长颈壶，其性质当属高级礼物或贵重商品[①]。这类錾刻铜器还远销外地，在云南[②]、贵州[③]、湖南[④]、江西[⑤]、江苏[⑥]、陕西[⑦]、辽宁[⑧]等地汉墓都有发现，受到当地上层人士的喜爱，器类有铜壶、长颈壶、三足盘、凤灯、樽、熏炉、盒和三足小壶。另合浦铜器中还有一类较为特殊的组合，在风门岭M26、望牛岭M1、黄泥岗M1和文昌塔M69均可见完整的铜制井仓灶模型明器，这些模型明器在临近地区均无成组发现，合浦所出明显仿自当地的陶器，为本地制作，推测为临时"订制"。出土铜井仓灶的墓葬，墓主人身份地位都较高。广西梧州等地发现的该类器物很可能为合浦输入。这类铜制模型明器的出现，也是海上丝绸之路促进当地经济发展和社会繁荣的重要见证[⑨]。

而有关铜矿来源，文献记载合浦郡铜矿的资料甚少，《旧唐书·地理志》载："铜陵，汉临允县地，属合浦郡。宋立泷潭县。隋改为铜陵，以界内有铜山也。"[⑩]但其位置不甚清晰。广西考古发掘的汉代冶铜遗址，见于距现合浦县城约160千米的北流市铜石岭，发掘发现有竖形炉、炉渣、鼓风管、铜矿石等与冶炼相关的遗迹和遗物，年代为西汉晚期或东汉早期。遗址出土铜锭含铜量高达96.4%，而炉渣的含铜量

①　吴小平. 汉代铜壶的类型学研究［J］. 考古学报，2007（1）：29-60

②　杨勇. 论云南个旧黑蚂井墓地及其相关问题［J］. 考古，2015（10）：100-110

③　吴小平. 云贵地区汉墓所出岭南风格器物研究［J］. 考古学报，2019（1）：47-62

④　湖南省博物馆. 湖南资兴东汉墓［J］. 考古学报，1984（1）：53-120

⑤　江西省文物工作队，南昌市博物馆. 南昌市京家山汉墓［J］. 考古，1989（8）：693-698

⑥　南京博物院. 江苏盱眙东阳汉墓［J］. 考古，1979（5）：412-426

⑦　中国社会科学院考古研究所汉长安城工作队. 汉长安城发现西汉窖藏铜器［J］. 考古，1985（5）：400-403

⑧　大连市文物考古研究所，大连营城子汉代墓地考古工作队. 辽宁大连市营城子汉墓群2003M76的发掘［J］. 考古，2019（10）：52-62

⑨　熊昭明. 合浦汉墓出土的铜井仓灶［M］. 岭南印记：粤港澳考古成果展国际学术研讨会论文集，香港历史博物馆编. 2014：26-33

⑩　（后晋）刘昫等撰. 旧唐书：卷四十一［M］. 北京：中华书局，1975：1724

仅为0.65%，说明当时已掌握了较高的熔炼技术[①]。合浦制作铜器所需原料很可能来自该地。风门岭M26出土的铜质容器，经检测为铜锡铅合金，这说明当时的工匠已可根据所制作器物的需要，控制青铜器中的铅、锡配比。三元合金的铸造工艺性能更为优良，便于生产造型复杂、纹饰繁缛的铜器。

除制陶和制铜业外，合浦还出土少量铁器。铁器多为小型农具，同中原地区形制相同，不排除为中原地区或楚地直接传入，但也不能排除中原冶铁技术随汉人传入岭南地区，在本地制作的可能。在汉墓分布较集中的另一地区广西贵港，发现有早期冶铁遗址群，分布范围较大，在桂平市平南县六陈镇到桂平市罗秀镇约100平方千米范围内，是迄今为止岭南地区发现最早的冶铁遗迹，调查发现有炉渣、铁矿石、鼓风管及半成品等冶炼遗物。遗址年代推测上限为汉代[②]。发现的碗式炼炉形制独特，与中原地区发现的汉代竖炉截然不同，与中原地区生铁冶炼技术传统有所区别。其冶铁技术表现出与东南亚、南亚地区较为相似[③]。平南"碗式"炼炉的起源与世界其他地区"碗式"炼炉的起源途径相同，是西亚地区"碗式"炼炉对外扩散的结果，其传播线路是沿印度洋经由西亚、南亚、东南亚传入[④]。

此外，合浦汉墓出土大量玻璃、琥珀、玛瑙等珠饰品，经检测，除少量为罗马、东南亚等地直接输入外，也有很大一部分是区内制作。西汉晚期至东汉早期，合浦地区已能从事一定规模的钾玻璃和钠铅玻璃制作[⑤]。墓葬出土的琥珀印章，或为输入原材料后，在本地加工[⑥]。虽考古未发现相关的作坊遗迹，但出土的各类器物证实了汉代合浦已有珠宝加工业。

四、商　　业

汉代合浦自西汉中期逐渐开发，由于自身优越的地理位置，和国内外贸易往来

① 广西壮族自治区文物工作队. 广西北流铜石岭汉代冶铜遗址的试掘［J］. 考古，1985（5）：404-410

② 黄全胜，李延祥. 广西贵港地区早期冶铁遗址初步考察［J］. 有色金属，2008（1）：137-142

③ 黄全胜，李延祥. 广西平南县铁屎塘冶炼遗址初步研究［J］. 四川文物，2012（1）：92-96

④ 李映福. 广西平南"碗式"炼炉与我国"碗式"炼炉的起源［J］. 考古，2014（6）：64-77

⑤ 熊昭明，李青会. 广西出土汉代玻璃器的考古学与科技研究［M］. 北京：文物出版社，2011：157

⑥ Xiong Zhaoming. The Hepu Han Tombs and the Maritime Silk Road of the Han Dynasty [J]. Antiquity, 2014, Vol. 88: 1241

逐步频繁。合浦地处南流江入海口，北可通过水路达中原内地。南下可由陆路或海路至交趾、九真、日南等地。而作为汉代主要的外贸港口，出海可通往东南亚、南亚等地。沿交州南部海岸而来的外贸船舶到此停泊，借助于便利的水陆交通加以疏散。便利的交通和利益的促使，不仅促使南岭南北的商品往来，"中国商贾者多取富焉"，而且使南海诸国商品流通到北方[1]。

（一）国内贸易

汉代由于中原长期实行抑商政策，相对之下岭南地区却有着宽舒的商业贸易自由，这使不少商人大量集中到交广一带。《汉书》记载粤地"多犀、象、毒冒、珠玑、银、铜、果、布之凑"[2]。这些珍奇的南方之物成为北方商贾谋求利润的输入商品。由于受岭南交通条件的限制，不可能采购笨重的物品作长途贩运，故以经营犀角、象牙、珍珠等奢侈品为多，这也成为是汉代合浦等地的贸易特色[3]。除了珍奇之物，岭南还出产荔枝、龙眼等各类热带水果，及农副产品，也备受北方人民喜爱。《后汉书》载："援在交趾，常饵薏苡实，用能轻身省欲，以胜瘴气。南方薏苡实大，援欲以为种，军还，载之一车。"[4]合浦汉墓中亦可见薏苡实物。与此同时，中原输入的商品也不少。合浦出土的铁器、铜镜等形制与中原地区发现的一致，应也是自北方输入。海上丝绸之路所需的丝绸更是大宗，由于合浦不盛产丝绸，对外贸易所需的丝绸从各地源源不断地汇集到合浦，再远销海外。

合浦与相邻的地区的贸易往来也很频繁，输入本地匮乏的产品，输出本地盛产产品。如广西梧州大塘M1出土的铜屋，与合浦所出十分相似，有很大可能是从合浦输出到当地的[5]。合浦以出产的珍珠与南部的交趾地区换米。汉代实行冶铁官营，两广境内未设置铁官，而桂北相邻的楚地耒阳东汉建初年间设置有铁官，可开矿炼铁，岭南出土的部分铁器应是自楚地输入。西南地区输入岭南的物品，多是西南的特产，如马匹、羊、毡之类。云贵一带的马匹较适应南方气候，体形小，善走山路宜于岭南驱驶，岭南的马多从西南一带来[6]。桓宽《盐铁论》也讲到中国商人运蜀郡的货物到南海交换珠玑、犀、象等珍品。经红水河水道，云贵高原和蜀地的物资，沿北流河和南流江，可到达合浦港。

① 王元林. 秦汉时期南岭交通的开发与南北交流［J］. 中国历史地理论丛，2008（4）：56

② （汉）班固. 汉书·地理志［M］. 北京：中华书局，2005：1329-1330

③ 冼剑民. 汉代岭南的商业萌芽［J］. 岭南文史，1988（1）：98

④ （南朝宋）范晔. 后汉书：卷二十四·马援列传第十四［M］. 北京：中华书局，1965：846

⑤ 熊昭明. 合浦汉墓出土的铜井仓灶［M］. 岭南印记：粤港澳考古成果展国际学术研讨会论文集. 香港历史博物馆编. 2014：26-33

⑥ 冼剑民. 汉代岭南的商业萌芽［J］. 岭南文史，1988（1）：88-97

（二）海外贸易

自武帝开通海上丝绸之路航线后，汉代海外贸易繁荣。由皇帝近侍内臣"黄门"率领、也有商人"应募者"参与的船队，从合浦港出发，大体经北部湾、中南半岛沿岸并穿过马六甲海峡，沿孟加拉湾前行到印度，再从斯里兰卡返回。带去是"黄金杂缯"，带回"明珠、璧流离、奇石异物"。商贾或国外朝贡者则经交趾道，可达中原，其中一条线路可自合浦沿南流江，过鬼门关，再溯北流江而上，至桂江、漓江，过灵渠入潇水、湘江，最终可将贸易或换回的商品运至中原地区。由于南流江运力有限，且需在桂门关一带转运，大宗的货物还是走东南沿海一线。《后汉书·郑弘传》载："旧交阯七郡贡献转运，皆从东冶（笔者注：今福州一带）。"①近年来，合浦汉墓出土的金饼、玻璃、石榴子石、琥珀、水晶、绿柱石、玛瑙、蚀刻石髓珠、金花球等与海上丝绸之路有关的文物，是海外贸易往来最有力的实证②。

1.输出品

（1）黄金和杂缯

黄金和杂缯属贸易中的输出商品，来源于朝廷的赏赐。其中黄金应是用作交易的大额货币，方便远程携带。当时的中西贸易，黄金普遍作为货币流通。合浦望牛岭1号墓出土的两枚金饼，应为"黄金"之属。这类金饼在全国发现较多，广西贵港③、陕西④、湖南、江苏、安徽、河南和山西也有发现，尤其是近年发掘的江西海昏侯墓⑤，说明在汉代的流通领域里，较为广泛使用。

"杂缯"是各类丝织品的总称。丝织品易朽，故在合浦及海上丝绸之路沿线的考古发掘中，甚为少见。风门岭M26发现少许麻织品，虽不属"杂缯"之列，但制作精

---

① （南朝宋）范晔. 后汉书：卷三十三·郑弘传［M］. 北京：中华书局，1962：1156

② 广西壮族自治区文物工作队，合浦县博物馆. 合浦风门岭汉墓——2003～2005年发掘报告［M］. 北京：科学出版社，2006：133-136；熊昭明，李青会. 广西出土汉代玻璃器的考古学与科技研究［M］. 北京：文物出版社，2011；熊昭明. 广西出土的钠钙玻璃与汉代海上丝绸之路［M］. 汉代城市和聚落考古与汉文化. 中国社会科学院考古研究所，河南省文物考古研究所编. 北京：科学出版社，2012：328-334；Xiong Zhaoming. The Hepu Han Tombs and The Maritime Silk Road of the Han Dynasty [J]. Antiquity, 2014, Vol. 88: 1229-1243

③ 广西壮族自治区博物馆. 广西贵县罗泊湾汉墓［M］. 北京：文物出版社，1988：110

④ 安志敏. 金版与金饼——楚、汉金币及其有关问题［J］. 考古学报，1973（2）：61-90；陕西省文物局文物鉴定组. 记西安北郊谭家乡出土的汉代金饼［M］. 文物，2000（6）：50-59

⑤ 张烨亮，李文欢. 海昏侯墓出土部分金器初步研究［J］. 南方文物. 2020（6）：189-207

细[①]。与合浦相邻的贵港罗泊湾M1，出土的丝织品有平纹的绢和纱衣料，据该墓出土的木质"从器志"记载，随葬品中有大批的缯、布和用缯布缝制的衣服以及囊袋等[②]。

（2）日常生活用品

除"黄金杂缯"外，一些陶器、铜镜、铜印章、铜钱和漆器等汉朝文物也随海路贸易人员输出到东南亚地区。在越南中南部、泰国、印度尼西亚等国均有发现少量铜镜。20世纪90年代越南北部义安省谅伐（Lang Vac）遗址出土1面日光镜，年代为西汉晚期[③]；1998年越南中部广南省桂山地区平安（Binh Yen）遗址M7出土1面日光镜，该墓为沙莹文化瓮棺墓[④]；1999年越南中部广南省维川地区俄龙（Go Dua）编号为M5的沙莹文化瓮棺墓中发现1面四乳禽兽镜，年代为西汉[⑤]；越南中部莱宜（Lai Nghi）遗址瓮棺墓出土1面日光镜，年代为西汉时期[⑥]；越南中部安邦（An Bang）遗址沙莹文化瓮棺墓中发现1面四乳禽兽镜，年代约为西汉晚期[⑦]；1999年越南南部平阳省新源地区富正（Phu Chanh）遗址墓葬中出土1面四乳四虺镜，葬具由黑格尔Ⅰ式铜鼓和中空带把的木缸形器组成，铜鼓置于内部，或为二次葬[⑧]。越南南部湄公河三角洲俄厄（Oc Eo）遗址出土铜镜残件，年代为东汉[⑨]。

泰国共发现3面，均发现于泰国南部。三乔山（Khao Sam Kaeo）遗址发现2面，年代为西汉。1面仅存一小截边缘，采集于4号山丘的表面；1面较完整，来自盗掘者。该

① 广西壮族自治区文物工作队，合浦县博物馆. 合浦风门岭汉墓——2003～2005年发掘报告［M］. 北京：科学出版社，2006：139-148

② 广西壮族自治区博物馆. 广西贵县罗泊湾汉墓［M］. 北京：文物出版社，1988：79-82、86

③ Hakari Hiromitsu and Imamura Keiji. Recent development in Vietnamese Archaeology [J]. Journal of Southeast Asian Archaeology 1990 (10): 79-82

④ Yamagata Mariko, Pham Duc Manh, Bui Chi Hoang. Western Han Bronze Mirrors Recently Discovered in Central and Southern Vietnam [J]. Indo-Pacific Prehistory Association Bulletin, 2001 (21), Melaka Papers, Vol.5: 99-101

⑤ Lam Thi My Dzung. Sa Huynh Regional and Inter-Regional Interactions in the Thu Bon valley, Quang Nam Province, Central Vietnam [J]. Bullein of the Indo-Pacific Prehistory Association, 2009 (29): 73

⑥ Andreas Reinecke. Early Cultures in Vietnam (First millennium B.C. to second century A.D.) [C]. Arts of Ancient Viet Nam. From River Plain to Open Sea. Nancy Tingley ed. New Haven and London: Yale University Press, 2009: 36-38

⑦ Andreas Reinecke, Nguyễn Chiều, Lâm Thị Mỹ Dung. Neue Entdeckungen zur Sa-Huỳnh-Kultur: Những phát hiện mới về văn hóa Sa Huỳnh. Köln: LINDEN SOFT vERLAGSGES. MBh, 2002: 17-18

⑧ Yamagata Mariko, Pham Duc Manh, Bui Chi Hoang. Western Han Bronze Mirrors Recently Discovered in Central and Southern Vietnam [J]. Indo-Pacific Prehistory Association Bulletin, 2001 (21), Melaka Papers, Vol.5: 99-101

⑨ Louis Malleret. La civilisation matérielle d'Oc-Èo. L'archéologie du Delta du Mékong [M]. Paris: École française d'Extrême-Orient, 1960: 231-235

遗址还出土有其他汉式文物，包括2枚西汉铜印和少量几何印纹陶罐残片[①]；洛坤省差旺（Chawang）遗址发现1面昭明镜，年代为公元前1世纪晚期[②]。印度尼西亚巴厘岛上的潘坤帕（Pangkung Paruk）遗址，出土规矩镜和神兽镜各1面[③]。这些铜镜类型都可以在中原和岭南地区找到原型，俄厄、三乔山均是当时海上丝绸之路沿线著名的港口城市。这些制作精美的铜镜，很可能作为贸易商品或馈赠礼物而留在当地。这种贸易或交换模式，也可能在与邻近地区居民的接力式贸易和交往中发生。

2. 输入品

（1）玻璃器

在合浦未被盗掘的大中型墓葬中多随葬玻璃串珠，以及少量玻璃杯、盘、环、角轮形环等器物。上海光机所李青会研究员等人将合浦汉墓出土玻璃器与海上丝绸沿线国家出土的玻璃器型式、化学成分体系、制作工艺等信息的对比研究，将合浦出土玻璃器分为铅钡玻璃和铅玻璃、钠钙玻璃、钾玻璃、钠铝玻璃、混合碱玻璃五种体系[④]。

其中铅钡玻璃和铅玻璃为我国独创的玻璃体系，望牛岭M2出土玻璃璧、黄泥岗M1出土剑璏、风门岭M10出土方塔形玻璃珠、1976年罐头厂M10出土心形片、五旗岭M3出土双锥形珠饰等属铅钡玻璃；风门岭M26和M23A，以及母猪岭M1出土的红褐色、红色玻璃珠，含有较高的铜元素，并伴随有较高的铁元素，以拉制工艺制作，为来自印度的铜红珠。罐头厂M12出土的粉红色串珠，为高铅玻璃。应为我国自制。

钠钙玻璃为典型的西方玻璃体系，在合浦汉墓发现较少。九只岭M5出土的湖蓝色珠，经检测为钠钙玻璃，寮尾M15、M17和M19出土的玻璃珠中亦有少量钠钙玻璃，以泡碱作为助溶剂，其与埃及和地中海地区关系密切，应是通过海路传入。

钾玻璃是印度、东南亚和中国华南、西南等地特有的一种玻璃体系，合浦汉墓出土钾玻璃主要包含低钙高铝钾玻璃和中等钙铝钾玻璃两种亚类。经检测，风门岭M23、M26出土部分玻璃珠，以及1993年北插江盐堆M1出土瓜棱形分段珠等为中等钙

① Bérénice Bellina. Khao Sam Kaeo: An Early Port-City between the Indian Ocean and the South China Sea [M]. Paris: École française d'Extrême-Orient, 2017: 524-525

② Amara Srisuchat. Merchants, merchandise, markets: archaeological evidences in Thailand concerning maritime trade interaction between Thailand and other countries before the 16th Century AD [C]. Ancient Trades and Cultural Contacts in Southeast Asia. A. Srisuchat ed. Bangkok: The Office of the National Culture Commission, 1996: 242

③ 白云翔，杨勇. 班诺洼与考山考——泰国两处史前遗址的考察及相关问题讨论 [J]. 中国国家博物馆馆刊，2020（4）：82-99

④ 李青会，左骏，刘琦等. 文化交流视野下的汉代合浦港 [M]. 南宁：广西科学技术出版社，2019：287-350

铝钾玻璃，风门岭M28、九只岭M5、寮尾M15出土部分玻璃珠为低钙高铝钾玻璃。一般认为印度阿里卡梅杜及其附近地区为中等钙铝钾玻璃的制作中心，合浦出土该类珠饰应来自印度；低钙高铝钾玻璃主要以太平洋拉制珠为主，主要产自泰国的班东达潘等地。

混合碱玻璃也是南亚、东南亚以及中国南方常见的玻璃体系，风门岭M26、二炮厂等墓葬检测有该类玻璃珠，具体产地待进一步研究。

（2）石榴子石

石榴子石珠饰是通过海上丝绸之路传入广西的另一类典型器物。为探明合浦石榴子石的加工技艺及来源，王亚伟等热对九只岭M5出土的8颗石榴子石进行科技分析，根据X射线荧光光谱和激光拉曼光谱分析结果，从矿物学特征上讲，这些珠饰是由石榴子石族矿物中的铝系石榴石加工而成，除1件样品属于铁铝—镁铝榴石型外，其矿物成分体系具有较高一致性，其他样品均属于富铁铝榴石。微痕分析判断这批珠饰采用了旋磨工艺和皮囊球磨工艺两种打磨工艺，采用双钻石钻具对钻的钻孔工艺。这些都是古代印度、斯里兰卡和东南亚珠饰加工中常见的技艺。研究表明，古代印度的阿里卡梅度、斯里兰卡的Tissamahara和Anuradhapura等地是几个可能的石榴子石珠产地，合浦发现铁铝榴石应是由印度或斯里兰卡输入的[①]。

（3）红玉髓、玛瑙和蚀刻石髓珠

这三类珠饰在合浦汉墓发现较多，形状多样。其中蚀刻石髓珠形制较为特殊，主要为在红、黑色的玉髓基体上蚀刻白色条纹。蚀刻珠制作工艺起源于印度河谷的哈拉帕文化时期，东南亚地区发现较南亚晚，主要在缅甸和泰国发现。这种珠饰的制作复杂，传播多是家族继承式，随着印度工匠的移动，蚀刻石髓珠的技术可能随玻璃技术一起传播到东南亚。广西发现的蚀刻石髓珠制作地点，研究者倾向于来自印度。

（4）焊珠金饰品

合浦发现的焊珠金饰品主要为金花球和焊珠金饰片。金花球在北插江盐堆M1和风门岭M10等均有出土，为圆球形，空心，先用小金条焊接十二个小圈圆，上下各一，中间分两层，每层五个，在小圈交汇处用高温吹凝的堆珠加以固定。堆珠之间以及堆珠与小圆圈之间都有焊接，整体稳定牢固[②]。寮尾M14出土的金饰片原镶嵌在剑把里端，其做法是把金捶打成薄片，先用细小的掐丝勾出轮廓，然后用金丝剪成小段高温吹熔凝集成细密的小颗粒金珠焊接在薄金片上。这种金粒焊缀工艺，早期流行于古代埃及、乌尔（今伊拉克）、麦锡尼等国，是地中海沿的金工技法，来源于印度的可能性较大。

① 王亚伟，董俊卿，李青会. 广西合浦九只岭汉墓出土石榴子石珠饰的科学分析［J］. 光谱学与光谱分析，2018（1）：104-110

② 广西壮族自治区文物工作队，合浦县博物馆. 合浦风门岭汉墓——2003～2005年发掘报告［M］. 北京：科学出版社，2006：135-136

（5）琥珀

琥珀在合浦汉墓也较为常见，形状各异。在西方，很早就把琥珀作为贸易商品，以琥珀做原料制作的各种工艺品较昂贵。合浦汉墓出土的琥珀制品是否从西方输入，还难以确定，但风门岭M27、M23、北插江盐堆M1等出土的多件琥珀圆雕狮子至少可以确证其艺术创作的母题是通过海上丝绸之路等途径传入我国的。狮子不产于中国，而产于印度、斯里兰卡、欧洲、非洲等地。此外，也不排除从海外进口原材料，在本地加工的可能。如堂排M1、M4，望牛岭M1，九只岭M5，风门岭M23B等出土的琥珀印章，或是输入原材料后在本地加工、篆刻印文[①]。

（6）水晶

合浦发现的水晶有管柱形、圆形、多面体、蝉形、六棱柱形等，多为无色，另有少量黄水晶、紫水晶。印度南部的德干高原是紫水晶的主要产地，也是宝石加工的中心，紫色水晶串饰很可能来自这一地区，尤其算珠形、系领形和多面体形为典型的南亚风格。综合分析合浦汉墓出土水晶珠饰，采用印度原料，并利用南亚钻石钻孔技术，但具体制作地点可能是南亚、也可能是东南亚地区。

（7）绿柱石

合浦发现的绿柱石很长一段时间被误认为水晶，近年来经检测的样品有74颗，依照宝石学命名习惯和颜色，可分为海蓝宝石、金绿柱石和透绿柱石。从合浦出土绿柱石钻孔的显微分析结果，结合南亚和东南亚石质珠饰的钻孔技术研究，可以看出这批绿柱石是采用钻石对钻钻孔工艺，可能部分采用双钻石钻头。中国的海蓝宝石和其他绿柱石的产地主要在新疆、云南、内蒙古、海南、四川等地，但截至目前未发现有汉代及之前开采的证据。而在古代印度，谷中宝石广泛流行，印度南部的阿里卡梅杜等遗址曾经是绿柱石等宝石的制作中心。结合宝石资源和古代亚洲居民使用习惯，合浦出土的绿柱石应是通过海上丝绸之路由南亚输入[②]。

（8）珍珠

此外输入的商品还有"明珠"，应是指珍珠。合浦珍珠的采集应在汉武帝设郡县后，在更早时期，印度南部沿海、斯里兰卡西部马纳尔湾、波斯湾的巴林一带就盛产珍珠并用于贸易，在古印度，珍珠是佛教"七宝"之一。汉王朝早年对珍珠的巨大需求，国内无法满足，只能通过海上丝绸之路贸易获得，而且来自西方的珍珠颗粒大，光泽较强，很受权贵者的喜爱。

（9）香料

在海外贸易往来中除以上器物外，合浦出土的陶、铜熏炉和陶罐中部分残留炭

①　Xiong Zhaoming. The Hepu Han Tombs and The Maritime Silk Road of the Han Dynasty [J]. Antiquity, 2014. Vol. 88: 1241-1242

②　董俊卿，李青会，刘松. 合浦汉墓出土绿柱石宝石珠饰的科学分析［J］. 文物保护与考古科学，2019（4）：30-38

化香料，其来源也应与海上丝绸之路密切相关。在合浦保存完整或者盗掘不严重的大中型墓葬中，多有熏炉出土，铜熏炉出现时间较陶的早，西汉中期已见，晚期发现较多，东汉仅有少量发现；陶熏炉始见于西汉晚期墓葬，数量较少，东汉晚期增多。每墓基本出土1件熏炉，仅部分大、中型墓葬出土2件或以上。如望牛岭M1和风门岭M26均出土2件铜熏炉，寮尾M13B出土2件陶熏炉和1件铜熏炉。熏炉在两广汉墓发现较多，广州发掘的400余座汉墓中，共出土熏炉112件[①]，西汉早中期出土熏炉的墓葬占十分之一，西汉晚期至东汉期间，约一半的墓葬随葬有熏炉[②]。这表明汉代的香料在两广已是寻常之物。而在洛阳烧沟发掘的220座汉墓中，仅出土3件熏炉[③]。由此可见，熏香的风气是自南向北逐步推广的。

两广汉墓出土熏炉内残存的炭粒状香料和灰烬，无确切的检测分析报告，但风门岭M26出土的残余樟木，经鉴定其樟木为龙脑香科柳安属的望天树[④]，柳安属是热带亚洲分布的属，今分布于缅甸、印度支那、中国的云南和广西、巽他群岛和菲律宾。中国龙脑香科植物在两广分布带是以青皮属和坡垒属植物组成的龙脑香林[⑤]，广西境内并无柳安属。据韩槐准考证，古代龙脑香乃由盛产于苏门答腊、马来半岛、婆罗洲等处之龙脑树[⑥]，"秦汉以前，南洋特产之龙脑香，展转输入我国，本属可能。"[⑦]《史记·货殖列传》载："番禺亦其一都会也，珠玑、犀、瑇瑁、果、布之凑。"[⑧]韩槐准指出，"果布"二字，应为马来语称龙脑香之上半语，Kapur之音译[⑨]。香料在汉代两广地区已比较普遍，《后汉书·郭杜孔张廉王苏羊贾陆列传》："旧交阯土多珍产，明玑、翠羽、犀、象、瑇瑁、异香、美木之属，莫不自出。"[⑩]随着海上丝绸之路的开通，龙脑香随贸易往来输入中国的就更多。

汉代香料分两类，一类是薰草，为草本植物，干燥后即是可燃物；另一类是龙脑、苏合等树脂类香料，须置其他燃料上熏烧，使之徐徐发烟。龙脑是通过海上丝绸之路

① 广州市文物管理委员会，广州市博物馆. 广州汉墓［M］. 北京：文物出版社，1981：478

② 广州市文物管理委员会，广州市博物馆. 广州汉墓［M］. 北京：文物出版社，1981：126

③ 洛阳区考古发掘队. 洛阳烧沟汉墓［M］. 北京：科学出版社，1959：137

④ 广西壮族自治区文物工作队，合浦县博物馆. 合浦风门岭汉墓——2003～2005年发掘报告［M］. 北京：科学出版社，2006：178

⑤ 张金泉、王兰州. 龙脑香科植物的地理分布［J］. 植物学通报，1985（5）：1-8

⑥ 韩槐准. 龙脑香考［J］. 南洋学报. 第二卷，第一辑，1941：3

⑦ 韩槐准. 龙脑香考［J］. 南洋学报. 第二卷，第一辑，1941：7

⑧ （西汉）司马迁. 史记·货殖列传［M］. 北京：中华书局，1963：3268

⑨ 韩槐准. 龙脑香考［J］. 南洋学报. 第二卷，第一辑，1941：7

⑩ （南朝宋）范晔. 后汉书：卷三十一·郭杜孔张廉王苏羊贾陆列传［M］. 北京：中华书局，1965：1111

输入，而苏合则是通过陆丝传入①。所用香料不同，熏炉的形状也会随之发生变化。从两广汉墓出土的陶熏炉形制演变，可清晰地看出这一变化。西汉早期广州汉墓出土少量熏炉，炉身较浅，底部多平，且部分炉身有三角形或圆形气孔，以便香料充分燃烧；盖面为漫圆形，镂几何形孔，孔较大，便于散烟；下无承盘。这一时期熏香应以香草为主，不排除有龙脑香的可能，或将龙脑香磨碎后撒于香草之上。而龙脑香，应仅为权贵者所用；西汉中期熏炉形制有较大变化，盖面呈圆锥形，除延续早期三角形和窄竖条形镂孔，新出现镂立体花瓣状和博山状盖，花瓣或山峰间分布稀疏的小圆孔，炉体下部有承盘，用以接从气孔下落的灰烬。炉身较深，无透气孔；西汉晚期至东汉时期熏炉盖面整体较高，盖面多镂花瓣状，或简化仅镂小圆孔，下部多有承盘。晚期熏炉形制正适合龙脑香熏烧的需要，因龙脑香下部需承炭火，故炉身需加深，炉盖增高，在盖面镂稀疏的小孔，使得香气从小孔散出，而炉身下部的炭火由于通气不足，只能保持缓慢地燃烧状态。西汉晚期至东汉，通过海上丝绸之路，东南亚等地的龙脑香在两广应已较为常见。

综上，汉代合浦的商业在相对宽松的环境下发展稳定，国内外贸易均较繁荣，但以"朝贡"形式进行的对外贸易影响较大，体现了政治活动与经济活动的密切结合。汉代合浦社会的生计模式早期因以农业为本，随着西汉中晚期的开发，商业逐渐占据较大比例，伴随着手工业和采珠业的兴起，农业地位较早期有所萎缩。商业门类发展也体现出不平衡性，与其相关的经济门类及本地特色产品占主导地位，由于这些产品不少是依靠优越的自然条件生长的，人们通过采摘、猎取，捕捞即能获得，因而，在诸种经济门类中首先得到发展。

第三节　汉墓与周临城址的时空关系

近年来在合浦县城及周边地区发现两处汉代城址，即大浪古城和草鞋村城址，这两处城址的发现为深入研究合浦汉墓提供了重要的资料，城址和墓葬区关系密切，共同构成了完整的汉代聚落，使得复原汉代合浦地区生活文化成为可能（图7-7）。

一、相　关　城　址

（一）大浪古城

大浪古城位于合浦县城东北约11千米的石湾镇大浪村古城头村民小组，西有周江

---

① 孙机. 汉代物质文化资料图说（增订本）［M］. 上海：上海古籍出版社，2012：415

图7-7　合浦汉代城址与墓葬群空间关系示意图（1∶50000）

往南流经县城后径入北部湾，距现入海口约21千米[①]。城址基本为正西方向，平面呈正方形，边长约218米。西面依托古河道，其余三面为护城河环绕，并与古河道相通。城墙多被破坏，仅东、北城墙保存较好，残高1～3、残宽5～20米。城有三门，宽度为5～6米，分别位于北、西、南三面城墙的中部。城墙先用黑色黏土在平地筑出城基，黏土经拍打，致密结实，无夯筑痕迹。城基内外两侧各内收，依上筑城墙，城墙底部宽11.75、残存最高1.4米，剖面呈梯形。城墙用纯净的黄土构筑，无遗物包含，局部夹杂有小河卵石，偶见直径约0.1米的夯窝。护城河往下斜直内收，两壁多脚窝。西城门外发现有码头遗迹，码头为土筑，底部先平整淤泥，上以灰黄色黏土筑实，表面不见夯窝痕迹。残长约7.4、厚约1米。"船步"往西外撇呈弧形伸入古河道中，最宽处6.35米。码头南侧有平台与西城门相通。平台略呈弧形，有台阶下到河边。

　　城内堆积可分三层，其中第①、②层为近现代扰乱层，③层为文化层，出土较多几何印纹硬陶片，饰方格纹、席纹、方框对角线纹等，可辨器型有匜、罐和釜等，另有少量砺石。该层下发现建筑遗迹。城址出土的陶片纹饰在广州汉墓西汉早期墓中较普遍，出土陶匜，与广州市萝岗区园岗山越人墓所出基本相同，该墓年代为战国晚期至秦汉之际。合浦于元鼎六年始置县，考虑其发展的滞后性，大浪古城年代为西汉中期，其性质为西汉中期合浦县城。从城内堆积看，使用时间短暂，从西汉晚期起，随着社会和经济的发展，治所随之南迁至今县城西南面的草鞋村城址一带。

　　城址北面约700多米处发现的双坟墩土墩墓，年代与城址相当，应是与城址相关的

────────────

　　① 广西文物保护与考古研究所，合浦县博物馆. 广西合浦县大浪古城的发掘［J］. 考古，2016（8）：41-49

墓葬区。但由于历年农耕活动，这一带的土地几乎全已平整，目前仅此一处发现。

近来，有学者提出大浪古城年代或早至战国中晚期，但这一观点仍待更多的考古学证据[①]。

（二）草鞋村城址

草鞋村古城位于县廉州镇草鞋村西南侧的一座小岭上，西临南流江分支——西门江，距现入海口约10千米[②]。遗址东、南、北三面有较平直的城墙，外有护城河环绕，并与西门江相通，西面临江。城址周长大约1300米，布局与大浪古城相似，一面临江，三面开挖护城河与江水相通。城墙仅余墙基，可见基槽宽27.85、深约0.2米。内侧基槽两旁见密集的小柱洞，可能为筑墙时加固筑版的柱杆所遗。护城河开口宽17、底宽15.7、深1.8米。

在城内北部发现有大型廊形建筑遗迹，可能为衙署建筑。建筑为东北—西南走向，地铺方砖，长约63、宽2米。砖面西南侧有一排大型磉墩与之平行，磉墩平面多呈方形，部分为长方形，内填致密红黄色砂土，长1~2、宽1~1.75米。长廊西南端接一方形亭，边长4.3~4.4米，四角各有一个圆形柱洞，西北、东南两侧均有宽浅沟，用于排水。建筑遗址附近还发现有水井。

城址西北面临江处为手工业作坊区，经发掘该处堆积可分七层，其中第①、②层为近现代扰乱层，③层为晚期地层，④~⑦层为汉代文化层。依地层及各层下遗迹分布情况，汉代遗迹可分为四期，其中第一期开口⑦层下，年代为西汉早中期，遗迹主要为沟和柱洞，出土少量几何印纹硬陶片，所饰"米"字纹、方格纹、篦点纹和水波纹等为岭南早中期汉墓及建筑遗址常见；第二期开口⑥层下，遗迹有沟、池、灰坑、囤泥坑、房屋、柱洞和井，本期出现筒板瓦、云树纹瓦当，以及少量陶盆、钵、罐等，与南越宫苑遗址第二期出土同类器型制相近。出土陶器纹饰以方格纹和方格加圆形、方形、菱形戳印纹为主，以方格打底加各类戳印纹的组合形式是合浦西汉晚期墓出土陶罐和瓮的常见纹饰。本期年代应为西汉晚期；第三期开口⑤层下，遗迹主要为成组的池、工作坑以及房屋、沟、灰坑、井、柱洞和磉墩等，年代为东汉早中期，出土瓦片和瓦当数量较二期多。器类丰富，有陶碗、陶灯、陶釜、陶网坠、陶纺轮、铜箭镞等。第四期主要为城内建筑遗迹，年代为东汉晚期和三国时期。四期上部发现有南朝时期墓葬。综上可知，城址年代最早可至西汉晚期，并沿用至东汉晚期、三国，于南朝废弃。该城址规模大，等级较大浪古城高，其性质应为东汉合浦郡的郡城。

从目前的发掘来看，草鞋村城址各期均有相对应的墓葬区，依年代早晚，有规律

---

① 广西文物保护与考古研究所，北海市博物馆，合浦县申报海上丝绸之路世界文化遗产中心. 合浦大浪古城2019~2021年考古发掘报告［M］. 北京：文物出版社，2022：217

② 广西文物保护与考古研究所，厦门大学历史系，广西师范大学文化与旅游学院. 广西合浦县草鞋村汉代遗址发掘简报［J］. 考古，2016（8）：50-74

的距城由近及远分布（图7-8）。第一期可对应文昌塔发现的西汉早期墓，第二期对应的墓葬区主要集中分布于城址南部，距城址较近的望牛岭、母猪岭、风门岭、凸鬼岭、文昌塔等墓区，以及西北部的堂排墓区；第三和四期时，墓葬区较二期外扩，东汉时期墓葬区大体分布在城址东南部，母猪岭、风门岭、九只岭为主要区域，从已发掘的墓葬数量来看，九只岭墓区为东汉和三国两期墓葬的主要分界区。九只岭临近的寮尾、杨家山、官塘等墓地亦分布有东汉墓葬，但数量较少，主要为三国墓。东汉墓区以南、以西的森林公园、禁山官塘、中站李屋村、庞屋队、罗屋村、七星岭、杨家山、盘子岭等地，从发掘情况看，已为三国时期墓葬区。

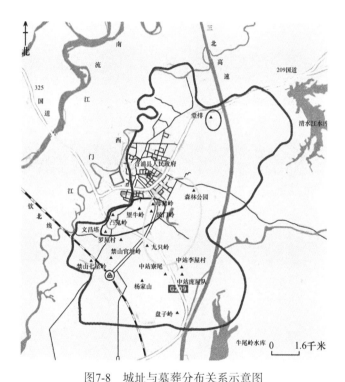

图7-8　城址与墓葬分布关系示意图

（红框为草鞋村城址，蓝圈为西汉时期墓区，绿圈为东汉时期，外围为三国时期墓区）

由于汉王朝开拓海外贸易之需，合浦成为最重要的近海港口之一，从合浦港出发的远洋贸易，至西汉晚期已颇具规模，该航线成为周边小国入中原朝贡所途径的重要路线。至于港口的位置，大浪古城和草鞋村城址的发现则为其提供了实物资料，大浪古城西面发现有码头遗址，草鞋村城址虽码头无存，但从考古发现和聚落特征来看，港口不太可能脱离人口相对集中的城而单独存在，两者应互相依存，在空间上也是连接的[①]。

合浦地属南亚热带，是典型的季风型海洋性气候，夏季多偏南风，冬季多偏北风。廉州湾被北海半岛和环绕，风浪受阻，港口内风平浪静，是天然的良港，适合船

① 熊昭明. 汉代合浦港的考古学研究［M］. 北京：文物出版社，2018：48

舶靠岸停泊。同时合浦处于江海之交，境内以南流江为干流，河流水网交织，舟楫可行，水上交通甚为便利。溯南流江而上，经桂门关，进入北流河，接西江，再溯桂江而上，过灵渠，便可沿湘江进入长江水域，这是一条沟通岭南与中原的重要交通线[①]。而东南亚、中亚等地同我国的海内外贸易或朝贡，也大多是经合浦进入中原。此外合浦还临近交趾，成为九真、日南和交趾通往中原的便利之道。除海道外，合浦还可以通过陆路与中原联系[②]，《后汉书·郑弘传》："旧交址七郡贡献转运，皆从东冶泛海而至，风波艰阻，沈溺相系。弘奏开零陵、桂阳峤道，于是夷通，至今遂为常路。"[③]这样合浦便成为中央王朝与交趾三郡往来及与西方进行海上贸易的主要港口。汉代航海技术低下，船只吨位小，在远洋航行中稳定性较差，只能沿岸航线，需在沿岸补充淡水、粮食以及生活用品等。而合浦位置优越，又可水路通中原，距南海和印度洋最近的合浦港自然成为外来船只的停靠点[④]。而为有效控制和管理交趾三郡，合浦也成为汉王朝驻兵的军事据点。如元鼎四年，武帝发五路大军征讨，其中一路由伏波将军路德博、楼船将军杨仆，征集楼船十万，水路并进，"会至合浦，征西瓯"。东汉建武年间，马援平定二征反叛也是"驻军合浦，由外海运粮"[⑤]。

合浦发掘的墓葬资料，从侧面反映出汉代合浦港的兴衰历程。在合浦港始建时期，由于中原汉人的迁入，合浦地区得以发展，但处于起步阶段，这一时期合浦发现的墓葬较少，墓葬随葬器物较少，仅见少量玛瑙和玉饰品，不见玻璃珠。至西汉晚期，合浦港繁荣兴盛，这一时期合浦发现墓葬数量较多，且有部分为等级较高的大中型墓葬，随葬器物数量较多，种类丰富。中型墓葬也动辄出土几十件器物。这一时期墓葬还出土有从东南亚、南亚、西亚和地中海等地区输入的舶来品，有玻璃珠、琥珀、水晶、石榴子石、蚀刻石髓珠、绿松石、十二面金珠等饰品和香料等。其中玻璃珠较为常见，随葬数量从几颗到上千不等，未被盗掘的大中型墓葬中几乎均随葬有玻璃珠，小型墓葬随葬数量较少，但也较常见。这种繁荣一直持续至东汉。

《后汉书》中虽无合浦港的明确记载，但从墓葬及出土文物来看，合浦港在东汉时期仍相当繁荣，在对内外贸易中起着重要的促进作用。东汉早期合浦仍发现少量规模较大的墓葬，出土陶器、铜器、金银器、玉器、珠饰品等近百件器物。东汉晚期，由于厚葬之风衰落，墓葬规模普遍较小，出土器物有所减少，体现出衰落的迹象。但整体上，合浦港仍保持持续发展的态势，大中型墓葬亦出土有较多玻璃珠。另仍出土有与海上丝绸之路有关的珍贵文物，如黄泥岗M1出土紫水晶串珠、绿柱石；寮尾M13B

① 顾裕瑞，李志俭. 北海港史［M］. 北京：人民交通出版社，1988：4

② 王杰. 汉代交州合浦港口的兴起与对外贸易［J］. 大连航运学院学报. 1991（2）：208

③ （南朝宋）范晔. 后汉书：卷三十三·郑弘传［M］. 北京：中华书局，1962：1156

④ 王杰. 汉代交州合浦港口的兴起与对外贸易［J］. 大连航运学院学报. 1991（2）：208

⑤ 广东通志（雍正）：卷一百九. 转引自顾裕瑞，李志俭. 北海港史［M］. 北京：人民交通出版社，1988：5

出土铜钹和青绿釉陶壶；寮尾M15和M17出土有钠钙玻璃；九只岭M6出土有金花球。

至三国时期，墓葬规模较小，多为平民墓，出土舶来品已不多见，偶见少量玻璃珠和玛瑙，体现出合浦港在这一时期的对外贸易已逐步衰落。究其原因主要有三个方面，首先，是航线的改变。从岭南的广州、贵港等地汉墓出土的平底船只模型可知，因汉代航线技术有限，平底船只能沿岸前行，不适合海航，故合浦港成为来往船只便利的停靠点。三国时期，新的航线得以开辟，航海技术有所发展，合浦港已不再是国内外船只的必经之地，从广州启航可直接经由海南岛的东面海域和西沙群岛海域到达到东南亚、西亚等地。其次，由于南流江的冲积作用，东汉时期合浦港逐渐淤塞，海岸线外移，已不适合较大型船只过往。最后，是政治中心的转移。三国时期孙吴政权将合浦同旧交趾三郡划分为交州，南海、郁林、苍梧三郡为广州，治所在番禺（今广州），海上丝绸之路的贸易重心逐渐被广州港所代替。在这些因素的共同作用下，合浦港开始逐渐衰落，繁荣不再。

第四节　东汉晚期墓向三国墓的演变

三国时期合浦属孙吴辖地，通过近年的发掘，在合浦古墓群的边缘地带，三国墓占很大比例。合浦现已发表的报告中，首次明确为三国墓的是2003年县城东岭脚村发掘的一座[1]，此前也有学者认为禁山七星堆的部分墓葬可能已晚至三国时期[2]，但由于没有系统分期，当时认识不甚清晰。有关东汉晚期墓和三国墓的形制和器物演变问题，韦革以岭脚村三国墓材料为对比基础，通过和发掘的东汉晚期墓葬进行对比研究，总结出形制和器物两方面的演变特征，但由于当时发现的三国墓仅岭脚村一座，故未能总结出两期墓葬的演变规律和分期标准[3]。直至2008年，县城东南郊寮尾墓地发现一批年代较为明确的三国墓，由此对"合浦汉墓群"才有了重新的认识，近年来合浦县城周边的禁山、庞屋村、官塘岭、罗屋村、李屋村等墓地也相继发现有三国时期墓葬。这为研究合浦东汉晚期墓向三国墓发展演变提供了重要的实物资料。

在墓葬形制方面，东汉时期偶见的土坑墓在三国时期已不见，均为砖室墓，且三国墓形制上大多延续东汉时期，如直券顶砖室墓、横直券顶砖室墓、穹隆顶合券顶砖

① 广西壮族自治区文物工作队，合浦县博物馆. 广西合浦县岭脚村三国墓发掘报告［M］. 广西考古文集：第二辑. 广西壮族自治区文物工作队编. 北京：科学出版社，2006：324-359

② 熊昭明. 广西汉代考古的回顾与展望［M］. 广西考古文集：第二辑. 广西壮族自治区文物工作队编. 北京：科学出版社，2006：62

③ 韦革. 浅谈合浦东汉晚期至三国时期墓葬形制的一些变化——从合浦岭脚村三国墓说起［M］. 广西考古文集：第二辑. 广西壮族自治区文物工作队编. 北京：科学出版社，2006：528-534

室墓、横直券顶合穹隆顶砖室墓等类型两期均有发现，其中穹隆顶墓在三国时期较为普遍，并新出现一类双穹隆顶墓葬。但两期的砖室墓形制也存在明显的差异，如三国时期墓葬规模整体较东汉墓缩小；墓道普遍较东汉时期短，坡度较陡；直券顶砖室墓形制复杂，多带甬道、侧室和壁龛，部分甬道带耳室；穹隆顶墓葬在两室连接处出现短过道。墓室前室或后室口两侧多有单砖或双砖砖柱，部分砖柱起券；且前室后端与后室相接处多设有长方形祭台，祭台高起，底部高于前室，同后室持平。

三国墓所用条砖尺寸较东汉时期略大、略厚，东汉墓条砖尺寸一般为长24～28、宽12～14、厚2.5～3.5厘米，三国墓条砖尺寸为长26～32、宽13～15、厚3～5厘米，墓底铺地砖除东汉时期常见条砖外，多用边长为32～35厘米的大方砖对缝或错缝铺砌。东汉时期条砖多为淡红色和灰白色，三国墓砖有淡红色、淡灰色和红色等，烧制温度普遍较东汉低，易碎。两期墓葬所用条砖一面多拍印纹饰，其中东汉时期多为方格纹和网格纹，另有斜条纹、菱形纹、叶脉纹、对称"V"字纹、方格和竖条组合纹、动物纹、钱纹等；三国墓砖纹饰较东汉多样，组合纹饰较东汉时期常见，除东汉常见纹饰，还有叉形纹、条纹、手掌纹等。

随着东汉时期厚葬之风的衰落，墓葬随葬器物数量锐减，至三国出土陶器和铜器数量远不及东汉时期。三国墓出土陶器型体较小，多为灰白胎和灰色胎，烧制温度较低，器表不见施釉。器类多延续东汉，但器型多发生变化，部分器物形制相同，呈现出过渡阶段的特征（图7-9）。种类除偶见鼎、壶外，另有瓮、罐、镶壶、提筒、熏炉、灯、耳杯、钵、盆、盂、盆、四耳罐、樽、长颈壶、双耳直身罐、井、仓、灶、屋、溷等，器型均延续东汉，鼎、壶腹部多下坠，部分扁折，足部外撇明显；瓮、罐形体小，腹部多下坠或居上，东汉晚期出现的形体较矮的G型瓮在三国时期较为流行，已逐渐演化为罐。汉墓出土的形体较大的提筒在三国时期已演化为烧制温度较低的直身罐，不具有实用功能，腹壁斜直，多无耳或在腹部随意捏制两小耳。井、仓、灶等模型明器型制延续东汉晚期，但制作粗糙，均烧制温度低。井上部较短，敛束明显，下部多斜直，制作较粗，柱础多无孔；仓基本均为底部有柱足的一型；灶出现弧形灶面，整体呈船型的新类型，烟突矮短。屋数量较少，溷在三国墓中较为普遍。另院落式陶屋在三国时期开始出现，屋顶与东汉时期常见的宽疏瓦垄不同，刻划有密集的细线，以示瓦面或屋顶茅草。另合浦东汉晚期墓葬已出现的少量的高温釉陶，在三国开始普遍流行，如岭脚村三国墓出土的高温釉陶（在报告中称为"青瓷器"）[①]占出土陶器的39%。该类器物烧制温度高，多施青白或青黄釉，釉色细腻较薄。器型多为碗、罐、钵、盂、双耳罐、四耳罐、六耳罐等生活用具，器型较小。此外，三国墓所见铜器、珠饰品等数量也较东汉时期锐减。

以此为判定标尺，也可纠正之前发掘报告中部分墓葬的年代问题。已发表报告中

---

① 广西壮族自治区文物工作队，合浦县博物馆. 广西合浦县岭脚村三国墓发掘报告［M］. 广西考古文集：第二辑. 广西壮族自治区文物工作队编. 北京：科学出版社，2006：324-359

有部分墓葬由于分期标准和认识不一，墓葬年代划分出现偏差。2001年九只岭M3为穹隆顶合券顶砖室墓[①]，后室前端有祭台，祭台在合浦三国时期墓葬较为流行；出土直腹罐同寮尾三国时期M22出土Ⅱ式直身罐形制相近，综合来看已晚至三国。1996年禁山七星岭发掘11座墓葬，仅M3、M4、M5、M6、M8残存器物[②]，这5座墓葬均前端带甬道，后室前端多有祭台。其中M3出土铜鼎、提梁壶同岭脚村M4一致；M4出土仓、灶同二炮厂M1出土仓、灶形制相同；M5出土井同寮尾M22出土Ⅲ式井，M5、M6出土A型灶同寮尾M25出土Ⅲ式灶一致；M8出土莲花状器同罗屋村M11相同，原始青瓷罐（M8∶2）同寮尾M23出土A型高温釉陶罐相近，直腹罐同2009杨家山工业大道M11A出土D型提筒相同。由此判断这5座墓均为三国时期，余6座器物盗扰严重不可辨，但形制同M3、M5、M6等相近，故不排除其均为三国墓的可能。2003年罗屋村发掘的6座砖室墓[③]，年代为东汉晚期或三国时期，依器物形制这批墓葬均归入三国时期或更为妥当。1995年盘子岭报告可见有出土器物的M22、M33、M34等墓也已晚至三国[④]。

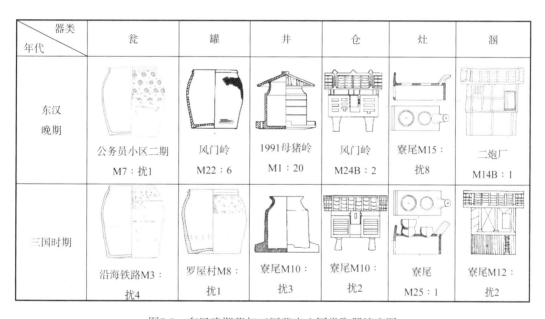

器类　　年代	瓮	罐	井	仓	灶	溷
东汉晚期	公务员小区二期M7∶扰1	风门岭M22∶6	1991母猪岭M1∶20	风门岭M24B∶2	寮尾M15∶扰8	二炮厂M14B∶1
三国时期	沿海铁路M3∶扰4	罗屋村M8∶扰1	寮尾M10∶扰3	寮尾M10∶扰2	寮尾M25∶1	寮尾M12∶扰2

图7-9　东汉晚期墓与三国墓出土同类陶器演变图

①　广西壮族自治区文物工作队，合浦县博物馆．广西合浦县九只岭东汉墓．考古，2003（10）：57-77

②　广西壮族自治区文物工作队．广西合浦县禁山七星岭东汉墓葬［J］．考古，2004（4）：37-45

③　广西壮族自治区文物工作队，合浦县博物馆．广西合浦县罗屋村墓葬发掘报告［M］．广西考古文集：第二辑．广西壮族自治区文物工作队编．北京：科学出版社，2006：313-323

④　广西壮族自治区文物工作队．广西北海市盘子岭东汉墓［J］．考古，1998（11）：48-59

结　　语

　　合浦汉墓群宏大规模、保存相对完整、文化内涵丰富、地域特色鲜明，对其研究具有重要的历史和现实意义。

　　合浦大中型汉墓多有馒头形或椭圆形封土堆，封土分层构筑，少数等级较高的墓葬封土经过夯筑，部分周围有墓上建筑或墓上表木。依墓室构筑材料和棺椁形制，合浦汉墓可分为土墩墓、土坑墓、木椁墓、砖室墓四大类。土墩墓仅发现2处，为一墩多墓的形制，墩内墓葬为熟土土坑墓。土坑墓数量较多，有窄土坑和宽土坑两种，墓葬形制较简单，西汉早期多为不带墓道的窄坑墓，部分有熟土或生土二层台。宽坑墓自西汉中期多带墓道，至西汉晚期土坑墓数量变少，但仍有部分沿用至东汉。木椁墓自西汉中期开始在合浦较为普遍，有带墓道和不带墓道两种，至西汉晚期多为带斜坡墓道的木椁墓，少量为阶梯式墓道，墓底多有纵向或横向枕木沟。葬具多为单棺单椁，偶见双棺单椁。西汉晚期形制多样，少量大中型墓葬出现甬道、分室、外藏椁或多室的形制，极个别出现封门砖用砖砌的现象。砖室墓为合浦东汉早期开始出现的墓葬形制，由木椁墓向砖室墓过渡时，出现墓室为砖圹或墓室大部分用砖修砌的一类墓葬，顶部不起券，仍用木料封盖。还有部分形制简单、规模较小的直券顶墓。随着筑造技术的不断进度，砖室墓形制多样，出现甬道、分室、双后室、侧室、壁龛等形制，除直券顶墓，东汉晚期还新出现横直券顶墓、直券顶合穹隆顶墓和横直券顶合穹隆顶墓。墓壁结砌方式多样，墓砖纹饰丰富，多为各类几何纹，晚期还出现方砖铺底。两汉时期合浦以异穴合葬为主，偶见同穴合葬。

　　合浦汉墓出土器物种类丰富，数量庞大，以陶器居多，铜器次之，另有铁器、金银器、玉石器及玻璃、水晶、玛瑙、琥珀、石榴子石、玉髓、蚀刻石髓珠、绿松石、绿柱石等珠饰品，还有少量骨器和漆器等。这些珠饰、波斯陶壶、铜钹、胡人俑等均与海上丝绸之路贸易密切相关，是研究中外文化交流重要的实物证据。合浦汉墓出土陶器主要为灰白胎硬陶，主要组合形式为鼎盒壶钫仿铜陶礼器、瓮罐、井仓灶屋模型明器组合。铜器胎薄，较为有特色的是錾刻花纹铜器。铁器数量较少，主要为生产工具，玉石器以滑石器为主。

　　以广州汉墓为参照，结合墓葬形制和出土器物可将合浦汉墓划分为西汉早期、西汉中期、西汉晚期、东汉早期和东汉晚期五期。其中第一期可分为前后两段，前段为秦至西汉早期，以少量土墩墓为代表；后段主要为窄坑土坑墓和不带墓道的宽坑土坑墓，随葬器物以陶器为主，数量不多，多见越式特征的器物，仿铜陶礼器和瓮罐组合均不完备，铜镜、铜钱、珠饰数量极少。西汉中期，自汉武帝在岭南设置郡县后，随着汉文化的传入，墓葬形制和随葬器物都出现大的改变，带墓道的木椁墓开始流行，越式器物数量减少，汉式器物种类和数量增加。仿铜陶礼器和瓮罐组合趋于稳定，模型明器组合开始出现。西汉晚期仍以带墓道的木椁墓为主，土坑墓数量占比很小，陶器组合延续前期，三种组合都较常见，这一时期随着海上丝绸之路的开通，各类珠饰增多，陶器、青铜器均制作精美，体型较大，尤其是合浦特有的錾刻花纹铜器，较为流行甚至远销周邻和更远的地区。东汉早期，合浦开始出现砖室墓，早期墓葬规模不大，以砖圹和直券顶墓为主，中晚期开始复杂化，新出现横直券顶墓、直券顶合穹隆顶墓、横直券顶合穹隆顶墓，仿铜陶礼器减少，瓮罐为主要组合，模型明器新出现溷。东汉晚期随着厚葬之风的消退，以及合浦港的衰落，合浦汉墓随葬器物也开始减少，制作简单化。

通过与广西其他汉墓较集中的地区，以及临近广州和越南北部汉墓的对比研究可知，合浦汉墓的发展是在本土越文化基础上发展起来的，受中原文化和周邻文化的影响，自成系列，具有较为明显的区域特征，但也体现出一定的滞后性。西汉早期合浦远离政治中心，开发有限，这一时期发现的汉墓数量有限，自中期设置郡县后，本地人汉化加剧，但仍保留了本地特色的埋葬习俗。合浦西汉晚期至东汉早期墓葬出土的大量与海上丝绸之路相关的珠饰品和相关文物，也是本地的一大特色。

也可以通过墓葬形制和随葬品，结合历史文献，对汉墓墓主人身份地位及族属推测一二。以窄土坑墓、随葬越式器物为主的西汉早期墓葬，墓主应是本地土著越族，多是中、下层平民，个别为地位较低的军政人员，如属吏、戍卒等，未见较高等级的官员和地方豪族等上层人物。从土墩墓及出土的各类越式器物可知，这一时期本地越人同江浙的吴越以及周邻的南越交往密切。西汉中期，汉武帝在岭南设置郡县后，合浦自此被纳入西汉帝国的管辖体制，墓主的身份也随之复杂化，戍卒、无夫家女、发配至合浦的官员及其家人、朝廷派遣的官吏等，使得合浦汉墓所体现的汉文化因素越来越强，一些规模较大、随葬器物种类丰富的墓葬，墓主身份等级也较高。西汉中期以后合浦得以快速开发，一些大中型墓葬其墓主身份亦有可能是当地从事贸易的富商。南下的族群中，除直接来自中原或关中地区外，还应有部分来自岭北楚地，合浦汉墓一些葬俗和出土器物也反映出明显的楚文化因素。同时随着海上丝绸之路的开通，往来合浦贸易的域外商人、朝贡者或传教者，也难免会有客死合浦的情形，由于交通不便，无法归葬故里。

墓葬出土的各类随葬品也在一定程度上反映了汉代合浦社会经济发展概况，可以看出，汉代合浦社会经济主要靠农业、养殖业、采珠业、手工制造业、商业等，尤其是海上丝绸之路开通之后，商业经济得以发展迅速。结合合浦发现的两处汉代城址，我们对汉代合浦的聚落形态也有了较为清晰的认识，大浪古城和草鞋村城址的发现，将墓葬、城址、港口等信息有机联系在一起，为复原汉代合浦港的繁荣发展提供了重要实物资料，作为汉代最重要的近海港口之一，从合浦港出发的远洋贸易，至西汉晚期已颇具规模，该航线成为周边小国入中原朝贡以及中西文化交流重要路线。

合浦汉墓研究还具有重要的现实意义。随着合浦汉墓逐渐成为学界热点，当地政府积极整合合浦县各类历史文化资源，以传承合浦汉文化及海上丝绸之路始发港核心价值为目标，建立具有文物保护、展示利用、科研教育、文化休闲等功能的考古遗址公园，拉动地方经济的快速发展，力图实现文化和旅游的深度融合。近年国家有关部门也加大对合浦汉墓的保护和利用，2021年11月国家文物局印发《大遗址保护利用"十四五"专项规划》，公布了"十四五"时期大遗址共150处，合浦汉墓群与汉城遗址（含草鞋村遗址、大浪古城遗址）入选该名单，合浦汉墓群还被列为国家遗产线路（海上丝绸之路）重点项目。2022年8月广西文化与旅游厅正式公示了第一批广西考古遗址公园名单，"北海市合浦汉墓群与汉城考古遗址公园"成为4家之一。目前，属地政府还把合浦汉墓群作为主要的遗产点，与我国沿海各个时期海上丝绸之路的港口城市联合，着手推进世界文化遗产的申报工作。合浦汉墓以物化形式清晰呈现的汉代海上丝绸之路贸易和文化交流，为申报世界文化遗产提供技术支撑，是阐释"一带一路"深厚历史底蕴的实物证据。

附　　表

附表一　合浦县博物馆藏未刊出土文物信息表

序号	名称	来源	文物照片	备注
1	铜镜	1957年环城乡风门岭部队营房收集		三级
2	陶鼎	1974年9月县变电站M2		
3	滑石暖炉	1974年9月县变电站M2		
4	铜镜	1975年11月县炮竹厂M2		三级
5	玻璃串珠	1976年11月县罐头厂M2		7颗
6	铜戈	1976年12月县罐头厂M10		三级
7	玛瑙串饰	1976年12月县罐头厂M10		
8	心形玻璃片	1976年12月县罐头厂M10		

序号	名称	来源	文物照片	备注
9	玻璃串珠	1976年12月县罐头厂M12		6颗 三级
10	陶烛台	1977年3月县罐头厂M10		
11	铜樽	1977年5月环城公社埇口生产队M1		二级
12	铜鐎壶	1977年5月环城公社埇口生产队M1		三级
13	陶罐	1977年5月环城公社埇口生产队M1		
14	陶罐	1977年5月环城公社埇口生产队M1		
15	陶井	1977年5月环城公社埇口生产队M1		
16	陶盂	1977年5月环城公社埇口生产队M1		
17	陶提筒	1977年5月环城公社埇口生产队M1		
18	陶罐	1977年5月环城公社埇口生产队M1		
19	陶灶	1977年5月环城公社埇口生产队M1		

序号	名称	来源	文物照片	备注
20	陶罐	1977年5月环城公社埇口生产队M1		
21	陶罐	1977年5月环城公社埇口生产队M1		
22	陶罐	1977年5月环城公社埇口生产队M1		
23	陶壶	1977年5月环城公社埇口生产队M1		
24	陶屋	1977年5月环城公社埇口生产队M1		
25	铜锅	1977年5月环城公社埇口生产队M1		二级
26	铜洗	1977年5月环城公社埇口生产队M1		
27	陶罐	1977年9月县氮肥厂M1		
28	陶仓	1977年9月县氮肥厂M1		
29	陶罐	1977年9月县氮肥厂M1		
30	陶罐	1977年9月县氮肥厂M1		
31	陶盂	1977年9月县氮肥厂M1		
32	陶盂	1977年9月县氮肥厂M1		

序号	名称	来源	文物照片	备注
33	陶罐	1977年9月县氮肥厂M1		
34	陶罐	1977年9月县氮肥厂M1		
35	陶碗	1977年9月县氮肥厂M1		
36	陶釜	1977年9月县氮肥厂M1		
37	陶双耳罐	1977年9月县氮肥厂M1		
38	陶壶	1977年9月县氮肥厂M1		
39	陶壶	1977年9月县氮肥厂M1		
40	陶罐	1977年9月县氮肥厂M1		
41	陶罐	1977年9月县氮肥厂M1		
42	陶罐	1977年9月县氮肥厂M1		
43	陶提筒	1977年9月县氮肥厂M1		
44	铜镜	1977年9月县氮肥厂M1		
45	金戒指	1977年9月县氮肥厂M1		三级
46	银戒指	1977年9月县氮肥厂M1		

序号	名称	来源	文物照片	备注
47	银戒指	1977年9月县氮肥厂M1		
48	银戒指	1977年9月县氮肥厂M1		
49	银戒指	1977年9月县氮肥厂M1		
50	红玉髓串珠	1977年9月县氮肥厂M1		14颗 三级
51	石榴子石串珠	1977年9月县氮肥厂M1		20颗
52	玻璃串珠	1977年9月县氮肥厂M1		25颗
53	银串饰	1977年9月县氮肥厂M1		
54	琥珀耳珰	1977年9月县氮肥厂M1		
55	陶仓	1977年10月罐头厂M19		
56	陶灶	1977年10月罐头厂M19		
57	陶屋	1977年10月罐头厂M19		
58	陶罐	1977年10月罐头厂M19		

序号	名称	来源	文物照片	备注
59	陶提筒	1977年10月罐头厂M19		
60	陶提筒	1977年10月罐头厂M19		
61	陶囷	1977年10月罐头厂M19		三级
62	陶壶	1977年10月罐头厂M19		
63	陶壶	1977年10月罐头厂M19		
64	陶罐	1977年10月罐头厂M19		
65	陶罐	1977年10月罐头厂M19		
66	陶罐	1977年10月罐头厂M19		
67	陶罐	1977年10月罐头厂M19		

序号	名称	来源	文物照片	备注
68	陶罐	1977年10月罐头厂M19		
69	陶井	1977年10月罐头厂M19		
70	铜镜	1977年10月罐头厂M19		三级
71	顶陶仓	1978年2月县橡胶厂M1		
72	陶罐	1978年2月县橡胶厂M1		
73	陶囷	1978年2月县橡胶厂M1		
74	陶罐	1978年2月县橡胶厂M1		
75	陶罐	1978年2月县橡胶厂M1		
76	陶罐	1978年2月县橡胶厂M1		
77	陶罐	1978年2月县橡胶厂M1		
78	陶罐	1978年2月县橡胶厂M1		
79	陶罐	1978年2月县橡胶厂M1		
80	陶罐	1978年2月县橡胶厂M1		

序号	名称	来源	文物照片	备注
81	陶罐	1978年2月县橡胶厂M1		
82	陶井	1978年2月县橡胶厂M1		一级
83	铜簋	1978年2月县橡胶厂M1		二级
84	陶盖罐	1978年4月罐头厂M21		
85	陶罐	1978年4月罐头厂M21		
86	陶魁	1978年4月罐头厂M21		三级
87	陶壶	1978年4月罐头厂M21		
88	陶壶	1978年4月罐头厂M21		
89	陶长颈壶	1978年4月罐头厂M21		
90	陶罐	1978年4月罐头厂M21		
91	陶盖罐	1978年4月罐头厂M21		
92	陶卮	1978年4月罐头厂M21		

序号	名称	来源	文物照片	备注
93	陶罐	1978年4月罐头厂M21		
94	陶屋	1978年4月罐头厂M21		三级
95	陶樽	1978年4月罐头厂M21		
96	陶熏炉	1978年4月罐头厂M21		
97	陶双耳直身罐	1978年4月罐头厂M21		
98	陶双耳直身罐	1978年4月罐头厂M21		
99	陶双耳直身罐	1978年4月罐头厂M21		
100	陶双耳直身罐	1978年4月罐头厂M21		
101	陶双耳直身罐	1978年4月罐头厂M21		
102	陶灯	1978年4月罐头厂M21		

序号	名称	来源	文物照片	备注
103	陶钵	1978年4月罐头厂M21		
104	陶钵	1978年4月罐头厂M21		
105	陶鼎	1978年4月罐头厂M21		
106	陶簋	1978年4月罐头厂M21		
107	陶瓮	1978年4月罐头厂M23		
108	陶灶	1978年4月罐头厂M23		
109	陶罐	1978年4月罐头厂M23		
110	陶罐	1978年4月罐头厂M23		
111	陶双耳罐	1978年4月罐头厂M23		
112	陶壶	1978年4月罐头厂M23		
113	陶鼎	1978年4月罐头厂M23		
114	陶双耳罐	1978年4月罐头厂M23		

序号	名称	来源	文物照片	备注
115	滑石暖炉	1978年4月罐头厂M23		
116	陶鼎	1978年4月罐头厂M23		
117	陶壶	1978年4月罐头厂M23		
118	陶鐎壶	1978年4月罐头厂M23		
119	陶罐	1978年4月罐头厂M23		
120	陶盆	1978年4月罐头厂M23		
121	铜镜	1978年4月县罐头厂实罐车间墓		三级
122	陶屋	1978年5月环城公社北插江盐堆M1		西汉晚期三级
123	陶猪	1978年5月环城公社北插江盐堆M1		

序号	名称	来源	文物照片	备注
124	陶猪	1978年5月环城公社北插江盐堆M1		
125	陶鸡	1978年5月环城公社北插江盐堆M1		
126	陶鸡	1978年5月环城公社北插江盐堆M1		
127	陶鸡	1978年5月环城公社北插江盐堆M1		
128	陶羊	1978年5月环城公社北插江盐堆M1		
129	陶羊	1978年5月环城公社北插江盐堆M1		
130	陶狗	1978年5月环城公社北插江盐堆M1		
131	陶狗	1978年5月环城公社北插江盐堆M1		
132	滑石暖炉	1978年5月环城公社北插江盐堆M1		
133	陶井	1978年5月环城公社北插江盐堆M1		
134	陶灶	1978年5月环城公社北插江盐堆M1		

序号	名称	来源	文物照片	备注
135	陶仓	1978年5月环城公社北插江盐堆M1		
136	陶仓	1978年5月环城公社北插江盐堆M1		
137	陶罐	1978年5月环城公社北插江盐堆M1		
138	陶罐	1978年5月环城公社北插江盐堆M1		
139	陶罐	1978年5月环城公社北插江盐堆M1		
140	陶罐	1978年5月环城公社北插江盐堆M1		
141	陶罐	1978年5月环城公社北插江盐堆M1		三级
142	陶罐	1978年5月环城公社北插江盐堆M1		
143	陶罐	1978年5月环城公社北插江盐堆M1		
144	陶罐	1978年5月环城公社北插江盐堆M1		
145	陶罐	1978年5月环城公社北插江盐堆M1		
146	陶壶	1978年5月环城公社北插江盐堆M1		
147	陶罐	1978年5月环城公社北插江盐堆M1		
148	陶鼎	1978年5月环城公社北插江盐堆M1		
149	陶鼎	1978年5月环城公社北插江盐堆M1		

序号	名称	来源	文物照片	备注
150	陶罐	1978年5月环城公社北插江盐堆M1		
151	陶罐	1978年5月环城公社北插江盐堆M1		
152	陶壶	1978年5月环城公社北插江盐堆M1		
153	陶壶	1978年5月环城公社北插江盐堆M1		
154	陶壶	1978年5月环城公社北插江盐堆M1		
155	陶提筒	1978年5月环城公社北插江盐堆M1		
156	陶提筒	1978年5月环城公社北插江盐堆M1		
157	陶提筒	1978年5月环城公社北插江盐堆M1		
158	陶提筒	1978年5月环城公社北插江盐堆M1		

序号	名称	来源	文物照片	备注
159	陶提筒	1978年5月环城公社北插江盐堆M1		
160	陶罐	1978年5月环城公社北插江盐堆M1		
161	陶罐	1978年5月环城公社北插江盐堆M1		
162	陶罐	1978年5月环城公社北插江盐堆M1		
163	陶罐	1978年5月环城公社北插江盐堆M1		
164	陶罐	1978年5月环城公社北插江盐堆M1		
165	陶罐	1978年5月环城公社北插江盐堆M1		
166	陶罐	1978年5月环城公社北插江盐堆M1		
167	铜盆	1978年5月环城公社北插江盐堆M1		三级
168	铜盒	1978年5月环城公社北插江盐堆M1		二级
169	铜鐎壶	1978年5月环城公社北插江盐堆M1		二级
170	铜三足盘	1978年5月环城公社北插江盐堆M1		一级
171	铜镜	1978年5月环城公社北插江盐堆M1		二级

序号	名称	来源	文物照片	备注
172	铜镜	1978年5月环城公社北插江盐堆M1		三级
173	铜镜	1978年5月环城公社北插江盐堆M1		三级
174	铜鼎	1978年5月环城公社北插江盐堆M1		二级
175	铜鼎	1978年5月环城公社北插江盐堆M1		二级
176	铜熏炉	1978年5月环城公社北插江盐堆M1		二级
177	铜灯	1978年5月环城公社北插江盐堆M1		二级

序号	名称	来源	文物照片	备注
178	铜灯	1978年5月环城公社北插江盐堆M1		三级
179	铜灯	1978年5月环城公社北插江盐堆M1		三级
180	铜提梁壶	1978年5月环城公社北插江盐堆M1		二级
181	铜釜	1978年5月环城公社北插江盐堆M1		二级
182	铜樽	1978年5月环城公社北插江盐堆M1		一级

序号	名称	来源	文物照片	备注
183	铜盆	1978年5月环城公社北插江盐堆M1		三级
184	铜甀	1978年5月环城公社北插江盐堆M1		二级
185	铜碗	1978年5月环城公社北插江盐堆M1		三级
186	五铢铜钱	1978年5月环城公社北插江盐堆M1		112枚
187	五铢铜钱	1978年5月环城公社北插江盐堆M1		46枚
188	五铢铜钱	1978年5月环城公社北插江盐堆M1		2串
189	玛瑙串珠	1978年5月环城公社北插江盐堆M1		31颗 二级
190	绿柱石、水晶串珠	1978年5月环城公社北插江盐堆M1		17颗 三级
191	紫水晶串珠	1978年5月环城公社北插江盐堆M1		14颗 三级

序号	名称	来源	文物照片	备注
192	金串饰	1978年5月环城公社北插江盐堆M1		20颗 一级
193	金戒指	1978年5月环城公社北插江盐堆M1		
194	银戒指	1978年5月环城公社北插江盐堆M1		
195	银戒指	1978年5月环城公社北插江盐堆M1		
196	银戒指	1978年5月环城公社北插江盐堆M1		
197	玉石串饰	1978年5月环城公社北插江盐堆M1		8颗
198	绿松石绵羊	1978年5月环城公社北插江盐堆M1		
199	琥珀饰品	1978年5月环城公社北插江盐堆M1		17颗
200	玉带钩	1978年5月环城公社北插江盐堆M1		
201	玉带钩	1978年5月环城公社北插江盐堆M1		
202	铜印章	1978年5月环城公社北插江盐堆M1		三级

序号	名称	来源	文物照片	备注
203	玉串饰	1978年5月环城公社北插江盐堆M1		4颗
204	铜铺首	1978年5月环城公社北插江盐堆M1		
205	铜铺首	1978年5月环城公社北插江盐堆M1		
206	铜箍	1978年5月环城公社北插江盐堆M1		
207	铜箍	1978年5月环城公社北插江盐堆M1		
208	铜箍	1978年5月环城公社北插江盐堆M1		
209	铜箍	1978年5月环城公社北插江盐堆M1		
210	铜耳	1978年5月环城公社北插江盐堆M1		
211	铜耳	1978年5月环城公社北插江盐堆M1		
212	铜耳	1978年5月环城公社北插江盐堆M1		
213	铜耳	1978年5月环城公社北插江盐堆M1		
214	铜耳	1978年5月环城公社北插江盐堆M1		

序号	名称	来源	文物照片	备注
215	铜耳	1978年5月环城公社北插江盐堆M1		
216	铜耳	1978年5月环城公社北插江盐堆M1		
217	铜耳	1978年5月环城公社北插江盐堆M1		
218	铜耳	1978年5月环城公社北插江盐堆M1		
219	铜耳	1978年5月环城公社北插江盐堆M1		
220	小铜壶	1978年5月环城公社北插江盐堆M1		
221	银手镯	1978年5月环城公社北插江盐堆M1		

序号	名称	来源	文物照片	备注
222	银手镯	1978年5月环城公社北插江盐堆M1		
223	银手镯	1978年5月环城公社北插江盐堆M1		
224	玻璃串珠	1978年5月环城公社北插江盐堆M1		495颗
225	铁剑	1978年5月环城公社北插江盐堆M1		
226	铜樽	1978年8月县机械厂M1		二级
227	铜鐎壶	1978年8月县机械厂M1		三级
228	陶灶	1978年8月县机械厂M1		三级
229	陶罐	1978年8月县机械厂M1		

序号	名称	来源	文物照片	备注
230	陶罐	1978年8月县机械厂M1		
231	陶罐	1978年8月县机械厂M1		
232	陶罐	1978年8月县机械厂M1		
233	陶罐	1978年8月县机械厂M1		
234	陶罐	1978年8月县机械厂M1		
235	陶罐	1978年8月县机械厂M1		
236	陶提筒	1978年8月县机械厂M1		
237	陶提筒	1978年8月县机械厂M1		
238	陶壶	1978年8月县机械厂M1		
239	陶簋	1978年8月县机械厂M1		
240	陶罐	1978年8月县机械厂M1		
241	陶罐	1978年8月县机械厂M1		
242	陶罐	1978年8月县机械厂M1		
243	滑石暖炉	1978年8月县机械厂M1		
244	陶井	1978年8月县机械厂M1		
245	陶罐	1978年8月县机械厂M1		
246	陶罐	1978年8月县机械厂M1		
247	陶盆	1978年8月县机械厂M1		

续表

序号	名称	来源	文物照片	备注
248	陶屋	1978年8月县机械厂M1		
249	金戒指	1978年8月县机械厂M1		三级
250	金戒指	1978年8月县机械厂M1		三级
251	玛瑙串珠	1978年8月县机械厂M1		5颗三级
252	水晶串珠	1978年8月县机械厂M1		4颗三级
253	玉串饰	1978年8月县机械厂M1		2颗
254	玻璃串珠	1978年8月县机械厂M1		6颗
255	银戒指	1978年8月县机械厂M1		
256	铜戒指	1978年8月县机械厂M1		
257	大泉五十铜钱	1978年8月县机械厂M1		6枚
258	陶纺轮	1979年4月环城公社金鸡岭M1		33颗
259	陶罐	1979年4月环城公社金鸡岭M1		

序号	名称	来源	文物照片	备注
260	陶罐	1979年4月环城公社金鸡岭M1		
261	陶釜	1979年4月环城公社金鸡岭M1		
262	玛瑙串珠	1979年4月环城公社金鸡岭M1		2颗 三级
263	陶罐	1979年4月县炮竹厂M1		
264	陶罐	1979年4月县炮竹厂M1		
265	陶罐	1979年4月县炮竹厂M1		
266	陶碗	1979年4月县炮竹厂M1		
267	陶罐	1979年4月县炮竹厂M1		
268	陶罐	1979年4月县炮竹厂M1		
269	陶罐	1979年4月县炮竹厂M1		
270	陶碗	1979年4月县炮竹厂M1		
271	陶瓮	1979年4月县炮竹厂M1		

序号	名称	来源	文物照片	备注
272	铜镜	1979年4月22日县炮竹厂挖避雷针出土		
273	陶卮	1979年11月环城公社砖厂M1		
274	陶熏炉	1979年11月环城公社砖厂M1		
275	陶四耳罐	1979年11月环城公社砖厂M1		
276	陶四耳罐	1979年11月环城公社砖厂M1		
277	陶四耳罐	1979年11月环城公社砖厂M1		
278	陶双耳直身罐	1979年11月环城公社砖厂M1		
279	陶双耳直身罐	1979年11月环城公社砖厂M1		
280	陶双耳直身罐	1979年11月环城公社砖厂M1		
281	陶双耳直身罐	1979年11月环城公社砖厂M1		

序号	名称	来源	文物照片	备注
282	陶双耳直身罐	1979年11月环城公社砖厂M1		
283	陶双耳直身罐	1979年11月环城公社砖厂M1		
284	陶双耳直身罐	1979年11月环城公社砖厂M1		
285	陶双耳直身罐	1979年11月环城公社砖厂M1		
286	陶长颈壶	1979年11月环城公社砖厂M1		
287	陶镳壶	1979年11月环城公社砖厂M1		
288	陶鼎	1979年11月环城公社砖厂M1		
289	陶鼎	1979年11月环城公社砖厂M1		
290	陶井	1979年11月环城公社砖厂M1		
291	陶樽	1979年11月环城公社砖厂M1		

序号	名称	来源	文物照片	备注
292	陶樽	1979年11月环城公社砖厂M1		
293	陶壶	1979年11月环城公社砖厂M1		
294	陶壶	1979年11月环城公社砖厂M1		
295	陶屋	1979年11月环城公社砖厂M1		
296	陶簋	1979年11月环城公社砖厂M1		
297	金饰片	1979年11月环城公社砖厂M1		
298	金片	1979年11月环城公社砖厂M1		
299	铜杖首	1979年11月环城公社砖厂M1		
300	陶罐	1980年9月文昌塔生资仓M1		
301	陶罐	1980年9月文昌塔生资仓M1		
302	陶罐	1980年9月文昌塔生资仓M1		
303	陶罐	1980年9月文昌塔生资仓M1		
304	陶罐	1980年9月文昌塔生资仓M1		
305	陶罐	1980年9月文昌塔生资仓M1		
306	陶罐	1980年9月文昌塔生资仓M1		
307	陶罐	1980年9月文昌塔生资仓M1		
308	陶罐	1980年9月文昌塔生资仓M1		
309	陶罐	1980年9月文昌塔生资仓M1		

序号	名称	来源	文物照片	备注
310	陶罐	1980年9月文昌塔生资仓M1		
311	陶熏炉	1980年9月文昌塔生资仓M1		
312	陶壶	1980年9月文昌塔生资仓M1		
313	陶壶	1980年9月文昌塔生资仓M1		
314	陶罐	1980年9月文昌塔生资仓M1		
315	陶樽	1980年9月文昌塔生资仓M1		
316	陶鼎	1980年9月文昌塔生资仓M1		
317	陶瓮	1980年9月文昌塔生资仓M1		
318	陶瓮	1980年9月文昌塔生资仓M1		
319	滑石耳杯	1980年9月文昌塔生资仓M1		

续表

序号	名称	来源	文物照片	备注
320	铜盆	1980年9月文昌塔生资仓M1		二级
321	铜箱饰	1980年9月文昌塔生资仓M1		
322	铜箱饰	1980年9月文昌塔生资仓M1		
323	铜杯	1980年9月文昌塔生资仓M1		二级
324	铜扁壶	1980年9月文昌塔生资仓M1		一级
325	铜行灯	1980年9月文昌塔生资仓M1		三级
326	玉簪	1980年9月文昌塔生资仓M1		
327	金戒指	1980年9月文昌塔生资仓M1		三级

序号	名称	来源	文物照片	备注
328	银戒指	1980年9月文昌塔生资仓M1		
329	鸽形绿松石	1980年9月文昌塔生资仓M1		
330	红玉髓串饰	1980年9月文昌塔生资仓M1		9颗 三级
331	水晶、琥珀、玻璃串饰	1980年9月文昌塔生资仓M1		5颗
332	五铢铜钱	1980年9月文昌塔生资仓M1		
333	五铢铜钱	1980年9月文昌塔生资仓M1		9枚
334	陶俑	1982年4月营盘公社山口村		
335	红玉髓、玛瑙串珠	1984年3月环城公社文昌塔M153		17颗 三级
336	水晶珠	1984年3月环城公社文昌塔M153		
337	玻璃串珠	1984年3月环城公社文昌塔M153		4颗 三级

序号	名称	来源	文物照片	备注
338	铜镜	1984年3月环城公社文昌塔M153		
339	滑石璧	1984年3月环城公社文昌塔M153		
340	滑石璧	1984年3月环城公社文昌塔M153		
341	玛瑙珠	1984年3月县渔资站砖室墓		
342	玻璃环	1984年9月凸鬼岭饲料厂M7		二级
343	玻璃环	1984年9月凸鬼岭饲料厂M7		二级
344	陶屋	1984年10月凸鬼岭饲料厂M2		二级
345	陶灶	1984年10月凸鬼岭饲料厂M2		

序号	名称	来源	文物照片	备注
346	滑石暖炉	1984年10月凸鬼岭饲料厂M2		
347	石黛砚	1984年11月环城乡平田M1		
348	陶簋	1984年11月环城乡平田M1		三级
349	陶罐	1984年11月环城乡平田M1		三级
350	陶罐	1984年11月环城乡平田M1		
351	陶罐	1984年11月环城乡平田M1		
352	陶罐	1984年11月环城乡平田M1		
353	陶四耳罐	1984年11月环城乡平田M1		
354	陶四耳罐	1984年11月环城乡平田M1		
355	陶四耳罐	1984年11月环城乡平田M1		
356	陶四耳罐	1984年11月环城乡平田M1		三级
357	陶猪	1984年11月环城乡平田M1		
358	陶猪	1984年11月环城乡平田M1		

序号	名称	来源	文物照片	备注
359	陶提筒	1984年11月环城乡平田M1		
360	陶提筒	1984年11月环城乡平田M1		
361	陶提筒	1984年11月环城乡平田M1		二级
362	陶提筒	1984年11月环城乡平田M1		
363	陶提筒	1984年11月环城乡平田M1		
364	陶井	1984年11月环城乡平田M1		
365	滑石暖炉	1984年11月环城乡平田M1		
366	陶灶	1984年11月环城乡平田M1		
367	陶套盒	1984年11月环城乡平田M1		
368	陶壶	1984年11月环城乡平田M1		
369	陶壶	1984年11月环城乡平田M1		

序号	名称	来源	文物照片	备注
370	铜樽	1984年11月环城乡平田M1		二级
371	铜镳壶	1984年11月环城乡平田M1		
372	玻璃串珠	1984年11月环城乡平田M1		
373	陶屋	1986年4月凤门岭麻纺二厂M1		
374	陶仓	1986年4月凤门岭麻纺二厂M1		
375	陶灶	1986年4月凤门岭麻纺二厂M1		
376	陶井	1986年4月凤门岭麻纺二厂M1		
377	陶井	1986年凤门岭麻纺二厂M2		
378	陶灶	1986年凤门岭麻纺二厂M2		
379	陶仓	1986年凤门岭麻纺二厂M2		
380	陶屋	1986年凤门岭麻纺二厂M2		
381	滑石暖炉	1986年5月凤门岭麻纺二厂M7		

序号	名称	来源	文物照片	备注
382	陶樽	1986年5月风门岭麻纺二厂M7		
383	陶灯	1986年5月风门岭麻纺二厂M7		
384	陶壶	1986年5月风门岭麻纺二厂M7		
385	陶罐	1986年5月风门岭麻纺二厂M7		
386	陶罐	1986年5月风门岭麻纺二厂M7		
387	陶罐	1986年5月风门岭麻纺二厂M7		
388	陶四耳罐	1986年5月风门岭麻纺二厂M7		
389	陶提筒	1986年5月风门岭麻纺二厂M7		
390	陶罐	1986年5月风门岭麻纺二厂M7		
391	铜杯	1986年5月风门岭麻纺二厂M7		
392	五铢铜钱	1986年5月风门岭麻纺二厂M7		
393	狮形琥珀饰品	1986年5月风门岭麻纺二厂M9		
394	红玉髓、玛瑙串珠	1986年5月风门岭麻纺二厂M9		6颗三级
395	水晶串珠	1986年5月风门岭麻纺二厂M9		
396	陶壶	1986年5月风门岭麻纺二厂M9		
397	陶壶	1986年5月风门岭麻纺二厂M9		
398	陶罐	1986年5月风门岭麻纺二厂M9		
399	陶罐	1986年5月风门岭麻纺二厂M9		

序号	名称	来源	文物照片	备注
400	陶罐	1986年5月风门岭麻纺二厂M9		
401	陶罐	1986年5月风门岭麻纺二厂M9		
402	陶罐	1986年5月风门岭麻纺二厂M9		
403	陶罐	1986年5月风门岭麻纺二厂M9		
404	陶罐	1986年5月风门岭麻纺二厂M9		
405	陶瓮	1986年5月风门岭麻纺二厂M9		
406	陶屋	1986年5月风门岭麻纺二厂M9		
407	铜碗	1986年5月风门岭麻纺二厂M9		
408	玛瑙串珠	1986年9月县第二麻纺厂西墓（土坑）		2颗
409	玻璃串饰	1986年9月县第二麻纺厂西墓（土坑）		31颗
410	玛瑙串珠	1986年9月县第二麻纺厂西墓（砖室）		
411	蚀刻玛瑙串饰	1986年10月县第二麻纺厂南墓		4颗 三级
412	红玉髓串珠	1986年10月县第二麻纺厂南墓		8颗 三级
413	红玉髓串珠	1986年10月县第二麻纺厂南墓		15颗 三级
414	玻璃串珠	1986年10月县第二麻纺厂南墓		

序号	名称	来源	文物照片	备注
415	蛙形玻璃饰品	1986年10月县第二麻纺厂南墓		4颗
416	琥珀串饰	1986年10月县第二麻纺厂南墓		3颗
417	铜印章	1986年10月县第二麻纺厂南墓		
418	玻璃串饰	1986年10月县第二麻纺厂南外围墓		4颗
419	水晶串珠	1986年10月县第二麻纺厂南外围墓		
420	金手镯	1986年10月县第二麻纺厂南外围墓		2件
421	金环饰	1986年10月县第二麻纺厂南外围墓		6件 三级
422	银戒指	1986年10月县第二麻纺厂南外围墓		
423	陶屋	1987年9月县罐头厂M1A		二级
424	陶钵	1987年9月县罐头厂M1A		

序号	名称	来源	文物照片	备注
425	陶鼎	1987年9月县罐头厂M1A		
426	陶灶	1987年9月县罐头厂M1A		
427	陶罐	1987年9月县罐头厂M1A		
428	陶罐	1987年9月县罐头厂M1A		
429	陶罐	1987年9月县罐头厂M1A		
430	银戒指	1987年9月县罐头厂M1A		
431	陶杯	1987年10月县罐头厂M1B		
432	陶杯	1987年10月县罐头厂M1B		
433	陶仓	1987年10月县罐头厂M1B		
434	陶屋	1987年10月县罐头厂M1B		

序号	名称	来源	文物照片	备注
435	陶案	1987年12月县罐头厂M4		
436	陶屋顶	1988年8月环城乡红岭头M2		
437	陶灶	1988年8月环城乡红岭头M2		
438	陶提筒	1988年8月环城乡红岭头M2		
439	陶罐	1988年8月环城乡红岭头M2		
440	陶罐	1988年8月环城乡红岭头M2		
441	陶罐	1988年8月环城乡红岭头M2		
442	铜铺首	1988年8月环城乡红岭头M2		2件
443	水晶珠	1988年8月环城乡红岭头M2		
444	金戒指	1988年8月环城乡红岭头M3		

序号	名称	来源	文物照片	备注
445	金珠	1988年8月环城乡红岭头M3		
446	玛瑙串饰	1988年8月环城乡红岭头M3		9颗 二级
447	狮形 红玉髓饰品	1988年8月环城乡红岭头M3		三级
448	水晶串珠	1988年8月环城乡红岭头M3		10颗 三级
449	龟形水晶饰品	1988年8月环城乡红岭头M3		二级
450	玻璃串饰	1988年8月环城乡红岭头M3		5颗
451	银串饰	1988年8月环城乡红岭头M3		11颗
452	银手镯	1988年8月环城乡红岭头M3		
453	银手镯	1988年8月环城乡红岭头M3		
454	铜镜	1988年8月环城乡红岭头M3		

序号	名称	来源	文物照片	备注
455	"大泉五十"铜钱	1988年8月环城乡红岭头M3		50枚
456	铜灯	1988年8月环城乡红岭头M3		
457	铜樽	1988年8月环城乡红岭头M3		二级
458	铜三足盘	1988年8月环城乡红岭头M3		二级
459	铜熏炉	1988年8月环城乡红岭头M3		三级
460	铁环首刀	1988年8月环城乡红岭头M3		
461	铁环首刀	1988年8月环城乡红岭头M3		
462	石黛砚	1988年8月环城乡红岭头M3		
463	玻璃杯	1988年9月环城乡红岭头M11		二级

序号	名称	来源	文物照片	备注
464	玻璃杯	1988年9月环城乡红岭头M11		二级
465	陶壶	1988年9月环城乡红岭头M11		
466	陶壶	1988年9月环城乡红岭头M11		
467	陶仓	1988年9月环城乡红岭头M11		三级
468	陶灶	1988年9月环城乡红岭头M11		
469	陶井	1988年9月环城乡红岭头M11		
470	陶罐	1988年9月环城乡红岭头M11		
471	陶罐	1988年9月环城乡红岭头M11		
472	陶罐	1988年9月环城乡红岭头M11		
473	陶罐	1988年9月环城乡红岭头M11		

序号	名称	来源	文物照片	备注
474	陶提筒	1988年9月环城乡红岭头M11		
475	陶瓿	1988年9月环城乡红岭头M11		
476	滑石暖炉	1988年9月环城乡红岭头M11		
477	铜樽	1988年9月环城乡红岭头M11		二级
478	铜灯	1988年9月环城乡红岭头M11		
479	铜盘	1988年9月环城乡红岭头M11		
480	陶屋	1988年环城乡红岭头M28		
481	陶灶	1988年环城乡红岭头M31		三级
482	玻璃串珠	1988年10月环城乡红岭头M7		
483	铜铺首	1988年10月环城乡红岭头M7		
484	陶仓	1988年10月环城乡母猪岭M1		东汉前期
485	陶屋	1988年10月环城乡母猪岭M1		二级
486	陶提筒	1988年10月环城乡母猪岭M1		
487	陶提筒	1988年10月环城乡母猪岭M1		
488	陶提筒	1988年10月环城乡母猪岭M1		

序号	名称	来源	文物照片	备注
489	陶提筒	1988年10月环城乡母猪岭M1		
490	陶提筒	1988年10月环城乡母猪岭M1		
491	陶俑	1988年10月环城乡母猪岭M1		
492	陶俑	1988年10月环城乡母猪岭M1		
493	陶四耳罐	1988年10月环城乡母猪岭M1		
494	陶四耳罐	1988年10月环城乡母猪岭M1		
495	陶四耳罐	1988年10月环城乡母猪岭M1		
496	陶四耳罐	1988年10月环城乡母猪岭M1		
497	陶四耳罐	1988年10月环城乡母猪岭M1		
498	陶四耳罐	1988年10月环城乡母猪岭M1		

序号	名称	来源	文物照片	备注
499	陶四耳罐	1988年10月环城乡母猪岭M1		
500	陶四耳罐	1988年10月环城乡母猪岭M1		
501	陶四耳罐	1988年10月环城乡母猪岭M1		
502	陶四耳罐	1988年10月环城乡母猪岭M1		
503	陶鸭	1988年10月环城乡母猪岭M1		
504	陶鸭	1988年10月环城乡母猪岭M1		
505	陶井	1988年10月环城乡母猪岭M1		
506	陶灶	1988年10月环城乡母猪岭M1		
507	陶盂	1988年10月环城乡母猪岭M1		

序号	名称	来源	文物照片	备注
508	陶罐	1988年10月环城乡母猪岭M1		
509	陶壶	1988年10月环城乡母猪岭M1		
510	陶壶	1988年10月环城乡母猪岭M1		
511	陶四耳展唇罐	1988年10月环城乡母猪岭M1		
512	陶罐	1988年10月环城乡母猪岭M1		
513	铜樽	1988年10月环城乡母猪岭M1		
514	铜镜	1988年10月环城乡母猪岭M1		

序号	名称	来源	文物照片	备注
515	铜耳	1988年10月环城乡母猪岭M1		3只
516	五铢铜钱	1988年10月环城乡母猪岭M1		34枚
517	大泉五十铜钱	1988年10月环城乡母猪岭M1		15枚
518	铁锯	1988年10月环城乡母猪岭M1		
519	银戒指	1988年10月环城乡母猪岭M1		
520	玻璃盘	1988年10月环城乡母猪岭M1		二级
521	玉璧	1988年10月环城乡母猪岭M1		二级
522	玛瑙串珠	1988年10月环城乡母猪岭M1		4颗
523	水晶串珠	1988年10月环城乡母猪岭M1		5颗
524	玻璃串珠	1988年10月环城乡母猪岭M1		62颗
525	玻璃杯	1988年11月环城乡红岭头M34		一级
526	铜樽	1988年11月环城乡红岭头M34		三级

序号	名称	来源	文物照片	备注
527	铜盘	1988年11月环城乡红岭头M34		
528	铜行灯	1988年11月环城乡红岭头M34		三级
529	铜镜	1988年11月环城乡红岭头M34		三级
530	铜带钩	1988年11月环城乡红岭头M34		
531	铜印章	1988年11月环城乡红岭头M34		二级
532	五铢铜钱	1988年11月环城乡红岭头M34		39枚
533	铁锯	1988年11月环城乡红岭头M34		
534	铁锯	1988年11月环城乡红岭头M34		
535	铁钩	1988年11月环城乡红岭头M34		
536	铁匕首	1988年11月环城乡红岭头M34		
537	石黛砚	1988年11月环城乡红岭头M34		1套
538	陶仓	1988年11月环城乡红岭头M34		
539	陶提筒	1988年11月环城乡红岭头M32		
540	陶提筒	1988年11月环城乡红岭头M32		
541	陶提筒	1988年11月环城乡红岭头M32		
542	陶屋	1988年11月环城乡红岭头M32		
543	陶灶	1988年11月环城乡红岭头M32		
544	陶仓	1989年10月环城乡红旗岭M5		

序号	名称	来源	文物照片	备注
545	陶屋	1989年10月环城乡红旗岭M5		
546	陶灶	1989年10月环城乡红旗岭M5		
547	陶提筒	1989年10月环城乡红旗岭M5		
548	陶提筒	1989年10月环城乡红旗岭M5		
549	陶井	1989年10月环城乡红旗岭M5		
550	陶井	1989年11月环城乡红旗岭M4		
551	陶楼	1989年12月环城乡红旗岭M2		一级
552	陶仓	1989年12月环城乡红旗岭M2		
553	陶灶	1989年12月环城乡红旗岭M2		
554	陶瓿	1989年12月环城乡红旗岭M2		
555	陶鼎	1989年12月环城乡红旗岭M2		
556	陶井盖	1989年12月环城乡红旗岭M2		
557	滑石暖炉	1989年12月环城乡红旗岭M2		
558	铜盘	1989年12月环城乡红旗岭M2		
559	货泉铜钱	1989年12月环城乡红旗岭M2		
560	玉璧	1990年6月环城乡黄泥岗M1		东汉前期 二级

序号	名称	来源	文物照片	备注
561	紫水晶串珠	1990年6月环城乡黄泥岗M1		一级
562	玻璃杯	1990年6月环城乡黄泥岗M1		一级
563	琥珀串饰	1990年6月环城乡黄泥岗M1		
564	绿松石串珠	1990年6月环城乡黄泥岗M1		
565	水晶、绿柱石串珠	1990年6月环城乡黄泥岗M1		一级
566	玻璃串珠	1990年6月环城乡黄泥岗M1		
567	玛瑙串珠	1990年6月环城乡黄泥岗M1		5颗三级
568	玻璃剑璏	1990年6月环城乡黄泥岗M1		二级

序号	名称	来源	文物照片	备注
569	玉琀	1990年6月环城乡黄泥岗M1		一级
570	玉佩	1990年6月环城乡黄泥岗M1		一级
571	玉带钩	1990年6月环城乡黄泥岗M1		一级
572	金带钩	1990年6月环城乡黄泥岗M1		一级
573	金花球	1990年6月环城乡黄泥岗M1		
574	金珠	1990年6月环城乡黄泥岗M1		

序号	名称	来源	文物照片	备注
575	碎玉片	1990年6月环城乡黄泥岗M1		19片
576	玉塞	1990年6月环城乡黄泥岗M1		
577	胜形玉饰	1990年6月环城乡黄泥岗M1		
578	玉管	1990年6月环城乡黄泥岗M1		2件
579	铜印章	1990年6月环城乡黄泥岗M1		二级
580	滑石印章	1990年6月环城乡黄泥岗M1		
581	铜杵臼	1990年6月环城乡黄泥岗M1		
582	陶仓	1990年6月环城乡黄泥岗M1		
583	陶四耳罐	1990年6月环城乡黄泥岗M1		
584	陶提筒	1990年6月环城乡黄泥岗M1		
585	陶瓮	1990年6月环城乡黄泥岗M1		

序号	名称	来源	文物照片	备注
586	铜铺首	1990年6月环城乡黄泥岗M1		
587	陶屋	1990年9月环城乡五旗岭M1		三级
588	陶屋	1990年9月环城乡五旗岭M1		三级
589	陶灶	1990年9月环城乡五旗岭M1		
590	陶提筒	1990年9月环城乡五旗岭M1		
591	陶井	1990年9月环城乡五旗岭M1		
592	陶长颈壶	1990年9月环城乡五旗岭M1		
593	陶灶	1990年10月环城乡五旗岭M2		
594	陶屋	1990年10月环城乡五旗岭M2		二级
595	陶井	1990年10月环城乡五旗岭M2		

序号	名称	来源	文物照片	备注
596	陶钵生莲花器	1990年10月环城乡五旗岭M2		
597	陶盆	1990年10月环城乡五旗岭M3		
598	陶井	1990年10月环城乡五旗岭M3		
599	陶仓	1990年10月环城乡五旗岭M3		
600	陶灶	1990年10月环城乡五旗岭M3		
601	陶灯	1990年10月环城乡五旗岭M3		
602	陶钵	1990年10月环城乡五旗岭M3		
603	陶熏炉	1990年10月环城乡五旗岭M3		

序号	名称	来源	文物照片	备注
604	陶罐	1990年10月环城乡五旗岭M3		
605	陶鼎	1990年10月环城乡五旗岭M3		
606	陶盂	1990年10月环城乡五旗岭M3		
607	陶壶	1990年10月环城乡五旗岭M3		
608	陶壶	1990年10月环城乡五旗岭M3		
609	陶四耳展唇罐	1990年10月环城乡五旗岭M3		

序号	名称	来源	文物照片	备注
610	陶四耳展唇罐	1990年10月环城乡 五旗岭M3		
611	陶罐	1990年10月环城乡 五旗岭M3		
612	陶罐	1990年10月环城乡 五旗岭M3		
613	陶双耳直身罐	1990年10月环城乡 五旗岭M3		
614	陶双耳直身罐	1990年10月环城乡 五旗岭M3		
615	陶双耳直身罐	1990年10月环城乡 五旗岭M3		
616	陶双耳直身罐	1990年10月环城乡 五旗岭M3		
617	陶双耳直身罐	1990年10月环城乡 五旗岭M3		
618	陶四耳罐	1990年10月环城乡 五旗岭M3		
619	陶四耳罐	1990年10月环城乡 五旗岭M3		
620	陶四耳罐	1990年10月环城乡 五旗岭M3		
621	陶四耳罐	1990年10月环城乡 五旗岭M3		
622	陶四耳罐	1990年10月环城乡 五旗岭M3		
623	陶罐	1990年10月环城乡 五旗岭M3		
624	陶屋	1990年10月环城乡 五旗岭M3		
625	铜碗	1990年10月环城乡 五旗岭M3		

序号	名称	来源	文物照片	备注
626	铜鐎壶	1990年10月环城乡五旗岭M3		二级
627	铜盆	1990年10月环城乡五旗岭M3		
628	铜箍	1990年10月环城乡五旗岭M3		
629	铜箍	1990年10月环城乡五旗岭M3		
630	铜泡钉	1990年10月环城乡五旗岭M3		10件
631	铜镜	1990年10月环城乡五旗岭M3		
632	铜镜	1990年10月环城乡五旗岭M3		
633	五铢铜钱	1990年10月环城乡五旗岭M3		11枚
634	铁锯	1990年10月环城乡五旗岭M3		
635	铁匕首	1990年10月环城乡五旗岭M3		
636	玻璃串珠	1990年10月环城乡五旗岭M3		1200颗

序号	名称	来源	文物照片	备注
637	玛瑙串饰	1990年10月环城乡五旗岭M3		5颗
638	水晶串饰	1990年10月环城乡五旗岭M3		4颗
639	玻璃串饰	1990年10月环城乡五旗岭M3		3颗
640	绿松石串珠	1990年10月环城乡五旗岭M3		12颗
641	石珠	1990年10月环城乡五旗岭M3		2颗
642	蚌贝	1990年10月环城乡五旗岭M3		
643	银戒指	1990年10月环城乡五旗岭M3		
644	银戒指	1990年10月环城乡五旗岭M3		
645	金戒指	1990年10月环城乡五旗岭M3		三级
646	金戒指	1990年10月环城乡五旗岭M3		三级
647	石黛砚	1992年11月凸鬼岭汽齿厂M8		
648	玉璧	1992年11月凸鬼岭汽齿厂M17		二级

序号	名称	来源	文物照片	备注
649	玉握	1992年11月凸鬼岭汽齿厂M17		2件
650	玉玲	1992年11月凸鬼岭汽齿厂M17		
651	玉塞	1992年11月凸鬼岭汽齿厂M17		5件
652	玉饰	1992年11月凸鬼岭汽齿厂M17		2件
653	玉环	1992年11月凸鬼岭汽齿厂M17		
654	玉饰品	1992年11月凸鬼岭汽齿厂M17		3颗
655	玉串饰	1992年11月凸鬼岭汽齿厂M17		8颗
656	玉串饰	1992年11月凸鬼岭汽齿厂M17		
657	管形玉饰	1992年11月凸鬼岭汽齿厂M17		6段
658	玛瑙坠	1992年11月凸鬼岭汽齿厂M17		

序号	名称	来源	文物照片	备注
659	红玉髓、玛瑙串珠	1992年11月凸鬼岭汽齿厂M17		42颗
660	水晶、绿柱石串珠	1992年11月凸鬼岭汽齿厂M17		13颗
661	玻璃串珠	1992年11月凸鬼岭汽齿厂M17		9颗
662	琥珀串饰	1992年11月凸鬼岭汽齿厂M17		2颗
663	鸽形绿松石串饰	1992年11月凸鬼岭汽齿厂M17		2颗
664	玉珠	1992年11月凸鬼岭汽齿厂M17		
665	银戒指	1992年11月凸鬼岭汽齿厂M17		
666	银戒指	1992年11月凸鬼岭汽齿厂M17		

序号	名称	来源	文物照片	备注
667	银串饰	1992年11月凸鬼岭汽齿厂M17		7颗
668	金戒指	1992年11月凸鬼岭汽齿厂M17		
669	铜斧	1992年12月凸鬼岭汽齿厂M16A		
670	铜镜	1992年12月凸鬼岭汽齿厂M16A		
671	玛瑙饰品	1992年12月凸鬼岭汽齿厂M16A		
672	大泉五十铜钱	1992年12月凸鬼岭汽齿厂M16A		
673	玛瑙串珠	1992年12月凸鬼岭汽齿厂M41B		2颗
674	水晶串珠	1992年12月凸鬼岭汽齿厂M41B		
675	玉带钩	1992年12月凸鬼岭汽齿厂M19		
676	水晶饰品	1992年12月凸鬼岭汽齿厂M6		
677	玛瑙串珠	1992年12月凸鬼岭汽齿厂M6		4颗

序号	名称	来源	文物照片	备注
678	玉串饰	1992年12月凸鬼岭汽齿厂M6		2颗
679	狮形 石榴子石饰	1992年12月凸鬼岭汽齿厂M6		
680	玻璃串珠	1992年12月凸鬼岭汽齿厂M6		2颗
681	水晶串珠	1992年12月凸鬼岭汽齿厂M30A		西汉 2颗
682	玛瑙串珠	1992年12月凸鬼岭汽齿厂M30A		2颗
683	红玉髓、 玛瑙串珠	1992年12月凸鬼岭汽齿厂M30B		西汉 30颗
684	玻璃串珠	1992年12月凸鬼岭汽齿厂M30B		190颗
685	琥珀、 玻璃串珠	1992年12月凸鬼岭汽齿厂M30B		4颗

序号	名称	来源	文物照片	备注
686	琥珀串饰	1992年12月凸鬼岭汽齿厂M30B		9颗 二级
687	管形玉饰	1992年12月凸鬼岭汽齿厂M30B		2件
688	玉饰	1992年12月凸鬼岭汽齿厂M30B		
689	玉珌	1992年12月凸鬼岭汽齿厂M30B		
690	玉塞	1992年12月凸鬼岭汽齿厂M30B		
691	玉塞	1992年12月凸鬼岭汽齿厂M30B		

序号	名称	来源	文物照片	备注
692	玉塞	1992年12月凸鬼岭汽齿厂M30B		4件
693	玉饰	1992年12月凸鬼岭汽齿厂M30B		
694	金串珠	1992年12月凸鬼岭汽齿厂M30B		6颗
695	银珠	1992年12月凸鬼岭汽齿厂M30B		
696	铜印章	1992年12月凸鬼岭汽齿厂M30B		
697	玛瑙剑璏	1992年12月凸鬼岭汽齿厂M22		西汉二级
698	红玉髓、玛瑙串饰	1992年12月凸鬼岭汽齿厂M22		9颗
699	水晶珠	1992年12月凸鬼岭汽齿厂M22		

序号	名称	来源	文物照片	备注
700	玻璃串饰	1992年12月凸鬼岭汽齿厂M22		2颗
701	鸽形琥珀饰	1992年12月凸鬼岭汽齿厂M22		
702	玉串饰	1992年12月凸鬼岭汽齿厂M22		4颗
703	玉饰	1992年12月凸鬼岭汽齿厂M22		
704	石坠	1992年12月凸鬼岭汽齿厂M22		
705	银戒指	1992年12月凸鬼岭汽齿厂M22		
706	银戒指	1992年12月凸鬼岭汽齿厂M22		
707	琥珀印章	1992年11月凸鬼岭汽齿厂M25		
708	玛瑙串珠	1992年12月凸鬼岭汽齿厂M40A		西汉 10颗
709	玻璃串珠	1992年12月凸鬼岭汽齿厂M40A		4颗
710	玉串饰	1992年12月凸鬼岭汽齿厂M40A		2颗
711	琥珀串饰	1992年12月凸鬼岭汽齿厂M40A		
712	蚀刻石髓珠	1992年12月凸鬼岭汽齿厂M40 B		西汉
713	铜印章	1992年12月凸鬼岭汽齿厂M40 B		
714	玛瑙串珠	1993年1月凸鬼岭汽齿厂M9		西汉 3颗

序号	名称	来源	文物照片	备注
715	玉带钩	1993年1月凸鬼岭汽齿厂M13		西汉 二级
716	水晶珠	1993年1月凸鬼岭汽齿厂M13		
717	金戒指	1993年2月风门岭麻纺厂M4		东汉
718	金花球	1993年2月风门岭麻纺厂M4		
719	金珠	1993年2月风门岭麻纺厂M4		
720	银手镯	1993年2月风门岭麻纺厂M4		
721	银戒指	1993年2月风门岭麻纺厂M4		
722	银戒指	1993年2月风门岭麻纺厂M4		
723	银串珠	1993年2月风门岭麻纺厂M4		2颗
724	石榴子石串珠	1993年2月风门岭麻纺厂M4		5颗

序号	名称	来源	文物照片	备注
725	玻璃串珠	1993年2月风门岭麻纺厂M4		530颗一级
726	水晶、绿柱石串饰	1993年2月风门岭麻纺厂M4		10颗
727	玛瑙串饰	1993年2月风门岭麻纺厂M4		3颗
728	琥珀串饰	1993年2月风门岭麻纺厂M4		3颗
729	玻璃串珠	1993年2月风门岭麻纺厂M4		30颗
730	玉饰	1993年2月风门岭麻纺厂M4		
731	玛瑙串珠	1993年2月风门岭麻纺厂M02		东汉
732	金戒指	1993年3月环城镇鸡射岭取土场M18		东汉
733	银戒指	1993年3月环城镇鸡射岭取土场M18		
734	银戒指	1993年3月环城镇鸡射岭取土场M18		
735	银戒指	1993年3月环城镇鸡射岭取土场M18		
736	玻璃耳珰	1993年3月环城镇鸡射岭取土场M18		2颗

序号	名称	来源	文物照片	备注
737	骨串饰	1993年3月环城镇鸡射岭取土场M18		5颗
738	玛瑙串饰	1993年5月凸鬼岭饲料厂M02		3颗
739	红玉髓串饰	1993年5月凸鬼岭饲料厂M1		东汉 12颗
740	玻璃串珠	1993年5月凸鬼岭饲料厂M1		7颗
741	金戒指	1993年9月环城镇北插江M4		
742	金戒指	1993年9月环城镇北插江M4		
743	金花球	1993年9月环城镇北插江M4		5颗
744	金串珠	1993年9月环城镇北插江M4		9颗
745	银戒指	1993年9月环城镇北插江M4		
746	水晶、绿柱石串饰	1993年9月环城镇北插江M4		14颗

序号	名称	来源	文物照片	备注
747	玛瑙串饰	1993年9月环城镇北插江M4		6颗
748	玻璃串珠	1993年9月环城镇北插江M4		4颗
749	玻璃串珠	1993年9月环城镇北插江M4		20颗
750	琥珀串饰	1993年9月环城镇北插江M4		4颗
751	玛瑙串饰	1993年9月环城镇北插江M5		7颗
752	水晶串珠	1993年9月环城镇北插江M5		2颗
753	琥珀串饰	1993年9月环城镇北插江M5		3颗
754	玉串饰	1993年9月环城镇北插江M5		
755	玛瑙戒指	1994年2月凸鬼岭汽齿厂M1		三级
756	玛瑙串饰	1995年3月环城镇北插江M10		5颗
757	玻璃串珠	1995年3月环城镇北插江M10		22颗
758	玻璃串饰	1995年3月环城镇北插江M10		4颗
759	琥珀串饰	1995年3月环城镇北插江M10		2颗
760	绿松石串珠	1995年3月环城镇北插江M10		
761	水晶串饰	1995年4月风门岭第二麻纺厂M23		6颗
762	玛瑙串珠	1995年4月风门岭第二麻纺厂M23		13颗
763	玻璃串珠	1995年4月风门岭第二麻纺厂M23		16颗
764	玻璃串珠	1995年4月风门岭第二麻纺厂M23		22颗
765	圆形石串珠	1995年4月风门岭第二麻纺厂M23		7颗
766	琥珀串饰	1995年4月风门岭第二麻纺厂M23		2颗
767	银戒指	1995年4月风门岭第二麻纺厂M23		
768	金串珠	1995年4月风门岭第二麻纺厂M27		2颗
769	玛瑙珠	1995年4月风门岭第二麻纺厂M27		8颗
770	水晶珠	1995年4月风门岭第二麻纺厂M27		
771	管形石串饰	1995年4月风门岭第二麻纺厂M27		

序号	名称	来源	文物照片	备注
772	银印章	1995年5月凤门岭第二麻纺厂M30		
773	水晶串珠	1995年5月凤门岭第二麻纺厂M30		2颗
774	红玉髓、蚀刻石髓串珠	1995年5月凤门岭第二麻纺厂M30		13颗
775	玻璃、水晶、石榴子石串饰	1995年5月凤门岭第二麻纺厂M30		7颗
776	玻璃串饰	1995年5月凤门岭第二麻纺厂M30		9颗
777	琥珀串饰	1995年5月凤门岭第二麻纺厂M30		4颗
778	玛瑙串饰	1995年5月凤门岭第二麻纺厂M32		西汉 3颗
779	玛瑙珠	1995年4月环城镇平田村公所M1		东汉
780	金珠	1995年5月环城镇平田村公所M3A		3颗
781	银戒指	1995年5月环城镇平田村公所M3A		

序号	名称	来源	文物照片	备注
782	琥珀串饰	1995年5月环城镇平田村公所M3A		3颗
783	金戒指	1995年5月环城镇平田村公所M3B		
784	金珠	1995年5月环城镇平田村公所M3B		
785	玛瑙珠	1995年5月环城镇平田村公所M3B		
786	玻璃串珠	1995年5月环城镇平田村公所M3B		33颗
787	金珠	1995年5月环城镇平田村公所M9		西汉 2颗
788	金串珠	1995年5月环城镇平田村公所M9		4颗
789	银串珠	1995年5月环城镇平田村公所M9		
790	红玉髓、蚀刻石髓串饰	1995年5月环城镇平田村公所M9		12颗

序号	名称	来源	文物照片	备注
791	水晶串珠	1995年5月环城镇平田村公所M9		8颗
792	玻璃珠	1995年5月环城镇平田村公所M9		2颗
793	绿松石珠	1995年5月环城镇平田村公所M9		2颗
794	琥珀饰品	1995年5月环城镇平田村公所M9		
795	红玉髓、蚀刻石髓串饰	1995年6月凸鬼岭康宝饲料厂M1		11颗
796	琥珀串饰	1995年6月凸鬼岭康宝饲料厂M1		2颗
797	绿松石串饰	1995年6月凸鬼岭康宝饲料厂M1		
798	石榴子石、玻璃串珠	1995年6月凸鬼岭康宝饲料厂M1		32颗
799	陶仓	旧藏		三级

序号	名称	来源	文物照片	备注
800	陶屋	旧藏		
801	陶屋	旧藏		
802	陶仓	旧藏		三级
803	陶屋	旧藏		
804	陶仓	旧藏		三级
805	陶壶	旧藏		
806	陶壶	旧藏		
807	陶壶	旧藏		
808	陶壶	旧藏		
809	陶罐	旧藏		
810	陶罐	旧藏		
811	陶罐	旧藏		
812	陶罐	旧藏		
813	陶罐	旧藏		

序号	名称	来源	文物照片	备注
814	陶罐	旧藏		
815	陶罐	旧藏		
816	陶罐	旧藏		
817	陶四耳罐	旧藏		
818	陶罐	旧藏		
819	陶罐	旧藏		
820	陶瓮	旧藏		
821	陶双耳罐	旧藏		
822	陶瓿	旧藏		
823	陶双耳直身罐	旧藏		
824	陶井	旧藏		
825	陶井	旧藏		
826	陶井	旧藏		
827	陶灯	旧藏		
828	陶钵	旧藏		
829	滑石暖炉	旧藏		
830	陶罐	旧藏		
831	铜镜	旧藏		
832	五铢铜钱	旧藏		14枚

附表二　广西壮族自治区博物馆藏未刊出土文物信息表

序号	名称	时代	来源	文物照片	备注
1	玻璃串珠	西汉晚期	1971年合浦县望牛岭M2		566颗

序号	名称	时代	来源	文物照片	备注
2	铜镜	西汉晚期	1971年合浦县望牛岭M2		
3	石黛砚	西汉晚期	1971年合浦县望牛岭M2		
4	玻璃串珠	西汉晚期	1971年合浦县望牛岭M2		58颗
5	玻璃璧	西汉晚期	1971年合浦县望牛岭M2		二级
6	红玉髓珠	西汉晚期	1971年合浦县望牛岭M2		
7	红玉髓饰品	西汉晚期	1971年合浦县望牛岭M2		
8	石环	西汉晚期	1971年合浦县望牛岭M2		
9	红玉髓珠	西汉晚期	1971年合浦县望牛岭M2		2颗

序号	名称	时代	来源	文物照片	备注
10	红玉髓珠	西汉晚期	1971年合浦县望牛岭M2		三级
11	红玉髓戒指	西汉晚期	1971年合浦县望牛岭M2		三级
12	玻璃串珠	西汉晚期	1971年合浦县望牛岭M2		181颗
13	铜剑	西汉晚期	1971年合浦县望牛岭M2		
14	玉剑珌	西汉晚期	1971年合浦县望牛岭M2		三级
15	玉管	西汉晚期	1971年合浦县望牛岭M2		
16	玉管	西汉晚期	1971年合浦县望牛岭M2		
17	陶罐	西汉晚期	1971年合浦县望牛岭M2		
18	铜井	西汉晚期	1971年合浦县望牛岭M2		三级

序号	名称	时代	来源	文物照片	备注
19	铜钫	西汉晚期	1971年合浦县望牛岭M2		
20	铜壶	西汉晚期	1971年合浦县望牛岭M2		
21	铜鐎壶	西汉晚期	1971年合浦县望牛岭M2		
22	铜釜	西汉晚期	1971年合浦县望牛岭M2		
23	铜锅	西汉晚期	1971年合浦县望牛岭M2		
24	玛瑙串饰	西汉	1974年合浦县油厂		
25	玻璃环	汉代	1982年合浦县文昌塔M1		二级
26	陶熏炉	汉代	1985年合浦县风门岭M3		
27	玻璃串珠	西汉	1985年合浦县炮竹厂M1		4颗

序号	名称	时代	来源	文物照片	备注
28	玉、玻璃串珠	汉代	1985年合浦县风门岭M7A		2颗
29	红玉髓、玛瑙串饰	汉代	1985年合浦县风门岭M7A		10颗 三级
30	铜熏炉	汉代	1985年合浦县风门岭M7A		
31	铜熏炉	汉代	1985年合浦县风门岭M7B		
32	铜熏炉	汉代	1985年合浦县风门岭M6		
33	滑石盒		1985年风门岭M7A		
34	铜鼎		1985年风门岭M7A		
35	铜鼎		1985年风门岭M7A		
36	铜甑		1985年风门岭M7A		
37	滑石盒		1985年风门岭M6		
38	滑杯		1985年风门岭M6		
39	滑石炉		1985年风门岭M6		
40	陶仓		1985年风门岭M3		
41	铜扁壶		1985年风门岭M6		
42	陶屋		1985年风门岭M5		
43	铜提梁壶		1985年风门岭M5		
44	铜杯		1985年风门岭M5		

序号	名称	时代	来源	文物照片	备注
45	铜盒		1985年风门岭M5		
46	铜灯		1985年风门岭M5		
47	铜盒		1985年风门岭M7		
48	铜灯		1985年风门岭M7B		
49	铜镳壶		1985年风门岭M5		
50	玻璃杯	西汉	1987年合浦县文昌塔M70		一级

附表三　广西文物保护与考古研究所藏未刊出土文物信息表

序号	名称	来源	文物照片	备注
1	六棱柱形玻璃饰	1987年文昌塔汉墓M77		
2	玻璃碗	1987年文昌塔汉墓		
3	陶罐	2005年县炮竹厂M1		东汉前期
4	陶罐	2005年县炮竹厂M1		
5	陶罐	2005年县炮竹厂M1		
6	陶双耳直身罐	2005年县炮竹厂M1		

序号	名称	来源	文物照片	备注
7	陶提筒	2005年县炮竹厂M1		
8	陶提筒	2005年县炮竹厂M1		
9	陶器盖	2005年县炮竹厂M1		3件
10	陶灶	2005年县炮竹厂M1		
11	铜器残件	2005年县炮竹厂M1		
12	陶瓮	2007年风门岭民宅区M3		西汉晚期
13	陶罐	2007年风门岭民宅区M3		
14	陶罐	2007年风门岭民宅区M3		
15	陶罐	2007年风门岭民宅区M3		
16	陶双耳瓿	2007年风门岭民宅区M3		
17	陶灯	2007年风门岭民宅区M3		
18	陶盂	2007年风门岭民宅区M3		
19	陶井	2007年风门岭民宅区M3		
20	陶灶	2007年风门岭民宅区M3		
21	陶器盖	2007年风门岭民宅区M3		
22	铜镜	2007年风门岭民宅区M3		
23	铜钱	2007年风门岭民宅区M3		37枚
24	铜器残件	2007年风门岭民宅区M3		

序号	名称	来源	文物照片	备注
25	滑石暖炉	2007年风门岭民宅区M3		
26	陶瓮	2007年科红制革有限公司M5		东汉后期
27	陶罐	2007年科红制革有限公司M5		
28	陶罐	2007年科红制革有限公司M5		
29	陶双耳直身罐	2007年科红制革有限公司M5		
30	陶双耳直身罐	2007年科红制革有限公司M5		
31	陶壶	2007年科红制革有限公司M5		
32	陶长颈壶	2007年科红制革有限公司M5		
33	陶镳壶	2007年科红制革有限公司M5		
34	陶簋	2007年科红制革有限公司M5		
35	陶盆	2007年科红制革有限公司M5		
36	陶熏炉	2007年科红制革有限公司M5		
37	陶灯	2007年科红制革有限公司M5		
38	陶卮	2007年科红制革有限公司M5		
39	陶屋	2007年科红制革有限公司M5		

序号	名称	来源	文物照片	备注
40	陶仓	2007年科红制革有限公司M5		
41	陶井	2007年科红制革有限公司M5		
42	陶灶	2007年科红制革有限公司M5		
43	陶器盖	2007年科红制革有限公司M5		7件
44	铜泡钉	2007年科红制革有限公司M5		4件
45	玻璃珠	2007年科红制革有限公司M5		36颗
46	陶鼎	2008年凸鬼岭电厂宿舍区M1		西汉晚期
47	陶瓮	2008年凸鬼岭电厂宿舍区M1		
48	陶瓮	2008年凸鬼岭电厂宿舍区M1		
49	陶罐	2008年凸鬼岭电厂宿舍区M1		

序号	名称	来源	文物照片	备注
50	陶罐	2008年凸鬼岭电厂宿舍区M1		
51	陶罐	2008年凸鬼岭电厂宿舍区M1		
52	陶罐	2008年凸鬼岭电厂宿舍区M1		
53	陶罐	2008年凸鬼岭电厂宿舍区M1		
54	陶罐	2008年凸鬼岭电厂宿舍区M1		
55	陶罐	2008年凸鬼岭电厂宿舍区M1		
56	陶五联罐	2008年凸鬼岭电厂宿舍区M1		
57	陶四耳瓿	2008年凸鬼岭电厂宿舍区M1		
58	陶壶	2008年凸鬼岭电厂宿舍区M1		
59	陶壶	2008年凸鬼岭电厂宿舍区M1		

序号	名称	来源	文物照片	备注
60	陶壶	2008年凸鬼岭电厂宿舍区M1		
61	陶壶	2008年凸鬼岭电厂宿舍区M1		
62	陶壶	2008年凸鬼岭电厂宿舍区M1		
63	陶罐残件	2008年凸鬼岭电厂宿舍区M1		7件
64	陶灶	2008年凸鬼岭电厂宿舍区M1		
65	铜鼎	2008年凸鬼岭电厂宿舍区M1		
66	铜鼎	2008年凸鬼岭电厂宿舍区M1		
67	铜鼎	2008年凸鬼岭电厂宿舍区M1		
68	铜壶	2008年凸鬼岭电厂宿舍区M1		
69	铜樽	2008年凸鬼岭电厂宿舍区M1		
70	铜镳壶	2008年凸鬼岭电厂宿舍区M1		
71	铜盘	2008年凸鬼岭电厂宿舍区M1		
72	铜碗	2008年凸鬼岭电厂宿舍区M1		
73	铜盆	2008年凸鬼岭电厂宿舍区M1		
74	铜杯	2008年凸鬼岭电厂宿舍区M1		
75	铜杯	2008年凸鬼岭电厂宿舍区M1		
76	铜熏炉	2008年凸鬼岭电厂宿舍区M1		
77	铜镜	2008年凸鬼岭电厂宿舍区M1		
78	铜铺首	2008年凸鬼岭电厂宿舍区M1		
79	铜钱	2008年凸鬼岭电厂宿舍区M1		15枚
80	陶屋	2008年凸鬼岭电厂宿舍区M2		东汉前期
81	陶仓	2008年凸鬼岭电厂宿舍区M2		
82	陶井	2008年凸鬼岭电厂宿舍区M2		
83	陶灶	2008年凸鬼岭电厂宿舍区M2		
84	水晶	2008年凸鬼岭电厂宿舍区M2		
85	玛瑙串珠	2008年凸鬼岭电厂宿舍区M2		4颗
86	陶瓮	2008年凸鬼岭电厂宿舍区M3A		西汉晚期

序号	名称	来源	文物照片	备注
87	陶罐	2008年凸鬼岭电厂宿舍区M3A		
88	陶罐	2008年凸鬼岭电厂宿舍区M3A		
89	陶罐	2008年凸鬼岭电厂宿舍区M3A		
90	陶罐	2008年凸鬼岭电厂宿舍区M3A		
91	陶罐	2008年凸鬼岭电厂宿舍区M3A		
92	陶壶	2008年凸鬼岭电厂宿舍区M3A		
93	陶壶	2008年凸鬼岭电厂宿舍区M3A		
94	陶仓	2008年凸鬼岭电厂宿舍区M3A		
95	陶灶	2008年凸鬼岭电厂宿舍区M3A		
96	陶罐残件	2008年凸鬼岭电厂宿舍区M3A		2件
97	陶井	2008年凸鬼岭电厂宿舍区M3A		
98	铜镜	2008年凸鬼岭电厂宿舍区M3A		
99	铜器足	2008年凸鬼岭电厂宿舍区M3A		3件
100	铁剑	2008年凸鬼岭电厂宿舍区M3A		
101	铁削	2008年凸鬼岭电厂宿舍区M3A		
102	石黛砚	2008年凸鬼岭电厂宿舍区M3A		
103	陶鼎	2008年凸鬼岭电厂宿舍区M3B		西汉晚期
104	陶瓮	2008年凸鬼岭电厂宿舍区M3B		
105	陶罐	2008年凸鬼岭电厂宿舍区M3B		

序号	名称	来源	文物照片	备注
106	陶罐	2008年凸鬼岭电厂宿舍区M3B		
107	陶罐	2008年凸鬼岭电厂宿舍区M3B		
108	陶罐	2008年凸鬼岭电厂宿舍区M3B		
109	陶罐	2008年凸鬼岭电厂宿舍区M3B		
110	陶罐	2008年凸鬼岭电厂宿舍区M3B		
111	陶双耳罐	2008年凸鬼岭电厂宿舍区M3B		
112	陶双耳罐	2008年凸鬼岭电厂宿舍区M3B		
113	陶双耳罐	2008年凸鬼岭电厂宿舍区M3B		
114	陶双耳罐	2008年凸鬼岭电厂宿舍区M3B		
115	陶双耳罐	2008年凸鬼岭电厂宿舍区M3B		
116	陶五联罐	2008年凸鬼岭电厂宿舍区M3B		
117	陶壶	2008年凸鬼岭电厂宿舍区M3B		
118	陶壶	2008年凸鬼岭电厂宿舍区M3B		
119	陶仓	2008年凸鬼岭电厂宿舍区M3B		
120	陶井	2008年凸鬼岭电厂宿舍区M3B		
121	陶灶	2008年凸鬼岭电厂宿舍区M3B		
122	陶罐残件	2008年凸鬼岭电厂宿舍区M3B		
123	陶瓮	2008年凸鬼岭电厂宿舍区M4		西汉晚期

序号	名称	来源	文物照片	备注
124	陶罐	2008年凸鬼岭电厂宿舍区M4		
125	陶罐	2008年凸鬼岭电厂宿舍区M4		
126	陶五联罐	2008年凸鬼岭电厂宿舍区M4		
127	陶壶	2008年凸鬼岭电厂宿舍区M4		
128	陶井	2008年凸鬼岭电厂宿舍区M4		
129	陶灶	2008年凸鬼岭电厂宿舍区M4		
130	陶罐残件	2008年凸鬼岭电厂宿舍区M4		
131	铜盆	2008年凸鬼岭电厂宿舍区M4		
132	铜行灯	2008年凸鬼岭电厂宿舍区M4		
133	铜镜	2008年凸鬼岭电厂宿舍区M4		
134	水晶珠	2008年凸鬼岭电厂宿舍区M4		
135	玛瑙串珠	2008年凸鬼岭电厂宿舍区M4		6颗
136	玻璃串珠	2008年凸鬼岭电厂宿舍区M4		14颗
137	陶瓮	2009年杨家山工业大道M3		东汉后期
138	陶壶	2009年杨家山工业大道M3		

序号	名称	来源	文物照片	备注
139	陶簋	2009年杨家山工业大道M3		
140	陶熏炉	2009年杨家山工业大道M3		
141	陶屋	2009年杨家山工业大道M3		
142	陶仓	2009年杨家山工业大道M3		
143	陶井	2009年杨家山工业大道M3		
144	陶灶	2009年杨家山工业大道M3		
145	陶甑	2009年杨家山工业大道M3		
146	陶器盖	2009年杨家山工业大道M3		9件
147	铜镜	2009年杨家山工业大道M3		
148	铜泡钉	2009年杨家山工业大道M3		
149	陶瓮	2009年杨家山工业大道M4		东汉后期
150	陶罐	2009年杨家山工业大道M4		
151	陶罐	2009年杨家山工业大道M4		
152	陶罐	2009年杨家山工业大道M4		
153	陶盖罐	2009年杨家山工业大道M4		

续表

序号	名称	来源	文物照片	备注
154	陶盖罐	2009年杨家山工业大道M4		
155	陶盖罐	2009年杨家山工业大道M4		
156	陶四耳罐	2009年杨家山工业大道M4		
157	陶四耳罐	2009年杨家山工业大道M4		
158	陶四耳展唇罐	2009年杨家山工业大道M4		
159	陶双耳直身罐	2009年杨家山工业大道M4		
160	陶双耳直身罐	2009年杨家山工业大道M4		
161	陶双耳直身罐	2009年杨家山工业大道M4		
162	陶盒	2009年杨家山工业大道M4		
163	陶壶	2009年杨家山工业大道M4		
164	陶壶	2009年杨家山工业大道M4		
165	陶长颈壶	2009年杨家山工业大道M4		

序号	名称	来源	文物照片	备注
166	陶盆	2009年杨家山工业大道M4		
167	陶屋	2009年杨家山工业大道M4		
168	陶仓	2009年杨家山工业大道M4		
169	陶灶	2009年杨家山工业大道M4		
170	陶器盖	2009年杨家山工业大道M4		3件
171	陶罐残件	2009年杨家山工业大道M4		2件
172	釉陶盖罐	2009年杨家山工业大道M4		
173	釉陶双耳罐	2009年杨家山工业大道M4		
174	铜樽盖	2009年杨家山工业大道M4		
175	铜镜	2009年杨家山工业大道M4		
176	铜矛	2009年杨家山工业大道M4		
177	铜戟	2009年杨家山工业大道M4		
178	铜戟	2009年杨家山工业大道M4		
179	铜镦	2009年杨家山工业大道M4		

续表

序号	名称	来源	文物照片	备注
180	铜带钩	2009年杨家山工业大道M4		
181	铜钱	2009年杨家山工业大道M4		17枚
182	铁刀	2009年杨家山工业大道M4		
183	铁舌	2009年杨家山工业大道M4		
184	铁削	2009年杨家山工业大道M4		
185	玻璃串珠	2009年杨家山工业大道M4		2颗
186	石黛砚	2009年杨家山工业大道M4		

附表四 广东省博物馆藏未刊出土文物信息表

序号	名称	时代	来源	备注
1	陶佥	东汉	合浦东部长滩岭M01	
2	陶佥	东汉	合浦东部长滩岭M01	
3	陶佥	东汉	合浦东部长滩岭M01	
4	陶三足釜	东汉	合浦东部长滩岭M01	
5	铜钱	东汉	合浦东部长滩岭M01	
6	陶器盖	东汉	合浦东部长滩岭M01	
7	石磬	东汉	合浦东部长滩岭M01	
8	陶案	东汉	合浦东部长滩岭M01	
9	陶小碗	东汉	合浦东部长滩岭M01	
10	陶小碗	东汉	合浦东部长滩岭M01	
11	陶纺轮	东汉	合浦东部长滩岭M01	
12	陶屋	东汉	合浦廉钟墓葬	
13	陶屋	东汉	合浦廉钟墓葬	
14	陶盅	汉代	合浦龙门江水库M1	
15	陶灶	汉代	合浦龙门江水库M1	三级

序号	名称	时代	来源	备注
16	陶釜	汉代	合浦龙门江水库M1	
17	陶釜	汉代	合浦龙门江水库M1	
18	陶釜	汉代	合浦龙门江水库M1	
19	陶钵	汉代	合浦龙门江水库M1	
20	陶盖罐	汉代	合浦龙门江水库M1	三级
21	陶器盖	汉代	合浦龙门江水库M1	
22	陶器盖	汉代	合浦龙门江水库M1	
23	陶器盖	汉代	合浦龙门江水库M1	
24	陶器盖	汉代	合浦龙门江水库M1	
25	陶屋	汉代	合浦龙门江水库M1	
26	陶罐	汉代	合浦龙门江水库M2	
27	陶罐	汉代	合浦龙门江水库M2	
28	陶屋	汉代	合浦龙门江水库M2	
29	陶猪圈	汉代	合浦龙门江水库M2	
30	铁环	汉代	合浦龙门江水库M2	
31	串饰	汉代	合浦龙门江水库M2	
32	砺石	汉代	合浦龙门江水库M2	
33	陶钵生莲花器	汉代	合浦龙门江水库	
34	陶灶	汉代	1963年合浦风门岭墓葬	
35	陶井盖	汉代	1963年合浦风门岭墓葬	
36	陶屋	汉代	1963年合浦风门岭墓葬	
37	陶屋	汉代	1963年合浦风门岭墓葬	
38	陶罐	汉代	1963年合浦风门岭墓葬	
39	铜钱	汉代	1963年合浦风门岭墓葬	
40	陶井盖	汉代	合浦禁山M2	
41	铜尺	东汉	合浦	三级

参 考 文 献

一、史 籍

[1]　（西汉）司马迁：《史记》，北京：中华书局，1982年。

[2]　（汉）班固：《汉书》，北京：中华书局，1962年。

[3]　（南朝宋）范晔：《后汉书》，北京：中华书局，1965年。

[4]　（晋）陈寿：《三国志》，北京：中华书局，1982年。

[5]　张星烺编注，朱杰勤校订：《中西交通史料汇编》，北京：中华书局，2003年。

二、发 掘 报 告

[1]　广西壮族自治区文物考古写作小组：《广西合浦西汉木椁墓》，《考古》1972年第5期。

[2]　广西壮族自治区文物工作队：《广西合浦县堂排汉墓发掘简报》，《文物资料丛刊·4》，北京：文物出版社，1981年。

[3]　广西壮族自治区博物馆、合浦县博物馆：《广西合浦县凸鬼岭清理两座汉墓》，《考古》1986年第9期。

[4]　合浦县博物馆：《广西合浦县丰门岭10号汉墓发掘简报》，《考古》1995年第3期。

[5]　广西文物工作队合浦县博物馆：《广西合浦县母猪岭东汉墓》，《考古》1998年第5期。

[6]　广西壮族自治区文物工作队：《广西北海市盘子岭东汉墓》，《考古》1998年第11期。

[7]　广西壮族自治区文物工作队：《广西合浦县禁山七星岭东汉墓葬》，《考古》2004年第4期。

[8]　广西壮族自治区文物工作队、合浦县博物馆：《合浦县凸鬼岭汉墓发掘简报》，《广西考古文集》，北京：文物出版社，2004年。

[9]　广西壮族自治区文物工作队、合浦县博物馆：《广西合浦县九只岭东汉墓》，《考古》2003年第10期。

[10]　广西文物考古研究所、合浦县博物馆：《2005合浦县文昌塔汉墓发掘报告》，《广西考古文集·第三辑》，北京：文物出版社，2007年。

[11]　广西合浦县博物馆：《广西合浦县母猪岭汉墓的发掘》，《考古》2007年第2期。

[12] 广西文物考古研究所、合浦县博物馆、广西师范大学文旅学院：《广西合浦县寮尾东汉至三国墓发掘报告》，《考古学报》2012年第4期。

[13] 广西壮族自治区文物工作队、合浦县博物馆：《合浦风门岭汉墓——2003～2005年发掘报告》，北京：科学出版社，2006年。

[14] 广西壮族自治区文物工作队、合浦县博物馆：《广西合浦县罗屋村墓葬发掘报告》，《广西考古文集·第二辑》，北京：科学出版社，2006年。

[15] 广西壮族自治区文物工作队、合浦县博物馆：《广西合浦县岭脚村三国墓发掘报告》，《广西考古文集·第二辑》，北京：科学出版社，2006年。

[16] 广西文物保护与考古研究所：《2009～2013年度合浦汉晋墓发掘报告》，北京：文物出版社，2016年。

[17] 广西文物保护与考古研究所：《广西合浦文昌塔汉墓》，北京：文物出版社，2017年。

[18] 广西文物保护与考古研究所：《广西合浦县双坟墩土墩墓发掘简报》，《考古》2016年第4期。

[19] 广西文物管理委员会：《广西贵县汉墓的清理》，《考古学报》1957年第1期。

[20] 黄增庆：《广西贵县新牛岭第三号西汉墓葬》，《文物参考资料》1957年第2期。

[21] 广西壮族自治区文物工作队：《广西贵县罗泊湾二号汉墓》，《考古》1982年第4期。

[22] 广西壮族自治区文物工作队：《广西贵县风流岭三十一号西汉墓清理简报》，《考古》1984年第1期。

[23] 广西壮族自治区文物工作队：《广西贵县北郊汉墓》，《考古》1985年第3期。

[24] 广西壮族自治区博物馆：《广西贵县罗泊湾汉墓》，北京：文物出版社，1988年。

[25] 广西壮族自治区文物工作队：《广西贵港市马鞍岭东汉墓》，《考古》2002年第3期。

[26] 广西壮族自治区文物工作队等：《广西贵港深钉岭汉墓发掘报告》，《考古学报》2006年第1期。

[27] 广西壮族自治区文物工作队：《平乐银山岭汉墓》，《考古学报》1978年第4期。

[28] 广西壮族自治区博物馆、昭平县文物管理所：《广西昭平东汉墓》，《考古学报》1989年第2期。

[29] 广西壮族自治区文物工作队、兴安县博物馆：《兴安县石马坪汉墓》，《广西考古文集》，北京：文物出版社，2004年。

[30] 广西壮族自治区文物工作队、兴安县博物馆：《兴安界首汉晋墓的清理》，《广西考古文集》，北京：文物出版社，2004年。

[31] 广西壮族自治区文物工作队：《广西贺县河东高寨西汉墓》，《文物资料丛刊·4》，北京：文物出版社，1981年。

[32] 广西壮族自治区文物工作队、贺县文物管理所：《广西贺县金钟一号汉墓》，《考古》1986年第3期。

[33] 广西壮族自治区文物工作队：《广西梧州市近年出土的一批汉代文物》，《文物》1977年第2期。

［34］　梧州市博物馆：《广西梧州市鹤头山东汉墓》，《文物资料丛刊·4》，北京：文物出版社，1981年。

［35］　广西壮族自治区文物工作队、钟山县博物馆：《广西钟山县张屋东汉墓》，《考古》1998年第11期。

［36］　广西壮族自治区文物工作队：《广西西林普驮铜鼓墓葬》，《文物》1978年第9期。

［37］　广西文物保护与考古研究所：《贺州凤凰岭古墓群考古发掘报告》，《广西考古文集·第五辑》，北京：科学出版社，2013年。

［38］　广西文物保护与考古研究所：《兴安县界首骨伤医院东汉墓发掘简报》，《广西考古文集·第五辑》，北京：科学出版社，2013年。

［39］　广西文物保护与考古研究所：《广西梧州近年发现的三座古墓葬》，《广西考古文集·第五辑》，北京：科学出版社，2013年。

［40］　广西文物保护与考古研究所、钟山县文物管理所：《钟山铜盆汉墓》，北京：科学出版社，2018年。

［41］　广西文物考古研究所、贵港市博物馆：《广西贵港市孔屋岭汉墓2009年发掘简报》，《考古》2013年第9期。

［42］　广西文物保护与考古研究所，贵港市博物馆：《广西贵港马鞍岭梁君垌汉至南朝墓发掘报告》，《考古学报》2014年第1期。

［43］　湖南省博物馆：《长沙楚墓》，《考古学报》1959年第6期。

［44］　湖南省博物馆、湖南省文物考古研究所：《湖南资兴西汉墓》，《考古学报》1995年第4期。

［45］　湖南省博物馆：《湖南资兴东汉墓》，《考古学报》1984年第1期。

［46］　湖南省博物馆、中国科学院考古研究所：《长沙马王堆一号汉墓》，北京：文物出版社，1973年。

［47］　云南省博物馆：《云南晋宁石寨山古墓群发掘报告》，北京：文物出版社，1959年。

［48］　广州市文物管理委员会、广州市博物馆：《广州汉墓》，北京：文物出版社，1981年。

［49］　广州市文物管理委员会：《广州西村凤凰岗西汉发掘简报》，《广州文物考古文集》，北京：文物出版社，1998年。

［50］　广东省博物馆、深圳博物馆：《深圳市南头红花园汉墓发掘简报》，《文物》1990年第11期。

［51］　广州市文物管理委员会、中国社会科学院考古研究所、广东省博物馆：《西汉南越王墓》，北京：文物出版社，1991年。

［52］　陕西省考古研究所：《白鹿原汉墓》，西安：三秦出版社，2003年。

［53］　洛阳区考古发掘队：《洛阳烧沟汉墓》，北京：科学出版社，1959年。

［54］　中国科学院考古研究所洛阳发掘队：《洛阳西郊汉墓发掘报告》，《考古学报》1963年第2期。

［55］　河南省文化局文物工作队：《一九五五年洛阳涧西区小型汉墓发掘报告》，《考古学报》

1959年第2期。

［56］ Olov R. T. Janse. Archaeological research in Indo-China: V. 1 The district of Chiu-Chen during the Han Dynasty general considerations and plates. Cambridge: Harvard University Press, 1947.

［57］ Olov R. T. Janse. Archaeological research in Indo-China: V. 2 The district of Chiu-Chen during the Han Dynasty description and comparative study of the finds. Cambridge: Harvard University Press, 1951.

三、著　作

［1］ 中国社会科学院考古研究所：《中国考古学·秦汉卷》，北京：中国社会科学出版社，2010年。

［2］ 熊昭明、李青会：《广西出土汉代玻璃器的考古学与科技学研究》，北京：文物出版社，2010年。

［3］ 蒋廷瑜：《桂岭考古论文集》，北京：科学出版社，2009年。

［4］ 孙机：《汉代物质文化资料图说》（增订版），上海：上海古籍出版社，2011年。

［5］ 王子今：《秦汉交通史稿》（增订版），北京：中国人民大学出版社，2013年。

［6］ 黄晓芬：《汉墓的考古学研究》，长沙：岳麓书社，2003年。

［7］ 李如森：《汉代丧葬制度》，长春：吉林大学出版社，1995年。

［8］ 杨树达：《汉代婚丧礼俗考》，上海：上海古籍出版社，2007年。

［9］ 徐龙国：《秦汉城邑考古学研究》，北京：中国社会科学出版社，2013年。

［10］ 王子今：《秦汉交通考古》，北京：中国社会科学出版社，2015年。

［11］ 彭长林：《越南早期考古学文化研究》，南宁：广西科学技术出版社，2018年。

［12］ 吴小平：《两汉时期云贵地区汉文化的考古学探索》，杭州：浙江大学出版社，2019年。

［13］ 中国社会科学院考古研究所、广西文物保护与考古研究所等编：《汉代海上丝绸之路考古与汉文化》，北京：科学出版社，2019年。

［14］ 刘瑞：《秦汉帝国南缘的面相：以考古视角的审视》，北京：中国社会科学出版社，2019年。

［15］ 李昆声、黄德荣：《中国与东南亚先秦两汉铜鼓研究》，昆明：云南美术出版社，2020年。

［16］ 喻燕姣：《湖南出土珠饰研究》，长沙：湖南人民出版社，2018年。

［17］ 赵德云：《西周至汉晋时期中国外来珠饰研究》，北京：科学出版社，2016年。

［18］ 广州市文物考古研究院：《广州出土汉代珠饰研究》，北京：科学出版社，2020年。

［19］ 熊昭明：《汉代合浦港的考古学研究》，北京：文物出版社，2018年。

［20］ 郑君雷：《边疆考古与民族史论集》，北京：科学出版社，2019年。

［21］ 郑君雷：《边疆考古与民族史续集》，北京：科学出版社，2019年。

四、论　文

［1］ 杨树达：《汉代丧葬制度考》，《清华大学学报（自然科学版）》1932年增刊。

［2］　李如森：《西汉墓葬及其反映的社会面貌》，《吉林大学社会科学学报》1995年第6期。

［3］　李如森：《东汉墓葬及其反映的社会面貌》，《吉林大学社会科学学报》1996年第3期。

［4］　李如森：《从汉墓合葬习俗看汉代社会变化轨迹》，《史林》1996年第2期。

［5］　李如森：《汉代"外藏椁"的起源与演变》，《考古》1997年第12期。

［6］　韩国河、柴怡：《有关墓葬考古学研究的思考——以两汉墓葬为例》，《西部考古·第一辑》，西安：三秦出版社，2006年。

［7］　韩建业：《墓葬的考古学研究——理论与方法探讨》，《东南文化》1992年第Z1期。

［8］　蒋廷瑜：《汉代錾刻花纹铜器研究》，《考古学报》2002年第3期。

［9］　蒋廷瑜：《广西汉代农业考古概述》，《农业考古》1981年第2期。

［10］　蒋廷瑜：《略论汉"徙合浦"》，《社会科学家》1998年第1期。

［11］　蒋廷瑜：《"劳邑执刲"琥珀印考》，《中国历史文物》2004年第4期。

［12］　蒋廷瑜：《汉代同坟异穴夫妻合葬墓浅议》，《南方文物》1993年第1期。

［13］　郑君雷：《岭南战国秦汉墓的"架棺"葬俗》，《考古》2012年第3期。

［14］　郑君雷：《岭南战国秦汉墓的"柱洞"》，《四川文物》2010年第4期。

［15］　郑君雷：《西汉边远地区汉文化的形成模式》，《人民论坛·学术前沿》2010年第12期。

［16］　郑君雷：《俗化南夷——岭南秦汉时代汉文化形成的一个思考》，《华夏考古》2008年第3期。

［17］　熊昭明：《广西汉代出土灯具研究》，《广西民族研究》2002年第2期。

［18］　熊昭明：《广西汉代考古的回顾与展望》，《广西考古文集·第二辑》，北京：科学出版社，2006年。

［19］　熊昭明、李青会：《广西出土的钠钙玻璃与汉代海上丝绸之路》，《汉代城市和聚落考古与汉文化》，北京：科学出版社，2012年。

［20］　熊昭明：《广西的汉代城址与初步认识》，《汉长安城考古与汉文化》，北京：科学出版社，2008年。

［21］　熊昭明、李青会：《广西出土的汉代铅钡玻璃研究》，《中国考古学会第十三次年会论文集》，北京：文物出版社，2011年。

［22］　熊昭明、谢广维：《广西西汉中晚期墓葬的外藏椁》，《汉代文明国际学术研讨会论文集》，北京：北京燕山出版社，2009年。

［23］　熊昭明、谢日万：《广西出土的先秦两汉玉器》，《广西考古文集·第三辑》，北京：文物出版社，2007年。

［24］　黄展岳：《"朱庐执刲"印与"劳邑执刲"印》，《考古》1993年第11期。

［25］　朱海仁：《岭南汉墓的仿铜陶礼器的考察》，《华南考古·1》，北京：文物出版社，2004年。

［26］　林强：《广西汉代厚葬习俗研究》，《广西民族研究》2000年第2期。

［27］　林强：《岭南汉代夫妻合葬墓有关问题的探讨》，《广西民族研究》2002年第1期。

［28］　黄启善：《广西古代玻璃制品的发现及其研究》，《考古》1988年第3期。

［29］ 黄启善：《广西发现汉代的玻璃器》，《文物》1992年第4期。

［30］ 干福熹：《古代丝绸之路和中国古代玻璃》，《自然杂志》2006年第5期。

［31］ 王俊新、李平、张巽等：《广西合浦堂排西汉古玻璃的铅同位素示踪研究》，《核技术》1994年第8期。

［32］ 王伟昭、熊昭明、李青会等：《广西合浦县出土汉代玻璃器的检测和研究》，《丝绸之路上的古代玻璃研究》，上海：复旦大学出版社，2007年。

［33］ 赵德云：《略论外来玻璃器对岭南汉代青铜器的影响》，《考古学研究·十一》，北京：科学出版社，2020年。

［34］ 韩建业：《早期东西方文化交流的三个阶段》，《考古学报》2021年第3期。

［35］ 李珍：《广西古代滑石器研究》，《广西民族研究》2001年第1期。

［36］ 谢广维：《广西汉代"外藏椁"初探》，《广西考古文集·第二辑》，北京：科学出版社，2006年。

［37］ 杨式挺：《略论合浦汉墓及其出土文物的特点》，《海上丝绸之路研究：中国·北海合浦海上丝绸之路始发港理论研讨会论文集》，北京：科学出版社，2006年。

［38］ 韦革：《浅谈合浦东汉晚期至三国时期墓葬形制的一些变化——从合浦岭脚村三国墓说起》，《广西考古文集·第二辑》，北京：科学出版社，2006年。

［39］ 谢广维：《合浦汉代文化博物馆馆藏马座陶灯辨识》，《广西考古文集·第五辑》，北京：科学出版社，2013年。

［40］ 白云翔、杨勇：《班诺洼与考山考——泰国两处史前遗址的考察及相关问题论》，《中国国家博物馆馆刊》2020年第4期。

［41］ 张强禄：《论有角玉玦的起源和传播》，《文博学刊》2019年第2期。

［42］ 张强禄：《增城浮扶岭M511再研究》，《文博学刊》2020年第1期。

［43］ 郑君雷：《岭南汉城与西汉时期岭南汉文化的形成》，《"城市与文明"学术研讨会论文集》，上海：上海古籍出版社，2016年。

［44］ 黄全胜：《广西战国汉代墓葬出土铁器的科学研究》，《南方文物》2016年第1期。

［45］ 杨勇：《论古代中国西南与东南亚的联系——以考古发现的青铜器为中心》，《考古学报》2020年第3期。

［46］ Xiangdong Ruan, Yongjing Guan, Zhaoming Xiong etc. Ams Radiocarbon Dating of an Ancient Pottery Workshop in Hepu County, China. Radiocarbon, Vol.52, No.2-3, 2010.

［47］ Yongjing Guan, Zhaoming Xiong, Xiangdong Ruan etc. Evidences for the View of The Importance of Hepu Seaport In Ancient China. Nuclear Instruments and Methods in Physics Research B, 294 (2013): 688–691.

［48］ Hakari Hiromitsu and Imamura Keiji. Recent Development in Vietnamese Archaeology. Journal of Southeast Asian Archaeology 10, 1990 .

［49］ Yamagata Mariko, Pham Duc Manh, Bui Chi Hoang. Western Han Bronze Mirrors Recently Discovered in Central and Southern Vietnam. Indo-Pacific Prehistory Association Bulletin 21, 2001,

(Melaka Papers, Vol. 5).

[50] Lam Thi My Dzung. Sa Huynh Regional and Inter-Regional Interactions in the Thu Bon valley, Quang Nam Province, Central Vietnam. Bullein of the Indo-Pacific Prehistory Association 29, 2009.

[51] Andreas Reinecke. Early Cultures in Vietnam (First millennium B.C. to second century A.D.). In: Nancy Tingley ed. Arts of Ancient Viet Nam. From River Plain to Open Sea. Houston, 2009: 36.

[52] Yamagata Mariko, Pham Duc Manh, Bui Chi Hoang. Western Han Bronze Mirrors Recently Discovered in Central and Southern Vietnam. Indo-Pacific Prehistory Association Bulletin 21, 2001, (Melaka Papers, Vol. 5).

[53] Ian C. Glover, Mariko Yamagata, William Southworth. The Cham, Sa Huynh and Han in early Vietnam: Excavations at Buu Chau hill, Tra Kieu. Indo-Pacific Prehistory Association Bulletin 14, 1996, (Chiang Mai Papers, Vol. 1).

[54] Andreas Reinecke, Nguyen Thi Thanh Luyen. Recent Discoveries in Vietnam: Gold Masks and Other Precious Item. Arts of Asia, 2009, 39.

[55] B. Bellina. Beads, social change and interaction between India and South-east Asia. Antiquity, 2003, Vol. 77.

后　记

本书是以我2015年博士学位论文《合浦汉墓及相关问题研究》为基础，再经国家社科基金一般项目《合浦汉墓的资料整理与研究》三年多的补充修改而成。书中尽可能囊括合浦汉墓发表的发掘报告和研究成果，并将相关文博单位收藏未刊的主要资料作为附录详细列出，作为基础研究数据库，供同行查阅。

成书之际，首先感谢导师郑君雷教授的抬爱，他待人真诚，学识渊博，无论在校期间还是毕业后工作，都一直关心着每一位学生的成长。得知本书即将付梓，老师欣然答应作序。能投到郑师门下学习，此生甚幸。广西民族大学熊昭明教授一直以来细心指导，博士论文答辩组评委老师和项目匿名评审专家提出了宝贵的修改意见；合浦县博物馆廉世明、林娟、韩云鸽，合浦海上丝绸之路申遗中心叶吉旺，广西壮族自治区博物馆李世佳，广东省博物馆张红艳，中国科学院上海精密光学机械研究所李青会、董俊卿，广西民族大学文物与博物馆专业硕士研究生黄书玉、杨洋、崔昊等，在本书写作的各阶段都给以许多具体帮助；合浦县博物馆、广西壮族自治区博物馆、广西文物保护与考古研究所、广东省博物馆等单位提供文物数据库资料；科学出版社郑佐一编辑以高度负责的态度和专业精神，为本书编辑和查漏补缺；广西民族大学为本书提供出版经费支持。在此，一并表达衷心的感谢。

合浦汉墓内涵丰富，学术意义重大，囿于研究水平和目前掌握资料，本研究仅为初步，今后仍需着力深耕。不足之处和疏漏错误，敬请专家学者批评指正。

富　霞

2023年3月